吴文正集（下）

《儒藏》精華編選刊

北京大學《儒藏》編纂與研究中心 編

〔元〕吴澄 撰

李軍 校點

北京大學出版社
PEKING UNIVERSITY PRESS

吴文正集卷七十

元吴澄撰

墓表

元懷遠大將軍行都漕運使贈昭勇大將軍真定路總管上輕車都尉博陵郡侯謚桓靖崔公墓表

崔，公姓也；德彰，公名也；光甫，公字也；大寧富庶縣北韓里，公之家也。公之考諱祥，金季聚千衆於鄉。及國朝兵至，以其衆附，得命就領之。既而隸真定史帥麾下，從史帥取河北、山東諸郡。值金降人叛，帥之弟平其亂，官至管軍千户、真定同知，權府事。公其中子也，謀略如其考。憲宗朝乙卯歲，攝蠡州慶都等處行軍千户，隨史萬户戍鄧。西起武當，東抵下邸，繕治壁壘，亘數千里。己未歲，世祖師指鄂，戰武磯，公敗宋江州都統軍。中統元年庚申，改授金符。至元四年丁卯，從阿术破宋劉義砦。五年，轔宋鄧砦、南川、高頭，擒其將五。九年，宋將張貴餉襄陽圍城中粟，乘夜出，公偕諸將奪其舟而殲旃，逼襄樊城，蹙郢黄家堡。十一年冬，圍沙洋，渡江襲青山磯，大捷。十二年春，宋師潰於丁家洲，公追逐百餘里，獲將士二百、戰艦五十。進臨毗陵，督砲兵摧木栅以入，克其城。益公宋兵千，授宣武將軍、管軍總管。由宣武陞顯武，復還懷遠大將軍、兩浙江淮行都漕運使、金虎符。在職數年，轉輸裕如也。一旦言曰：「曩宣力行陣，委身於國，奚暇恤家之私？四海既一，報國事紓，當歸養老母，以供子職。」皤然棄官去。十七年十二月二十七日，遘疾而終，年四十九。明年正月九日，祔葬真定真定縣治頭原之先塋。❶夫人史氏，北京路行六部尚書諱秉直之孫，宣權真定河間大名衛輝濟南五路萬户諱天安之女。子男二，昌，武略將軍、管軍上千户；顯，承直郎、撫州路崇仁縣尹。女二，壻，忠顯校尉、德州齊河縣尹史炤，奉直大夫、僉陝西漢中道肅政廉訪司事史熺也。至順元年庚午，制贈昭勇大將軍、真定路總管、上輕車都尉、博陵郡侯，謚桓靖；追封史氏博陵郡夫人。而公之子在崇仁貽書云：「先人殁五十年餘，二親始受褒封。若不勤辭以昭天寵，無以盡人子之道，蘄畀片文文諸石。」予覽公之墓誌銘、神道碑，載公事蹟備矣，今撮其大凡，而表國恩之隆。公先幾款附，智也；向敵莫禦，勇也；竭力爲國，忠也；念親還家，孝也。一身而兼智勇忠孝之美四，允矣當代之英賢乎？天嗇其身前之壽，而豐其身後之榮。陟階賜勳，疏封頒爵，易名節惠，著闢土克國之功，❷著寬樂令終之德。孝子慈孫，雖百世猶將蒙其庇賴，耿光彌久而彌彰焉。予不及識公，而識崇仁君。其潔己，其愛人，所謂「愷弟君子，民之父母」，又有以增光於往昔，崔氏其世祀也已。

❶ 此句「真定」重文，疑有缺字或衍字。
❷ 「國」，原作「明」，據明初刻本、成化本改。

故逸士曹君名父墓表

臨川曹名父諱原傑，生宋淳祐乙巳九月丙申，年六十有二，元大德丙午十有二月庚申終。其配龍氏，諱美英，生淳祐丙午閏四月壬子，亦年六十有二，大德丁未正月丁亥終。兩月間而有三年之喪二。其孤以至大戊申四月己酉，葬後喪於金谿縣歸德鄉之朱陂；是年六月甲寅，葬前喪於崇仁縣穎秀鄉之苦竹。葬之先後，合禮矣。越二十有三年，至順庚午秋，孤璧走二百餘里造吾門，言曰：「璧將改葬父喪於臨川縣明賢鄉之京谿，改葬母喪於舊穴之前二步許。」予瞿然驚愕。噫！古有改葬禮，蓋非孝子所樂。或因水齧墓而改，固不可已；或因葬有闕而改，則不如其已也。昔澄於母喪犯此惡，每一思念，痛恨自訟，無所容其身。自惟不孝於親，不願人之如己也，而璧亦爲之乎？璧求予文以表新墓，謹按舊所誌：曹之曾祖漢賢，祖熺，考世永，妣龍氏。龍之曾祖延慶，祖汝礪，考庭瑞，妣陳氏。名父少習進士業，恪共子職，應務中倫。壯歲翫醫家書，有以疾告，必饋之藥。待人和易，咸得其歡心。戒其子云：「我死，處事寬厚宜如我，毋效世俗。」龍氏勤約，工織紝，奉祭嚴潔，薦新嘗恐後。相夫治生訓子，以禮義廉恥爲先。噫！名父，良士也，其配亦賢婦哉！男二，長璧，次惠。子女四。孫男六，孫女五。改葬之期，某年月日也。

故宋太學進士解君墓表

自古以保姓受氏之悠久爲難，而況後世乎？吉有解，歷唐宋逮於今，五六百年爲儒族，難已。始家廬陵之同水鄉，後徙吉水之東門坊，以儒發身者代不乏人。解君諱夢斗，字孔陽，一字星瑞。❶工舉子詩賦，宋景定甲子貢於鄉，咸淳戊辰入太學。越三年庚午，又以太學薦名試禮部。曾祖叔達，祖寅，俱不仕。父谷，淳祐己酉、壬子兩預江西轉運司貢。母王氏，以子入學，恩封孺人。弱冠喪父，事母事兄稱孝友。咸淳末喪母，比服滿，大運將革，遂不復至太學，教授於家。父讓所受之世業與諸弟，❷父之弟翔龍没於外，子幼，君爲歸其喪。歲饑，用己田易米，賑施隣里。母之黨貧，分食以食之。妻之父死，鬻産以窆之。科廢四十年，教子若孫勿棄舊學。元皇慶癸丑十有二月丙寅，無疾而終，年七十有九。延祐乙卯十月甲申，葬於鑑湖之原。初娶蕭，生三女；再娶鄧，生二男一女。男應辰，撫州路儒學正；應申，❸常貳縣教。劉恕、盧喬、鄉貢進士羅用發、建康路儒學教授胡敭，壻也。孫男八，覿、蒙聯中天曆己巳鄉貢第四、第五名。孫女三。鄉人劉岳申已誌君之葬。應辰仕撫，復請予文，表君之墓。君之自立若此，子之追孝若此，諸孫之衮衮表表，其揚名顯親可期也。是爲表云。

---

❶「瑞」，原作「端」，據明初刻本、成化本、乾隆本改。
❷「世」，原作「田」，據明初刻本、成化本、乾隆本改。
❸「申」，原作「中」，據明初刻本、成化本、乾隆本改。

有元張君墓表

張氏之先，霸州益津人。金亡時就食獻州交河之建城鎮，因家焉。君諱禧，力本多能，涉書大義，敦厚朴愿，不事機巧。有侵畔者，讓弗與較，卒使愧悔，❶里人賢之。子完，爲治書侍御史，君受禄養。至大辛亥四月四日乙巳，終於京師，年八十四。完奉柩歸葬於先塋，是月辛酉也。君之考諱寶，貧而好施，罄所有賑饑隣，不計家之匱乏。雪天嘗值無所栖泊之客，❷延之宿食。飛蝗入境，竭誠默禱，遍集四野，獨不犯其稼。君之妣王氏，生甫八歲而喪，事繼母趙氏如母。君之配趙氏，世居建城之北，理家勤儉有法。❸先七年卒，得年七十。君之子五，曰進，曰忠，曰完，曰賜，曰信。進簡重不苟，忠質直自怡。完事成宗於潛邸，得見世祖。初授承事郎、❹興國路判官，廉明有聲。遷户部司計，出點視倉站，遇鷹房官害民，歸，上彈于省。再遷監察御史，擊彊無所避忌。丁母憂去，服滿，超擢太中大夫、治書侍御史，風力如監察時。忤尚書省權姦，幾不免。聖上龍飛，將顯用，又以父憂去。除河東道廉訪使，轉正議大夫、同知總管，皆不赴。除工部尚書，不

❶「卒」，原作「率」，據明初刻本、成化本、乾隆本改。
❷「雪天」，原作「天寒」，據明初刻本、成化本、乾隆本改。
❸「勤儉」，明初刻本、成化本、乾隆本倒乙。
❹「授」，原作「受」，據明初刻本、成化本、乾隆本改。

及禄而卒。賜，端恪，早亡。信，温謹，給事皇太后宫。君之孫七，進所生曰允，曰正，曰誠；忠所生曰賢；完所生曰彝，曰仁嘉；信所生曰禮。君之曾孫四，正所生曰定安；誠所生曰鐲柱；賢所生曰永安，曰燕珊。君之女一，婿劉順。孫女八。完在御史臺糾尚書省之過，舉朝愕眙。余時在國子監，令國子生張策告曰：「人臣惟忠與智。忠者不愛身，不負國；智者有益於國，不危其身。」復命曰：「吾寧死不顧。」予嘉嘆焉。雖未合中行，可謂直臣矣。其卒也，遺言命彝曰：「吴司業文必傳世，爾往求之，❶以表爾祖之墓，吾死不憾。」彝遵父命，因張策來請。澄不可辭也，於是爲之序次云爾。

詹統制墓表

宋勇勝軍統制官詹侯，開慶己未之夏，戰死於蜀。勇勝軍屯鄂之城外，其秋大兵奄至，降其軍。而侯之妻子在軍中，俱北徙，子生始四歲。❷時世祖皇帝以親王總兵柄，河北董忠獻公從。世祖具知侯在蜀力戰不降狀，命公曰：❸「佳父必生佳兒，汝其善護視。」公鞠誨同己子，名之曰士龍。既成人，仕州縣，以廉惠稱。追痛其父，常忽忽不樂。及擢江南諸道行御史臺監察御史，按歷荆楚，所至訪其父遺跡。有宋士録國亡之

---

❶「之」，原作「又」，據乾隆本改。
❷「生」，原作「里」，據明初刻本、成化本、乾隆本改。
❸「命」，原作「謂」，據明初刻本、成化本、乾隆本改。

際能城守野戰死者，人各爲傳，而侯與焉。得其傳，又稽諸故老遺黎退卒之口，參伍附益，歸以語其友。友輯爲事狀，持示臨川吴澄曰：「吾父以節死，居北之五年吾母亦死，不肖孤僅存。大德壬寅冬，具衣冠招吾父之魂，與吾母合葬鎮江丹徒崇德之硯山。懼弗克揚先烈，將遂沉泯，則終天無涯之痛愈不可塞，願有述以表於墓，敢以累子。」澄禮辭不許，於是讀傳爲狀，而哀侯之所以死。

嗚呼！歐陽公論五代之臣，全節而死者三，王彦章其首。彦章北面，朱梁蓋路人。一旦爲君臣，歲月甚淺鮮無足道，而弗貳所事，百世之公議猶韙之。宋三百年仁義之國，豈朱梁比？而其季也，死宗廟社稷、死城郭封疆，求如項籍、田横、劉湛、諸葛瞻、顔杲卿、張巡、許遠、南霽雲輩，一何寥寥耶？❶侯以下官微禄，出入行陣，仡仡不挫如此，世亦曷嘗無人哉？嗚呼悕矣！❷侯之死，以蜀重慶告急，宋大將往援。侯率偏師以前，破營壘十數。攻蜀之帥號紐綸，有善戰聲。大將畏懼，❸得小捷，遽謀左次以遁。侯見帥深入不戒，驟領數十騎來往，有敵輒迎，又喜遠追，謂其輕脱可獲也。大將逗留，侯率所部獨進。進敘州南平隆化縣界，遇游騎什什伯伯，接戰，無大勝負。日中，帥以精騎數千至，侯之衆不滿千人，皆敢死士，馳突衝擊，

---

❶「耶」，原作「獨」，據明初刻本、成化本、乾隆本改。

❷「悕」，原作「稀」，據明初刻本、成化本、乾隆本改。

❸「懼」，成化本、乾隆本作「憚」。

力戰不少懾。❶ 遣卒詣大將求救，方引衆趨山顧望，竟不赴。侯棄所乘馬，立射，發無不斃，帥兵屢却。然以步敵騎，衆寡幾十倍。騎生力分番迭鬭，日昃戰未罷，步之所殺已過當，而死傷者十七八。矢貫侯臂，裂帛裹創復射。連中數十創，創甚。矢盡，衆稍稍散逸，聚者猶數十人。傷重莫能軍，侯被執。帥壯其勇，期生之。侯大駡求速死，亦不加害。翼日，帥親視其創，饋之食與藥，侯摽去弗受。絡寘馬上，載以行。八日不食，至播州土門死，年五十二。帥還都，輒對儔黨言，唶唶獎嘆曰：❷「好人！好人！」且曰：「其箭不可當。」侯之從子二，其一先數歲戍巴州，戰死；其一後數歲邀隨州歸師，戰死。婿王杞守樊城，樊城陷，不降，亦死。一門死者四人。

侯，光州固始人，諱鈞。少負奇氣，嗤齷齪儒弊精神事無用語，每云「讀書了大意可也」。❸ 暇日，挾勁弓驅馬出平原廣野，指南北東西射曰：「大丈夫立功名當以是。」萬殿帥器之，妻以兄女。由邊郡材技良家子選補軍職，隸武定軍，屯光，徙屯黄。勇勝軍後創，并取於武定，而以侯爲副。其將後於襄陽城上走馬，墮城下死，侯叱曰：「大丈夫不死敵而死於是，兒女子爾！」制置使遂以侯代將，充統制官。寶祐間，蜀歲歲期

❶「懾」，原作「却」，據明初刻本、成化本、乾隆本改。
❷「唶唶」，原作「嘖嘖」，據明初刻本、成化本、乾隆本改。
❸「可也」，原作「耳」，據明初刻本、成化本、乾隆本改。

兵，❶往來峽、❷渠、開、達等州，扞禦周備，蜀人賴以完聚。嘗深入蠻徼，築建城堡，化服群獠，撫以恩信。任事不避險艱有如此。捐軀徇國，其素志也，而竟以敢戰死。嗚呼悕矣！夫人萬氏，蚤卒。再娶胡氏，生士龍，今爲監察御史僉嶺南廣西道肅政廉訪司事。子澍，亦嗜書，愿而周於務。嗚呼！自古忠臣義士，身不食其報者，往往報於其子孫。然則侯之後宜大，蓋已覩其兆矣。

姜公宜墓表

公宜，姜姓也，諱端義。其祖某，娶曾氏，生子興，不幸早世。子幼家貧，祖母曾適李，生子二人。興嗣鞠於李，李爲之冠娶，因冒李姓。生端仁、端義，皆聚學徒教授於家。端義年十二而孤，事祖母甚孝，事伯兄甚恭。其祖母嘗曰：「此孫善奉養我。」李之子亦曰：「此兒善奉養吾母。」伯兄暨嫂相繼殞没，遺三女一子。長其女嫁之，撫其子如己子。子未冠而夭。配鄔氏，生時敏、時中。臨終語其二子曰：「吾祖姜也，吾祖母歸李，有子有孫承祀。吾姜姓子孫而稱爲李，姜遂無後，可乎？復初姓，續祖祀，吾志也。汝其以姜誌吾墓。」比葬，時敏之師許文薦爲撰誌銘，明李姓之冒，而未正姜姓之稱。於後時敏職西澗書院訓導，乃具其事白書院長，移文有司。有司下里胥覈實，如其言，改其户籍曰姜。時敏謂予曰：「先考生宋淳祐甲辰八月辛

❶「期」，原作「用」，據明初刻本、成化本、乾隆本改。

❷「峽」，原作「粹」，據成化本、乾隆本改。

未，卒元大德戊戌二月壬戌。十月癸酉，葬長安鄉北原之夏坑。先妣生宋淳祐己酉六月丁卯，卒元大德丁未六月丁巳。七月乙酉，附葬先考墓左。今初姓已復，其可無文以表諸墓？先生景既之，所以光昭本繫，❶庇覆遺胤者渥矣。❷敢以請。」予既敘其始末，諗於後之人。謹按《儀禮》傳：夫死，妻不已與其子適人，繼父爲子築宫廟，歲時使之祀，妻不敢與。嗚呼！古之處人倫之變，何其恩與義之兩盡也！爲繼父而知此禮，豈至於妻人之妻、子人之子，而遂易人之姓、絶人之祀也哉！此理不明，則雖范文正公之賢，隨母而嫁，猶不免於姓朱，況不如范公者乎？然范公能復姓於其身，姜之姓歷三世，至其孫而始追復，抑又重可嘆也。時敏不忍絶其祖之祀，不敢忘其父之命，必復其姓而後快於心，嗚呼！可謂慈孫孝子也已。且將以其弟時中後其世父端仁，嗚呼！厚之道也。其美不可以不書，書之爲公宜墓表。

故袁君季時墓表

友人袁繹，字季時。工進士策論詩賦，諄勤嚴肅，善教導人家子弟。所讀經書，語音辭義，❸考訂詳審，不苟焉隨俗舛訛。爲人剛正，無一毫媚柔態，以此不諧於俗，人鮮知之，然見者必敬畏，不敢有慢侮心。以

❶ 「昭」，原作「照」，據明初刻本、成化本、乾隆本改。
❷ 「胤」，原作「嗣」，據明初刻本、成化本、乾隆本改。
❸ 「辭」，成化本、乾隆本作「訓」。

大德丙午九月十日卒，年六十有四。卒之次月，葬於所居之南。初娶温氏，再娶彭氏，三娶李氏。生四男二女，男祖仁、祖義、祖忠、祖信；女適詹鑅、余瑞。季時長予六歲，同鄉久交。既葬，予始還舊山。既拜其墓，而祖仁請文以表諸墓門。嗚呼！以季時之才而不遇，命也夫！

故儒學教諭余府君墓表

府君諱珏，字玉甫，宋紹定壬戌閏九月十二日己未生。習進士詩賦，累應鄉貢不利。元至元間，江東道儒學提舉司授信州路貴溪縣儒學教諭，不赴。會撫州路宜黄縣儒學缺官，江西道儒學提司命攝其事，就職一月而歸。閑中以詩詞自樂，詞尤超拔，似辛幼安、劉改之之作。大德戊戌四月二十二日戊寅，以疾終於家。娶袁氏、方氏。男繼老，女維恭。孫男戊孫，孫女適曾貢、歐陽仕琪、鄔蘭。曾孫男四人。一再卜宅兆，俱未安。至治辛酉四月十七日庚申，❶遷新穴在峽山椆樹之谷。澄，子壻也。前葬時客外，今得躬視葬役，乃識其月日，以表於墓。

❶「治」，原作「順」，據成化本、乾隆本改。

吴文正集卷七十一

元　吴澄　撰

墓　表

前進士豫章熊先生墓表

先生，宋咸淳甲戌進士第四人也。授從仕郎、寶慶府判官，不及仕而國運終。常人壯歲取高科，輒沾沾自喜；得之未幾而旋廢，必快快自失。先生不然。當其得也，不以爲加；及其廢也，不以爲損。處之裕如，於是識趣過人遠矣。南服始附，田野間有竊發，弗可寧居，徙家依城市。胸懷洒落，態度寬和，聞風者造門，人人如煦春陽、飲醇酎而去，莫不貌敬心服。有所詢諮，懇懇開示不倦。中州士大夫，率令子弟受業。朱子《小學》一書，條分節解，標註其事。凡名物度數、姓字稱號、族繫時代，一覽瞭然，大有裨益於初學之士。書市刻板廣傳，今通行乎天下。朝廷遣使定閩廣選士，當路咸以名薦。公議以爲先生大儒師，而東南士類之盛，福、吉其最，遂命相繼任兩郡教官，以擬安定胡公之蘇、湖。教官任滿，部註將仕佐郎、建安縣主簿，疾不赴。其後再注從仕郎、福清州判官致仕，視之若浮雲然。自號彭蠡釣徒，日鼓瑟以自怡。遠近來學益衆，承口講指畫，❶俱通經能文。貢舉制復，門生悉堪應舉，擢科者累累。三科三省禮聘校文，所貢大半成進士，人羡揀擇之精。在宋用《周禮義》策士，❷今制此經不與試士，則教人習《禮記》，或漸沐其餘潤，端有明效。博通群籍，而禮樂書數尤所研究。每嘆《詩》樂無傳，倣朱子所得趙彦肅家二十四譜，增二十詩，俾皆可歌。且謂朱子雖疑古樂必非一聲協一字，而猶存此，聊見聲歌之彷彿。然今之音調縱未如古，不猶愈於以近世操弄詞曲爲樂哉？嗚呼！此先生之深心，殆猶逃虚空之喜聞足音也。倘際議禮制度考文之會，幸次胡和阮、李之間其庶幾，禮樂豈出諸君子之下也？孔廟釋奠，肇自唐《開元禮》。宋《政和禮》，因之者也，升歌之辭多闕。江南學宫配享有四，而酌獻舊辭止有顔、孟。所在因循苟簡，仍以侑顔、孟者侑曾、思。爲是更譔新辭，補所不備。春秋各按月律合調，迎神至送神通十八曲，部使者以之遍行於諸郡。惜哉！此學此志不獲顯。設臺閣名流若程鉅夫，若元明善，屢言於朝，時未及用。所譜諸詩，《考槃》《蒹葭》《衡門》《白駒》，一皆寓自足己樂、不蘄人知之意。賦又假瑟以喻，不無金鑄子期之慨焉。平生著述，有《小學書標註》，有《瑟譜》，有文集三十卷，具存，觀此可以見所學之大概矣。家世豫章熊氏，諱朋來，字與可，學者稱天慵先生。
配袁氏，前卒。子三，父命以永先爲長子；象先；俱袁出也。❸繼室何，生古。孫七，昶、昱、昇、昉、棣、寅、

❶「承」，原脱，據成化本補。
❷「士」，原作「勳」，據乾隆本改。
❸「俱」，原脱，據乾隆本補。

富。壽年七十八，至治癸亥五月壬寅卒。十二月壬申，合葬袁氏墓右。江西行省參政廉惇，自初喪至葬，親臨哀送，如弟子禮，遠近會葬千餘人。明年，自翰林直學士虞集銘其碑。越六年，古來徵文表墓。嗚呼！予疇昔與先生談論，不舍晝夜，深知其學之奥，故特書予之所知。而凡前碑已載者，弗瀆。

有元管軍千户贈驍騎尉牟平縣子武德孫將軍墓表

將軍諱玉，寧海州牟平縣人。大父寶，益都臨朐縣尹。父奭，❶武略將軍、管軍中千户。玉少侍父，出入行陣。至元己丑，父得末疾，攝父總戎，從其帥收捕嶺海諸寇有功。越三年辛卯，將襲父職，六月望卒。卒之後三年癸巳，宣授管軍中千户，階忠顯校尉，佩金符，命下而不及受矣。又三十二年泰定甲子，以子貴，贈武德將軍、管軍中千户、驍騎尉，追封牟平縣子。配王氏，追封牟平縣君。其子忠顯校尉、管軍中千户贇，自洪抵撫，郡而邑，邑而鄉，走四百餘里造吾門，請曰：「贇幼讀父書，長襲世爵，隨江西行中書省殆將三紀。夙夜罔敢自逸，懼忝前勳。吾父之父，武略勇力冠軍。我朝規取襄樊以來，攻城略地，陷陣摧鋒，洊著勞績。奪樊城，奪郢州，奪陽邏堡，渡江而南，定江西諸郡，以至捷厓山，俱隸元帥李武愍公麾下。吾父武德不得年，未及報効，而蒙恩贈官勳，封爵邑。夫爲人臣而不彰君之貺，爲子而不揚父之善，無乃不可乎？先生畀一言文諸石，以焜燿於後，是教贇以爲臣之敬、爲子之孝也，敢請。」予嘗游今平章李公之門，頗聞先武愍公

---

❶「奭」，成化本、乾隆本作「琪」。

所用偏裨多有能名，而孫其一也。武略不但榮其身，而又榮其子；武德不獲榮其生，而榮其死。此天朝甚隆甚厚之恩，臣子所當世世不忘者也。予安得不樂書其事，而以表於武德之墓哉！

故萍鄉州儒學教授聶君墓表

君諱斗月，字文範，清江崇學鄉聶氏平山居士思清之孫，將仕佐郎、餘姚縣主簿應泰之子。博綜群書，辭藝超衆。宋咸淳癸酉，江西轉運司以進士貢於禮部。國朝既臣南土，民未諳新政，姦黠並緣，乘時漁獵，舊族往往困瘁。獨君才識通敏，應事適宜，見者心服，莫或敢侮。既克自立，同里與受庇燾。至元壬辰，劇盜猝至，質人以求貨。君納重賂，見免其母。身留賊中，凡同時被繫之人，❶悉意調護，盡脱乃已。越境數日而後返，其拯難誠切、臨危不慴有如此者。由是買宅於洪，奉母而居。會府人物淵海，縉紳宦游，雲萍旅寄，莫不就見而問政，款門而締交。一身仰而糊口者有焉，一家待而舉火者有焉，接納彌久不倦。大德庚子，復還先廬，録前人貲産及己所增殖，均畀諸弟。當路薦君文行，敕授袁州路萍鄉州儒學教授。至大戊申之春，得末疾，弗克赴。君儀形端莊，氣象純雅，敦謹和裕，表裏不二，斷斷然有古鄒魯遺風。孝於大父，若父若母，養生送死，一一如禮。敬長慈幼，好賢容衆，賑貧賙急，救患平怨。宗族親眷，❷友朋鄉黨，睦婣任

❶「繫」，成化本、乾隆本作「縶」。
❷「眷」，原作「睠」，據乾隆本改。

恤之行，靡有虧缺。慧智明達，而深潛掩抑，守之以愚，因自號守愚，以寓其志，後進稱曰守愚先生。生宋淳祐丁未三月朏，終元延祐丁巳十一月朏。越三年己未正月庚申，葬富州富城鄉之緱山。配黄氏。子男四，克勤，後二年殁；次克潛；克讓，爲弟斗元嗣；季克修。女二，黄武、黄允恭，壻也。孫男一，德符。女三。既葬之八年，予過清江，克潛示以將仕郎、前遼陽等處儒學副提舉李克家之狀，請銘先德。予夙昔與君交遊，思君篤行不可復見，葬已久矣，銘無所施，乃爲敘次其狀之所述，而以表於墓。初，餘姚主簿年壯未毓子。平山先生素尊事翰林學士豐城徐公，一日客其門，值公之從弟携仲子偕來，即斗月也。居士一見，奇其秀偉，欲求之爲孫，以情白徐公。公可其請，命從弟以此子與聶，而主簿子之。其後主簿生四男及諸女，君友愛篤甚，一如同出。父喪，弟妹猶稚，鞠之、長之、教之，各使成才。嫁之，各使得所。仲弟斗韓，擢惠州路儒學教授。諸弟感覆育恩，事兄終其身如事父。又恢拓其家業，益光大其家聲。人咸服居士遠謀，而嘉君之善爲人子，無忝付託云。

故侯府君唐卿墓表

士之抱才略、負志氣者，如龍泉、大阿，苟匣藏不試，其光燄鬱發，猶將上干青冥，散爲綺霞綵雲，晃耀衆目，夫豈寂寂落人後、厭厭如在泉下以没齒而已哉！故凡無所樹立於斯世者，亦必有以樹立於其鄉，而展舒抱負之萬一。若侯府君唐卿，則其人也。府君諱逢丙，其先籍開封，從宋南渡，家彭澤，家宜春，後徙廬陵。曾大父顯仁，擢儒科，宰高郵興化縣。大父世昭，尚書刑、工部架閣，遊周文忠、楊文節之門，倡和詩具存。父從周，廣東帥屬，詩集名《傚庵》。府君幼喪父，孝養寡母。魁岸偉邁，援筆成章，法書足爲模楷，詩集名《適安》。壯年有志四方，淮、蜀、湘、廣，足跡靡不到。當路獎進，嘗授司警、司征及兵馬等職，不辭卑，亦不屑爲也。最後帥府擬準使，督府擬諮議，他人欲求而不可得，府君一以虚文視，略不介懷。南士既歸天朝，絶仕進想。心知計然之策不得施於家，擇地趨時，清江鎮扼江廣之會，自廬陵而家焉。多畜使令行著鬻事，設肆製藥，以惠遠邇。其所分濟，徧滿東南，爲一鎮諸肆之甲。起身儒素，不數年間齊於封君，蓋以其才略之開闔一世者斂縮而用之，是以隨試輒效，有非齷齪拘攣之徒可得而偕也。其志氣之超特，爲何如哉！貲業既饒，尚義好施。石以砌江岸，甓以甃市衢，費雖重不辭。歲饑施粥，冬寒施衾楮薪炭，死而貧者畀之棺。以至二教之宫，舉不吝於舍助。恬澹娱老，筋力不減少壯。讀書教子、禮賓客外，他無所經心也。生宋嘉定丙子季冬仲旬之五，終元至元庚寅季秋仲旬之二。夫人李氏，繼敖氏、熊氏。男公定、應順、登。應順爲兄後。女適貢士何三寄。❶孫男，士瑞、士敏、士元、士表、士重。孫女，一適前真定提舉朱紘，一適前河南省宣使岑伯顔，一適富州王邦榮。曾孫男六。大德丙午冬，葬斗岡之原。弗妥，延祐己未春，改葬春壇敖氏墓左，首乾趾巽。府君三子，在者唯登。嗜學工詩，前敕授敦武校尉、管軍總把，❷以侍親不願仕。泰定丁卯，予過清江，而登請曰：「先君卜兆至再，前進士黎公立武舊撰誌銘，未刻而燬於火，文不復存。以先君

❶「寄」，成化本、乾隆本作「奇」。
❷「總把」，原倒，據成化本、乾隆本乙正。

之德美，詎可沉没，非先生孰能使之傳？敢以爲請。」予方彊壯之時，唐卿譽望洋洋盈耳，聞之四十餘年矣，每嘉其才略志氣，卓爲人中之傑。今又重以孝子之請，故爲書其可傳者，以表於墓。

故延平路儒學教授南豐劉君墓表

南豐之鎮曰軍山，峻削聳特，上逼霄漢。山靈所鍾，宜産奇傑，而唐以前無聞。逮宋之盛，曾子固文章磅礴萬古，真可爲茲山配，神氣厖鴻，意其鬱發而無盡。訖宋之世，科舉之藝擅名者數數有，而曾之躅未或繼也。宋季及國朝混一之初，❶南豐之彦有若諶祐自求，有若劉壎起潛，各以詩文鳴，然皆沈晦於下。倘俾生慶曆、嘉祐間，獲承六一翁鎔範，安知其不參子固而三乎？諶入國朝時年踰六十，又二十餘年至大德戊戌，八十六而終，終身無成。劉少諶二十七歲，才氣等埒，每自相推許。方起潛之在宋，已卓犖不群，邑正長、郡守倅及鄉先達莫不期以遠大。年三十七而宋亡，時勢人情、兵謀地利素所諳練，北來鉅公間以事接，聽其言論，甚器重焉，竟亦落落不偶。郡庠缺官，當路交薦，年五十五，始署盱郡學正。年七十，受朝命，爲延平郡教授。其教於兩郡也，繩檢諸生作古文，廟屋修完，學務振舉，視食焉怠其事者迥異。延平官滿既代，諸生不容其去，復留授業者三年乃歸。歸四年，延祐己未也，年八十矣。後八月七日晨興，進飯一匕，端坐而逝。初殯華野，泰定丙寅九月庚申，葬廣昌縣文教里之塔岡。劉氏世爲儒家，其先唐末濠州刺史金，生

---

❶「及」，成化本、乾隆本作「接」。

清淮軍節度使劉仁瞻，節使生懷州刺史崇讚，懷州之孫建康通守昭，建康之孫著作郎用滋，著作之玄孫寧遠縣丞諱從罩，是爲曾大父。大父諱炎。父諱巖，母揭氏。起潛事母篤孝，樂爲義舉，厚朋友，恤貧困，拯人於患難，心所至，不顧己力之何如。研經究史，網羅百氏，文思如湧泉。所著有《經説講義》《水雲村藁》《泯藁》《哀鑑》《英華録》《隱居通義》，凡百二十五卷。曾文定公墓祭久廢，典鄉校日，率諸生以暮夜行禮如初，抑其心所尚友者耶？娶傅氏，先十七年卒。子男三，龍瑞，亦先卒；麟瑞；鸞瑞。孫男二。曾孫男二。麟瑞走二百四十里詣吾門，請表父之墓。予於起潛，前聞其名，後見其文，今觀長興州判官許晋孫所狀，益歎其時命之不與才志合。於是表其所可傳以示方來，使其可傳於人者苟有傳，則其不可得於天者，固無憾也已。

故逸士游君建叔墓表

嗚呼！建叔之殁十有一年矣。葬已三年，而其子惟和始求予文表墓。惟和喪父時年甫十有三，今既冠既婚，而劬學未已，思欲不朽其親，可謂能子哉！建叔諱應斗，姓游氏，世居撫崇仁縣崇仁鄉，其地曰嘆郙。族大而蕃，敦本務實，儉勤殖生。在宋之季，浸浸以盛，迨今將百年，而其隆未替也。建叔好尚文雅，少習進士詩賦，藝成而科廢。南土初臣附，新官涖新民，官府數有重難之役，並緣侵漁。豪横吞噬之徒又乘間而出，短於支拄者，率身隕家毁。建叔佐父兄歷危險，理紛糾，智足以破姦，勇足以禦侮，卒底安全，而生業彌裕。元貞、大德以後，世道清平，人獲休息，乃治園地，大室屋，日共賓朋詩酒談笑。游士旅客時相過從，殷勤款洽，周急惠困，皆悦懌而去。阜財不競小利，粒饑不踴高價，取與各當於義。睦宗卹鄰，有請假而無欺覬。同産雖别籍，友恭弗弛。得子晚，愛之至，教之篤。鄧氏子隨母來歸，撫之如己子，視《禮經》繼父之道無愧焉。延祐丁巳七月庚辰，以疾終，年五十有九。久殯未葬，泰定乙丑正月壬辰，安厝於株陂道社之原。元配李，繼室尤，俱無子。惟和，王出也。自予之大父以來與游族交際，建叔於予，猶兄弟然。富而文，才而良，吾里之吉人也。子又善繼。予是以慨然興懷，而文其墓門之石。

元贈承事郎德清縣尹朱君墓表

承事郎、瑞州路在城務税課提領朱景淵，語其寮樂務副魯常曰：「吾父諱文進，字野夫，湖州長興和平鎮人也。早失怙失恃，鞠於兄。從祖渭，富饒吝嗇，里多仇怨。有自經者，誣之，逮繫於獄。子幼，❶莫克救解。吾父年甫弱冠，上白憲司。馬公光祖直其所訴，從祖釋械而歸。而吾父年甫弱冠，略無德色。其後保任友人，貸於從祖，歲久負欠，乃債己産代償其子本，而吾父亦無慊意。由是去家遠游。值宋季世，豫計宋幣必將無用，罄竭所有，市易諸物。未幾宋亡，舊幣果廢，吾父所貯物貨價長數倍，遂得爲興家之資。先是，太平州黄池鎮賈人以貨寄售，直數千緡。既而賈死於兵，妻已改嫁。吾父悉輸其直，俾畜遺孤。吾父與人交際，不問賢否，無所訾毁，號稱長厚。或有諮問，必以忠告。每推贏餘，周卹鄰戚。歲饑民疫，偵伺炊烟不起之家，陰有所遺，不使人知。善鑑人之能，度其能有成立者，給助貲力。彼人既致豐盛，所報不如所施，無

---

❶「子幼」，原倒，據成化本、乾隆本乙正。

憾也。教子爲儒，兼習國字，景淵藉以仕進。嘗適一處，樂其形勢翕聚，指示景淵，擬爲身後葬地。皇慶癸丑四月二十五日終，年七十有二。其年八月，葬烏程縣三碑鄉小金山之趾，即前所指示者也。吾母同邑丁氏，諱妙靚。勤儉静柔，克相吾父，共植吾家。致和戊辰三月十四日終，年七十有九。明年二月，祔葬小金山之兆。景淵賴父母遺訓，服七品章服，自嗟禄弗及養。幸皇澤優渥，追榮於親，吾父贈承事郎、湖州德清縣尹，吾母贈宜人。親喪久葬，而墓石未豎。深懼先德泯墜，敢介子以請於翰林吴學士，蘄一言文諸石。豈惟吾親托以不朽，景淵爲子之心，庶其有恔乎?」魯常將景淵之命來諗予，❶謂景淵之父義足以敦薄俗，智足以識幾微，而有子能發身榮親，俱可尚也。是以不辭而表其墓焉。朱氏上世有仕者，而承事君之曾祖琰、祖恒、考清，皆不仕。君之男，長景淵，季景思。女，適馬，適吴。長孫介壽，南安路蒙古字學正，考滿，名在吏部選中。景淵能詩能文，有猷有守。其益自勉，益自謹，爲良吏，爲聞人，使聲實加於上下，則立身揚名之孝，又非但如今而已。

❶「常」，原作「嘗」，據成化本、乾隆本改。

吴文正集卷七十二

元吴澄撰

墓誌銘

樂安縣丞黄君墓碣銘

乙亥之冬，郡既降，下諸縣索降狀。樂安令率其僚聯署以上，丞黄君獨不往。令遣吏促之，方對語云云。吏迫之，不動。白令，令怒。俄而吏民數百人集於庭，强輿致君，顛踣於地，若卒中然。衆捽蹢詬駡，❶且曰：「爲是不順，將召兵累我民。」君佯死，爲不聞。令無如之何，同他僚署名應郡命。君有惠愛在民，既暮，憐之者舁入寘中堂，蓐處地上。翌旦，或飲以粥，氣少續。越三日，家之人始來視，遷就榻，面壁卧。旬餘，新領郡事者分遣新官治所屬，一郡吏來丞樂。其人素敬服君廉正，又見府積緡錢甚富，諸器物一如故，可爲己有，以此德君。用交承之禮接待，力覆護，爲言於郡。郡檄召，不赴，則檄攝縣事，亦辭。全身以去，

❶「駡」，成化本、乾隆本作「詈」。

與家人完聚。爾後連歲盜起，挈家辟地。靡寧僅定，廬於巴山之下，日務治圃觀書。年七十二乃終，❶辛卯十一月二十日也。君，隆州井研縣人，諱申，字酉卿。弱冠以《春秋義》貢禮部，比壯再貢。戊午出蜀，依叔父於南康。旅且貧，急就禄。己未廷試對策，特奏名，授迪功郎、江州德安尉。官滿，轉修職郎、撫州樂安丞。需次閒居，當路命攝縣主簿、州司理，又兼提點刑獄事。多所辨明，冤者獲伸。樂安之政，廉謹如初，以恩陞從事郎。丞相江公萬里、提刑黄公震，宋末號名人，不輕許可者，稱君堅壁禦貧，明潔無私，其言足徵云。蓋惟怯於利者，能勇於義。君嘗與予言：蜀被兵時，一守臣先出其帑，榜其門曰：「一身留許國，諸子用傳家。」其年將變，君悉遣家人遠避，而身自留於官。借予一力給使，紛擾之際亦逃，惟一犬隨，君作傳紀其事。夫人牟氏，繼韓氏，先八年卒。子四人，賁、孚、革、蒙。女子一人，歸權。大元至元二十九年壬辰十月癸丑，葬於崇仁宜風之孔陂原。君鄉人、同知撫州路總管府事眉山史侯銘墓，弗稱，賁請更之，以刻於墓門。予驟辭，請逾力，乃銘曰：

利之闑截截，義之玦揭揭。維潔不涅，維節不折。衆爾惙惙，獨厲烈烈。不裂不缺，有官斯碣。

秋堂陳居士墓銘

古有德人，不出諸口而行諸躬。與之終日，無疾言遽色，温温其恭；與之終世，無藏怒宿怨，休休其容。

❶「二」，成化本、乾隆本作「一」。

嶇嶔末路，委曲新令。開釋圜羅，清泠沸鼎。陰功實弘，善報未稱。永藏於斯，百世其慶。

亡妻余氏墓誌銘

鄉貢進士吴澄妻余氏，諱維恭。父珏，業進士。寶祐乙卯二月庚寅生，生十有九年，歸爲吴氏婦。事舅姑，相夫教子，悉合道。子男四，❶女二。❷二女一男殤，存者三，曰文，曰衮，曰京。生三十有七年六月四日食時，猶分晝閫内事如常。有頃，自覺身弱目闇，扶至牀，如是而終。越五年五月丁酉，葬於黄樹谷，距家四里而近，兆向巳。銘曰：

姑失賢婦，夫失賢助，子失賢母。淑也宜壽，而天不與，其何故？

將仕郎師濟叔墓誌銘

自進士專科取人，士之入仕者，世胄與進士兩途而已，雜流、特恩不論也。宋氏盛時，先正諸名公率由進士出，是皆間世之英，不待學而能。蓋天將擬之以爲當世用，假途進士科耳，豈是科果能得人也哉？嗚呼！窮之所學，非達之所用；達之所用，非窮之所學。一旦棄舉子業，登吏部選，有民有社，臨事懵然者衆

---

❶「四」，乾隆本作「五」。

❷「女二」至「曰京」十六字，乾隆本作「長文次衮三京四稟五亶」。

矣。方且以科第自高自榮而驕世冑，抑孰知彼家庭之所見聞、官府之所經歷，監舊章，視已事，明習法令，有非孤寒乍躋仕路者之所能及哉！若故將仕郎師君濟叔，其世冑之才者夫！惜其不及於用，而止於斯也。

濟叔諱世美，眉州彭山人。曾祖考諱如岡，某職、朝請郎。祖考諱復，某州軍事判官、朝議大夫。考諱應極，知某州，某王府教授、户部郎中、某監、某大夫；妣楊氏，封宜人。大監公辟地出蜀，來居撫之崇仁。師，蜀著姓也。大監公久負重名，一時士大夫傾意願交，知不知咸延頸竦慕，走其門者日相踵。故雖客寓兹土，而所樹立卓卓，聲實氣勢，與故家埒。大監卒，濟叔方幼學，已能相其母，持家如其父時。澤授將仕郎，試於銓曹，未獲仕而天曆改。人與法一新，異代高門巨室，失其故常，無所控倚，身殞家圮類十八九。濟叔於斯時出入虎兕甲兵中，如升虚履平，爪角刃莫之容措。❶ 涖政者遠來，未諳習俗，及一種乘時用事，猲猲狠狠，翕赫可畏，不惟不見傷害，又加愛敬焉。濟叔體貌髭髯，偉然奇丈夫。工翰墨，善辭令，終日亹亹不倦。接人謙下和易，雖兒童輿隸，待之至恭。然持己矜莊，不屈不辱，人自不敢狎慢。爲人謀竭盡底藴，論事切中事情，多知前代故實。閒居觀書，有見輒標識上方。客有問，應聲對曰：「史某紀某傳、《通鑑》某代某年，某書所載，某人所録也。」抽簡帙參驗，無不然，其記覽精熟如此。使濟叔早獲推其所長，施之治官長民，決不碌碌。烏乎，而止於斯邪！而止於斯邪！生癸丑三月二十日，享年四十六，卒戊戌十二月十八

❶「刃」，原作「兩」，據成化本改。

日。娶陳氏，融管安撫元晋之孫，安遠軍節度推官同祖之女。❶再娶黄氏，樂安人。子男三，元奎、元堅、元基。女二，元直，已歸豫章李；元里，許歸同邑袁。初，陳夫人葬長安鄉某里銀水谷，後黄夫人附於其兆之左稍前。濟叔卒之三年十二月十三日甲申，合葬於陳夫人之兆。將葬，陳夫人之弟輿孫謂予曰：「子與吾姊夫故，且知之悉，宜爲銘。」銘曰：

侃侃才胄，既苗且秀。罹兹多虞，談笑羿彀。脱人於難，匪直自救。早而服官，膚敏孰右。時哉不偶，命也不壽。從二媲藏，銘永弗疚。

皮母羅氏墓誌

皮母羅氏，豐城人。生淳祐乙巳二月，爲趙氏媵，歸清江皮。左右君夫人三十餘年，既能且賢。元貞乙未十一月得足疾，靡藥弗試，弗瘳。明年四月十四日終，九月殯宅南。越七年某月某日，葬於金華山之陽。生子一人，曰湑，趙夫人子之，是爲總管公之世嫡。湑與予友，故其母之葬也，予爲之志。

繆舜賓墓誌銘

繆舜賓，宋咸淳間以能賦中程試第一，授知樂安縣令。既而得軟脚疾，貽書余曰：「不幸得痼疾，顯親

---

❶「同」，成化本、乾隆本作「仝」。

揚名之事已矣。先子未沾寸禄，齎志以没，宰木且合圍，其賜我昭諸幽不朽之辭。」余不敢當，而哀其意，轉求諸丙辰進士第一人廬陵文公天祥，竟爲其父得志銘。舜賓生淳祐乙巳，年五十有七。今年初夏，豫知死期，遺命其子持所書，以爲平昔所交遊者訣，且曰必予爲誌銘。嗚呼！銘墓非古也，蓋古之所謂不朽者，必於身不必於人。後乃不然，託諸人以傳不朽，其人與其文又未必可以不朽也。昔銘舜賓父者，其人可傳矣；今爲舜賓銘者，其文可傳乎哉？雖然，予與舜賓往來久，死以是屬，予何可辭！繆爲崇仁甲族，舜賓之祖姑，歸吏部侍郎李公劉，逢國大慶，恩霈旁及。舜賓之曾祖考、祖考，俱迪功郎；曾祖妣、祖妣，俱封孺人。舜賓之父諱若鳳，鄉貢不第，特奏名授修職郎、吉州永豐縣尉，未及禄而卒。母吴夫人，教舜賓至成才。博記覽，善談論，於衆中四座輒屈。舜賓日與侍郎公家諸胄游處，有令陽春者以詩自好，從當世能詩者學。膏馥所霑丐，於是舜賓之詩卓卓不群，樂府長短句、四六駢儷語皆工。家徒四壁立，未嘗有戚容，授徒以給其妻子。娶吴氏，繼胥氏。男三，女一。十二月七日，葬故里巒坊之原，附修職君之兆。舜賓名穆，前郡守徐公霖所錫，且字之，後自更名無咎。所著詩文及書語謾抄，藏於家。銘曰：

四科之一，學與文；六極之二，疾與貧。得其一，不免其二；天匪人，已乎舜賓。後千千春，眠此墓門。

秋堂陳居士夫人黄氏墓誌銘

余讀劉向《列女傳》及諸史襍記，所載母儀婦德尚矣。然士大夫行實修而名湮没者，世何可勝紀，況不出閨門之内者乎？若吾里陳夫人黄氏，母儀婦德，可謂無愧者也。夫人諱某，世居樂安之桐岡。父兄弟姪皆爲儒，貢禮部者相屬。歸於吾里陳居士。居士德人，夫人相之，家道日隆。居士既終，優游子舍壻家十有餘年，福稱其德，年七十有五乃卒。生之日寶慶丙戌九月季二，卒之日大德庚子十月上五。子男四，孟垚、仲垚先卒，季垚、叔垚。女三，壻袁士真、袁宏道、袁士達。士真亦先卒。孫男四，覯行、覯過、覯德、昌生。女四。曾孫女一。卒之明年二月壬午，葬於里之塔山坪。季垚、叔垚請銘。余昔銘居士，云：「與之終日，無疾言遽色；與之終世，無藏怒宿怨。」知者以爲非溢美。夫人，居士賢配，其可銘也已。銘曰：

父族爲士，夫族爲士。母有孝子，奉終如始。勒銘山趾，以著厥美。

覺溪游君墓碣銘

游君伯常倜儻不群，❶早年以進士詩賦伎雄輩流，意科第可拾芥取。既屢試屢屈，預貢而降試補國學弟子員。往試又不偶，乃礲斲廉鋭，芟毁芽枿，教授里中子弟。循循有繩矩，談論古今世務，亹亹可聽。遘時革運，天䘈有闇於天曆者，致大師。君居直通道，不虞師之奄至，父子族屬七人爲哨兵所獲，俱束縛，以次就戮。戮二人畢，其三將及君。君之子君佐不忍見父之死，請先殺己。小校義之，以白主帥。君軀幹偉，應對敏，帥奇其才，得釋，上送於朝。事格不報，於是君客游燕、趙、齊、梁間，甚適恬，無仕進意。越數年，前主

❶「伯常」，原倒，各本同，據下文「君諱伯常」句乙正。

帥參江西行省政，至邑有所逮問。君門下士出入左右，得豫機密。❶忽有飛語讒君，漏言於外，自辯莫可，憂懣以卒。年五十有二，至元癸未四月一日也。君之配陳氏，後一月亦卒，其月合葬於璋湖。子男二，君佐、君佑。女一。孫男三，霖、垚、焱。女三。君諱伯常，撫州樂安人，家天授鄉之上覺渡，自號爲覺溪翁。余弱冠已知君。君卒二十年，君佐始立墓石，請爲誌銘。嗚呼！余之故人也，才如是，所到止是，其命也已！其命也已！悲夫！遂敘而銘之。銘曰：

能與不能，人者明明；成與不成，天者冥冥。數之不羸，有萎其英。吾知吾銘，尚假幽扃。

皮仲宜墓誌銘

往歲客南雄總管皮公之門，識公之族弟仲宜甫。髭髯姱脩，言論峭直，汛掃一室，有自讀之書，有自吟之詩。賓至焚香瀹茗，或觴或詠，諧笑云云，蕭散不羈，宛若晋人風度。嘗從總管公撫定郡境有勞，帥府欲俾效用，弗就。暨名上省府，署攝始興縣丞，亦弗就。前進士路萬里高之，作真贊，有褒辭焉。赴急解紛，慷慨尚義，鑑時燭物，敏鋭無滯思。凡人用所資，著發取棄，靡不中機。歷覽湖、湘、淮、淛而歸，種菊盈庭，故相章公爲題堂扁曰「菊逸」。年六十四而終。臨終，書「惟孝惟友，可以立身」遺其子。考諱弁，與徐侍郎卿

❶「豫」，成化本、乾隆本作「預」。

孫輩諸名人友,治《毛氏詩》有聲。仲宜諱儀,克纂父業。三兄一弟,❶世居清江下燫。娶聶氏,子男三,野、權,季方大,爲謝氏後。女三。孫男二。野,高安教諭,務學工詩,今授徒於里。構一樓於堂之北,將致樂以養,而親弗待矣。初喪秋季中旬之三,卒窆冬季上旬之二。時維大德九年,兆在里中某所。野與余善,又因總管公之子來請銘。銘曰:

入,誰之與居;出,誰之與俱。而愉其躬,而贏其家,而淑其後以遠須。可不謂能乎?

宜黄鄧母謝氏壙誌

謝氏妙瑩鄧繼室,生丁酉歲四廿七,庚子十二廿四卒。儉勤婉順事夫君,子名時俊名應元,家力豐裕諸孫蕃。乙巳季冬甲申日,卜葬未山甲向吉,水去流陰丑艮出。俊從余學此母賢,爲誌幽宅光千年。

白山許君墓誌銘

進士科試藝,非古也。唐人采譽望,先期投所業,又緜所知薦引,雖不免於私,然士以此故,閒居不敢自毁其名行。宋氏糊名考校,於立法至公,❷利孤寒,不復計平素,其選始襍。真才實能,反或厄於命而終身

❶ 「三」,成化本、乾隆本作「一」。
❷ 「於」,成化本、乾隆本作「謂」。

沉淪。若吾白山許君季文甫之藝，縝栗卓犖，同輩所推，後輩所師。歲乙卯、丁卯，購其文者咸貢於鄉。歲癸酉，二俊士共爲文，雷丐膏馥，亦得預貢，而君竟不偶。後校官見君策論，驚歎失士，稽之，乃謄録院逸去賦卷。時代更，貢舉廢。君負長伎，自好不厭，鄉里競延致教子弟。餘力哦古近體詩，寘陸務觀、劉潛夫集中莫辨。同縣甘君泳，不習舉子業，徧游東南，交當代名人。有詩數百篇，清絶自成一家，仙佛儒悟解俱涉其藩，人稱爲東溪先生。不娶，無後。君諱文薦，詩工而奇。不談仙佛，而談考亭朱氏、青田陸氏學。欣然意會，人莫能知也，間獨與余上下其議論。卒之年授業縣東三十里，近甘君墓。暇日輒適壟，徘徊彷徨，悲涕不自勝。是年十月十三日卒，年七十有七。考諱士穎，爲儒能詩。妣羅氏。世居撫之宜黄，徙崇仁。初娶周氏，無子。再娶繆氏，就室於李，亦無子，養涂氏女爲女。三娶馬氏，就室於劉，一男一女，後又生二女。涂女適黄，劉女適聶。親生女一許嫁，一未許嫁。往年官覈户口，一家不得包二姓，男若曾遂附許氏籍，君教之如子。君之喪，服斬衰如服父喪，具無缺。既逾月，衰絰造余門，哭泣請曰：「繼父病革時言，吾有不朽者在，意以囑先生也。將葬矣，敢請。」君與余忘年交，不得辭，則爲之銘。宅兆，君所自營，首西北，鄉曰長安，原曰連坊。日十八，月十二，歲大德乙巳。銘曰：

於蔚辭，數連奇。嗇其施，豐自嬉。晚疇資，二陸規。山陰支，臨川涯。萎兮澌兮，噫噫兮悲。

鄉貢進士周君墓誌銘

大德八年三月十九日，鄉貢進士周君棲梧客死於金谿。死之三日，其從子仁乞地于聶氏葬之。墓前有古神祠，曰周將軍廟。君仲弟棲楚先死，季弟棲筠客豐城，聞喪來奔，則已葬。議以歸祔于崇仁之祖塋，仁曰：「葬具可，其毋遷。」遂歸直於聶，而得其所葬地。君業舉子，《尚書義》有聲，咸淳癸酉以字與貢，更字朝陽。在大元爲崇仁縣儒學教諭、臨江路高峯書院山長。名在吏部，將授儒學教授，而君死矣。年六十一。先世自贛寧都徙撫樂安，初年室於郡中之熊，落魄不羈，常遊食於外。於事無心，於物無競，所至無不愛悦焉。女一人，適連。以仲氏之子寶爲子，仁之弟也。聶之子爲仲氏之壻，聶之族女又爲仁之妻，以故經紀君之喪有力云。君與予友善，棲筠娶予女弟，請銘确，故銘。銘曰：

處之時時而來，旅之時時而隨。酺而怡怡，語而嘻嘻。噫不可復，奚而不悲？

朱氏静淑墓誌銘

洪士言其鄉鄭氏婦朱氏静淑，幼讀《論》《孟》，了大意。歸夫家，弗逮事姑，事二姒婦甚恭，後事繼姑甚孝。舅姑罹寇難，甚哀，每遇諱日甚悲。相其夫，廣家産，比初年什伯倍，處變不失常度。夫以筦庫之役出，則兼治閫外事。日有齎送費，猶能以餘力新居室。暨夫役滿而還，堂構已完。人以田園售，不抑其直，祈子孫得永保。饑歲平糶，待之而舉火者數十家。貸收不貳量，有負不能償，輒折券。里有樵屯渡，捐貲造舟，以利病涉者。凡賓客之饌，必躬視。官吏或假館，徒御雖衆，供給不勞而辦。夫嘗與伯兄小忿，從容道手足恩義，開諭勸釋，夫感悟至泣下，友愛終其身。又嘗與鄰有争，亦諫止曰：「彼良田百畝，具以歸我，此獨不能小忍乎？」延名師教二子，夜必自程督，問日所講肄何如。子方長，家方隆，而不幸抱疾以歿。歿且八年，宅兆始協吉卜。夫季政，男元鳳、元謙，將奉柩窆，願得一言昭諸幽。以某嘗授業二子，頗悉其家内外事，而因某以請。予曰：是蓋爲斯婦斯母不朽計，義夫孝子之志也。斯婦也，欲其夫積善以貽後；斯母也，欲其子務學以光前。賢已！夫若子環視其鄰，昔赫赫者今寂寂，而吾之家一旦至此，其何以守此哉？惟當日夕勿忘逝者諫誨之意，益崇善，益勉學，俾鄉里藹慈良謙讓之譽，門户增詩書禮義之輝。人必曰：「斯婦實成斯夫，斯母實生斯兒。」不朽莫大乎是，銘不銘，奚加損焉？雖然，孝於姑，恭於姒，匡其夫以從兄睦鄰，婦德若兹，其可銘。乃稽其世。世居富州宣風鄉杭溪里。父汝岳，母譚氏。夫家，新建縣德禮鄉侯溪里。❶舅文富，姑蕭氏，繼周氏。女適廣東宣尉之孫、靖安縣尹之子塗浯異。孫男四人，女三人。寶祐丁巳建辰月端七生，❷大德己亥建酉月季五卒。丙午建丑月季四葬，葬返其所生之鄉里鹿興原溉塘。銘曰：

婦以德妍，有美嬋嫣。銘貞其賢，厲彼不然。

故龍興學録鄒君墓誌銘

大德辛丑夏，英德倅熊侯謂澄曰：「吾弟之子妻劍池鄉河湖里鄒公遂，公遂將以某月某日葬其父學録君於青坑之原，蘄一言光泉壤。以疇昔之未獲見也，敬介某以請。」嗚呼！予弗及識鄒君，而於侯舊矣。禮

❶「鄉」，原作「郝」，據成化本改。

❷「寶」，原作「淳」，丁巳年在寶祐，據改。

辭弗許，固辭又弗許，則弗復辭，爲敘其概。君諱敏中，字時甫，世居古豫章郡豐城縣，今爲富州。其文業進士，通《戴氏記》。淳祐乙卯幾預貢，既復黜，試大學。平居耽講誦，嗜賦詠，有雜詩雜著，名《静樂堂稾》，藏於家。其行事父孝，母聶夫人終，雖孩，執喪不失禮。貲産悉委伯兄季年，分異唯命所畀，漫弗計贏窳。兄歿，哀痛切至。事伯姊猶兄。坦夷軒豁，好賓客，日以棋酒相娛，捐貲恤鄰無靳色。其先曾大父堯甫、大父元廣、父輝，俱隱德弗耀。其後公遂，男二女一，蕃衍未艾。其配彭澤簿黄喆飛女，聶氏繼。其壻楊守道。其游，少從清江歐陽居宜習經。❶暨長，南康江丞相、建昌包樞密、廬陵王梓國用、同郡萬一鶚章甫，皆以客禮待、友道交。狀其行者，前鄱陽尉趙用信。其年嘉定庚辰季秋五日生，至元丁亥季冬望日卒。嗚呼！鄉君非古所謂一鄉善士歟？生而有文有行，死而有子有孫，家日肥。得吉兆以窆，而銘以昭之，其可無恨已。銘曰：

天嗇其試，而豐其嗣。雖亡不亡，用闡斯閟。

林夫人鄭氏墓誌銘

毓於儒家，媲於宦族；生五子，孫男女凡二十，曾孫男女凡十有五，逮見玄孫；受公朝錫帛恩，年八十有五乃終。此世之福德人，而金谿士林程母夫人鄭氏有焉。噫！天所厚也。夫人諱惠真。父試國學生。夫

❶「宜」，成化本、乾隆本作「誼」。

益齋府君，知臨湘縣奉議公之從子。夫人爲婦而宜禮無違，爲妻而隨事無隳，爲母而慈教無虧。門内長幼，門外戚疏，遠而賓旅，賤而使令，待之靡不中則。年四十有九而寡，總内外餘三十年。伯子一薦辛酉歲附貢士榜，仲程，其次和，其次秩，季稹。唯仲、季獲終養。孫男十有四，立、亨、永、克、雍、寓、宏、穹、芽、末，而文、言、高三人亦先卒，芳出爲族人後。女六。曾孫男五，明、良、雷震、雷弟、禮孫。女十。芽暨良之生，與夫人同月日。玄孫琳。夫人卒之日，大德丙午六月乙卯。卒之明年，予去官就醫，留富州。程挾其所館客周仁爲介，觸炎暑走三百里，自狀其母之行授予，泣且請曰：「程弗克自奮以顯親，大懼没而弗稱於世。將以今年九月壬午，奉柩藏於柘岡，邇府君之兆。❶得當代能言者畀之銘，庶其不亡。」友人黄令炎發復以書助之請。予閲其狀，夫人生宋嘉定壬午十月丁丑，實與吾母同年而先一月，而吾母先八載逝矣，泫然動予哀。噫！程之哀其母猶予也，銘其可已乎？程，敦朴士，❷年六十有五，孺慕如少。允哉賢母之子！銘曰：

生也壽，死又欲其壽，維子之孝。

❶「兆」，乾隆本作「塋」。
❷「朴」，乾隆本作「愨」。

吴文正集卷七十三

元吴澄撰

墓誌銘

故逸士熊君佐墓誌銘

富州之甲氏熊爲盛，而不一族。横岡之族，其先知制誥龍圖公之後，繇鄱徙至。諱之翰者早世，其配周氏，以姨之子爲子，實丞相京文穆公之從孫諱禮，娶從事郎王尉之女。生子四，仲諱大經，❶娶韶州周守之姑。生子二，君佐諱師賢，其長也。幼敏悟，長治進士藝，馳俊譽。叔父貢士暨鄉先輩，皆期以早達。僅一試貢闈而科舉廢，讀書娱親於山。至元壬午，先廬燬，隱城市。十年，父既殁，養母能盡歡。大德辛丑，築室還故鄉，扁其堂曰「寓樂」。與老梅踈竹、叢桂幽蘭、細蒲怪石俱，便坐掃地焚香，琴書圖畫，羅列後先。尤嗜古器玩。嘗學琴，後不復操，曰「但識琴中趣爾」。惟工詩不輟，一時吟人，咸相推許。弟師周，同居同財，三

❶「經」，成化本、乾隆本作「涇」。

十年無間言。暇日，弟若子相賡酬，自爲師友。乙巳，罹母喪，哀慕幾欲無生。其明年冬感疾，丁未夏四月，竟弗起，年五十有三。秋七月壬辰晦，窆于卦塘栖龍山之陽。初娶監吉州糧料院李登孫女，再娶户部侍郎鄧詠孫女。男希勉，女適胡宜審。孫寄生。予移疾寓富州，先葬期，師周以書將前太學進士徐懋初狀，因予妹壻周筠來請銘。筠謂君佐敦厚篤實，好賓客而不妄交。希勉篤實如其父。徐之狀亦云：「辭翰清粹端健，爲詩冲澹瀟散，不求工而自理致。」予雖不識君佐，其概可覩已。嗚呼！向之科舉，誠不足得士，然拘以定法，乖逢一制於命，非可以苟求，得不得者安焉。自科舉法廢，而進仕之途泛。人人懷希覬速化之心，離親戚，棄墳墓，跋涉攀援，百計干入。經歲年，敝衣履，犯風雨寒暑，或至破家殞軀而不悔，愚亦甚哉！君佐之才，豈不可以翔翥？以其清致，出而與今之君子遊，必有合也。而安分知止，澹然無營於世，以終其身，可不謂賢乎？往年予被命徵爲國史官，弗果赴。今幸補外，閒散無編纂之勤，每欲述野史以自嬉。凡山林恬退有足稱者，具逸士傳，若君佐其可。銘曰：

群動芸芸濯其渾，獨立齗齗咀其芬。有美逸民清意存，貞於堅珉麗千春。

故待補國學進士何君墓誌銘

予移疾還家，道過清江皮氏。留再月，有衣大布之衣介皮氏來謁。問之，何其氏，與道其名。揖之坐，作而請曰：「與道之兄有道、弟安道，是爲待補國學進士君之子。先君諱應子，字奕夫，世居清江縣崇學鄉之彭澤。生宋淳祐辛丑，弱冠喪父，奉母聶氏理家。刻意學業，師進士周先生，由詞賦改習《尚書義》。甲子、庚午秋貢，俱以補弟子員待試國學。與熊夫人之從父前進士介，游從講問最密。科舉既廢，隱處絶仕進意。峩冠博袖，延師教子弗怠。他境嘗有逮捕，根株幾蔓，出身扞蔽，同井賴以無擾。歲饑，平糶以濟。族姻貧不克葬，捐貲以助。人有急必賙，有負未嘗責。不幸於大德丙午五月四日終，將以丁未四月某日葬某處之原。與道兄弟痛惟先君與總管皮公世姻世鄰，荷待遇特厚。先生善皮公，於公之所厚能無情乎？倘俾一言光於幽，不惟先君長逝不恨，而其遺胤與有佼焉。」予曩聞皮公言彭澤之何爲儒族，其先彭澤縣人，官于吉，因家於此。其後有陽山令致仕來歸，遂名其地爲彭澤，以志其祖之所自。公又數稱奕夫爲善士。噫！公之言足徵，而其子又請之勤勤，是可銘已。君娶熊氏，子三男三女，孫二男三女。盧應開、熊文瑞、楊德懋，其壻也。父諱夢龍，大父諱泳，曾大父諱珉，並隱德弗耀。夫善積者慶餘，以君之善，其蕃其昌，不在後之人乎？銘曰：

積之厚，其究也楙。前所留，維後之休。

許母王氏夫人墓誌銘

昔年予以童丱就郡學補試，同邸有一先生長者，視予所作賦，勉而教之。試畢，各不問名居而去。後八年，予忝鄉貢，工歌《鹿鳴》之燕，❶向所見先生長者亦在焉。問之，則臨川許先生功甫也。其年爲江西轉運

❶「工」，疑當爲「士」，從上讀。

司所貢士，遂相款密。自是數歲間或一見，情誼如父子師友。先生每言其族中諸少之可進者，必稱如心。越數年，予同升貢士金谿何伯陽過予，以如心所述母夫人王氏行實請銘。如心之父登仕君諱泰，功甫先生弟也。初娶黄，生子三，曰直心，曰敬心，曰如心。再娶王，生子二，曰原心，曰惠心。王爲右族，擇壻甚嚴。登仕君失元配，乃議以夫人歸許。夫人慈順詳審，工女事，略通詩書大義。處内睦而敬，御下寬而肅，躬勤儉而有賙恤心。夫所友，子所師，待遇悉以禮。亂離中值母喪，哀毁憔悴。喪既除，中寒疾不起。明年正月，葬熊坊新莊山。如心五歲無母，夫人鞠育如己出。原心痛其母不得年，思以貽不朽。伯仲二兄已先卒，而季兄如心爲之請。《禮》曰：「繼母如母。」《傳》曰：「繼母之配父與因母同，故孝子不敢殊也。」如心能若是，可以爲士矣。予既與登仕君之兄厚，且知如心，伯陽又言之勤勤。閲所述，證所言，夫人，賢婦人也，銘惡可辭？夫人諱某，生二十八年而歸，歸八年而逝，逝餘月而葬。生之歲癸卯，歸之歲庚午，逝以丁丑之冬，葬以戊寅之春。❶ 葬三十一年，而始得銘。銘曰：

得所豐者賢，所嗇者年，猗嗟乎天！

故太醫助教程君妻駱氏墓誌銘

補太醫助教程君諱遠之，妻駱氏，撫崇仁人。年十有六歸程，六十有六而卒。生三子。至元辛巳七月，

❶ 「寅」，原作「申」，據成化本、乾隆本改。

太醫君卒。次月長子亦卒，惟仲、季在。其仲鵬舉言：「吾父以醫術客高門巨室無虚日，賴吾母主饋勤儉，克有田廬。敬事舅姑，事祖姑如姑。姑之父母依於我，亦如之。於娣姒婦族姻，中外恩禮惟稱。延名師，教子爲儒。嫠居二十年，冠昏二子，嫁幼女畢，還見諸孫，乃老。吾程氏之先，自河北廣平來仕江南，而家新安，自新安分處他郡。九世祖尉崇仁，官滿不去，墓在縣東門外之三山。吾母未葬，長老咸曰：『此吾族賢婦，祔先兆宜。』乃營墓左百步之外，將以丙午閏正月丁酉窆，願求一言麗諸石。」予幼識太醫，後與其子游。過其家，見其子禮賓之勤，而知其有賢母也。其母生端平丙申十月，卒大德辛丑八月。鵬舉暨弟鵬飛，儒而世其父之業。家設藥肆，售不以贋。女子子三，適孫，適黄，適吴，俱已亡。孫男五，孫女五。銘曰：

程氏初祖，自昔少府，爰宅兹土。八世聯綿，有婦貞賢，祔於其阡。

魯國太夫人王氏墓誌銘

魯國太夫人王氏，資政大夫、前御史中丞王公某之子，故昭文館大學士、榮禄大夫、平章軍國事、行御史中丞、贈純誠佐理功臣、開府儀同三司、太傅、上柱國、魯國文貞公康里氏諱不忽木之妻，❶嘉議大夫、太常卿回之繼母也。王公正直和易，爲時端人。夫人生長名門，天質純美，父教母範，閑習見聞，懿德夙成，如古淑女。年及笄字，謹選所歸。會康里公喪初配，議者咸曰：「貴族重臣，有行有學，可妻，宜莫如公。」遂以夫

❶「康里氏諱不忽木」，原作「喀喇氏諱博果密」，據明初刻本、成化本、乾隆本改。下文改正同此。

人歸焉。夫人沈静寡言，廉儉中度，克相克順，官事無違。禮於族姻，仁於媵御，閨門之内，雍雍如也。暨康里公薨，屏居一室，稱未亡人，非歸寧不至門外。男曰猛，女曰宜童，視前夫人子均愛如一。公薨之十年，恩封魯國太夫人。其明年，以疾終，祔於宛平東安祖姑之塋。生之日，至元乙亥六月辛酉。薨之日，至大庚戌三月癸未。越七日己丑窆。常卿與予游，予國子師，而猛國子生也。請曰：「宜爲吾母銘。」乃銘。銘曰：

婉婉女士，嬪於相家。令德令儀，允也柔嘉。嫠居十年，志義貞專。所天一天，誓從九原。胙封大邦，以榮厥躬。云胡不遐，遽爾長終。若防若堂，尋有四尺。娩美維何，視此堅石。

元故嘉議大夫饒州路總管趙侯墓誌銘

至大二年四月乙丑，嘉議大夫、饒州路總管趙侯卒於官。四年秋，侯之子克敬走京師，因侯之壻高希元來請銘。高與余遊，余是以知侯之概，則不復辭，乃序次其家世行事而銘。侯之曾大父諱贇，家大定，金忠顯校尉，主長葛簿。大父諱整，有武略，不試。父諱來廷，善騎射，上蔡縣都統。金失汴，歸國朝。從郝元帥經理陳、亳、潁，招撫邊民有功。歷使三州，遷陳州長官，因家於陳。有旨授潁州節使，終於潁。時侯之年甫十有三，魁偉能謀，弓馬閑習，器局如成人。朝命襲父職，知州事凡五，潁、邳、莒、息、淇也。貳一路凡再，鄂、益都也。長一路凡再，瑞與饒也。初階武略將軍，進武德、宣武、明威，又進懷遠大將軍，改嘉議大夫。仕五十有三年，壽六十有七。母何氏，外祖某縣尹。侯諱庸，外和内剛，與人交靡不心説，恬於利欲。知經史大意，所至興學校爲務。聽訟必諭以理，俾自悔悟，不尚刑威，故囹圄常虚。其在鄂也，值權姦之黨專一省之政，掊克戕民，所屬化之。姦黨既敗，鄂之官悉以贓罷，惟侯獨任府事。其在瑞、在饒也，瑞産銀，饒産金，常課外官吏並緣侵漁。侯設方計除其弊，有遺愛焉。侯之喪至自饒，弔者千數。生而令人愛，死而令人哀，有以也夫！娶陳州節使史進忠女。生男三，克敬、克讓、克勤。女二。某年月日，葬於陳之東南五里，鄉曰孝義，村曰紀城。銘曰：

柏翳趙祖，興自造父。繇卿遂侯，以食晋土。其苗其裔，因國著氏。秦漢而來，代有顯仕。桓桓潁州，經野底績。爰嘉乃勞，施及世適。宅是宛丘，光啓饒侯。用宏家聲，克纘令猷。牧於九城，允也良吏。我銘孔昭，昭哉遺惠。

元故少中大夫吉州路總管劉侯墓誌銘

功德被於民，其民生而父母之，没而神明之。古之賢牧伯若是者，蓋千百不一二，而今於吉州路總管劉侯見之。侯諱執中，字仲和，世爲汴人。曾祖諱誠，仕於金，司臯事。因有冤，直之不能得，即日棄官去。祖諱錫，不仕。考諱安，武舉及第，累遷至懷遠大將軍、鄧州節度副使。金亡北渡，家大名。妣吕氏，汴名族。侯三兄，曰珪，曰璧，曰璋。其仲翰林國史院編修官。侯少負志節，長而益騫，種學績文，以裕所藴。同里竇文正公奇之，妻以子。既從竇公，悉得其學，餘力所及，猶能以鍼醫名天下。父喪哀毁，兄欲分異，固持不可。以老壽大司徒王贊善薦，獲事裕皇於東宫。世祖皇帝定朝儀，同太保劉公進禮樂圖稱旨，召見於仁智殿。初授奉議大夫，充左侍儀使、太廟署令，再授朝列大夫，尹濱州，副淮西宣慰。入爲侍儀司引進使，又授少中大夫，總管江陰、吉州。官三轉，職七遷，年五十五而終。事裕皇時，陳說國本之重，宜謹禁禦。其後盜殺權相，幾犯宫闈，緣是始設兵衛，人皆服侯之先見。

濱旱，祈禱逾月。侯至之日，屏去僧道巫覡，率僚屬齋沐，虔告渤海東之神曰：「天久不雨，民且無食。吏實可譴，民其何辜？」三日，澍雨沛洽。耆老詣侯謝，士獻詩文以頌。侯辭曰：「天之澤也，君相之德也，守何力之有？」淮西地曠人稀，勞徠其民，給以田宅，流逋四歸，遂成樂土。其在江陰也，歲大水，請賑貸。倡同僚暨富家出粟補助，以俟命下。繼發官倉，全活甚衆。前時納税，❶準直以中統楮幣，如舊宋楮幣之數賦於民，民不堪。力陳其敝於省，酌損之。柄國者議徙江南豪族於京師，官督屬郡起遣，輿情大震。侯故爲遷延，未幾事寢。所至首視廟學，修完勉勵。其在吉如在江陰，而化賊爲民，尤表表可稱。吉素難治，遠鄙怙險僻，連歲與鄰界谿洞相構扇，群聚爲寇。侯自將捕逐，重賞募官民材伎，徑擣巢穴，斬其渠魁。乘勝追擊，俘獲男女數千，輜重稱是，餘黨悉平，良民復業者七千餘户。明年，湖南寇侵，侯復進兵，諭以福禍。寇窮蹙，納款，撫慰各令就農。是役也，自夏徂秋，跋履深阻，中嵐瘴毒，力疾綏降附，❷輯散亡，惟恐或後。而疾竟不起，没於安福州之陽澤。賊酋衰絰哭送，越竟士民相弔，咸曰：「侯提兵以出者再，秋毫無擾。微侯，何以有今日？」立祠於陽澤，歲時報祭焉。侯孝於親，弟於長，交友殫始終之義。中堅正，外審詳，民樂其

❶ 「納」，成化本、乾隆本作「約」。

❷ 「力」，乾隆本作「得」。

慈，吏怛其威。蓋文儒也，而優於武略，達於吏事，是以能然。竇夫人賢淑聰慧，日記千言，嘗作《勸學文》警諸子，❶雖古女師，何以尚？先九年卒。侯之子，元麟，由吏部侍郎授嘉議大夫、大名路總管；騋，萊蕪縣尹；驥，太子通事舍人；參，少中大夫、典用大監；駿，國學貢士。庶子一。侯之壻，大名路梁侯之孫鐸，陝西右丞許公之子崇智，左丞張忠宣公之子僉廉訪司事某。侯之没，元貞二年九月十二日也。旨勑中書，命有司護柩北歸。殯以大德元年四月中旬之六，葬以皇慶元年正月上旬之十。墓在大名郭東元城縣令公鄉先塋之次，夫人竇氏祔。先葬期，狀行與事，徵銘於國子司業臨川吴澄。臨川與吉接壤，計前後吉守，如侯者鮮矣。閲其狀，敘而銘之。銘曰：

大江以南，有侯之廟；大河以北，有侯之兆。體魄歸地，永寧于兹；英爽在天，宜無不之。民曰吾父，世食吾土。風馬雲車，莫魏朝楚。令公之鄉，其封若堂。有煒其光，具此銘章。

故文林郎東平路儒學教授張君墓碣銘❷

君蜀人也，姓張氏，諱墾，字達善，世居永康之導江。曾祖廣成，贈承事郎。祖諱汝舟，鄉貢進士。父諱瀛，特奏名迪功郎、江州彭澤縣主簿；母黎氏。蜀有兵難，主簿君從其外舅監丞黎公出蜀寓浙。君生始四

❶「勸」，原作「勤」，據成化本、乾隆本改。

❷「墓碣銘」，乾隆本作「墓碑」。

歲，主簿君携以見秀巖李公、西山真公，俱目爲奇童。年十六而孤，奉母居海濱，師其先友，業進士詩賦。弱冠，以蜀士流寓試不中，改試《春秋義》，平舟楊公棟勉之學義理之學。年二十七，師金華魯齋王先生栢。君有才華，以所讀書十數條演繹其義，質於師，不答。君請曰：「某不敏，願先生啓發之。」乃出君所論，指示之曰：「若所論，昔人已嘗如此云云，朱子所不取也。」俾讀《論孟精義》，自此，君得聞所未聞。既而平舟楊公罷參政居台，而台之趙守及臨海趙令並喜講學，君造請其間，多所資益。游錢塘，出入翰林史館、禮寺，習知故實。還台省母，屬天兵南來，家殲焉。君煢然一身，授徒自給。初以浙西按察僉事夾谷公薦，授將仕佐郎、建康路教授。遲遲四年始之官，未及一期而代。再以行臺御史中丞徐公薦，授登仕佐郎、孔顔孟三氏子孫教授。顔孟家廟歲時以俗禮薦，爲制籩豆，更定祭儀，畀其家申請正顔、孟配位南向之失，升曾子、子思配饗，以周、程、張、邵、司馬、朱、張、吕氏九儒從祀，及其他便益事宜非一。秩滿，鄄城士大夫具書幣迎致，以淑其郡人。留四年，學徒自遠而至者日富，教聲洋溢乎中州。有以國子監官薦者，授文林郎、東平路教授。引疾不赴，歸於儀真，依江東宣慰使珊竹公以處。❶

君自幼敏悟，氣毅而容肅，未嘗一日廢書。經史傳記，禮樂名數，靡不研究。教人讀《近思録》爲四子階梯，四書以朱子《章句集註》爲本。次讀《儀禮》《詩》朱氏傳、《書》蔡氏傳、《易》先朱子《啓蒙》《本義》以達程傳、《春秋》胡氏傳、張氏集傳，讀史及諸子百家，定其是非邪正。作文書字，亦各有法。講説明暢，援引該

❶「珊竹」，原作「沙卜珠」，據明初刻本、成化本、乾隆本改。

贍，粲然皆成文辭。音節抑揚中度，聽者莫不竦服。其所著述，有《四經歸極》《孝經口義》《喪服總類》《冕弁冠服考》《引穀訓蒙》《經史入門》《闕里通載》《淮陰課稾》等書，及文集若干卷。年六十七，以疾終，大德壬寅六月十七日也。葬於揚子縣甘露鄉三城里蜀岡之原，以前配馮氏祔。再娶黎氏，外族宣教君之女。生女二人，長延秀，通詩書大義，嫁門人保定王元；次延穎，許嫁真定李某。至元丁亥，予識君於建康。其後予客東淮，又與君之所交、所教者遊，故知君爲深。至大辛亥，王元走京師，求文表君墓。嗚乎！講明朱子之學以授學徒，使人人聞風敬慕，能如君者鮮矣。而不獲于時，又無嗣，僅有女傳業，疇不爲君惜，況知君之深者乎？於是敘次其事，而繫之以銘。其辭曰：

煌煌陳編，茫茫緒言。彌演彌繹，波滔蔓延。孰得其珠，孰買其匵。維占是呻，奚告非瀆。曰若石師，泯焉夸毗。孰爲省之，孰令領之。猗達善父，蘊茹今古。飈馳霆訇，亹亹音吐。異耳駴異，金玉師傳。爰著斯嘉，耀於荒阡。

元贈奉政大夫高唐知州驍騎尉封鄆城縣子姚府君墓碣銘

姚姓之著者，梁國文獻公相唐，少師文獻公仕皇元，少師之從子翰林承旨燧以文章名。承旨嘗與今朝散大夫、江南諸道行御史臺都事居敬言：「吾姓蓋同所自出。」朝散繇臺察省部發身，初仕承務郎、工部主事，遷承直郎、江浙行省都事，陞奉議大夫、兩淮轉運副使。丁内艱。服闋，除江西行省理問，改除奉政大夫、僉浙西道肅政廉訪司事。蒙恩贈考妣，官封鄆城。府君諱顯，其先大寧人。金南遷，府君之父忠以右班扈從，至汴，家睢陽。金亡，徙家濟寧之鉅野。府君以材武應募行宥府，檄長百夫。平南之役，師次揚州，與宋軍遇，冒矢石力戰以死，年四十二。娶龐氏，亦大姓也，其兄弟皆勇士。中原未定時，東土敚攘矯虔者蜂起。府君率姚、龐二族保有邑聚，寇不敢犯，全活甚衆。亂定，甫爲時用，才志未展一二而終，聞者惜之。延祐四年，贈奉政大夫、高唐州知州、驍騎尉，追封鄆城縣子。夫人龐氏，追封鄆城縣君。男四人，長朝散也，自浙西佐行臺；次思讓，次居安，次居禮。府君終至元乙亥，夫人終至大辛亥，歸葬鉅野金坨山之祖塋。將碣於墓，徵臨川吴澄文，乃爲敘而銘焉。銘曰：

桓桓鄆城，勇冠千兵。前茅摧鋒，英毅留聲。生不食報，維後之幬。嗣興有人，克慎厥操。皇汝予嘉，寵被幽遐。五命爵勳，百世光華。金坨之封，有石崇崇。皇澤之隆，維以勸忠。

史振之墓志銘

史振之少孤，佩母訓唯謹，内外事無不禀命。家雖菲薄，甘旨畢具，稍有贏餘，輒分及族人。見一善行，心識力行，平居無疾言遽色，接人温温如也。孝友平恕，蓋天性然。家世汴人，金季徙燕。曾大父以下，俱葬京城南門外。大父伯賢，仕金，主縣簿。父正甫，業儒，年三十而卒。母西京趙氏，金宣武將軍、伭州芊山倉草監諱振之女。❶ 年二十七而嫠，子生始八歲，歸父母家。父母數令人微諷，欲奪其志，確不可移。後聞

❶ 「芊」，乾隆本作「平」。

將許人，即觸柱流血誓曰：「母子苟無以養，丐食猶可，何至爲禽獸行？」議遂寢。自夫亡，美麗服飾悉屏不用，言動依於禮法，有烈丈夫風。治家勤儉有恩，親知尚其志節，將白有司加旌表。語其子曰：「婦德固宜，何異之有？每見他婦沽名無實，心以爲恥。我若苟此，與彼等耳。汝亟止之。」振之爲禄養，任江西榷茶提領，將母而南，僑寓真州。至元甲申四月，母卒。衣疏食糲，居外寢三年。未幾，得風廢疾，❶泫然泣下曰：❷「某不能奉母喪北歸，合先人之兆，死有餘憾。」病數歲不愈，終之日，至大庚戌八月二十五日也。娶完顏氏，早卒。繼曹氏，生一子二女，至元丁亥四月卒。繼王氏。子師魯，亦娶王。女適劉，適丁。曾孫二，俱幼。師魯恪愿，從余學，將奉其祖妣暨考妣三喪葬於魯，蓋曰其先魯人也。余故爲之志。伯賢諱遇，正甫諱仲侃。振之與澄之大父同諱，從金從罣云。銘曰：

烈烈母儀，子子也宜。猗嗟振之，仰孝俯慈。不鴻厥施，而燕厥詒。以全而歸，而藏於斯。

---

❶「風廢」，二字原脱，據成化本、乾隆本補。

❷「泫然」至「病」，二十三字原脱，據成化本、乾隆本補。

吴文正集卷七十四

元吴澄撰

墓誌銘

故樂溪居士吴君墓誌銘

樂溪居士吴君諱伯成，字文甫，瑞高安樂安里人。其先自九江而西山，而筠之五鹽，今高安仁孝里也。十世祖翀，❶敦書崇義，富甲一鄉。八世祖文海，以明經見稱，愛樂安山水，徙而家焉。曾祖仁旻，祖世經，韞玉弗衒。父應祥，與鄉貴劉公應龍善，嘗於廣東制司奏辟迪功郎、監寧江鎮，弗就。君少從姚公勉學舉子業，姚公進士第一，立朝以言事不合去。君亦厭科舉，隱居自樂。庚申兵後，歲大饑，奸暴竊發。君出粟賑施，寇攘遂戢。時出粟弭盜者許奏補官，君笑曰：「此豈邀功賞時邪？」庚午歲又大饑，莩饉相枕藉，君復發粟賑施，且爲食以待饑者，得全活數百千人。秋成，貸者倍取息，君獨不爾。貧不能償，焚券不問。人有患

❶「翀」，成化本、乾隆本作「翯」。

難，極力拯救。或忿怨至不可釋，得君一言，輒愧服渝平。收撫孤遺，教育婚娶，人皆德之，而君不自以爲德。平居未嘗疾聲厲容，不喜言人過。所居山水峻駛，溪流清潏，平鋪石磧，上如織文，紆回里許，直抵石壁下。徜徉其間，竟日忘倦，故相章公鑑取「知者樂水」意，書「樂溪」二字扁其堂。歲丙子，兵禍延毁，處之泰然。重葺家塾，勉諸子勿廢學。陳公仲微隱南海不返，賓從留故山，君擇其賢者與爲師友。父喪，哀瘁致客，數郡畢至。其事親也孝，其教子也義，其處己也厚，其與人也惠。生宋嘉熙戊子六月，終大元大德癸卯二月。終之日，戒子孫曰：「汝祖父以忠厚傳家，宜勉學勿墜。」言訖而逝。娶黄，繼徐。子男三，泰來、大有、鼎元。女二，適朱，適陳。孫男七，鎡、鑑、欽、塤、均、增、法保。女二。曾孫男三，安孫、勝孫、慶孫。女四。泰來後三歲卒。大有將以皇慶二年正月某日，奉柩葬於里之丘橋原。先事，清江宗人中以前進士劉方大狀來詣臨川，爲其孤請銘。噫！高安、清江、臨川雖異郡，而氏族同一原。清江之宗能爲之請，臨川之宗不爲之銘，可乎？乃敘次其狀而銘曰：

吾祖泰伯，以天下讓。代有聞人，名節相尚。維居士君，既富且文。鄉人懷只，睇此高墳。

故鄉貢進士鄭君碣銘

君諱松，字特立，初名復。貢於運司者再，貢於鄉郡者二，三試禮部不中。嘗以詩文見知郡守，會郡守救荒，有富户閉糴，將加之罪，君爲救解得免。富户恩之，結爲婚姻，以家事托。富者死，家之寡幼咸聽命焉。一統之初，新民未諳新政，吏乘時爲暴利，寡幼之財悉於君乎求取。肉既盡，而虎狼吞噬如昨無厭。及我君，竟坐視而貧。君視財如糞土，不惟求取者灑然與之不吝，雖給使令之人資用，不會其贏縮，故貪詐咸樂爲役。德祐間，大軍逼境，制置使左次於撫，崇陴浚隍，募人鑿鴻鶴山，復盱水故道，灌注城下。君應其募，制置司賞以官，且捐没官田租八十萬，俾練莊户爲兵。既革命，猶有圖興復者，檄君爲助，君以民兵應之。其卒勇敢，獨能與大軍遇，多所殺獲。俄而卒戰死者衆，遂潰。君避入溪洞，遇赦乃出。

少學詩於鄉之曾明卿，又學於贛之曾子實，有《唐山初稾》《晚稾》在。中歲與予爲友，聽予説諸經諸子，領會悦懌。予所校四經三禮，悉命筆工抄寫，促予著書。予曰「少俟」，君即自爲之。雖范淳夫之信程叔子，不是過也。間成一二示予，予謂尚宜修改，故其書未出，然好事者亦或傳録以去。邵子以《運經世》之篇紀事，始堯訖五代。君續紀二百七十五年之事，起庚申宋興，終甲午金亡，名曰《經世續書》。從葬師得葬術，富者一游一夏並師其學。予進之翰林學士程公，亦待以殊禮。君資識不凡，自知讀書爲文，於飲食男女之欲澹如也。自少不畜婢妾，每日對賓客食於外，未嘗私有口腹之奉。志極高廣而一無所成，生長富家而卒以困阨，其命也夫！其命也夫！君之父諱鳳翔，以禦寇得仕，官至從事郎。君生三十五日，而爲叔父後。所後父諱莘，亦以招賊功補將仕郎。所後母黄氏，鞠子甚慈。配康氏，有婦德，共君守約而不怨。子男四，世忠、教忠、保忠，俱能敎學；元忠早卒。女四，適范，適陳，適謝，適游。二女亦先卒。君生於端平乙未五月，終於大德丁未十一月，葬於十洞，所居之後。君嘗囑其子，求程公書墓額而予爲誌銘。君没之後，予有遠役，未暇作也。今乃敘君平生大概碣於墓，而繫之以銘。銘曰：

志所可期，才弗與施；力所可爲，命弗與時。直騖横馳，卒坐蹇覊。匪不深知，寧不深知！厥聞永垂，徵此銘辭。

金谿余瑞卿墓誌銘

有文學，有賢行，壽矣，富矣，又子孫衆多，隱居不求聞，無幾微事嬰懷，考終於牖下。之數者，有其二三已難，金谿余瑞卿兼而有焉，其所得於天，何其厚哉！君諱斗祥，族所聚曰大原，家西山三百載。遠祖迪功諱彦和。曾王考諱曮，王考諱文端，❶俱以文行稱。考諱應時，善書工詩。王妣張夫人，淙溪望族。君，夫人兄之子，命爲世孫。五歲入學，日記數百言。長治舉子詞賦，所修日益。比弱冠，與黄君炎薦同試舉場，黄預貢。文同而得失異，君愈自信自勵。試補國學生凡三，輒不偶。科舉事廢，教諸子仍舊業，每自律以尺度。他日有司試儒，仍免徵役，君二子並以詞賦中選。君身總家務，夜燈猶不廢書。下至伎術，亦且通習。詩莊重縝栗，肖其爲人。内寬外嚴，有古長者之風。終日整肅，祁寒盛暑不變，望之莫不敬畏。恪謹禮節，長幼卑尊，繩繩如也。雖接下賤，無懈怠容。見徹守固，外物無能動其中。逮養四親致孝，喪祭一無違禮。於張氏雖據禮降服，而情則隆。建祠買田，麗淙溪桐林寺，以貽永久。所居種竹萬个，宫講周公方書「竹心」二字扁其楣。平生無他好，唯適意佳山水。過白馬之珠溪，欣然會心，捐金得之。築觀曰「仁壽」，一歲率再三往，與良朋飲酒賦詩其間。至大壬子七月四日，無疾而逝，得年七十有九。初娶危氏，再娶吴氏。子男

❶ 「端」，成化本、乾隆本作「瑞」。

五，璁、鳳、麟、鶚、驥。女一，適吴。孫男十，瑀、琇、珂、璥、琦、珹、璋、若、蘭、蒙。女五。曾孫女二。卒之明年，諸孤將以十二月某日葬於珠溪之兆，其宗人前太學進士鑰，狀君之行來徵銘。予知進士君，因進士君之言知君，既敘次其狀如右，銘曰：

玉韞珠潛，山輝澤媚。厥幽孔昭，昭視來世。

黄亨叔墓誌銘

臨川黄君亨叔，工進士詩賦，少負能聲，亞於其宗兄知縣君仲明。仲明與予同爲咸淳庚午貢士，其年亨叔亦中選，溢貢額外。明年，仲明與予試禮部，亨叔試補國學弟子員。仲明登進士丙科，予罷歸，亨叔亦罷歸。越四十有三年，仲明過予，言曰：「亨叔死矣，葬有期。炎發狀其行，子其銘諸？」予悵惋久之，曰：「科舉取士，如博懸於投，❶非智力所能與。以亨叔之藝而不偶，命也夫！」亨叔諱泰亨，家臨川珠山，其先繇豫章徙。曾大父文廣，大父彦益。父天德；母王氏，繼饒氏。亨叔早從良師友講肄，文思奇蔚，氣格雄絶，爲流輩所推，英英出庶士右。科舉廢，學專於身，治移於家，事親禮無違。丁時多虞，不以公私事貽親憂。父喪致哀，孝繼母如母，友弟淑子，藹然仁讓之風。前時井里弗靖，或欲相挺爲不義，諄諭善誘，俾愧悟而止。

❶「投」，成化本、乾隆本作「骰」。

官委覈産，一概公平，弊革賦均，至今人蒙其利。宅東有閣，扁曰「見遠」。閣東有軒，扁曰「東明」。燕坐之室，❶嘉樹森立，活水鏡静，扁曰「梅塘」。一家父子兄弟，文物雍容，賓朋觴詠無虚日。皇慶癸丑春微恙，諸子竭誠籲天，調膳進藥。獲延數月，起處如常，雖疾，猶娱書不輟。手寫邵子《觀易吟》，又自吟云：「久約松筠堅晚節，❷病逢蒲柳望秋時。」此其絶筆也。一日，進弟若子於前，囑以家事，教以孝友敬順、親親賢賢、輯鄰恤衆之道。知舊省疾，舉手揖别曰：「吾逝矣。」六月廿二日也，享年六十有八。九月十九日，葬里之鳳皇窠。妻周氏，先一年卒。子男四，伯曰士廉，仲曰士清，叔曰士剛；玉成，季子也，命以爲適。孫女一，適危龍。從孫女六。銘曰：

維藝之優，外蹇於求；維德之周，内豐於修。有章其幽，有緜其留。靡疚靡郵，永藏斯丘。

元將仕佐郎贛州路同知會昌州事夏侯墓誌銘

夏友蘭字幼安，初名九鼎，撫樂安曾田人，後徙蘭原。世以材武長軍籍，幼安亦弓馬便習，讀書不及卒業，夙慧，自能爲詩。逮其父時，任家督，精簿書，稽錢穀出入，欺弊無所容。父卒，家力逾大。凡事提綱衆

---

❶ 「室」，成化本、乾隆本作「所」。
❷ 「松筠」，成化本、乾隆本作「竹松」。

目，各畀所司。❶謙厚文雅，聲譽四達，聞風締交者自遠而至。每歎儒流識卑言陋，遇方外人，傾心嚮慕。邑尉明安達爾志同意合，❷倶造吾門受學。獲聞往聖先賢所言性命道德之懿，濯去舊見，自是假真贋僞者不能惑。當父忌日，哭泣盡哀。事母婉順，致養唯謹。家居之儀，時祭之禮，一遵司馬氏、朱氏所定。邑東門外創建書院，施田贍給，敦請名儒詹貢士掌教。其事聞上，官爲設官。家有内塾教子，又有外塾，普及親鄰諸幼之可教者。月朔弦望，遠近賓朋，内外子弟，深衣會講，以身率先，升降進退，威儀整肅，如學校規。詩文自出胸臆，無一語塵腐。星數、葬法、風鑑、占驗等術，靡不探討。或勸之仕，則曰：「是有命焉，不可倖致也。」予在國子監，幼安白慈親，願觀國光。親許，遂趨京師，又趨上都。覲日表於潛邸，得旨從集賢大學士李公游，出入禁闥必從。明年，龍飛御極，李公秉政，奏授將仕佐郎、同知會昌州事。皇慶元年春南歸，秋至官。一月，聞恩旨下護持所創書院，亟歸迎拜。至家感疾，再閲月而終，十月廿四日也。二年十二月廿七日，葬於宅東之圃。幼安生長將家，衣被儒術，深潛端重，山立時行。中州外域，顯官貴戚，一見共談，起敬起愛，不信其爲楚産也。平居處事詳審，年四十三始仕，廉仁外著，士民悦服。比聞其喪，悵怏觖望。父諱雄，管軍百户，鎮撫樂安縣三翼。母劉氏，慈善好施，綜理内外事秩然。娶前吏部侍郎李公曾孫女。男志學，以七品官之子充國學弟子員。予於幼安之不得壽也，痛之惜之，志而銘之曰：

❶「畀」，原作「界」，據乾隆本改。

❷「爾」，成化本、乾隆本作「兒」。

家有百井，身則三命。雖嗇於年，順受其正。

故宋文林郎道州判官何君墓碣銘

宋之季，撫州進士科名之盛，推樂安何氏，蓋一家兄弟成名者四人。道州判官、文林君諱堯，字唐佐，其次在三。年二十一，偕伯兄霖與貢。明年同試禮部，伯兄登乙科。越三年君再與貢，明年遂中禮部選。時國恤，不親策士，以省試名數先後第甲乙。君名殿遲，郊祀恩乃得仕。越三年，授迪功郎、静江府修仁縣尉兼主簿，越五年之官。廣西提點刑獄兼提舉常平茶鹽事號能吏，聲實素隆。君投啓事以見，中意，留爲屬，俾掌撰述，辟監軍資庫。而廣西經略安撫兼轉運使得二鉅人，相繼嘉君有文，亦羅致幕下。凡箋表及慶弔於中朝達官、告諭下鄰壤蕃國，一一屬筆焉。三使長各舉關，陞循從政郎，守舊職。秩滿再調，轉文林郎、道州軍事判官。是年伯兄班見改官，知宜章縣；仲兄希之，試策甲科第六人，教授永州；季弟夢牛，亦進士出身，主廣昌簿。兄弟聚於行都，同時受新命以歸。二親具慶，聞者榮之。明年二親年皆七十，四子袍笏稱壽，里中傳夸爲盛事。縣大夫表所居，曰「叢桂榮親之坊」。未幾，曆數改，連丁内外艱，伯兄即世。咈逆充前，人所不堪，君處之裕如，扁書塾曰「道心」。其後一新堂構，更扁曰「乾坤草亭」，自號爲漫翁。仲兄教授暨族之諸甥詹、貢士崇朴，比屋而處。三人年德相輩行，出入必偕，人目爲三老。過者必禮於其廬，仕者問民休戚，諮政得失，無虚日。君静重簡默，然諾不苟，門絶請託，是以交遊不間遠邇，始終敬服不渝。

初娶崇仁吴氏。其外姑饒氏，再歸光山黄主簿輝應。黄以工駢儷客制閫，數數共君語。君所作四六典麗贍密，應律合度，淵原蓋有自云。他文温淳雅健，諸詩謹嚴精妥，近體尤長，樂府、長短句綽有風致。昔在理宗時，閩人劉公克莊馳文譽資望堪掌制，以世賞，非進士，於例不可。朝廷憐才，特賜進士出身，入翰苑。識者評君四六、雜文、詩詞與劉伯仲，且有科名，擬君所到，不減於劉。而竟不獲大用，惜哉！平生論著多不存，存者有《草亭漫稾》《深衣圖説》《郭孝子後傳》，所編纂有《小學提綱》《資暇録》《鰲溪群賢詩選》。君丰儀秀整，辭氣雝和，❶喜愠不形於色。幅巾野服，爐香書卷，飄飄有塵外趣。乍見疑爲公侯世家子，不知爲寒素士也。生淳祐辛丑五月九日，終至大庚戌六月五日。高祖思，以五舉推恩仕容州司法。曾祖庚，祖湛，父宏中，三世不仕。母董氏，内外教養，飭子以學，故君兄弟悉能有成。元配吴氏，卒於廣西。生男三，友直、友端、友成。再娶外姑饒氏妹之女陳氏，生男四，友學、友德、友實、友政。友成先十八年卒，友德後三月亦卒。女二，適饒，適詹。孫男七，梅慶、梅馥、梅鼎、梅碩、梅玉、梅相、梅午。女七，適陳，適游，適黄，一許適陳，一許適潘，餘幼。曾孫男一，孔年，更名誠。卒之年十月三日丙午，葬楊林之原。君長予八歲，蚤相好，晚益相知，嘗謂君詩文可傳。而諸孤以宜章之子友道所述行實來徵銘，不敢辭也。銘曰：

玉也挺挺，冰也炯炯。超蜕壒滋，表表脱穎。柴桑永初，沉寥里居。有來睢盱，而式斯廬。疏越流音，瓚瓚充耳。翳疇與聆，期曠之俟。耇造云遠，索焉弗遺。昭銘幽宅，予衷孔悲。

❶「和」，乾隆本作「于」。

游恭叔墓碣銘

游恭叔與予同年生，月日予爲長。其神情朗朗，如秋月之瑩；其意氣藹藹，如春陽之温。雖有道之士，不是過。居撫樂安天授鄉梅山里。少讀書能文，壯罹兵禍，幸不死，俘以去。既得釋而還，相其父治生業，日長日盛，數年資甲一鄉。然皆敦本務實，積累所致，未嘗侵刻以取贏、兼并以自廣，異乎世之不仁而富者。家邇通道，凡南北往來貴勢閒居之人及門，一以禮接。饔飧之具，信宿之舍，雖甚叢雜紛擾，殊無厭倦意。是以貴賤賢愚，靡不悦懌。其卒也，人悵怏懷思焉。善察地理，暇日杖履從容，❶求佳山水處，登高望遠，悠然自適，人莫能測也。考諱士文，妣曾氏。恭叔諱德昭，娶曾氏。子男四，劭、勉、方、茂功。女二。孫男七，應誠、應陵、應岊、應戌、大年、應丑、應春。女十有二。弟德暉，先二十有三年卒，有子一人，遺命命子劭分其資之半與之。生之日，宋淳祐己酉冬仲仲旬之五。卒之日，元至大辛亥春仲仲旬之九。其年三月十日，葬於懷仁里之古石原。其卒其葬，予留京師。皇慶壬子冬予始至家，茂功之子大年，奉父命來請曰：「知吾父者先生，宜有述以傳不朽。」予不得辭，乃敘而銘之。銘曰：

吁嗟鳳麟若而人，鄉有遺惠門有賓，長才恢恢行恂恂。今其死矣誰與倫，巴山之陰宰木春，德人所宅古荀陳。

❶ 「履」，成化本、乾隆本作「屨」。

故教諭劉君墓碣

沅江路儒學教諭劉某之父教諭君，既卒既葬且二十年。某能世父業，以儒學起家，慊然以生事死葬之孝爲未足，思欲揚父之名於不朽。今江西等處行中書省郎中楊君，於劉爲鄉人，乃因楊君屬行省理問所知事趙君書來請銘，以碣諸墓。嗚呼！孝子之心至是，可嘉矣夫！可悲矣夫！謹按教諭君行實狀，君諱某，字巨川，關西延安人。金季罹兵禍，轉徙至博，尋寓莘縣，就段輔之學。歲壬子，官閲實户口，得隸儒籍，遂家於莘。年耆學富，公論推舉，充縣學教諭。喪亂之餘，文事廢弛，春秋釋奠，無從取辦。君擇後進十數，上名於官，復其身，人始知勸。由是學徒嚮方，廟祀如禮。君孝友慈厚，歲時薦羞，追慕二親，痛不獲歸省塋隴，引領西望，未嘗不泫然流涕。初，延安既陷，族屬散亡。君惟一兄早世，兄子亦被俘掠。事甫定，百計搜訪，垂三十年，莫測存否。一旦，家之人走報曰：「有客及門，音類西人。」亟出諦視，見其顔貌肖兄，即呼小字，果兄子也，相向而哭。既而輟哭，歎且喜曰：「吾宗有傳矣。」資之白金，俾之服賈以自贍給。彼酗酒不檢，悉蕩其資，君愛之如初。家有女使，或笞駡之，君輒戒止曰：「吾曹身經戎馬，免爲囚奴受役於人。今得役人，以代汝薪水之勞，可善御之，無若此也。」君達於死生，言人當修身以俟命。年七十有八，無疾而逝，至元辛卯二月廿四日也。娶張氏，生二男一女，先二十六年卒。再娶莫氏，静默淑惠，撫兒女如己出。相君理家三十年，黨閭稱繼母之賢，必指以爲法則。教授某，君之長子；某，其次。女，適聊城王氏。孫男四，某某某某。女五，長適縣令宋某，餘幼。劉氏先墓在延安，自君夫婦，始葬莘縣之西北。嗚呼！中原兵禍之慘，往往家無噍類。君奔走流離，依託善地，以蕃育其子孫，爲人所尊敬，得考終，又得壽。子不墜家聲，思孝於其親，無有窮也。君之所以致此者，豈偶然哉？銘曰：

猗嗟巨川，維身之全。維名之傳，胡然而然。維行靡愆，有鑑在天；維子象賢，有耀在泉。有溥斯原，有肇斯阡。永永歲年，於昭巨川。

游竹坡墓誌銘

樂安功陂之游爲富族，而竹坡居士崇儒尚文，以淑其子。居士果有以異於等倫乎？曰有。利必取贏，凶歲必閉糴騰價，富不仁者率若是。辛未大饑，郡勸分三日一糴。居士謂：「饑者豈能待三日而後食？」請於邑令，計糴户口數，分畀富家，日給其食，至早稻熟乃已。邑令高其義。此所以異者一。丙子，寇犯邑，鄉閭震驚。居士家崇仁、樂安兩界間，鄰邑藉爲保障。郡命彈壓二境，他人處此，輒怙官勢，軒輊新附未定之民，脅取其資，或以報睚眦怨。居士不然，相安於無事。此所以異者二。世俗議昏姻，擇家力勝己者，覬其裝送之厚。居士二子，長曰中，娶鄔；次曰申，娶饒、娶吴。皆清門貧女，略不問其所將。此所以異者三。甲午春，寇猝至，獲居士以去。咸危之，意必不免。寇以其長者，至中途釋之以歸。蓋其平日處心行事有以異於人，故其受報於天也亦異。居士易直謹厚，諱德洪，字宏甫，得年八十有二。卒以大德乙巳正月二日，葬以至大某年月日。娶李氏，侍郎公之族姓女孫，先八年卒。女二，俱適黄。孫男四，謙、泰、巽、復。孫女五，適陳、虞、黄、何，一未嫁。中數數徵予銘，銘曰：

世之訾儒，謂迂謂拘。有識斯殊，淑後以書。

吴文正集卷七十五

元吴澄撰

墓志銘

項振宗墓志銘

始予在國子監，集賢直學士文陞以其鄉人項時俊見。予既移疾去，時俊亦以同知永昌府事南歸。歸之次月，其父司丞君卒。卒之明年，命客持光澤主簿劉將孫狀，來謁銘以葬。予閲狀，喟然曰：噫！大運有興衰，飛奔其間者與之俱。或前之烜赫，而泯泯以微；或昔之隱約，而燄燄以熾。雖小而一家之數，大而一代之運，若邈乎遼絶而不相關。然以疏通卓犖之才，丁紛紜膠轕之會，❶左右信縮，弛張闔闢，慮無不中，行無不獲。非有所承藉緣循也，非有所值遇乘成也，而聲生氣長，日進月益，勃然興而莫之禦，是其運數之

❶「丁」，原作「一」，據成化本、乾隆本改。

符，❶宰物者久擬之以待斯今。蓋或陰相默協於冥冥之中，而豈其自爲自致於昭昭之地如此哉！❷

君，吉龍泉人。❸自少倜儻不群，隘陋丘井，翱翔淮漢，視一時以名相軋、以利相雄之流穋穋營營，心易而氣吞之。南邦内屬，新令未狎，故家右族，往往失色於風震雨凌之下。特見定力，履之若夷。人皆芒芒，而己陽陽；彼方愕愕，而此綽綽。不惟儕輩望之若不可偕，❹而官府倚之若砥柱然，不可須臾舍。龍泉綰江、湖、交、廣之衝，❺近郊已狺獷不易櫛理，❻遠鄙連岡延袤，草木蓁蓁，干霄蔽日。虎豹豺狼鹿豕之宅，姦藏慝聚，固其所承平猶或弗率，況劻勷反仄時邪？丙子以後、甲午以前十八九年，靡有寧歲。茶陵以南、桂嶺以東五六百里，❼靡有善地。近而怙亂者沸境内，遠而阻險者環境外。邑苟旦夕於羈縻，群老歲月於禽獮，孰視幾末如之何？運奇制勝，卒底于平，微夫人，誰焉領此？廣獠鴟張，❽分合如雲，刈老弱，走强壯，

❶「運」，原作「遇」，據成化本、乾隆本改。
❷上「自」字，原作「日」，據成化本、乾隆本改。
❸「吉」，原作「舍」，據成化本、乾隆本改。
❹「偕」，原作「階」，據乾隆本改。
❺「衝」，原作「郊」，據成化本、乾隆本改。
❻「郊」，原脱，據成化本、乾隆本補。
❼「百」，原脱，據成化本、乾隆本補。
❽「獠」，原作「獚」，據成化本、乾隆本改。

俘子女，掠寶貨，火室廬，殘爇逼于郛郭。以至上勤宥府之兵，鉅公督戎，親履遐僻，於郊迎次，獨被禮接。問計安出，竟如所陳，❶以磔其渠、披其支，❷由是邑遂無警。若是者何也？形勢機權，征謀治法，一不凝滯於心；需餉餉辦，徵衆衆集，一不牽掣於人。智也，力也；智力相須，不懾不懈。算無遺策，動有成功也固宜。而又有難者。戍軍當詣南豐，萬夫之長臨遣，倉卒生變，一呼群潰。單騎往諭，片言而翕然定，就道如律，訖無嚻讙。此非可以力劫智紿，而得其信服，夫豈孱夫庸人之所可能哉！其艱其勤之餘，汲汲以善事爲樂。倡義平糶，自丙戌始，凶歲不令騰踴。辛卯饑，給糴户三千直，減其價之半，廩五發而及新。施粥食餓，施粟賑貧，又廣糴以贍遠土。❸斂有先備，散有成規，爾後歲雖饑而不害。邑校初燬，因仍簡陋，弗克如舊。拓而敞之，增而廣之矣，再燬則撤而新之。基崇構美，門廡庖廩具，視昔有加焉。落成舍菜，士聚三日，饔飱不以費公儲。田租隱漏，覈實而歸之學。又節縮其贏，❹以造祭器及燕器、❺用器之宜有者。事聞于朝，特命旌表。邑有浮梁通南北，有田以備脩完。田没入官而梁廢，民病涉。出力造舟以渡，一歲輒敝。乃復浮梁，兩厓甃石數千尺。其守護之也，隄有屋，屋有僧，僧有徒，歲有常給。辛卯以來，舟梁亦四易矣。交

❶「竟」，原作「境」，據成化本、乾隆本改。
❷「支」，原作「友」，據成化本、乾隆本改。
❸「贍」，原作「瞻」，據成化本、乾隆本改。「土」，乾隆本作「士」。
❹「又」，原作「文」，據成化本、乾隆本改。
❺「及燕器用器」，五字原脱，據成化本、乾隆本補。

游敦誼，終始弗渝，赴急解紛，捐千金等一羽。佛者、老者、民無告者、士無業者，凡可惠利於人者，凡爲神爲人、爲公爲私、有工有役者，苟有求，無不應也。

八歲而孤，事母至孝，壽踰八十，養送如禮。上有三兄，恭順怡怡。季兄早逝，撫其子如己子。胸懷磊落，貫穿今古，雖老猶不廢書。博覽强記，論辨亹亹，聽者聳然。往歲寇平，當路最功以上，議賜爵秩。適有罣誤，命格不下，慨然辭知己出都門，還舊隱。建延慶道院，築玉林別墅，預營壽藏，逍遥自適，澹乎無復有用世之志。賑荒格例應賞，授進義副尉、❶兩浙都轉運鹽使司袁部場鹽司丞，匪其欲也。初名應宗，字振宗，以如常副其字，後遂以字行。生淳祐辛亥十月之朏，終皇慶壬子五月之朒。葬于玉林手卜之兆，癸丑二月十有二日也。曾祖某，祖某。考某，妣王氏。娶王氏。子男三，長丙孫；時俊其次，官承事郎；季申孫。女二，一適楊，一先卒。孫男六，女一。予觀有禄有位之人，食其食，不事其事，十蓋八九。今也非居侯伯之位，非享公上之禄，徒以素封，儗於九命之貴，齊於千乘之富。而郡邑鄉里事之重大艱難、❷衆之旁觀縮手者，必項氏焉歸。甚勞而不辭，甚費而不惜。一旦無是，皇皇失其所資，倀倀失其所依，若不能以獨立於世。則狀之所述，以爲「百年之思，百里之澤，微斯人，寧復有斯邑」者，豈虚美哉？嗚呼！此可爲識者道也。

銘曰：

---

❶「義」，原作「士」，據成化本、乾隆本改。

❷「郡」，各本均作「羣」，據文義改。「里」，成化本、乾隆本作「閭」。

猗嗟才難，有夷斯艱，有綸斯繁。或汗彼顔，而此閑閑，刃游節間。楩楠樟櫧，❶枝條扶疏，隱庇萬夫。豈其櫟樗，可棟可櫨，不逢其須。逝矣疇依，已矣疇資，身後之思。功如所懷，用不讎才，天乎人哉！

有元萬載縣尹曾君夫人陳氏墓志銘

夫人諱柔應，臨江新淦陳氏。歸吉之永豐，嬪于曾，太平路儒學教授如圭之母，袁州路萬載縣尹某之妻，宋某官、追封武城郡伯之冢婦，❷宋户部侍郎、寶章閣待制諱伯大之子也。昔宋咸淳間，曾、陳二公俱列言路，震耀一時，士大夫想慕風采。二家門第等埒，相望不二百里，締昏姻於聲實翕赫之時。夫人有賢行，歸事舅姑孝謹。未幾天曆改，亂離中處常處變，曲當其宜，以克完克安。後武城公即世，❸相夫君持家。萬載二弟皆幼，鞠誨如子，迄用樹立。仲氏直翰林，季氏名在太常。萬載卒時，子年十七。晨夕嚴飭，冠之室之，以逮于仕，猶其亡父志也。内外戚疏，長少貴賤，待之咸中禮節。喜愠不形，綜理家事，繩繩如也，而人未嘗聞其聲。爲伯兄繼絶。弟奉母來依，有居有養。又爲之繼室，而昏其長子，葬其四喪。厚於父族者如

❶「楩楠樟櫧」，原作「梗楠章諸」，據成化本、乾隆本改。
❷「郡」，原作「羣」，據成化本改。
❸「武城」，原倒，據成化本乙正。

此。萬載嘗營別業於郡城，皇慶壬子，夫人徙居焉。延祐甲寅五月己巳卒，年五十五。❶六月壬午，殯廬陵儒行鄉之螺山，將以是年冬葬。子男一。女六，壻陳、王、蕭、陳、鄧、周也。孫男二，昭福、華壽。女二。翰林君、太常君援韓吏部例，加服期以報嫂氏恩。予與二君遊，故爲之銘。銘曰：

子于名門，女于名門。❷淑女孝婦，令妻慈母。而於此乎墳。

樂安夏鎮撫墓誌銘

鎮撫諱雄，❸字淑芙，❹姓夏氏，族在崇仁之成岡。宋南渡時，以撫崇仁、吉永豐二縣相距闊遠，盜嘗聚二鄙間，❺籍土軍防遏，置砦崇仁之曾田。❻夏氏之先，領衆守戍，因家焉。既而分崇仁三鄉、永豐一鄉置樂安縣，曾田遂隸樂安。鎮撫爲人，慷慨易直，不事機巧。志氣超邁，材質沉毅，精於技擊，一可當十，禦寇輒

❶ 上「五」字，原作「三」，據成化本改。
❷ 「于」，原作「子」，據成化本改。
❸ 「雄」，原作「稽」，據成化本、乾隆本改。本卷《宜黄譚遇妻夏氏墓志》云：「父諱雄。」作「雄」是。
❹ 「淑芙」，成化本、乾隆本作「叔英」。
❺ 「盜嘗」，原作「遂密」，據成化本、乾隆本改。
❻ 「田」，原作「曰」，據成化本、乾隆本改。下文改正同此。

以技勝。國朝收附江南，遐陬尚有弗靖。大軍所嚮，必率所部前驅，荐著勞績，❶北來戎帥咸異其能。受撫州路管軍總管府命鎮撫三翼，又受江西等處行樞密院命長百夫。先是，縣有暴卒肆惡吞噬，家之所有，悉遭刼奪，執置囹圄，幾不自保。會暴卒伏誅，始得復業。徙居蘭原，家益饒裕，資右一縣。謙謙自卑，每遇凶歲，賑饑周貧，人懷其惠。至元癸巳四月十六日卒，❷年四十六。父諱岳，母聶氏。娶劉氏。子男一，友蘭，將仕佐郎、同知會昌州事。女二，適詹得之、譚遇。孫男志學，國學生。初葬桐岡，遷巴壤，又遷黄潭，又遷團墅。延祐甲寅十月望日，❸志學奉祖母教，安厝於闍黎。銘曰：

其勇也育，而冠部曲；其智也蠡，而甲黨里。❹弗殫其施，尚表所詒。

故宋江州德化縣丞朱君墓碣銘

樂安天授鄉之朱，其族最久而蕃。唐末有爲郡司馬者，以材武雄其里。子繪，稱爲大夫。八世孫奕，富饒倜儻，清江謝尚書諤志其墓。奕生安民，安民生克永，克永生居敬。居敬生德化縣丞桂發，工進士詩賦，

❶「荐」，原作「若」，據成化本、乾隆本改。
❷「四」，乾隆本作「正」。
❸「十月望」，原作「某月某」，據乾隆本改。
❹「黨」，乾隆本作「鄉」。

與從兄焕齊名。其從兄終身不偶，宋末乃有一子入太學，陞内舍。縣丞君字光甫，年二十有一貢于鄉。次年淳祐辛丑，至開慶己未、景定壬戌、咸淳乙丑、戊辰，凡五試禮部。戊辰，族子一鶚暨金谿一士同試，君爲詳定其文，俱得進士出身，而君獨黜。以五到禮部恩對策殿廷，❶授迪功郎、吉州太和縣主簿。❷越四年，奉母之官，時母年八十有一。太和多士，邑有壬戌進士第三人張槐應，鄰境有丙辰進士第一人文天祥。每縣學春秋試，二家子弟賓客各獻其藝。君遴選公明，所取所黜，靡不精當。二達官心服焉，文書「古香」二大字名君家塾，以示相敬。君既仕，庚午、癸酉兩赴轉運司解試，並與貢。辛未、甲戌又兩試禮部，亦不利，授江州德化縣丞以歸。丁母憂，自是不復仕。寓居僻壤，安貧自樂，澹如也。大元大德戊戌十月十有七日終，年七十有九。庚子十有一月某日，葬横坑原。配黄氏，後君五年終，年八十有七，葬古城凹。❸子男五，遂、珠、魏，翁早夭，逸世其學。女一，適鄔。孫男六，及、獻、迪、祖生、午、望。女一，適鄔。曾孫男三，三孫、吉孫、善孫。女二。延祐甲寅冬，逸謂澄曰：「先君葬十有五年，而墓碣未樹，子其畀之辭。」君之齒，澄父黨也，素相悉，乃不讓而爲之銘。銘曰：

維藝之精，維士之程。三與賓興，七試禮部，迄不一成。而謂是科，足羅豪英，勿眩斯名。維實其貞，

---

❶「以」，原作「次」，據成化本、乾隆本改。
❷「簿」，原作「學」，據成化本、乾隆本改。
❸「凹」，原作「四」，據成化本、乾隆本改。

維古其承。

故篔坡居士陳君墓誌銘

篔坡居士姓陳氏，諱榮祖，字仲顯，居崇仁縣崇仁鄉之苦竹，宋端平丙申十二月二十九日生。方其少也，諸大父有擢科取貴者，駸駸進取，❶而居士恂恂雅飾，人稱爲佳子弟。及其老也，群從間有乘時取富者，赫赫熾盛，而居士優優謹守，人稱爲賢父兄。嗚呼！駸駸於名者既如夢幻，赫赫於利者亦如露電，而居士巋然獨存，如經鍛之金、經霜之木，不虧不渝。衣食足以給，子孫足以紹，康寧壽考，年七十九而終，其可謂鄉之善人已。娶楊氏。子曰賢孫。孫曰時，曰暘。❷曾孫曰善孫，曰仁壽，曰宜壽，曰萬孫，曰延祐，曰福孫。居士之卒也，延祐甲寅十一月十二日。其葬也，次年乙卯十二月廿八日。其兆石塘之原，距家甚邇，其穴首乙趾辛。孫時好讀書，能吟詩，居士甚愛之。得年三十三，先五月而卒，後五日而葬。銘曰：

履静視動，猶風中塵。彼有聚散，此無悲欣。行乎于一，福逮厥身。❸宰木千春，居士之墳。

❶「取」，成化本、乾隆本作「達」。
❷「暘」，原作「賜」，據成化本改。
❸「厥」，成化本作「于」。

故鑑湖居士李君墓誌銘

君李氏，諱畯，❶字至道，寶章閣待制、正奉大夫、吏部侍郎諱劉之孫，文林郎、荆湖制置司幹辦公事諱修之子。恂恂謹飭，似不能言，而工進士詩賦，與寒門試藝者争先，一難也。娶容管安撫孫女，出壻于陳，與親異處，而晨昏侍養之禮無曠，二難也。妣工部尚書何公之孫，三兄皆前妣所生，性行各異，而事之悉中宜節，人謂之恭弟，三難也。儉約恬淡，無貪娼心，而獨能保有所受貲業，有增無虧，四難也。宋既亡，弗萌仕進想，終身讀誦家藏舊書。晚年一目失明，尚能作小字。侍郎公初有《類稾》版行，翰苑已後文辭多逸不傳，君輯録成帙，名曰《類稾續編》。又自纂《韻註》甚詳，後見《古今韻會》，遂不復出。生於宋寶祐癸丑之八月，卒於元延祐甲寅之七月。其明年八月壬寅，葬長安鄉嘉會里之南阜，祔妣何氏墓右。子三，積、穎、稘。孫男、孫女凡五。嘗戒積曰：「家無它畜，惟前朝宸翰爲家寶，慎勿失墜。」余素善君，積來請銘，銘曰：

名家之胄，而淑而秀。以昭于後，其可不朽。

❶「畯」，原作「峻」，據成化本、乾隆本改。同卷《李弘道墓志銘》云：「宋寶章閣待制、正奉大夫、吏部侍郎李公之孫疇，字弘道，文林郎、沿江制置使司幹辦公事諱修之嫡長子也。」又云：「以疾讓于弟略。」則知兄弟三人名字偏旁均從「田」，作「畯」是。

故次男吴衮墓銘

吴衮字士工，次尚三，澄之第二子也。幼而明粹，長而傀奇。學法書，學詩文，皆能之。至元壬午七月己卯生，至大己酉正月丁未卒，殯于後園。延祐乙卯六月甲申，葬于横江溗田坑，首兑趾震。娶袁。子四，男蕃，女賢、羸、❶寶。其葬也，父澄銘其墓曰：

生之勤，死之閔。嗇汝身，以豐汝後人。

故楚清先生龔君墓碣銘

嗚呼！宋末士大夫澒涊脂韋、便身迷國者，滔滔而是，習熟成風，恬不爲怪。固有稍負氣節於未仕時，亦不能不改變於既仕之後。嗚呼！余安得不於吾楚清先生龔君而致其慨慕也哉！君資禀峻邁，文辭精緻。年二十二貢于鄉，二十八再貢，賦中第一。明年試禮部，賦中第二，廷對策中第六。以咸淳初策士，特恩授文林郎、隆興觀察推官。秩滿，除兩浙運司幹辦公事，遷臨安觀察判官。又除福建運司幹辦公事，轉儒林郎。侃侃剛直，不徇不詭，應務明決，略無留難。始仕於洪，繼仕於浙，幕府擬畫，任法據理，甚若久諳律

❶「羸」，原作「羸」，據乾隆本及文義改。

令，❶爲僚者推服，爲長者器異焉。天曆告終，辟地野外，如永初元亮，如黄初幼安，如楚之兩龔，清而不汙，號曰楚清居士，其志可知已。世氛頗静，仍還城中，❷混迹編氓，❸沉晦免禍，介特之操，皦然不渝。少年擢巍科，不十年而肥遯名教，自樂餘四十年。所藴雖不獲施，然論文講學，端己淑人，踐履持循，俯仰無愧。遠者慕之，近者宗之，仕者禮之，學者師之。爲古文簡健光潔，根著理道，求序記志銘者相屬。有集四十卷，及《宦遊擬稾》，嘗自爲序。比其逝也，靡不流涕太息，以爲無復有斯人也。天爵之尊，不猶多於人爵之貴乎？

君諱孟夔，字龍友。莫本系龔所後也。臨川龔，自昭武徙。大王考誠之，王考良英。考方，鄉貢進士；妣汪氏，贈孺人。君亦汪出也，故孺人子之吉州判官名若、通山縣尉名雷復者，莫氏二兄也。咸淳辛未，伯兄以太學進士第黄甲，仲兄以南省進士賜出身，而君受兩浙之命。時莫氏母無恙，見三子俱貴，部使名其所居之坊曰「叢桂榮親」。君仕進時，洪庾歲收緡錢數百，歸監納官，揮卻不受。其它日給日共，舊例所得一切屏絶，唯食廩稍而已，所贏又以分濟同列之貧。凡死無所歸、求有未遂者，苟可援助，必盡其力。至閑退時，於人之急雖不能周，亦惻惻悵閔。初，父有庶弟，凌蔑寡幼，君之母子重罹困阨。此叔之子不慧，死而絶祀，乃爲立後，保護遺業，以逮至今。人謂以德報怨，君曰：「宜然，奚德之云？」襟懷坦易，論議平實，嗜義如

❶「若」，原作「屬」，據成化本、乾隆本改。
❷「仍」，成化本、乾隆本作「乃」。
❸「氓」，原作「岷」，據成化本、乾隆本改。

渴，疾惡如仇。見人有善，欣懌稱揚；聞人有過，顰蹙隱諱。別白是非，不少假借，而後進寸長，倍加獎與。其樂成美如此。所受舉薦者，安撫吴堅、曹孝慶，轉運陳合、朱浚，監察御史曾淵子；所與同僚者，節度判官黎立武、節度推官蕭立之。季年所善者，曾縣令子良；異代所師者，陸先生子静也。宋嘉熙庚子五月中一，生之日也；今延祐乙卯五月上二，卒之日也；是年六月丁酉，葬之期也。鄉曰積善，原曰西楹，葬之宅也。配晁氏，文元、文莊之裔，有婦德。子自厚，有文聲；女子適侯；並先卒。子婦，制置司主管機宜文字鄧晉孫之女。夫亡子幼，貞一自誓，長育其子，以紹家學。女孫，壻張觀、朱夏，皆儒家子。狀君之行者，唐浚也，專門治《春秋》，長於君二歲，貧而有守，蓋與君合。志碣墓而請銘者，君之孫文潛也。爲之銘者，鄉之後進吴澄也。銘曰：

崇崇儒科，曷曷雄文。乍試吏事，如觿解紛。望實峻明，交章薦聞。選愞包羞，吞聲敢云。歲月幾何，拄藜看雲。耿耿于中，絅錦襲纁。綽綽嗣學，丐厥餘芬。維堅不刑，維完不皸。有撫斯原，宿草芸芸。百世吁嘻，清德之墳。

宜黄譚遇妻夏氏墓志

將仕佐郎、贛州路同知會昌州事夏友蘭之女弟淑明，❶至元丙戌六月十九夜生。生十七年，而奉政大

❶「友」，原作「有」，據成化本、乾隆本改。本卷《樂安夏鎮撫墓誌銘》文云：「子男一，友蘭。」作「友蘭」是。下一文《李弘道墓志銘》改正同此。

夫、江西等處儒學提舉譚文森之子遇，來壻于夏氏。有子一人，曰道生。爲譚氏婦九年，而卒于父母家，至大庚戌六月十二日也。卒時兄在京師，❶越三年四月，自京師至，乃治葬。葬參原，首亥趾壬，皇慶壬子九月二十四也。❷父諱雄，先卒。母劉氏，甚鍾愛，其卒也悲。其葬也，命其外甥道生造吾門，❸再拜請志，遂刻文于其墓云。

李弘道墓志銘

宋寶章閣待制、正奉大夫、吏部侍郎李公之孫疇，字弘道，文林郎、沿江制置使司幹辦公事諱修之嫡長子也。侍郎掌制時生，命之曰制。保養太保，攜抱終日，不出帷房，因得痼疾。母譚夫人恩之甚勤，食寢作息，躬自顧視，逮至有室猶然。自幼穎悟，雖疾不廢書，一覽終身不忘。經史典故，記憶淹貫。信奉釋老二教，晨夕香燈，虔誦敬禮，隆寒盛暑不輟。侍郎既任子賞延，諸孫該受登仕郎，以疾讓于弟略。友愛出自天性，未嘗疾聲厲色，恬淡忘世，毫髮事不嬰于懷。娶知金谿縣黄元孫女。元，侍郎同年進士。逢時多虞，而

❶「兄」，原作「凡」，據成化本、乾隆本改。
❷「皇」，原作「延」，據成化本、乾隆本改。
❸「甥」，成化本、乾隆本作「孫」，是。

外無咈意，蓋内有賢助云。黄氏先二十有八年卒。子積年十有三，❶竭力幹蠱，家用小康，男婚女嫁俱畢。嘗燕處，積侍，特書褒美之辭以畀，積受藏唯謹。次子允思，以制幹命俾後陽春令濤之子寘。積承志，均家産爲二，不求贏焉。女，一適文虎，一適夏友蘭，一適鄔文傳。李氏世居崇仁鄉之白沙，侍郎貴顯，始徙于邑。江南新附，法令未孚，軍寇交擾，避地靡定，依積婦家數年。時既寧謐，復歸白沙築室。大德丙午正月八日卒，年六十有七。予少以里中子識制幹公，交游三世矣。積數數爲其父請銘。延祐甲寅某月日，積、允思奉柩葬于宜風里上塘祖塋之左。乃爲銘曰：

維兄友，以克讓其貴；維子亦興讓，以克友于弟。維身教不匱，維家聞不墜，以永于世世。

臨川曾母劉氏墓志銘

臨川曾必榮之妻劉氏，諱慧珍。生宋淳祐辛亥之十一月，❷年四十三而卒其夫。四男一女，家又甚貧，有欲奪其志及分異其子女者，堅志不從，卒全其節，長其所生而室家之。冢子泰來嘗爲吏，歸解其橐，以所得進。卻勿視曰：「吾教汝爲士，不使爲吏。汝若教學，雖菽水缺供，吾不憾。否則，爲農、爲賈以養，亦其次也。今爲吏，必取所不當取，惡用此爲？」泰來慚懼，自是不復爲吏。素不好華飾，孀居即屏芳澤，終其

❶「積」，原避諱作「貞」，據明初刻本、成化本、乾隆本改。以下同此者逕改。

❷「亥」，原作「卯」，據成化本、乾隆本改。

身。未病前，❶偏與鄰婦訣，❷微病三日而逝，大元延祐乙卯十二月二十六日也。既殯，乃得葬地，里曰孝行，山曰熊家畬，以某年某月某日葬。求銘者，泰來也。述行實者，曾之族人與嗣也。❸銘曰：

天其夫，弗肯渝於義；士其子，弗肯没於利。嗚呼！雖古貞嫠，奚以尚兹！

❶「未病」，原作「不御」，據成化本、乾隆本改。

❷「偏」，原作「期」，據成化本、乾隆本改。

❸「與」，成化本、乾隆本作「輿」。

吴文正集卷七十六

元吴澄撰

墓志銘

故袁君主一甫墓志銘

主一姓袁氏，諱立，初字義夫，生宋淳祐庚戌九月。自少倜儻有志，慷慨尚義。習進士業，應舉不中。客州縣，與其謀議，如參佐然。進士科既廢，無復仕進想。新附之民地偏俗殊，聞一令輒駭，吏並緣爲姦，絲棼鼎沸，莫克應承。君處之得宜，於家不貽父母憂，同産賴以保所有，庇及一鄉。愚氓相挺爲亂，鋤其根株，里居以寧，遠近歸德焉。富室禮爲賓師，諏度悉中理法，多所裨益。君倫紀篤厚，意氣軒豁，親故交遊，懇懇用情，靡不感悦。至大庚戌十二月，以疾終。次年十一月，葬于藝原。❶延祐丁巳二月庚申，改葬迴鄉，祔母夫人墓左。嗚呼！古有鄉之賢能，長治其民，不出比閭族黨之間，故上下相親，如家人父子。袁君不必

❶「藝」，成化本、乾隆本作「埶」。

如古之仕於鄉，而比閭族黨受其惠，蓋無愧於古之才士也夫！考諱蓁，承節郎、監隆興府樵舍鎮。妣曾氏，進賢縣丞諱三德之孫女。配何氏，工部尚書諱異之從女孫也。男三，梅瑞，彭澤縣教諭；相瑞，桐瑞。女三，端女、平女、安女。中男、中女皆先卒。大庾縣令何子安之子隆孫、道州判官何堯之子友成暨予之中子衮，❶其壻也。孫男二，燾孫、熹孫。孫女四。君與予相友如兄弟，其卒也予在京師，今於其改葬也而爲之銘。銘曰：

生不試，没有遺惠；留其慶，以昌後裔。

故縣尹蕭君墓志銘

蕭氏居贛寧都之小田，至于君五世矣。君之世父諱澥，能詩，有集曰《芸莊》。五試禮部，特奏授户曹。君之父諱立之，詩宗江西派，絶句有唐人風致，其集曰《冰匡》。登進士科，由鎮南軍節度推官班見，改籍田令，累官至通直。搶攘之際，擢爲通守，❷不及赴。君，通守之季子也，諱士資，字深可。器識超異，紹家

---

❶「堯」，原作「垚」，卷七十四有《故宋文林郎道州判官何君墓碣銘》，云「諱堯」，據改。

❷「通」，原作「道」，據成化本、乾隆本改。

學，❶文藝最優。知時將多虞，期以武功，奮就右選，授承節郎。及大兵至江南，仲兄士贇募鄉兵助時備禦，❷君請曰：「報國，忠也；寧家，孝也。二者不能兼，兄居弟行，可乎？」❸兄不許，遂往。君奉二親依山險，同鄉鄰保聚。兄與大兵遇而止，元帥李公奇其才，全其生。詢其家世，益加敬重，君亦受知焉。李公鎮廬陵，❹命君招撫寧都。降汀寇有功，剡上，隨達官入覲，授從仕郎、建昌廣昌尹。承亂離後，井里荒殘，撫字有方，户增獄簡。遭父喪，去官。再尹辰州盧溪，寔五溪蠻洞之地。烏言獸心，御之得宜，靡不悦服。茶溪洞反，諭降其衆。又遭母喪，去官。再入覲，遷徵事郎、辰州敘浦尹。敘浦與盧溪鄰，土俗相似，治之一如盧溪。前者洞蠻屢服屢叛，招懷以德，咸俾革面。聞君有代，渠魁復出鈔掠。行省調兵勦捕，君率先擣其巢穴，寇窮蹙就擒。君不有其功，以讓軍官與同僚。歸舊隱，觴詠自樂，視仕進澹如也。越數年，有南安路行用庫大使之命。居官將再期，解鈔上行省。還及贛，疾作，至南安益篤。❺諸子扶侍至家，寢疾，七日而終。君事二親孝，雖馳公事于外，愛慕不少釋。奔喪及門，號踊慟絶。兄弟怡怡，終身無間言。待宗戚友朋各中理節，能得其歡。豈弟慈祥，接物和煦。三爲邑宰，民皆去思。嘗以「自得」扁書室，所著詩文有《吹劍吟》

---

❶「家」，原作「宋」，據成化本、乾隆本改。
❷「士」，原脱，據成化本、乾隆本補。
❸「可乎兄」，原作「帥李公」，據成化本、乾隆本改。
❹「廬」，原作「盧」，據成化本、乾隆本改。
❺「至」下，原衍「於」字，據成化本、乾隆本删。

《北觀紀詠》《盧溪客語》。疾病，召諸子及弟兄之子畢至，教以和順。娶連，繼黄。子男四，若淵、若潛、若濟、若涉。女四。孫男四，楫孫、吴孫、周孫、相孫。君生於淳祐辛亥之冬，卒於延祐丁巳之夏。二年十一月廿七日，葬于里之吟田長山頭。予與君父子兄弟交遊四十載，父兄既没，而君獨存，每歲書問往來至數四。君少予三歲，乃先棄予而逝乎？諸孤求志銘，敘而銘之。銘曰：

深沉坦夷，恢廓密微。莊肅愉怡，無莫有持。文繼父規，政若母慈。忘者已而，❶存者如斯。

故贛州教授李君夫人徐氏墓志銘

故贛州教授宜黄李君夫人徐氏，以延祐丙辰九月從其子仲謀官贛之石城，越明年丁巳五月甲戌卒。仲謀具棺衾衣物斂于旅次，悉得如禮。是月壬辰，奉柩以歸。六月丙午，殯于正寢。八月己酉，葬仙桂鄉北華山左。仲謀衰絰求請銘。嗚呼！余視夫人之父猶大父，視其夫猶伯叔，視其子猶兄弟也，可不銘諸？竊謂婦德一，而有三從焉。德既賢，所從亦賢，世所希也。蓋德之賢在己，而出乎性；所從之賢在人，而係乎命。苟非性於天者美、命於天者厚，其曷能然哉？若夫人，所得於天可謂美且厚已。夫人儒家子，諱懿如。天性孝慈，知書秉禮，事姑色養無違，執婦功至老不廢。相其夫，裕其家，新宅舍，饌賓親，睦鄉鄰，教子孫，一一中程度。居近夫子廟，遇朔望，趣起拜謁。中燬于火，部使命有司重脩，以仲謀董役。夫人視如家事

❶「忘」，乾隆本作「亡」。

然。有梓木可材，或請以立夫子像，即斧以畀。嗚呼！婦所先者德，而夫人之德則賢也。父鄉貢進士，樂易敦龐，諱桂得。以工詞賦爲儒林宗，❶遠近從遊者數百，咸稱爲介軒先生。嗚呼！幼所從者父，而夫人之父則賢也。李君端嚴閑雅，受業徐先生之門，師特加器重，而妻以女。後入太學，歷外内舍，以上舍釋褐，授迪功郎、差贛州教授。嗚呼！長所從者夫，而夫人之夫亦賢也。夫没時，子甫弱冠。或謂：「所居差繇繁密，❷盍徙以避？」夫人謂：「吾辛勤有此屋，去將安之？」仲謀奉母應門，純正疏通，每爲邑大夫所禮，家賴以寧。初仕南安路學録，夫人撫諸孫留于家。再調石城縣教諭，則曰：「吾昔嘗從夫仕贛，今從子仕贛之支邑，死不憾矣。」受禄養八閲月，愉如也。仲謀廉謹自守，所至取重於官長，取信於士友，大率母教所成。嗚呼！老所從者子，而夫人之子又賢也。夫人生宋淳祐甲辰七月，得年七十有四。次子良，蚤卒。女一，適萊山山長鄒衆。孫男四，除比冠；階先十有九日殤，夫人哭之慟，由是嬰疾；除後二十有八日亦殤；陞尚幼。孫女一，適臨川徐。銘曰：

天豐之乎？于其躬，又于其所從，孰如其豐。天嗇之乎？于其德，不于其所食，孰云其嗇。

❶「賦」，原作「牋」，據成化本、乾隆本改。
❷「繇」，乾隆本作「徭」。

故陳副使夫人黄氏墓志銘

小曹金銀場副使陳仲南之配黄氏，鄉貢進士慶老之女。宋淳祐壬子歲生，十有六歲歸于陳。毓質儒家，性行温淑。相夫君治貲産，日以盛大。警戒相成，慈儉如初，宗族鄉黨咸稱賢助。至元辛卯五月三日卒，葬黄陵。❶遷奥村，遷橋頭坑，又遷炭竈坑，距家一里許。副使諱楠，後二十有一年卒。❷初生一女一男，年皆幼，罹寇禍，能相讓就死。再生一男曰炳文，❸娶太學進士吴泰來女爲婦。孫男一，世孫。❹孫女二，一許歸予之孫蕃，一許歸斤村游之子。銘曰：

梱儀靚顒，順惠且賢。維家之嬴，不嬴其年。永藏既安，流慶嬗嫣。

故臨川丁君墓志銘

丁氏系出齊侯吕伋，漢時有寬，有固。至宋，顯者尤衆。其居臨川靈臺鄉者，有叔才，爲士，諱應桂。父

❶「陵」，成化本、乾隆本作「陂」。
❷「二」，成化本、乾隆本作「三」。
❸「炳文」，乾隆本倒乙。
❹「世」，成化本、乾隆本作「垚」。

曰從龍，以其子有志于學，凡益友過從，應接不倦。叔才所師，皆一時工進士業者，最後與今翰林承旨程鉅夫同門。❶業成而科廢，棲遯不求聞於時。名書室曰「竹」，所以厲其節。户既隸儒籍，俯就鄉邑學諭之職。又游處臨汝書院，遂與郡中諸耆宿俊彦日相親密。間或吟詠，以抒懷抱，語尚平淡，不事彫琢。資禀剛直，趣操清潔，倜儻瀟散，不拘不迂。與人議論，少不合，則疾聲大呼。然聚會歡笑，浩歌暢飲，和氣春如也。待族姻鄉黨、知舊交遊，各中禮度。娶龔氏，先卒。子榮翁，克世其業，教導臨汝，叔才就養焉。有疾，乃奉以歸，終于正寢。其生也，宋淳祐辛亥九月。其卒也，元延祐丁巳三月十有一日。庚寅，祔葬龔氏兆。是年秋貢，余校文還，過郡，前臨汝山長趙思玄以榮翁來請銘。余嘗序叔才詩矣，今銘其墓也宜。從老氏教于井山觀者，季子有容也。孫顯生、相生。銘曰：

生而有章，死而有藏。我辭孔揚，厥聞彌芳。

大元將仕郎南豐州判官蕭君墓志銘

大元有江南，一天下三十有九年，始以進士科取士。江西行中書省所統兩道，貢士三十有二。校藝之優劣，定去取，而吏議以襍犯違制，有所黜。校文者争之，一二達官臨之，亦務寬厚，欲備其名數，卒不能奪吏議。於是與選止十有八人，而吉安一路居其六。明年會試京師，六人之中擢第者三，楊景行、羅曾、蕭立

❶「鉅」，原作「距」，據乾隆本改。

夫也。立夫字興吾，吉水人。年最少，授將仕郎、南豐州判官以歸。八月己丑甫拜其親，十月甲申遽終其身。嗚呼！其可悲也已，其可悲也已！大父諱符世，在宋三貢于鄉，五試于省。咸淳戊辰，省試《詩義》第一，殿試中乙科，任衡州推官。父如愚，守家學。五子，立夫仲也，大父命之爲世父後。自幼敏悟，其行其識，卓然特異。體素羸弱，歸途遘疾，逾月小愈。至家又疾，竟不得起。嗚呼！其可悲也已，其可悲也已！生至元甲申，終延祐乙卯。越三年丁巳正月，葬于松林之原。兄鼎，將父命來徵銘。鄉試余曾校文，❶得士如此，而不見其用。嗚呼！其可悲也已，其可悲也已！妻彭氏。男辰生。葬之時年十有四矣。銘曰：

才與否與，富與貧與，貴與賤與，壽與夭與，❷皆命也夫！嗚呼！立夫未可謂富，而亦不貧；未可謂貴，而已不賤。❸天畀以才，不畀以壽。命不可期，若之何？其知與不知，儔不子悲？嗚呼噫嘻！

故詩人吴伯秀墓志銘

伯秀諱廷蘭，家撫金谿之吉原。❹少工進士業，與從兄廷龍素齊名。其從兄入太學，登進士科，調贛石

---

❶「曾」，成化本、乾隆本作「忝」。
❷下「與」字，原脱，據成化本補。
❸「已」，各本同，疑當作「亦」。
❹「家」，原脱，據成化本、乾隆本補。

城尉，而伯秀不仕。進士科既廢，乃肆其力於詩。甄意治辭，❶不甘俛俔出魯直、履常下。跡不涉城府，朝夕一室，吟嘯自若。中有亡聊不平，一皆發於聲，汪洋無涯涘，衆口遽相傳誦其佳句。家素貧，撫弟如子，私篋無一錢藏。言直行方，見不善輒面折，有急則力救之。博記覽，善誘誨，後進、宗黨惠其德而化者比比。生宋淳祐三年四月，得年八十，元至治二年閏五月卒，聞者靡不傷悼。泰定元年十二月，葬里之何家原。前期，其族孫舉及裴在京，爲之請銘，既而其從子慶益來速銘。噫！宋三百年間，撫之詩人，前有謝逸、謝邁，後有趙崇懌，而崇仁甘泳、金谿曾子良，亦以詩自好。伯秀與曾同邑，而爲曾所敬。余嘗觀其詩，是可銘也。或謂伯秀之窮如孟東野，抑天固窮其身以昌其詩乎？余謂東野無後，而伯秀三子、諸孫，森然克紹其世。天之豐之也，非東野所可及已，而其詩又有不同者焉。祖某，父某，俱弗耀。娶王氏。子三，孫四。銘曰：

韞匵潛珍，粲粲琪珣。疇謂詩貧，貞曜與倫。滌破酸辛，淵乎深淳。不昌其身，以傒其嗣人。

故金陵逸士寅叔王君墓碣銘❷

皇慶元年春，予在國子監，以疾尋醫。其夏，過金陵，郡士王寅叔授予館，執弟子禮，而請學焉。每爲談士君子脩身謹行之概，言言胥契，如水沃地。其秋，予遡江而南，則依依不忍別，若有失也。一年餘不相聞，

❶「治」，原作「洽」，據成化本、乾隆本改。

❷「碣」，成化本、乾隆本作「志」。

或傳寅叔死矣。夫金陵，東南大都會也。然自吴、晋以來，常爲用武之國，事文學者視他郡爲少。況歸朝之後，士之世業者或棄其業而他從。寅叔一身獨膺持家幹蠱之任，猶能有餘力不廢學。其爲學也，又不卑卑於世儒記誦詞章之習，上慕古之聖人賢人而爲師，可不謂特見卓識者哉！而竟不得年以死，是可嘅也已。延祐五年冬，予再至金陵，寅叔之子謂：「吾父雖已就土，而穴有水泉，宜改葬。」乃營宅兆于城南西石子崗，以明年正月四日奉柩而窆。予爲文以碣于其墓。寅叔諱子清，其先汴人，宋紹興初來居霅州。祖父諱某，徙金陵。❶祖母徐氏，❷勤儉殖生。父諱君祥，早世。仲父、季父協心共事，以致豐裕。寅叔，仲父之第三子也。年十有四，仲父亦卒，爲母命之爲世父後。事母張氏盡孝，人無間言。家務母及女兄主之，寅叔惟讀書爲學而已，他事一無所與。數年後家浸以蠱，始奉母命整飭，剔蠹補弊，詳緩精審。增益其田數十頃若不經意，人服其能，聲譽日起。賢士大夫常造其門，交朋甚驩。而喜賙恤親戚，無依賴者量其厚薄，月有贍給。名閥之子孫、他方之寒俊不能自立者，惻然矜念，時與館穀。嫁娶無力者，捐貲贈之；死喪無具者，❸備棺葬之。歲凶，施米及爲粥，以食道路之人。時疫施藥，間命醫流往就其家胗視。隆寒積雪，則散褚衾木炭，委

❶「徙」，原作「徙」，據成化本、乾隆本改。
❷「徐」，成化本、乾隆本作「涂」。
❸「喪」，原脱，據成化本補。

于甚貧者之門而去，不出主名。蓋其季父富而好施，寅叔力不逮數倍，而亦如之，其所值之境爲尤難。❶母病，藥必親嘗，朝不暇盥櫛，夜不脱冠帶而侍。居喪三年，不酒不肉，不處於内。未葬，衰絰不去身，祭祀一遵司馬氏《書儀》、朱氏《家禮》。容無惰，言無戲，跬步必以古人爲法式。訓督諸子動循正道，年長者遣之數百里外從名師。娶張氏，❷相夫教子無違。子四，珩、琚、璜、璹。琚先三年而殤。❸女一，婿盱江傅若川。寅叔生宋咸淳己巳歲六月十有七日，其卒皇慶癸丑歲十月十七日也。銘曰：

王氏世族，濟濟純篤。維學之劬，肇自寅叔。謂年宜崇，未艾而終。謂天昭昭，豈其夢夢。韞瑜韜瑾，理弗澌盡。蓄此有餘，以錫遺胤。石岡有墳，石碣有文。於戲寅叔，雖亡猶存。

故吴君慶長父墓誌銘

古豐城之長安，與崇仁之青雲接境，吴族居焉。其初，與崇仁之吴俱來自宣州。宋之盛時，有繇科第而仕者。逮南渡以後，崇仁之吴文學科第大顯于時，而豐城之吴亦儒雅循良，饒裕自殖。巨公名士，以德義相契，交際過從，絡驛不絶。至元間予至其鄉，有五雲峯居士端嚴謹厚，冠衣淳古，儼然商皓之遺風。適孫名

---

❶「其所值之境」，成化本作「聞者以寅叔」。

❷「張」，原脱，據成化本補。

❸「三年而」，三字原脱，據成化本補。

演，字慶長。年二十餘，嶷立侍側，簡默凝重，博洽秀異，望之知爲遠器。厥後耆艾日以凋謝，族之富盛者亦漸衰替，獨慶長卓然樹立，甲於一族。户門孔艱，疏剔振治，不勞而辦。鄉鄰弗靖，協心殲殄，衆得奠枕。貲力非甚有餘，而饑歲率先賑救，豪右愧焉。名聲四馳，遠近竦慕，當路亦有知己，而不願仕。日與吟倡，倡和自樂，詩曰《梅臞集》。晚年新居室以處諸子，婚嫁各當閥閲。將遂閒適，而年不待矣。生宋寶祐丁巳十月之癸卯，❶卒元延祐甲寅三月之己未。越四年丁巳十二月戊午，祔于六世祖妣曾夫人之兆，原曰桐坑。娶范，繼黄。子男六，粢、菜、棨、❷渠、桀、棠。女四，范繼老、黄延選、葛真、黄琛，婿也。長男、長女先卒。孫男六，燦、炤、煥、燿、煒、焴。女九，皆幼。予之先自豐城徙，世遠失其次。慶長少余八歲，視余猶兄也。菜請銘，故爲銘。銘曰：

猗嗟吴宗，❸宣而撫洪。世世有聞，四海趨風。豐城一族，積厚報豐。猗嗟慶長，亢宗之雄。命未稱志，維後之隆。

---

❶「宋」，原脱，據成化本、乾隆本補。
❷「棨」，原脱，據成化本、乾隆本補。
❸「吴」，原作「具」，據成化本、乾隆本改。

故逸士趙君墓誌銘

進賢趙君若焕堯章甫，宋宗室也。年二十三，值火祚訖，賦《草之茂》三章，援琴而歌，與箕子《麥秀歌》同其悲。哀時運之已失，矢志義之不渝，略無移咎推怨之意，視《麥秀》之辭爲優。故予疑《麥秀》非箕子作也，太史公輕信而誤取之爾，安得如趙君之自傷而不他尤者哉？君之志義類箕子，無朝鮮之地可遠引，於是陳迹鄉閭，放情山水，高睨廣覽，遥吟孤嘯，舒泄所懷。弟若熞，❶受當路索絡，俾司遊徼。❷君諷之來歸，日共族從聚處，讀書想古，飲酒忘今，澹如也。與弟分財，悉置不問，唯取先世帶笏琴書。君年將七十，母萬氏夫人猶無恙，孝養致樂。朔望率子孫盛服拜堂下，飲食必躬調膳。生旦上壽，自鳴匏絃起舞，以怡親心。母年八十五而卒，既無親可事，則專以教子爲務。賓客非端良不接，所接輒觴詠盡歡。邑校春秋釋奠，齋宿陪位甚謹，言論本經訓，尚理趣，謂：「學而不行，非實也。吾喜玩《易》，不以談説，不以占驗，日月無非《易》也。」披閲古書，得精要語，遂筆之策，❸目曰「備忘」。告戒内外戚疏，往往按據所録。著述之存者，《中庸講

❶「熞」，原作「慳」，據成化本、乾隆本改。
❷「司」，原作「同」，據成化本、乾隆本改。
❸「遂」，成化本、乾隆本作「遄」。

義》、❶《適情小藁》《逸民自得》，合若干卷。其詩有云：「青山入遥望，斂襟坐虚閣。世故不可期，冲懷有深託。」平居興夙寢夜，❷未嘗免冠褰裳。嗜飲不至醉，❸每微酣，令人歌淵明《歸去來辭》，自吹洞簫以和。書閣臨池，扁曰「曉泉」，曉喻明，泉喻清也。真淳和易，恂恂信厚，樂導人爲善，而不計從違，是以人人敬且愛焉。重義輕利，逋負不屑屑責償。冬寒見凍者衣之，歲饑見餓者食之。初，乙亥之兵，鄉人有被俘者，捐金贖之。享年七十八。大元至順辛未八月十一日，晨起安坐而逝。明年某月日，葬邑西之雷岡。先世魏悼惠王之一再傳安化軍節度使諱克整，封高密侯，生金紫光禄大夫叔咀。❹光禄生右朝請大夫續之，靖康之難，由曹州徙豫章之進賢。朝請生永豐主簿公磦，君之高祖也。曾祖彦瑄，祖灑夫，考時福，俱不仕。君娶周，先二十年殁。男三，嗣賢、嗣篪、嗣均。女一，❺適艾芳閏。孫男四，女一。嗣賢曰：「先子臨終，命嗣賢求先生銘。追念遺言，惻惻哀慟，庸敢以請。」予誦君歌辭，嘉歎罔已。夫有商孫子侯服于周，自古以然。磐石之宗及今爲庶，君之志義若此，賢於人也遠矣。銘曰：

身之壽命長，家之胤胄昌。不與國而俱忘，志義堂堂。噫其可傷！

❶「義」，原作「議」，據成化本、乾隆本改。
❷「夜」，原作「衣」，據成化本、乾隆本改。
❸「飲」，成化本、乾隆本作「酒」。
❹「禄」，原脱，據成化本、乾隆本補。
❺「女」，原脱，據成化本、乾隆本補。

吴文正集卷七十七

元吴澄撰

墓誌銘

有元徵事郎翰林編修劉君墓誌銘

嗚呼！自謙遽去予而殁矣夫，悲哉！予在禁林，自謙爲屬。南還之日，遠餞出通州。明年將旨而至，澄老病弗克奉詔，遂别予去。未復使命，以疾卒於家。嗚呼悲哉！卒之後一年，其孤埜觸暑走六百里來求銘，曰「將以今年十月某日葬里之江井山」。嗚呼悲哉！自謙姓劉氏，光其名也，信上饒葛源人。❶其先世初由彭城徙玉山大横塘，後家葛源。王考諱養浩，宋太學進士，迪功郎、寧國府教授。考諱安，國朝將仕佐郎、湖廣等處儒學副提舉。其仕南雄路儒學正既滿，遊前翰林承旨姚公之門，敕授瓊州安撫司儒學教授。待次，辟中書省斷事官屬吏。扈蹕上京，分按諸郡，疑刑濫獄之久，悉白於長，決遣無滯。中書委催海運，不

❶「信」，原作「住」，據成化本、乾隆本改。

旬日萬艘集，民食日給。父憂解職。服闋之瓊，以詩書禮義化荒服之民。廣帥受詔捕賊，檄參軍謀，固辭。帥入賊境，無可與議，驛邀請。不得已，募百餘兵詣帥壘，畫計殄其渠魁，活脅從之衆萬數。自瓊歸，創白石書院，祠朱文公，而黄文肅公配，以王考逮事文肅故也。分田贍養學徒，省爲設額，行省爲差官以教，公朝復加旌表焉。掾江西行省，數月不合，不留。選授將仕郎、寶慶路總管府知事，未赴。徵補集賢掾史，繼陞徵事郎、翰林國史院編脩官。凡所撰述，辭采蔚然可觀。泰定三年，馳驛造吾廬，四月還家拜墓，以追榮考妣之命告于廟。考，贈徵事郎、江浙等處行中書省檢校官；妣方氏，贈宜人。趨杭起鄧侍講文原，忽得疾，再還家，事醫藥。八月，浙省遣使聘充考試官，力疾見使者，疾革不果行。是月七日終，享年五十二。九月訃達京師，孤埜哭幾絶，即日棄官奔喪。朝之聞人數十會哭僧舍，爲文小奠。平居賙施貧乏，救恤死喪，銷釋怨争，熏爲善良，可以範俗，可以經世。自少有志氣，有才略，小試于用，皆所優爲。種學績文，循循儒行規矩中，允矣其有猷有守也。而用止於斯，壽止於斯，嗚呼悲哉！娶楊氏，封宜人。子男二，埜，中衛親軍都指揮使司蒙古字學教授；圻，國子生。女一。孫男一。予之長子文與自謙同年生，次子京客都城，恭自謙猶兄。今則已矣，而予爲銘其葬。嗚呼悲哉！銘曰：

生才若兹，不使有爲，天乎何其！予之銘之，不足於辭，而有餘悲。

故承直郎崇仁縣尹胡侯墓誌銘

崇仁，壯縣也。數十年字民之官率未能大慰其民之心，往往觖望。近歲有簿斯邑者言曰：「崇仁之民有幸，不久有賢令至。」問爲誰，則以胡侯對。道侯之美，略舉大概，聞者皆喜。逾年予客外，而侯至官。比予還家，則侯在官將再期矣。入境問政，而民之所稱，加於前之所聞。于時侯以病在假，然未嘗須臾忘其民也。病小間，即出視事。其病而在假也，民倀倀若無所依；其出而視事也，民欣欣若有所獲。越數月，始及一識。察言觀色，以證民之所稱，猶信。又數月，侯之病竟不起。不間邇遐，哀傷痛切，若失其父母。侯之得此於民，豈偶然哉？其孤奉侯之喪歸葬，以翰林待制虞集所輯事狀來請銘。予夙聞侯爲銅陵世家，既閱狀，復稽荆國王文公集所載，侯之七世祖諱舜元，嘉祐四年進士，官至著作佐郎。少從王文公游，公爲誌其父墓。❶著作之孫諱棣，建炎二年進士，官至朝請大夫、❷兵部郎官，於侯爲五世祖。兵部之玄孫諱元一，宋末太學進士，皇元贈承務郎，侯之考也。鄉先生阮翁奇其才，而妻以女，侯之母也。侯自幼能文章，有智略，舅氏復以女女焉。至元乙酉，舅氏爲建德守。入覲，侯以甥從。蒙恩得仕，❸一再授縣主簿，寧國路之南陵、建德路之淳安也。一再授州判官，嘉興路之崇德、徽州之婺源也。遷龍興靖安縣尹，由靖安而尹崇仁。其在南陵也，有妖巫託神怪以惑衆，雖長吏亦共恭信。侯逮詰，即首服，受笞而去，其妖遂息。其在崇德也，有詐稱降香使臣，所過迎接護送，莫敢誰何。侯獨疑其僞，執而訊之，果然。縛送于府，宣撫奉使坐以法，而

❶「墓」，原作「母」，據成化本、乾隆本改。
❷「請」，乾隆本作「散」。
❸「蒙」，乾隆本作「襲」。

嘉侯之明敏。婺源州距總府數百里，山路峻險，轉輸莫可，賦粟每歲留州。忽有令詣府送納，州民震怖。官畏上令之嚴，不敢以請。侯自上府陳利害，府不能奪侯議，民得免詣府倉，感悦如更生。婺源廟有燈油田，掌事者侵盗，訟久不決。侯言供神祠無益之費，孰若爲國家養有用之才。監察御史是其言，以其田畀州學。其宰靖安也，驗户籍高下，以次受役，不容毫髮偏頗。民糧不知主名，歲責役户代輸。侯究詰所起，竟得其人，而役户無代輸之苦。人户産去税存，一一覈實，歸于得田之家。酒課額有定，而民之貧富無常，貧或數贏，富或數縮。侯爲均派，隨糧數之多寡定課數，貧民大便。土兵害民，縣不敢問。侯捕治如法，兵始斂戢。其治崇仁也如靖安，而尤整暇。訟牒至庭，訊其情僞，曲者辭窮而退，直者旋爲剖析。事不凝滯，浸浸簡静，庭無争辯之聲，鄉無徵呼之跡。惟日與名士講學論文而已，胥徒改營他業者十五六。或障大溪之流，以擅機春之利，舟往來輒礙，告之官而官不理。一日，侯過其所，適值群小逞阸阻數舟。❶侯命左右捽拽至前，進父老問曰：「此處舊有陂乎？」曰「無有」。「灌田多乎？」曰「不多」。「陂之高低與隣陂等乎？」曰「此獨高」。曰「然則非水利也，徒阻舟爾」。目左右曰：「毁之。」行客居民争先除折薪篠蔽，水下頃刻而盡，歡聲動地。行事快人情多類此。前時經理民田，有司奉行失旨意，民大擾，因重加其賦。至是徵包銀錢，不遺一卒，令民自推擇。事末利而贍者乃與徵，❷晏然無動摇。以病告致仕于府，僚友狥民之欲，不上其狀。詔書

❶「阸」，乾隆本作「兇」。
❷「贍」，原作「瞻」，據成化本、乾隆本改。

命臺察舉守令，僉曰：「孰有如吾侯者乎？」豈料終於官，而弗及應時需也哉！至治辛酉四月十六日終，年僅六十。侯諱愿，字伯恭。❶仕南陵時，承務君小居宣城，侯請以銅陵田園悉與守墳墓昆弟。承務君殁，事太夫人孝謹，常就養于官。及太夫人春秋高，難以遠適，❷既受崇仁之命，欲留奉侍不往。太夫人再三諭遣，乃不敢違。弟懋致養于家，侯得專志官政，以有弟也。子立，淳謹肯學，未嘗干與公務。一家孝友出乎天性，府表其里，朝旌其門，蓋不虚美云。侯之殁，虞集、同邑尉熊昶晨夕顧視，經紀其喪事。某月某日，侯之喪至宣城。某月某日，葬某源。予亦崇仁一民也，故述邑民哀思之情，而爲侯銘。銘曰：

吏治軒軒，久矣無聞。天惠崇仁，錫此令君。四野耕耘，三載一春。遽棄吾民，曾不逡巡。侯來民訴，侯逝民顰。靡控靡因，孰思孰勤。極目蒿焄，江東莫雲。千古松筠，循吏之墳。

故千户黄府君墓誌銘

黄氏之先，邵武人也。迪功郎諱忠者，來家江西之清江鎮。配楊氏，以進義副尉諱憲者爲子。進義君配甘氏，子三人。其仲，千户府君也。府君諱遵，字正道，生寶祐甲寅十一月壬戌。孝友敏悟，根于天質，一時名卿鉅公，咸韙異之。長遊淮堧，值至元革命，受知元帥府，用爲管軍千户，辭以親老歸。未幾，遘父喪，

❶「字」，各本均作「自」，卷四十二有《致樂堂記》，是吴澄爲胡伯恭「致樂堂」而作，文云「侯名愿」，據改。

❷「以」，原脱，據成化本、乾隆本補。

致哀如禮。兄弟繼歿，悲戚逾深。奉母撫孤，内外雍睦，有前代義門遺風。一新居宅，翰林承旨程公爲扁曰「後山堂」，蓋進義君嘗以「蒼山」自號，示不忘先志也。母年九十，❶蒙恩賜帛，里中高年婦會宴稱壽，遠邇歎羨，以爲希有。母病，養不離側。及喪，致客數郡。年幾六十，孺慕如少。市失火，延燎幾逮，躬撫母柩，泣拜籲天。俄而風止火息，鄰居免燬，並推孝感之功。哀毁成疾，數年頗瘳。皇慶癸丑秋，復作彌劇。一日，止藥弗進，語諸子曰：「修短有數。汝輩友恭，克世先業，吾死奚憾！」言畢而逝，八月甲戌也。娶熊氏，生子一，曰子鍾，❷先二十年卒。再娶喻氏，生一男一女。孫女二，俱幼。兄珪，一子曰莘。弟浩無子，鍾繼其後。延祐丁巳十二月丁酉，葬富州會昌鄉之楊原。先期，鍾造門，將期兄之命，以岳州路平江州判官皮溍狀來徵銘。余謂：范蠡英傑也，其智足以霸越。棄卿相如脱屣，豈區區勢利所能浼？然一居於陶，則匪直變易姓名而已，并與生平識慮俱變易而用之於小。是何也？其居使之然也。清江鎮，大江以南之陶也。居其間者，鮮不惟趨時計贏是務。獨府君莊重閒雅，儼然賢大夫之儀。對客清談，泠泠如壺冰盤露，蟬蛻埃壒之表，以詩書禮義淑後。三世同財，而無間言。父無恙時，譽望亦籍籍。嗣之而興，益以光昭。居斯地也，而有斯人乎？斯古所謂不隨流俗者，府君有焉。非特余知之也，風憲清流，外服之官，暨中朝之使，苟賢且明者，每見每聞，莫不嘉敬。而惜其不獲用於時，是果何以得此於人也？狀稱府君「剛介自立，不輕與

❶「九」，乾隆本作「八」。
❷「鍾」，原作「鐘」，據成化本、乾隆本改。

人交。事上接下，各得其當。樂施與，振流落，不以爲恩。或受累，不以爲怨，而爲善益不倦」，蓋摭其實云。銘曰：

昔銘其母，今銘其子。一賢一孝，世世視效。

敕封宜人孔母羅氏墓誌銘

延祐六年秋，予留金陵客舍，有太史院校書郎孔思則衰絰過予，泣而言曰：「吾爲清江三孔之胄。❶南北既混，吾父歸曲阜拜祖廟，遂如京師。初仕教授嘉興路，遷興文署丞、淮西廉訪司知事、江西行省照磨，陞儒林郎、江西等處儒學提舉。不幸四年丁巳十一月十日，吾父以疾終。吾母，敕封宜人羅氏，實相吾父，以能有所立。初歸，逮事吾祖母，婉愉孝養無違。爲冢婦，執謙自下，以禮諸介婦。兄壽仁生四歲，而前母周氏歿，吾母撫育同於己出。後教授常德路，遷瑞州路知事。思則年十七從吾父宦遊，後教授歸德府，遷太常禮儀院太祝、萬億綺源庫知事，三遷而爲太史之屬。❷吾兄弟各沾微禄，一皆吾母所教。不幸五年戊午十一月三日，吾母又以疾終。吾父已得翰林直學士李之紹伯宗誌墓，而吾母之葬不可無文也，敢以請。」予于儒林君及其二子俱舊，義不得辭。明年庚申九月九日，壽仁、思則奉母父二喪，合葬于里中桐水之原。服

❶「清」，原作「三」，據成化本改。
❷「遷」，成化本作「轉」。

闋，壽仁以將仕郎改武昌路嘉魚縣主簿，思則陞承事郎，改濟寧路寧陽縣尹，兼管諸軍奧魯、勸農事。來索銘文，乃書以畀之。嗚呼！婦人不出閨門，嘉言善行，非人所可聞見。以其夫，知其爲賢助；以其子，知其爲賢母。是可銘已。宜人所生女，適歐陽。孫男，觀保、福保。孫女四。銘曰：

若夫若子，奮越而翔。婦德母儀，於焉而章。

故游夫人余氏墓誌銘

澄外舅之弟余仲璋諱珪，有女妙真，生宋寶祐丙辰九月。年二十一，歸同鄉游應鈴。其夫君，賢厚人也，家素裕。相夫治家，夫德益光，家道益昌。閫以内，閫以外，尊卑長幼，宗族姻戚，下逮使令服役輩，靡不稱其善。元延祐戊午五月，以疾終。明年十二月，窆于株陂之原，祔君姑余氏墓右。男通，習進士業。女榮，適黄世英，次適余震。孫男福孫，孫女恩恕，俱穉。通奉父命，來爲其母請銘。銘曰：

維慈維淑，維德稱福。爰宅兹隩，以引而續。

故平山舒府君墓誌銘

舒以國爲氏，自江北徙江南，家洪之靖安，爲著族。府君諱公平，字廉夫。其高祖邦佐，宋淳熙八年進士，任衡州録事參軍，受知連帥朱文公。未老，以疾致仕，官至通直。生四子，其二選，君之曾祖也。生三子，其長鄉貢進士巘，君之祖也。貢士亦三子，其三鐩，君之父也。君資識警敏，意氣爽邁。幼年值家中衰，從親往依外氏。刻厲奮發，期於立身興家。從其舅學進士詩賦，馳聲。應舉至再，不利，貴富家競延至爲子弟師。一統之後，君之父念故土，遂奉二親以歸。收拾餘燼，治財殖産，日以饒裕。竭力甘旨，先意承顔。父喪哀毁，廬墓側。喪母，❶時年幾六十，如喪其父。攜弟就學，迄成人，不更他師。從祖兄瑞昌縣尹貲富無嗣，爲之立後，匡翼其家，始終弗渝。有族人貧困，教育冠婚，計其逋欠，罄所有不足以償，則悉蠲之。又一人殁于外，無以爲殮，輿櫬往殯。鄰有病患死喪，周之唯恐或後。命工斲材，以給死而無棺者。歲饑，竭所積賑貸，略無乘時徼利之想。友朋情誼尤篤，見故人子，閔閔焉望其成。或自遠來歸，則買宅以居，給田以耕。與人語極懇款，至有過必面責，弗阿徇。前依外家，因學徒所資得田百畝，及歸鄉，悉以分畀外家之貧族。官定户籍，奉命總覈一鄉，凡有田不税、無田虚税之家，悉以實報，蒙惠者甚衆。捕寇之軍留數月，日有餽餉，而弗以擾鄉鄰。所俘男女百餘，早夜飲食之，且言於主帥，多獲釋免。流民數百入境，邀重糈弗得，則肆掠。君與之約，令勿旁騷，當供汝三日之食，帖帖如約而去。舒氏自通直公積德累善，嘗買田二千畝爲義莊，以贍親故之不給、其鄉鄰之無告者，人食其德至於今。而舒之福慶綿遠，胤族蕃盛，富甲一邑。子賢孫俊而文，擢科預貢及仕於國朝者，累累有之。君文學卓然不群，博涉經史，於《春秋》尤邃。文不苟作，必傳經理、裨世教。評論宋文，推蘇明允第一。後進寸長片善，繩之不置。一時秀彦，多出其門，曾受講書者尊稱曰「平山先生」。延祐初行貢舉，舉君爲首。辭曰：「吾老矣，豈較藝時耶？」次科，君已病，遣一子就

❶「喪」上，原衍「服」字，各本皆同，據文義删。

試，曰：「汝能續世科，吾死不憾。」君之母塗氏，家世儒宦，諸孫侍立，必勉以學。君之配熊氏，事舅姑，相其夫，撫諸子，俱不違則。子男八，紹隆、嗣隆、奕隆、世隆、系隆、裔隆、永隆、昌隆，克自樹立。孫男十，女六。君生宋淳祐辛亥十月二十四日，延祐丁巳十二月戊午卒。前時自卜藏于桃源之雲山，將以某年某月葬。余過豫章，紹隆以君之門人前鄉貢進士洪汝懋所述行實來請銘。曩余官國子監，汝懋爲國學生。知其言足徵也，乃爲銘曰：

群舒肇氏，綿二千祀。南宗趾美，儒效有煒，衡州所累。基此良士，曾孫之子，文葩行柢。❶弗試耑已，留其遺祉，以錫爾嗣。

故鄔君孟吉墓誌銘

鄔仁俊改葬其所後父孟吉，以父之友陳正則狀來請銘。謹按狀：鄔君孟吉，諱龍翔，世居樂安天授鄉甘泉里之河山，生宋開慶己未六月七日。父諱誼，母鄭氏。兄弟四人，君其三也。娶登仕郎康某女。❷沉毅明敏，舉業外詩詞尤工。咸淳癸酉，仲兄龍捷鄉薦，刻志期於儷美，而科目廢。飲酣慷慨，每誦「吾志非不如古人，吾才豈不如今人」兩語。元至元壬午十二月二十日，遇盜以殁。父命伯兄之中子仁俊爲後，康氏鞠

❶「柢」，原作「祇」，據成化本、乾隆本改。
❷「仕」，原作「仲」，據成化本、乾隆本改。

育同己出，守節成之，後君十年卒。君歿，殯蔡家原。❶至治辛酉四月十七日，改窆于里之黄田。鄔於余爲婚姻之家，因其有請而銘。銘曰：

有志而莫試，不得年而死于畏，是可大欷。無子而有嗣，不時葬而禮則備，亦可小慰已夫。噫！

故月溪居士袁君墓碣銘

余之同里而居者，有横江袁氏。當其盛也，袁與吴等埒。宋紹定庚寅，經虔寇殘燬，吴族浸衰。又四十餘年，大元有南土，袁族亦替。昔之强武自立者日就微泯，惟月溪居士素卑讓不校，能保其恒産以至于今，於是齒敝舌存之説猶信。居士諱應祐，字伯賢，宋淳祐癸卯二月十九日生。❷逮其父時，聲勢赫張。居士，富家能子，❸和易謙厚，接物如春，見者慕悦。既爲新民，則敝衣草屩，自抑自晦。然胥徒邂逅，尊敬不減舊時。蓋其質實，足以孚愚頑、❹馴猛暴若此。自幼不尚浮華之學，而人情世故諳練洞徹，雖小技曲藝，悉精究底裏。余少亦喜雜學，每過余談論，必竟日，言言皆有裨益。至元壬辰十一月五日，以疾終。鄉鄰驚惋，

❶「家原」，原作「冡嶺」，據乾隆本改。
❷「宋」，原脱；「卯」下，原衍「年」字，併據成化本、乾隆本補、删。
❸「子」，原脱，據成化本補。
❹「孚」，乾隆本作「化」。

失此善人。大德壬寅十二月二十八日，葬會坪雙髻峯下。配黄氏，大學進士之女。子男二，仕達、仕崇。女一，適李。孫男二，用昭、用周。女二，適黄，適陳。曾孫男英寶。適李女後居士六歲卒，仕達後二十三歲亦卒。仕崇將碣于墓，以予與居士相厚善，而來請銘。乃爲銘曰：

中恂恂，外欣欣。與之親，如飲醇。想見其人，徵此青珉。

吴文正集卷七十八

元吴澄撰

墓誌銘

故居士劉子清墓碣銘

古者，有猷有爲之民，不棄遺於皇極之世；《周南》赳赳之夫，皆足以勝干城腹心之任。人之得生斯時，何其幸哉！去古既遠，以逮于今，往往有世不逢才、才不逢世之歎。雖然，世未嘗無才也。俊秀消蝕於浮華淺陋之習，雄傑晦滯於泥塗埃壒之場，而世不見有才，有才亦不顯世。惟其天質特異不可掩抑，❶乃或間見其人，因事而顯其用。❷若廬陵劉君子清，蓋千百不一二也。君生長郡城，幼無父兄，不事鉛槧之末。豪宕卓犖，超拔等倫，勇略兼優，彊悍懾服。屯衛守禦之官絜材量力，自愧弗及，而降心願交焉。在昔承平無

❶「其」，原脱，據成化本、乾隆本補。

❷「因」上，原衍「人」字，據成化本、乾隆本删。

事時，固如此矣。南土降附之初，有不安新政、潛謀作亂者，君不能止，則密白郡侯，先其未發而剪除之。一城獲安，全活百千萬命，君一言之力也。鄧林山水奇勝，介萬安、❶龍泉二縣之間，異時多故家文物。其後軍寇蹂踐，生聚索然。君徙居其地，人得所倚，處者安，去者復，遂成樂土。龍泉邑西巨寇出没，行省官提重兵，督郡之軍民官同力勦捕。地勢險惡，莫敢前進，以君宿望，而與偕行。君選精勁民丁百人，直擣巢穴，擒其渠魁，殘孽悉平。不受公賞，自以私財酬賚其衆。家居專以賑饑爲事，視農務之緩急、荒月之短長，斟酌損益以賑。跨兩邑之境數十里之氓，得粟如寄，雖甚凶歲無饑色。❷積粟之家轉相慕效，發廩平糶不敢踴，❸君實爲之倡也。春而貸粟，冬始收值，減時估之半，❹歲以爲常。三十餘年，穀不貳價，至今守爲家法。凡衆力修完之事，靡不樂施。於浮屠氏崇信逾劇，然發於衷忱，非受其誑誘也。一神祠施五萬，一禪刹施二十萬。圓通寺塔九級，將獨力成之。其他瑣細，不可勝數也。所居控舟車之會，舊識新知、貴游賤役之所經從。風雨莫夜，亦或造門，各慊所期而去。仕宦退閑，非有權勢，致餽必腆，甘貧能廉者尤所加敬。二縣之大夫以事詢訪，必爲剖析贊決，俾有裨益。剛直慷慨，語無不酬。奉身之物不尚華侈，几案必整，洒掃必潔，

❶「安」，原脱，據成化本、乾隆本補。
❷「色」，原作「邑」，據明初刻本、成化本、乾隆本改。
❸「踴」，原作「壅」，據明初刻本、成化本、乾隆本改。
❹「估」，乾隆本作「值」。

綜理周密，内外秩秩。獨處一室，飲食起居，率不離是。坐至午夜，❶肅容端儼。待賓客恭，待鄉黨謙，雖童孺，亦不慢易。不治詩書，暗合義理，尊禮師儒，彌久彌篤。時或躬聽講授，晚年每日令人誦説《論語》一章。君諱泰，生宋淳祐丙午六月三日。其平寇賑饑，例可得仕，而素心恬退，辭避不願。有元至大辛亥六月十八日，微疾而終，殯後園。營宅兆於龍泉南溪之陽坑，延祐戊午十一月廿八日，乃葬之。頃以南康路學正劉参狀來請銘。

余稽諸《易》，時之屯，而後有君子之經綸；世之有事，而後見人才之有用。苟非卒有異常之變，孱夫腐儒、清談虚譽之士駭汗束手，則亦何以見一時應變者之爲才也？劉君當無事時，已穎然特異，及有事而小試其智勇，雖不大用，而其才概可知也。余不識君，而高其人，如之何而不樂道其善也耶？狀謂：「君有全城討賊之蹟，賑荒濟施之仁。排難解紛，如仲連之勇；重義結交，如朱家之俠。致富如陶朱公，而不吝捐費；躬行如萬石君，而通達時變。惜有其才，而不展其藴。然五子文采志氣，卓然成立。存時親見有子，身後業益隆，其興未艾，天報之也。」模寫益得其實云。君娶仇氏。子和孫、平孫、安孫、寧孫、盛孫。孫男二，孫女三。銘曰：

力掣巨鰲，巧接飛猱。惡草以薅，良苗其膏。允也人豪，定此時騷。粲粲寶刀，乍試遄櫜；英英旆旐，一展永綢。己不居勞，人自興褒。計然策高，彷彿六韜。吾樂吾陶，萬輪千艘。擷我土毛，哺彼群嗸。

❶「午」，成化本、乾隆本作「乙」。

林蔭摻摻，溪流滔滔。世産譽髦，天不慢慆。

故逸士黄幼德墓碣銘

古豫章郡之豐城縣，今爲富州。往年余暫息其地，有士黄東來見，年少而務學。其父幼德亦來見，敦樸謹愿，異乎流俗士，余甚喜之。越十有四年，幼德卒。明年，其子述其行，請銘其墓。余按：豐城之黄不一族。幼德之考諱嗣霸，居會昌鄉之攸樂。娶李氏，生二女，擇同姓中之才且賢者爲嗣。於富城某鄉冷水井之族得幼德，諱淳，温厚和粹，工進士詩賦。又改治經，弸中彪外，蔚然可觀。至元丙子，考死於畏。王考年幾九十矣，聞變，哀慟而殞。幼德能殪凶渠，以伸不共戴天之義。葬其王考及考以下凡七。稱其文，揆以爲子之道，靡所缺違。會縣陞爲州，賦役繁重，支拄不易。幼德不肯以笞械毁傷其體，寧喪其土田而弗顧。既貧，遷避清江城中，授生徒以自給。十有一年，復于故里，新構至再，名其堂曰「忍默」。受業而成才者，有族弟可任，爲征東儒學副提舉。逮其身後，猶爲之訓諸子。延祐庚申三月十日，終于書館，年七十有二。子東，護喪以歸，道路觀者嘖嘖嘆曰：❶「善人亡矣。」五月六日，葬里之竹山。幼德之學，知以經爲本，恪循儒行，不少越規矩。發爲詞章，藹乎仁義之言。配范氏，亦令淑。東之文有古風，明理端身，不忝其親者也。女適甘。銘曰：

言可諮也，動可儀也。噫斯士也，遘斯時也。生而止於斯也，使其死而泯焉莫之知也。惡得不爲怛

❶「嘆」，原脱，據成化本、乾隆本補。

然以悲也！

故曾明翁墓誌銘

嗚呼！家猶國也，其興豈偶然哉！興其家，必當其會；當其會，必有其人。其人必才與福備而後興。唐以來，吉、撫號江右望郡。兩郡之交，有山聳秀特起，曰華蓋，俗傳古神仙所憩。華蓋以西先屬吉之永豐，❶後屬撫之樂安。鄉名雲蓋，里名望仙，因山與仙而名也。望仙之地寬平廣衍，山水環合，自昔宅其地者多興盛。曾爲甲族，有監鎮君，能以其資力得官稱。倜儻任俠，游客輻輳其門，聲譽聞數百里。有司户君，中進士乙科第一。❷而曾不獨以資力雄，又以科名貴矣。逮宋之末，浸浸以微，地靈渟蓄，蓋有所待。南土新附之初，山藪寇聚，官不能治，則委重有謀有力之家，而望仙之曾乘時復興。君諱燁，❸字明翁。豐下端凝，儀狀甚偉。父杭，長厚人也，郡縣所倚信。君有兄有弟，兄總家務于内，弟理兵務于外。君出入官府，同心幹父蠱，❹故能爲官之翼衛、鄉之保障。盜息民安，而家日以饒，所謂當其會、有其人、材與福備而

❶「蓋」，原脱，據成化本、乾隆本補。
❷「中」，原脱，據成化本、乾隆本補。
❸「諱燁」，原避諱作「煒煜」，據明初刻本、成化本、乾隆本改。
❹「蠱」，原脱，據成化本、乾隆本補。

興者邪！

君宋寶祐戊午七月甲子生，元延祐己未七月癸亥卒。有子競事文學，希，受泗洲天長縣教諭；坦、塾同遊京師，蒙古國子監以坦長其弟子員，中書省以塾充侍儀司之屬。奔喪而歸。明年十月癸酉，葬于楓林之原。❶塾具書，俾希之子欽偕其里中士蕭泉，持同知耒陽州事黄常所紀行實來徵銘。❷塾也欽也，若蕭若黄，皆及吾門者，而君之善有可書，銘其可辭也乎？初，鄰境未靖，里人築堡自守。受寇攻圍，告急求救，率衆往援，寇遁堡完。男女數千口喜得更生，資財牛羊，惟救兵所欲。圍解遄去，一毫無取。既而携金報謝，復卻不受。人感其恩，又服其義，由是名德益彰。平居事父，侍立終日，隆寒盛暑不變。父或就養兄弟之家，晨昏亦往定省。母嚴氏，夙喪。生日悲痛，不忍舉觴。里嫗與母同年，嘗以飲食醫藥爲奉，曰：「見斯人猶見吾母。」兄既殁，與弟友愛彌篤。周宗族鄉黨之貧，❸有不能葬葬之，病饋以藥，飢賑以粟，全活不可勝計。比其終也，遠邇嗟嘆。❹北來遊宦之人，雖識面，入哭必哀，其感服人者如此。娶鄧氏。男三，而坦出爲族弟後。女二，一適羅，一在室。孫男五，欽長，其次鑑、鎰、鐇、鉞。孫女二。銘曰：

---

❶「楓林」，乾隆本作「楊山」。
❷「耒」，原作「來」，據成化本改。
❸「宗」，原脱，據成化本、乾隆本補。
❹「嘆」，成化本、乾隆本作「悼」。

身之有技，而以著氏；家之有嗣，而以顯世。往者已逝，來未可涘。其臧其熾，於此乎眂。

故曾夫人袁氏墓誌銘

鄉貢進士曾尹甫諱夢薦之子一元，自幼與余友善，情若兄弟，聘吾鄉袁崇甫女爲配。袁氏生宋淳祐丁未六月八日，年十六歸于曾。孝養夫之所生母如君姑。其夫族多富，而夫家獨守儒素。夫有學有文，工進士業。中值易代，困厄相仍，晚乃康裕，頗得自適。内有良助，恊心理家，前處約而志不歉，後處樂而志不盈。嗚呼！貧無怨，富無驕，在士大夫猶爲難事，而婦人能然，可謂賢也已。元延祐庚申二月二十五日，以疾終。是年十月十六日，葬雷凹。先期，余獲觀其宅兆，而并請余爲銘。男復孺、復參，俱娶黄；復可，娶劉。女德淑，適登仕郎張希賢之子洪；德靖，適貢士董省翁之子午。男女庶出者二，愛之同己出。孫男三，繁娶詹，衍娶張，其三曰文，余許以孫女妻之。孫女六，適游通、張仙弟、張仍祖、張泰生、游南生，一在室。曾孫男又生，曾孫女慶娘。銘曰：

昏姻之家，文學之友。其配也賢，銘示永久。

故王夫人于氏墓誌銘

金陵隱君子王仁甫之配于氏卒，伻來以書，遡大江而西，轉彭蠡而南，走二千餘里抵余山中。其子子霖自述其母夫人行事大概，言曰：「吾母諱貞，其先吴興人，後徙金陵。少孤，性至孝，事季父如父。年十八，歸王氏。吾祖母治家嚴明，吾母柔婉承順，凡飲食起居、節適早莫、寒暖之宜，奉侍不少懈怠，十六年如一日。尊夫之兄如舅，敬諸姒如姑，視從子如子。姑殁四十年，言及輒流涕，時祭追慕，哀動左右。治家一遵姑訓，子孫既皆成立，謙抑猶如爲婦時。教子女慈而嚴，待奴僕未嘗厲聲，有過每爲掩匿，勤勞者畜之惟恐弗逮。王氏内外宗親，或孤不能嫁，貧不能娶，則爲之嫁娶，俾及時各有家室。吾父好施，死而無棺者畀棺，病而無藥者畀藥，寒而無衾者畀楮衾。遇凶歲，施粥施麵施鈔，計所費前後不啻數萬億。吾母竭力營助，略無吝意。戒子擇交，賓客及門，竊聽其談論，所言若有規益，欣然爲具酒食，否則退必譴責。於子若孫之師，禮之極隆。溉濯器皿，灑掃室堂，務致其潔。威儀辭令，從容以和。吾父嘗謂：『吾家所以成，皆汝母之力。』年踰七十，視明聽聰。臨終言動如常，命諸子至前，一日訓戒畢，瞑目而逝。生於宋淳祐己酉九月三日，卒於元延祐庚申正月十三日。其年十一月九日，葬江寧縣安德鄉石岡之原。男子雲、子霖。女適徐應隆、徐焕章、吕元知、趙良弼、于德淵，一在室。孫男九，瑜、瑄、玉、璐、珵、璉、璹、珏、琰。孫女十二。」又曰：「先妣母儀婦道，先生知之詳、信之深。不幸至於大故，罔極之恩，萬死莫報。幸賜銘文，以示永久，以光幽陰，以慰子霖無窮之哀。」余讀之竟，愴然以悲。嗚呼！古今興者必有其由，匪特有國者然，有家亦然。王氏世傳長厚，值時運遷革，而家之興浸浸未已。雖云世德所積，内德蓋有助焉。余客金陵，嘗主其家，備知仁甫夫婦之賢。子霖從余學，喪其母甚戚，乃爲敘次其語，而與之以銘。初，仁甫未有子，子其仲兄之子，子雲是也。撫育恩愛，實同己出。次年子霖生。銘曰：

淑德惠温，不出閨門。善相夫君，施及子孫。懿美其存，莫可殫論。著以銘文，永世有聞。

吴文正集卷七十九

元吴澄撰

墓誌銘

故臨川近山居士吴公墓誌銘

吾同姓也，吾同郡也，長吾一歲，實長三月十有七日爾。壯年值大運革，不困於政役，益昌其資産。父存，克相其樹立；父殁，克光其繼述。處時之艱，如履坦途。富而康且寧，以孝於親，致養及耋耄，疾而憂，喪而毁。❶ 睦族敬老，禮賓仁衆。優遊林泉，彊力健步。八十有五，無病而逝。德而壽且考終已，五福備者哉！ 吾同郡同姓中有斯人，其生也，吾欲兄事之而不可得；其死也，俾吾誌其葬，庸詎可辭乎？ 嗚呼！臨川之北，安定之鄉，槲峯之近，❷石塘之原，此吾近山居士君之宅也。君諱仁彬，字明叔。曾大父顯祖，大

❶「毁」，原作「殁」，據成化本改。

❷「槲」，原作「擲」，據成化本改。

父必興。父有明，母黄氏。生宋淳祐戊申十月二日，卒元至順壬申五月三日。配劉氏，同年五月生，至治壬戌閏五月卒。君卒之年十有二月壬寅，合葬焉。子男三人，長聖任，汀州路蒙古字學教授；次聖和，俱亡；唯少子聖達在。女四，壻黄、張、李、雷。孫男六，女三。曾孫四。銘曰：

堂堂斯翁，五福萃躬；隆隆斯藏，百世允臧。

故逸士張君静翁墓誌銘

樂安南鄉之張，號爲富族。異時有工進士詩賦者，❶馳譽鄉里。伯仲聯貢于禮部，曰炎發，曰公著；其季希賢，亦以登仕郎應轉運司貢。南士既歸天朝，登仕君先二公而殁。子五人，冢嫡元定，字静翁，年甫十有九，已克樹立。鞠四幼弟，長而畢娶，均先業以畀，一無所私。時多艱虞，持守未易，乃能完其所有，浸浸底于興盛。年三十有七，未得子，慨同祖同父之嗣續皆單獨，謀於昆弟，奉母董氏命，取母之孤姪子之，名楠。年四十有八，子彬生。晚慕引年度世之説，退居南園，自稱丹霞子。傳家事於長子楠，謂堪付託也。年五十有九，析資産爲二。明年，命二子各掌之。又明年，儵然而逝。其生也，宋開慶己未六月；其逝也，元延祐己未四月。歲辛酉正月八日，葬雲蓋望仙里之大塘鳳阬。凡三娶，賴、殷、歐陽。長子婦羅，幼子聘袁女。女適何，適鄧，適余。孫男竹壽、陽生、至生。孫女繡孃。永豐傅應甲，爲録家世大概、卒葬歲月。前葬

❶「異」，原作「其」，據成化本改。

期十日，楠衰絰造門，以余所親老友曾一元書來請銘。靜翁，余所識，聲實每相聞。昔也與其伯父二貢士善，今又重曾之請，於是乎銘。初，邑有惡類，乘勢暴横，莫之敢攖。遠近富民，不爲所役服，則爲所魚肉。靜翁嶷立其間，能不黨附，又免禍害，人以爲難。銘曰：

大夫士庶人，在保家，在謹身。嗚呼靜翁！保其家以隆，謹其身以終，是可銘也已。傳所録曰：「楨幹一家，綱維鄉邑。無赫然之聲，有隱然之重。」其言蓋足徵云。

故槐庭居士王君墓誌銘

吉水王元福，將葬其父居士君，介新昌州判官李路來請銘。往歲，元福客遊京師，嘗及吾門，文雅俊秀佳士也。今也悃悃懇懇，揚其父之美，惟永久是圖。噫，孝子哉！謹按所述行實，居士君諱思恭，字敬甫，家仁壽鄉之盧溪，世以積善稱。警敏恢廓，有才有智。吉水與永豐鄰，至元丙子訖癸巳、甲午，寇出二境，居者不敢安于家，行者不敢出于塗。環二百里，生理蕭然，垂二十年，官莫能制。有邑佐知居士足辦此事，委之根捕。不一月間，獲其首從，空其巢穴。自是遠邇安靖，至今德之。人有争忿，詣門求直，諭以理法，靡不心服，無復至公府焉。或與己不合，面加誚責，既而再見，歡然略無芥蔕。賑恤窮匱，施不望報。勤儉起家，至於富饒。質朴恬淡，不易其素。它無嗜好，惟頗崇異教，祈種福果。對客問喜諧謔，見儒士則改容莊肅。延師取友，以淑其子，迄克有成。里中先達號曰槐庭，蓋以晋公之期其子者期之也。曾祖考世隆，祖考餘慶。考嘉謀，娶梁氏，先十年卒。子男二，長元福也，次元善。女五，壻一阮、一龍、二龐，季在室。孫男二，文奎、同老。女一。居士生之日，宋淳祐壬寅仲冬中旬之九。卒之日，延祐丙辰仲夏上旬之十。窆之日，丁巳孟春上旬之六。葬之兆，同水鄉同江之原。銘曰：

存而不耀，没而不朽。維子之孝，維父之教。

故竹隱居士周君墓誌銘

崇仁西館之周，宋建炎時始來自廬江，其初祖也。六世至居士君。君諱某，字信甫。謙厚質實，❶善治生殖財，家以饒裕。至元新附，❷授邑征官，黽勉受檄，隱處不出。鄰寇奄至，大掠居民，要重賂始放還，否則戮。一時倉卒，費無從辦，委命待盡而已。君爲惻然，悉捐己資，贖之寇手，得完娶者殆百餘家。❸鄉之人，❹病不能致藥，則爲之醫；死不能具棺，則爲之葬。凡隄堰、橋梁、道路，苟利於人，出力修之無倦。寬逋恤貧，平糶賑饑，歲以爲常。❺環數十里，有德無怨。宅邊多竹，自號竹隱居士。生端平末，❻歿大德甲辰。

❶「質」，原作「真」，據成化本、乾隆本改。
❷「附」，原作「祔」，據成化本、乾隆本改。
❸「娶」，各本同，疑爲「聚」之誤。
❹「鄉」，成化本、乾隆本作「里」。
❺「歲」，原脱，據成化本、乾隆本補。
❻「末」，成化本、乾隆本作「初」。

娶吴氏，克相其夫。子某，命于朝，再轉爲江州路司獄。在官廉慎，不忝其親。某年某月某日，葬居士於某鄉某原，❶以潭州路儒學教授虞汲狀來謁銘。銘曰：

積之羸，胤以榮。慶之緜，尚嬋嫣。

故復軒居士吴君墓誌銘

宜黄之邑，居者吴與鄒、涂爲巨族。❷宋咸淳間予客于鄒，元至元間又客於吴，得與三族之人接。吴之盛自參議，四子，其三曰驌，驌生兑。兑亦四子，其二曰鎰，字子萬。業進士詩賦，以登仕郎兩赴江西轉運司試，不偶，自此絶仕進想。爲人端莊静重，談論暢達篤實，所言皆敬身明倫之要、應世處事之方。居家禮法整肅，嘗書參議公遺訓于屏，以示子孫，族姻鄉黨率取法焉。中年以後，畀家政于子，蘭石圖書，滿室清致。構亭山椒，前瞰林泉，幅巾野服，逍遥其間。儒書外兼誦釋典，有所悟入，故于世累略無芥蔕。初名讀書之室曰「清」，再名便坐之軒曰「復」，亦可見其志矣。今年春，忽得疾，子若壻迎醫進藥，君却去曰：「吾年八十有七，於平昔交遊中獨後死，死復何恨？」娶鄒，繼趙。子男四，玠、琳、瑞、登。琳、登早夭，玠及長孫亦先

❶「於」，原作「爲」，據成化本、乾隆本改。
❷「巨」，成化本作「右」。

卒。女四，❶壻鄒邦材、鄧文、陳焕文也。幼女未適人而殤，適鄒、適陳之女亦先卒。孫男四，鱗孫、以直、奇孫、止孫。女二。曾孫男二，慶老、同老。女二。君生紹定壬辰九月中旬之七日，終延祐戊午二月上旬之四日。先自卜藏於仙桂鄉之富原，孤子不敢違，將以是年十一月甲申窆。陳焕文以鄧文所具事行來曰：「先生與吾外舅相得，敢求一言。」予不辭而銘曰：

嗚呼！古所謂善人君子，其可使鄙寛薄敦者耶？今而後經行攸止，其孰謂齒德俱尊者耶？用章厥美，示于後昆。翁雖逝矣，名則長存。

故黄母甘氏墓誌銘

清江鎮黄遵孝於其母，所居綰江西貿易之都會，言議容止，温然有士君子之風。母年九十，時子孫列拜稱壽，高年同宴會者内外百餘人，巷里誇詡爲盛事。平居養志承意，率類是。其明年春，母卒。遵哀毁，戒兄子擇佳山水寧體魄，得吉兆于閣漕山之陽。將以至大元年某月某日葬，走書來謁銘。余夙知遵孝，又知母賢，遂不辭而銘。母姓甘氏，族在豫章豐城。奉舅姑恐不及，姑年至八十八，目眚翳瘼不爲苦，❷以有孝婦也。理家寛厚，撫下恩勤，愛諸子一如己出，訓諸婦以順。水陸舟車之衝，過客日及門。居中審所宜，待

---

❶「女」，各本皆作「孫」，據文義改。

❷「翳」，原作「臂」，據成化本改。

遇輕重不忒。家饒口衆，居湫隘不足容，命一新堂構。時年八十五，猶能總理工傭細務。既落成，喜曰：「吾悉置家事，佚老餞養矣。」年八十九，受公朝賜帛。門外衢道缺圮，捐貲募石工甃之。自西徂東，延袤若干引，踰月始完，塗旅大利。性儉約，不麗服飾，事筐篚老且不倦。殘帛敝屣，❶雖小不輕棄擲。至周急救患，多與而無難色。長子珪、少子浩先卒，遵，中子也。女子嫁同里毛。❷孫男三，珪之子莘、遵之子石，其次鐘，爲浩後，母命也。孫女二。曾孫男一，女四。嗚呼！以閨中婦人，相其夫，成其子，興其家，孝慈勤儉，好善樂施如此，天之報之也五福備，豈偶然哉！三孫通練敦重秀敏，黄氏其未艾乎？❸銘曰：

於淑斯母，所積者厚。卜藏允臧，子孫其昌。

故朱夫人葛氏墓誌

葛，金谿望族。宋末諱洪者，治《春秋》有名，充撫州貢士舉首至再。其女歸同邑朱，朱亦望族也。既有子而夫亡，年八十一以壽終。延祐四年春，余過朱氏之族，子淑權纍纍然衰絰來告曰：「吾母諱懿柔，端平丙申三月生。婉順淑慈，簡儉和睦。女工外嗜讀書，古今一過目輒記憶。醫藥、占算、尅擇之書，亦且諳曉。

❶「屣」，成化本作「枲」。
❷「同」，原作「問」，據成化本改。
❸「黄」，原脱，據成化本補。

視人翰墨，雖草書，展誦略無滯濇。宗族鄉黨之人，某年登科，某年赴某處任，枚數歷歷不忘。自不能飲，常造美醖，客至稱家有無，待遇如禮，談論終日不倦。教子嚴謹，惟恐或後。謂『子不知書，雖有如無』。又謂：『吾父以《春秋》一經爲江東西進士師，貴公富室子弟悉來受學。及葬，盱江包公有文，遺孫致祭。吾姑適新田吴，其伯子與吾父同年預舉，其季子少年登科。汝輩所宜慕效。』嗚呼！慈訓在耳，遽至大故，痛哉！叔權年十四喪父，賴母保守遺業，歲時祭祀不闕。不幸吾母以去年十一月逝矣，將以今年某月葬里中汪家園。顧惟不孝弗克顯親，先生肯賜之銘，是有以慰吾親於九原，而覆日月其遺胤也，敢以請。」余禮辭，則固請。余於夫人之父素所尊敬，又與其夫族二三子者遊，乃爲之銘。銘曰：

幼爲名家女，長爲名家婦。「願子孫世世讀書，無貽祖宗羞。」夫人臨絶時語也。嗚呼！以婦人而能若是，可謂難也已。

有元忠顯校尉同知吉水州事鄧君墓碣銘

宋咸淳癸酉，撫州所貢進士詩賦第一人鄧君希顔，字廣淵。仕於皇元，❶由巡檢授麗水縣尉，繼授徽州路平準庫使，進保義校尉、通山縣主簿，轉忠翊校尉、岱山鹽場司令，以忠顯校尉、同知吉水州致仕。泰定丁

❶「於」，原脱，據成化本補。

卯五月某日終，年七十四。是年十一月壬申，葬于慈原之丘。既葬，子謙乃來乞銘。❶鄧，金谿大姓也，其先自番徙。宋南渡，承信郎雩偕同邑傅氏因禦寇補官，❷且俾世襲，自推一人統領其衆。終宋之代，號鄧、傅二社鄉兵。至迪功郎時昇，族彌盛。君之曾大考克静。大考持志，官進義校尉。考子茂，❸贈忠翊校尉、同知建昌州事；妣吴氏，贈宜人。君英毅秀敏，慷慨負志氣，文辭類其人。貢于鄉，時年甫二十。革命之際，遠鄙未靖，君輯衆護里閭，❹旁盜不敢闞。爲官出力，掩捕賊寇，❺行省議賞，署巡檢職，留鎮鄉社如初。十年間歷三任，❻始换敕命。爲尉爲捕，辨訟明審，抑姦遂良。承檄鞫獄，發擿如神，兩造竦服。筦庫司醝，俱稱能官。及將告老，醝户咸惜其去，曰：「寧復有明惠公恕如鄧司令者乎？」退閒之後，預營壽藏，築室其側，以俟宴息嬉遊焉。❼處鄉和易，居官廉平，好善若己有，規過面責不隱。人遇禍災，雖踈遠，聞之惻然。娶洪氏，封宜人，後君一年二月辛丑卒，年七十三。天曆己巳正月癸酉，葬白馬黄通市。子男五，頤、同人、

❶「乃」，原脱，據成化本補。
❷「偕」，原作「皆」；「補」，原作「捕」，併據成化本改。
❸「子茂」，原作「鄧子」，據成化本改。
❹「閭」，成化本作「閈」。
❺「賊」，成化本作「黠」。
❻「任」，原作「仕」，據成化本改。
❼「俟」，成化本作「時」。

大有、謙、萊。頤，臨江酒務；謙，爲弟希説後。女二，壻上官銓、危顯。孫男八，其一後兄之子，其一後弟之子。女八，已嫁者五。❶曾孫男一。嗚呼！君可武可文，位不與才稱，竟未獲展，惜哉！銘曰：

彼哉譾譾，而或顯顯；維兹闡闡，而尚藹藹。所留者腆，所逮也遠。有隆無殄，有嵂斯巘。

故貢士陳君墓誌銘

昔聞蘇文忠公中制科，僉書鳳翔府判官公事。其鄉人陳公爲太守，不假以辭色，蘇公甚不平。陳公曰：「吾視軾，猶孫也。以其年少暴得大名，懼其滿而弗勝，乃不吾樂也。」余因是高陳公之爲人。咸淳末，別院省試第一名陳黄裳，蜀人也。仕國朝，提舉江西等處儒學，與余友善。至元元年間，龍興路總管陳元凱，洛人也，歷廣東、湖南、浙東三道廉訪使，余及識之，皆鳳翔守之胄也。至治二年夏，余在金陵，提舉君之從子瑛，言其家世：鳳翔公諱希亮，四子，伯曰忱，仲曰恪，叔曰恂，季曰慥。廉訪使，伯之曷孫也。宋紹興參知政事與義，以簡齋詩名於一時者，叔之孫也。而季之子用之，生主簿端卿，端卿生鄉貢進士嗣寶，❷嗣寶生贈承務郎圭孫，圭孫生通直郎賜緋炎己。炎己生坤文，字獻子，黄裳之兄，瑛之考也。幼事通直君，供子職已異常兒。比長，淹貫經史，夜以繼日，嗜學忘倦，漏下二十刻，猶正身危坐，如嚴師畏友在前，雖祁寒

❶「者」，原作「宥」，據成化本改。
❷「端卿」，二字原脱，據成化本補。

盛暑不變。❶ 識高論正，於家傳《易》學尤邃，三以進士貢禮部。晚年，江浙省命長饒之慈湖書院，弗就，老於家。每旦焚香讀《易》，客至論文賦詩，盡歡而罷。大德丙午十月丙辰終，得年八十。是歲十月庚申，葬上元縣鍾山之原。配張氏，提刑之孫、運幹之女。勤儉治家，絲繭麻枲，米鹽細務，莫不綜理。暇時以《孝經》《論語》、古詩口授諸幼，蜀之故家，咸稱道以爲内則。至元丙子終，得年四十二。是歲，葬江寧縣之冠山。子五人，琦，江寧縣學官；瑛，廣德路教授；琛，蘄州路教授；璞，寧國路教授；琚，從事常州路。女，歸婺源州判官許松。孫男七。曾孫男一。瑛請曰：「先妣葬四十七年矣，❷今將遷，以合於先考之兆，❸冀得一言碣諸墓隧，❹以貽永久。」余見金陵至今尊慕貢士君爲碩師耆彦，而余素與其弟提舉君厚，乃尚論其世而繫之以銘。銘曰：

允邈斯氏，世岌所累；允卓斯士，天閟所美。躬也弗炵，噫其有俟。噫其有俟，其有以嗣。

故逸士廬陵蕭君墓銘

鄉貢進士廬陵蕭濟美，自狀其父俊民甫之行，而澄大母之孫姪何中，以其書來爲之請銘。其狀曰：先

❶「祁」，原作「初」，據成化本改。
❷「年」，原脱，據成化本補。
❸「考」，原作「人」，據成化本改。
❹「隧」，原作「遂」，據成化本改。

君子諱德孫，經傳子史，九流百家，無不貫通。下筆數千言，❶倚馬可待。平生所爲文號《師心集》，時文不與。編集聖賢所言性理，濂洛而下議論，分門考訂，名曰《理要》。討論山川形勢、古今封域，名曰《地志沿革》。謂詩自三百篇後，《離騷》無體不具，數删後諸家詩，名曰《詩體》。家吉水之虎溪，土俗頗澆薄。科未興時，各棄學規利。先君子曰：「蕭氏讀書餘二百年，詎可隤其家聲？」繇是宗族子弟不易所守。剛直無私，然好稱人善，見人有過，巽與善道，俾遷善而不自知。不諂交富貴，客來論文，危坐竟日。鄉俊秀從遊，得指授，文多可觀。處族和，交友信，居鄉義，教學者以孝弟爲本。祖，修職郎、建昌南城丞諱正。父，登仕郎諱珏。服父喪，哀毁踰禮。養母疾，三月不解帶。母壽八十一。二親既終，❷忌日號哭盡哀。事伯兄如事父，與弟同爨，四十年無間言。弟先歿，長其孤，嫁其女。弟之子又歿。五年凡四喪，給其醫藥喪葬，雖貧不辭費。兄弟俱有文學，人稱虎溪二龍焉。賓興制下，欣然率諸少就試。既而黜，則曰命也，次科不復往。延祐庚申，濟美與貢，戒以毋矜毋怠。至治辛酉下第，則曰「此吾子進德機也」。藏書千卷，及胡忠簡公、楊文節公、清江謝公、章公二尚書諸人翰墨數十紙，❸常令愛護此家寶，欲以見先世受知於先正若是。書外無

❶「千」，原作「十」，據成化本、乾隆本改。
❷「終」，乾隆本作「殁」。
❸「二」，原作「工」；「紙」，原作「年」，併據成化本、乾隆本改。

長物，而於利澹如也。身長七尺，重厚端嚴，步立如山，❶音吐如鐘，鬚眉皓白，衣冠偉甚，有商山老人風。不事華藻，❷曰衣煖適身足矣。年七十二，小疾八日，❸冠履自如。親友問安，言笑若無恙。儵然而逝，泰定丁卯九月朏也。將以明年某月某日，安厝於某鄉某原。濟美痛念先君子老於山林，姓字不得附昭代之竹帛，❹懼至沈没，泣述言行之概，伏惟哀而銘之，❺發幽闡潛，❻以蕲不朽，則先君子爲不亡矣。先妣張氏，治家有法，❼先十二年卒。子二，濟美、專美。孫男六，女六。

余每奇廬陵山水之秀，❽衮衮多文儒。以俊民甫之才之美，而生不偶，年壯而科遽廢，科復而身已老。幸哉有子爾！子之圖顯親以不朽，其心爲何如？雖然，顯親在立身，立身蓋有道，而匪名位文章之謂也。謂名位可永賴與？韓子云：「富貴無能，磨滅誰紀？」世之擢倫魁、躋要路而淪寂罔聞者何限？謂文章可

❶「步立如山音吐如鐘」，八字原脱，據成化本、乾隆本補。
❷「不事」至「足矣」，十一字原脱，據成化本、乾隆本補。
❸「小疾」至「儵然」十九字，原作「無疾」，據成化本、乾隆本改。
❹「姓字」至「竹帛」，十字原脱，據成化本、乾隆本補。
❺「哀而銘」，成化本、乾隆本作「覽而哀」。
❻「發幽闡潛以蕲不朽」，八字原脱，據成化本、乾隆本補。
❼「治家有法」，四字原脱，據成化本、乾隆本補。
❽「余每奇」至「不朽也耶」，二百三十九字原脱，據成化本、乾隆本補。

長存與？歐陽子云：秦漢以來，著書之士不可勝數，無異飄風榮華、過耳好音，卒同歸於泯滅。彼之文且然，況科舉之文哉！漢黄憲藐然一庶賤，其世也微，身無爵，齒不先，口未嘗出一辭，而時人貌敬心服，目爲顏子。後來知道者亦許其氣象之似，至今列於漢史，父亦因子而傳。斯人非有名位也，非有文章也，何以能不朽也耶？濟美之文章繼父業，名位不難致。然果欲立身顯親，與天地同久長，尚其索諸文章名位之外乎？而予之言又奚足恃？銘曰：

鳳彩虎彪，有鸑有彪。自樹允卓，斯原千秋。

鄉貢進士朱夏妻龔氏葬誌❶

鄉貢進士朱夏妻龔氏德靖，宋儒林郎、福建轉運司幹辦公事孟夔之孫女。父自厚，年二十九而終。母鄧氏，從事郎、主管沿江制置司機宜文字晋孫之女也。守節清苦，鞠其子與女。女既長，大父儒林君擇才壻，歸金谿朱。德足以稱婦，能足以理家，俾夫不爲俗務所攖而專於學者，蓋其助也。致和戊辰五月辛未卒，年三十六。是年九月庚申，葬于江東之楊杉嶺。夏嘗及吾門，其失助也可閔，故於其葬也予爲誌之。二男：火、虎；三女，俱幼。

---

❶ 此篇底本無，據明初刻本、成化本補。

吴文正集卷八十

元吴澄撰

墓誌銘

故太常禮儀院判官文君墓誌銘至治癸亥❶

至治三年八月二十二日，太常文君矩子方卒于京師。其孤在江南長沙，友人侍儀使劉迪、太府經歷樊謙爲之棺斂，屬澄銘其壙石，使歸而刻之，埋諸隧。澄於君亦有交義，乃哭而略其辭曰：君先有自趙郡徙居長沙者，今遂爲長沙人。考諱日新，玉沙縣令，贈驍騎尉、奉議大夫、宜春縣子。母譚氏，封宜春縣君。初，君生嶔嶠，即不喜其俗。甫知學，讀孔子書，明修己治人之術，益欲奮起樹立，有爲於世。湖南道廉訪司辟署書吏，時翰林盧公摯實廉訪湖南，敬其才辨，遇之殊常人。君以盧公爲知己，樂從之。後吏部考年勞敘遷，大德十一年，授荆湖北道宣慰司照磨兼承發架閣。於是朝之卿大夫悉知其名，不肯使之官外地，留補刑

❶「至治癸亥」，四小字原脱，據成化本補。

部宗正曹屬，轉爲登仕郎、秘書監校書郎。延祐三年，陞從事郎，爲著作郎。延祐六年，改翰林脩撰、文林郎、同知制誥兼國史院編脩官。至治元年，國家議遣使持詔諭安南國，君被選，爲奉議大夫，佩黄金符，奉使安南。復命，稱天子意，進太常禮儀院判官。妻張氏，封宜春縣君，先君卒。子一人，鎖住，未冠。女一人，許嫁今湖廣行省員外郎劉藝之子某，❶未行。嗚呼！君負當世辨敏之資，究之以問學，宜其有所設施然。使其就於用，則必能不失其官，以成一時之功。往往爲小夫詆訾，❷而君嶷然自信不顧，可謂古之奇男子者矣。其文章歌詩，雖踈宕尚氣，有陳事風賦之志焉，惜其未傳而遽止也。比君未卒二日，澄偕今翰林待制虞集往候病，君曰：「吾苦殆甚，不如一旦溘然也。」余二人相視，泣不敢下而退。既而果逝。其僕夫課兒扶其柩，將以今月二十六日反葬于長沙。嗚呼！是皆可傷而忍不爲之銘邪？銘曰：

其位弗崇也，其才弗充也。天胡弗壽之，俾其有終也。有幽者宫，有坎者隧。具石刻詩，百世其安之。

元承事郎同知寧都州事計府君墓誌銘❸

計氏之始辛然，以善謀算爲越大夫師，因其所長爲氏。漢有訓，後漢有子勳，宋之尚書郎用章暨良輔暨

❶「今」，各本皆作「金」，據文義改。
❷「詆」，原作「鉞」，據成化本改。
❸「都」，原作「郡」，據成化本、乾隆本改。

有功，❶並蜀之邛州人。登科紹興間，太學釋褐，官至國子司業，以朝散大夫奉祠而終者曰衡，居饒之浮梁，其先蓋自蜀徙。司業之子曰贇，紹熙進士，爲縣令。縣令之子曰衮卿，無子，而弟良卿之子君錫後之。其配，新猷縣尉之女張氏。子四，長寧都府君諱初，字遂初，皇元太保府掾史，授承事郎、同知寧都州事。在官卒，歸其柩，將祔葬西里之先塋。孤恕述其父之所行，命其弟毅走京師乞銘。恕之言曰：「吾父孝於親。祖母病盲，哀懇籲天，舐以舌，目頓明。人驚異，以爲孝感。劬書不倦，爲文立就。士論推舉，充書院、縣學儒官，既而試吏池州路。司業公昔嘗守池，一介不取，捐己俸作石橋以濟民。逮吾父至，復爲增葺，佐治多所便益。民曰：『真清白太守子孫也。』以曠於定省，棄去。行省改調鄉郡，闢館迎養，郡士日從先祖倡詠，坐客常滿，足以致其樂。吾父入聽嚴訓，出理公務。饒，父母邦也，知民間利病尤悉。遇事必抱牘與官長執可否，久亦自厭，復棄去。丁先祖憂。制畢，郡以茂異貢。禮部尚書王公薦于太保曲出公，掾公府。七年，未嘗有所違忤。秩滿，祈便養，延祐六年六月，受寧都之命，安輿奉祖母赴官。寧都舊弊，一吏日攬民詞十餘，皆架虚詆訐漁獵，屢所欲則火其牘，繫者充斥。吾父一一審覆出之。屬縣石城造僞鈔者挾舊怨，誣指樵人，囚三年矣。吾父疑其誣，一訊情實畢露，即免樵械，縱之還家。同僚持不可，吾父具公移，稱設有脱誤，甘自抵罪，樵乃得釋。稻熟未獲，耕者宿于田，以備盜竊。有富民與其田主争是田，夜遣衆刈其稻，且敺耕者。

❶「宋」，原作「宷」，據成化本、乾隆本改。

耕者與敵，揭竹椿摐之。越翼日，傷者斃。富民乘忿賂鞫吏，以夜爲晝，以鬭爲殺，以竹椿爲刃器，❶論置重辟。吾父察其冤，詣郡力辨，耕者免死。寧都之民多隸南安萬户府軍籍，❷軍民雜處，倚勢負險，官府有令輒拒。獨見吾父署字，則欣然禀承。吾父嘗造其地，老幼携扶，執酒果自山谷出迎，如見古循吏然。州之户版素不明，富無實糧，貧有虚額，每歲催徵，贖設職以代輸，坐是破産者衆。吾父作意釐正，民莫敢欺，有自首隱瞞至千石者。由是差徭適均，官政粗成，而吾父勞瘁得疾。郡有命，猶强吾父卧治，俾便宜處置。然以先祖之葬有缺，病中念人子之大事未終，遂謁假竟歸。會寧都飢民嘯聚，州促復職甚棘，白之祖母。祖母曰：『汝其行哉！』及境，旗鼓挺刃，交錯絡繹，從者悚怖。吾父呼之來前，諭之曰：『我計某也，今再來矣。爾少安，當使爾無飢。』於是召富民，勸盡發有粟之廩，擒首亂者四五人，而散其衆。郡守貽書褒嘉，謂『賢侯不至，寧都其再寇矣』。憲府亦以是薦舉焉。州數年不雪，民苦瘴癘。❸吾父至之年，大雪彌日。旱，禱雨未應，吾父力疾出禱，大雨如注。民歌之曰：『去年雪，今年雨。微計侯，那得此。民既悦，天應喜。』吾父得代，歸舟將發，病復作，逾劇，語諸子曰：❹『吾久困於病，殆不可起。有老母不能終養，汝善事祖母，是爲能

❶「刃」，原作「田」，據成化本、乾隆本改。
❷「南安萬户府」，原作「役人列名於」，據成化本、乾隆本改。
❸「癘」，原作「病」，據成化本改，乾隆本作「厲」。
❹「語諸」，原倒，據成化本、乾隆本乙正。

繼志。』❶涕泣欷歔，無一語它及。卒於至治二年十一月十四日，年五十一。其卒也，❷遠近聞喪，若吏若民，無不悼傷。吾母甯氏。恕有三弟，壽、毅、思，俱紹世業爲儒。女弟一。恕、壽已娶，男女今三人。恕等痛惟吾父有家學，而不以世科顯；有時才，而僅僅小試於州倅。行無愧怍，而天嗇其年；孝誠感神，而不獲終養，以殫爲人子之心。天乎天乎！諸孤薄祐之故。嗚呼痛哉！」予聞其言，亦悽然以悲，是以不辭而爲之銘。其葬，某月日也。❸銘曰：

有才孔多，命也其奈何？有子克嗣，父也其不死。

大元中大夫益都般陽等處路淘金總管孫侯墓誌銘❹

成周設官，内饔爲冢宰之屬，其職重矣。以朝夕饋饌、暬近尊貴故也。易牙之名於齊，杜簀之名於晉，其間固有能臣焉。總管孫侯諱繼寧，小字德童，浚儀人。金末徙奉聖州，祖若父世掌膳羞。祖逮事憲宗，扈駕南伐，世祖賜名剌沙赤。父恕，俱善其職。侯嗣職時年十八，慷慨多能，滋味稱上意，洊膺寵錫。至元二

❶「志」，原作「寧」，據成化本、乾隆本改。

❷「其卒也」，原作「年」，據成化本、乾隆本改。

❸「某」下，成化本、乾隆本有「年某」二字。

❹「淘」，原作「陶」，據乾隆本及正文改。

十八年，受敕命官上都大倉使，階敦武校尉。元貞元年，進忠翊。大德三年，受宣命官上都尚食局，階昭信
校尉。六年，進武略將軍。八年，改奉議大夫。至大二年，提點太府監內藏庫，階朝散大夫。三年，❶遷中
尚院判官。皇慶二年，以中順大夫同知大同等處屯儲軍民總管萬户府事。❷延祐五年，以中大夫充益都般
陽等路淘金總管。至治元年二月卒于官，年六十五。十一月朔，葬奉聖州李家堡之先塋。其孤楨，持事狀
乞銘于史氏。謹按：侯之行事，從征乃顔，❸有所俘獲，閔其悲號，遺以衣糧而縱遣之。御膳構殿，被旨董
役。前時有司市上供諸物，支費濫溢。❹侯在尚食局，縷縷稽覈，每歲省市直十五萬貫。毛局造作，歲買羊
毳，屬吏久逋官毳數萬斤。侯在中尚院，一一徵納，是歲省市直五萬餘貫。凡屯田歲收有羨，必取直而鬻
之；及內府常供有缺，又出直而糴之。❺侯謂屯田本以裨國用，歲給宗正部人糧饟之外，宜悉種穈麥，以應
內府之需。安於故常者弗察。朝廷卒從侯議，迨今歲入麪以斤計者四十萬，糗粻以石計者五伯，❻視常費
可歲省四十萬貫。民户納金，官執權衡，十贏其二三，行賂乃頗減殺。侯痛革姦敝，且免按督之擾，賦金之

---

❶「三」，成化本、乾隆本作「明」。
❷「屯」，原作「備」，《元史》卷一百《兵志三》「屯田」條有「大同等處屯儲總管府」，則當作「屯」，據改。
❸「乃」，原作「爲」，據成化本、乾隆本改。
❹「費」，原作「吾」，據成化本、乾隆本改。
❺「直」，原脱，據成化本、乾隆本補。
❻「粻」，乾隆本作「糧」。

家鼓樂頂香，老少詣庭羅拜以報德。寧海得金塊，重一斤許，狀如山。侯驛進闕下，御賜繡衣錦韉，以示旌獎云。余於其釋俘囚也嘉其惠，於其省國費也嘉其忠，於其革金賦之斂也嘉其公且廉。侯其可謂能臣也與？善善者史氏之筆，是宜銘。侯娶祖，繼李。男五，長帖木赤，蚤喪；次楨銓，蔭父職；次伯帖木兒，次完者禿，次成童。女一，適上都灤陽驛提點宋顯。孫男二。銘曰：

惟辟玉食，克世厥職。移治它官，亦忠于國。五朝眷隆，三品秩崇。史氏銘之，用賁幽宫。

故咸淳進士鄒君墓志銘泰定甲子

泰定元年七月壬子，余友前進士鄒君卒于家，其孤將以是年十一月己酉安厝于所居。少余二歲，相好如弟兄，於其喪，弗獲哭死弔生，銘其可辭乎？君諱次陳，字周弼，一字悦道，❶撫宜黄人。少馳俊譽，年二十三，以《書經義》第一貢禮部。明年，賜同進士出身。其先，治平丁未進士諱極，仕至江南西路提點刑獄。❷考諱子宜，嘉熙庚子、淳祐丙午兩預鄉貢，晚以特奏名任衢州西安縣丞。❸君未擢科之前，侍親宦衢。時留丞相夢炎家居，與趙守淇識君偉器，期以早顯。咸淳甲戌，果副所期。未及受官，宋祚已訖，遂隱不仕。

❶「悦」，原作「悗」，據成化本、乾隆本改。

❷「江」，原作「治」，據成化本、乾隆本改。

❸「任」，原作「仕」，據成化本、乾隆本改。

邑近十五里有大姓譚氏，待君以賓師禮，情誼篤甚，自邑徙而依焉。至元丙戌，❶新屋構成，君父母兄弟俱存，前衢守趙公宣尉湖南，寄「一樂」二字扁其構。兄次傳昔年與君同薦，二親即世，聚處如初。教兄子友直暨衆猶己子，各成才，爲學官。不幸不壽。延祐庚申，兄貢士殁，君哀念感疾。至治癸亥秋，病逾劇，年餘竟不起。君娶管氏。子男成大，前邵武路建寧縣儒學教諭。女適吴仲益、李明孫、李仲謀、鄧彦舉、馮與權。孫男阿買、鐵漢。孫女適涂，適張，其二幼。君之才名中閎外肆，雖韜光晦迹，縉紳高之。仕者問政，過者造廬，接物煦煦，如春陽之温，未嘗疾聲厲色。愛人不問親疎遠邇，其憂人之憂也，苟志所能謀、❷力所能極，靡不竭盡其情，教人亹亹忘倦。❸天朝貢舉制下，來學之士益衆，一經指畫，文悉中程。卧疾五載，講授猶不輟。訓誨必本於行，議論必符於理。古文時文，韻語儷語，一一有法。取龐德公「遺子孫以安」之義，榜書室曰「遺安」。其遺稾若干卷，號《遺安先生集》、《外史抄》十卷，俱可傳也。卒之日，不惟士大夫傷惻，下至兒童輿隸，亦共歎惋。君其何以得此於人哉！銘曰：

疇廓其哀，疇閎其庸。曷嗇曷豐？亶來者之聽，尚聞其風。

❶「戌」，原作「午」，據成化本、乾隆本改。
❷「志」，原作「思」，據成化本、乾隆本改。
❸「倦」下，原衍「怠」字，據成化本、乾隆本删。

臨川士饒宗魯妻周氏墓誌銘

饒宗魯，臨川士之好脩者。其配周氏，儒家女，諱得清，龍興進賢崇信鄉人。大父士明，受大臣薦，充史館檢閱。父宗武，以孝友稱。生而端重，不妄言笑，年十七嬪于饒。饒有母喪，十餘年殯淺土。既廟見，詣殯所拜省，愴然興不逮事之慼，曰：「喪久不葬，禮乎？」夫愧其言，遄治葬。奉夫之繼母尤謹。君舅疾革，夫以官事羈郡城，及大故，奔喪至家。凡附身之物，必誠必信，靡不備具，族黨賢之。君舅已没，夫之異母弟生，曰：「吾父同氣也，吾愛之如吾子，然後一家之人，視之不異於吾子。」平居律諸女以己，勗諸子以學，不令少有懈怠。至治癸亥十月辛巳，以微疾終。子四，約、絇、經、紀。約從予在京師，聞喪乃歸；絇後於母八月而卒，經後於母五月而卒。女子子三，周文穎、王宗震、于珂，壻也。孫晁生。予每嘉宗魯賢士，知其内有賢助。以予所聞，養舅姑敬而有禮，相夫君順而有規，淑子女嚴而有教，御家衆慈惠而有威，綜家務勤儉而有度，是其德也。其夫自謂：「吾妻遇事迎見立解，多暗合於理；倉卒之變人所難處，而有深慮。閑逸可以少肆而無惰容，蓋其天質然。」❶然以婦德之賢克儷其夫嬴其家，家之福未艾，而身之壽五十止，殆事之不可期者。又二子相繼夭折，悲夫，悲夫！泰定甲子，宗魯使人來曰：「亡妻將以十二月庚申，葬建昌南城太平鄉之和坪，蘄一言昭諸幽。」志之銘之，以授其使。銘曰：

❶「然」，乾隆本作「也」。

齊其賢，不齊其年。奚其然，猗嗟乎天！

故金谿逸士葛君墓志銘

金谿之葛號著族，其先谿番陽徙。❶宋建炎時有諱賡者，能率民兵衛鄉里。事聞于朝，將賞以官，辭弗受。後以子貴，授承議郎。子逢時，與陸文達先生同年進士，❷知南康軍星子縣。其族以進士貢禮部者，常有之。君生淳祐甲寅，距承議五世，繼祖其名，聖時其字也。自少工進士業，業成而科廢。國朝延祐初科復，而君老矣。至元間時務糾紛，君應接繁劇中節理，善保其家産，且有增益。築居室于舊基，又爲市以通貨物，以餘力新青田三陸先生祠。予嘗拜祠下，宿于君之家，歎君逸才未獲用。至治壬戌八月，作四言十二句銘辭訓諸孫。十八日忽得疾，越十日卒，年六十九。曾大父宗允，大父元鎮，隱德弗耀。父某，鄉貢進士。君娶陸文安先生四世孫女，先十八年卒。子男五，長鼎實，先二年卒；次幼成、陸璣、玉成、元傑。女三，適王者一，適鄧者二。孫男十，女三。將以某年月日，葬于里之某原。其邑人吴棟，❸爲其子乞文以志墓。予固識君，不辭而爲之銘。銘曰：

山老椅梧淵韞珠，天閟珍儲疇其須。猗嗟斯士不顯世，蓋將有遲遲來裔。

❶「谿」，原作「縣」，據成化本改。
❷「進」，原脱，據成化本補。
❸「邑」，成化本作「里」。

故貢士蕭君墓誌銘

吉水蕭如愚以書來，言曰：「某之從子立夫，爲皇元延祐進士，不幸而夭，嘗辱銘其墓。某之仲兄釆，字熙績，昔爲宋景定貢士，今幸以壽而終。終之時執某之手，顧其遺孤，欲有言而未發。某問之，則曰：『立夫三十二而死，尚得吴文以志。吾生七十五年死，而無所託以傳後，虛爲一世人矣。』哀哉！某與其孤泣，未及答而絶。追念遺語，悲不自勝。其忍死吾兄乎？將以某年某月某日葬某原。不遠萬里走京師，乞一言以慰死者之心於地下，仁人必爲之惻然興哀也。」予發書而歎曰：「弟弟孝子之情，若是哉！」謹按：貢士之考諱符世，宋咸淳戊辰省試，以《詩經》擢居第一。其經義流播四方，學者視法式。貢士受庭訓，未弱冠與鄉貢，歉然於藝之未精。其後藝精而科廢，每戒諸少，謂文事它日必興，勿以不爲時用而荒棄所業。督之親師友工詞章，汲汲如恐弗逮。未幾貢舉既復，立夫進士出身，授南豐州判官以歸。貢士喜曰：「吾家《詩》學之緒不墜矣。」嗚呼！予嘗聞先輩言，科舉爲老英雄之術。蓋魁碩卓偉之彦，生長治平之世，無它途可自奮迅，俯首帖耳于場屋間。操數寸之管，書盈尺之紙，徼覬於一勝，得之則志願甫畢，失之則抱恨没齒。若貢士君，專勤家學而未踵世科，❶值時變更，隱處自晦，年邁而不我俟，❷竟莫少展所長。正色不動，以服彊暴

❶「專」，原作「事」，據成化本、乾隆本改。

❷「邁」，成化本、乾隆本作「運」。

而化其鄉；循理無違，以銷黠悍而寧其家。乃其囊錐之末，微見十百之一二者爾。其生也，宋淳祐戊申九月下旬之四；其卒也，元至治壬戌九月下旬之五。考某，❶仕衡州推官；妣易氏。兄弟四人，伯暨叔蚤亡，如愚，其季也。娶劉，繼郭，繼文。子貴孫、順孫。女柔則，先逝。孫陽端、吉端、泰端。銘曰：

家無贏餘，而猶樂施；躬有抱負，而弗獲試。視其墓題，緊宋貢士。

故處士劉君墓誌銘

人父莫不期其子之貴，人子莫不期其父之壽。所期乎子者，期其得禄以養於父也；所期乎父者，期其得年以受養於子也。韶州路曲江縣主簿劉中孚之父處士君，其督子以學也，汲汲若追奔而逐逃；其勗子以仕也，切切若食饑而飲渴。子自爲儒官，以至於膺朝命一而再、再而三。欲留養，輒不許曰：「汝養吾志。」欲迎養，亦不許曰：「汝毋以養吾口體爲也。」子順命不敢違。君年七十終於家，子奔喪來歸。治喪畢，遺予書，謂：「不肖孤官嶺海，生不及養，病不及藥，没不及斂。踰年甫得葬，未得銘，烏用子？已斬焉衰絰，不能遠走萬里，泣血以請，敢以狀聞。」伏惟哀人子不死其親之心，悼其亡，恤其孤，以少宣中孚不孝之罪，予視書惻然。雖嘉其父之欣欣以死，寧能不悲其子之戚戚以生者哉！蓋父之所期愜矣，而子之所期未有艾也。君吉水著族，居明善鄉之億田。宋慶曆以後，登進士科者十有四，而提刑、郡守、通守最顯。高祖彦宏，曾祖

❶「某」，原脱，據成化本、乾隆本補。

汝賢，俱將仕郎。祖夢龍，游臨安府庠，以族人司户參軍絢之孫鍠爲子，君之考也。君諱時明，字幼文。少從伯兄學，日記數萬言，課所業頃刻成文，字畫得米氏體。無它玩好，惟貯書、淑子二事。家非甚贏，而賑饑歉、賙貧病，鄉人歸德焉。與弟同爨，内外無間言。待從子三人如子，從子養君亦如父，故君之子出仕，得無後顧憂。生宋寶祐癸丑秋季，卒元至治壬戌冬仲。配黄氏。銘曰：

子承志而仕，父適志而逝。予其銘諸，以綏遺孤。

吴文正集卷八十一

元吴澄撰

墓誌銘

故樊居士墓誌銘

樊氏，洪進賢著姓。居士諱士高，字叔厚，世居崇禮鄉之三陽里。宋紹興初，盜據江城，侵及洪境，樊昌時率民兵拒戰而死。事定，贈脩職郎，自是族浸昌大。脩職五傳至秀英，由三陽里徙居北山，以其地沃物繁，於生聚宜故。居士，其仲子也，生宋寶祐癸丑十月。饒智略，涉經史，少時已爲季父饒州法曹夢辰、從兄興國户曹必薦所器。至元丙子以後，户役繁重，與一兄二弟佐父理家，獨勞不怨。父殁，養母益虔。及將異居，以先廬讓伯氏。鄉先生胡簿霆桂學行深峻，於人少許可，每稱居士有父風。其事兄如事父，兄既喪，友愛二弟尤篤。不汲汲殖貨而家日以裕，見人銖較尺絜，輒心非之。晚年貲産倍於初。遇耕牧賤夫，相與爾汝。度量寬洪，無疾言遽色，喜愠不形，而家衆畏慄，惟恐過差。惠周黨閭，不望其報；信孚朋友，必顧其言。鄉瀕湖潰，厥田下下，多潦屢歉。有司驗視，必爲開陳民瘼，以拯饑溺。或勸之仕，則曰：「是有命焉，不可幸致。」恬然無一毫外慕意。處伯仲叔三子，各有攸當。馬塘去家二里許，樂其平曠，挾季子往營新宅而終焉。一日，召諸子來前曰：「吾年已七十三，得從先人游地下，復何憾？」越二日，不病而逝，泰定乙丑閏正月十二日也。初，居士未昏，有陶司法應器寓邑東，爲孫女擇對甚嚴，聞居士賢，妻之。留甥館再閱月，以定省不可曠而歸。陶氏先三十二年卒，❶繼趙氏。子男四，志泰，後伯兄，亦先卒；志務、志廣、志能。女三。孫男七，女五。居士昔於所居東南五里之青山豫卜壽藏，諸孤從遺命，以丙寅十月壬午葬。壻徐芳遠爲志務來請銘。予觀居士，蓋循理安分、有福德人也，是宜銘。述其行者，將仕郎、南豐州判官葛潤玉。銘曰：

不求聞，天所敦。亡若存，徵予文。

貴溪翁十朋故妻李氏墓誌銘

前鄉貢進士翁仁實母喪，未畢凶服，造門再拜，請曰：「先妣李氏有賢行，年僅六十而終。仁實不子，生弗克厚養，死弗克厚葬，罪大無以自容。葬有日，敢乞哀矜而賜之銘，庶先德託以永久。」進而與之談，知爲至治癸亥所貢士，次年試禮部不第，特恩命長信州路象山書院。才可得仕，而欿然不以已能自足，亦其漸習賢母之訓而然與？問其母之行，曰：「生未朞失所怙，既齓失所恃，鞠於姑氏。姑適徐而嫠，治家嚴肅，教

❶「二」，成化本作「三」。

姪如其女。及年二十一，以歸我家君。婦道母道謹飭靡違，❶夫出則總家政，治生業，舉無曠廢。家君嘗語諸子，謂『家之粗立，而母力也』。服用素簡，飲食必均。每不喜人子別饌私奉，以爲寧如郭林宗，無如茅容。或疑其言，識者曰：『自子言之則未孝，自母言之則賢也。』又嘗歎美程子『孀婦餓死事小，失節事大』之語，因言：『人或餓而死，亦庸惰拙於謀生故爾。❷吾親見徐氏姑，煢煢提孤嬰，能復侵疆，數十里内，賴爲惠主。里有何氏甚貧，早寡無子，植麻苧，畜雞豚，以給衣食。年踰七十，怡怡如小兒。由二人觀之，守節者豈至餓死哉！』同産惟一兄而殤，囑從兄以一子後之，爲築居納室，畀田俾供時祀。從弟沾疾，而子缺於養，養之餘三十年。有外親，平日視猶娣姒，乳而不能具食，備襁褓膳羞以遺。其後既寡而殂，力疾冒暑往哭。諸子請代行，不可，曰：『彼之孤，長者未冠，少者猶抱，死未有以斂。』竟親往致襚而還。家雖無赢，有死亡不能喪葬、孤遺不能嫁娶、困厄不能存活者，周恤罔吝。凡種德急義之事，相家君力爲之。弋人捕生禽來鬻，買而縱之山中。劬勞至老不倦。子婦媢黨或勸少休，曰：『人恃勤以生。未死以前，非可間之時也。』朂諸子篤學勿怠，不正之書不許接於耳目。常命誦孝友諸傳，集室衆侍聽，下逮使令，皆繩以法式。子男四，仁實長，次尚志、集義、與實。女一，能暗誦古書詩文，以妻趙元略，延祐戊午年二十四，先卒。孫男四，愛、愷、雅、❸

❶「母道」，二字原脱，據成化本補。

❷「庸」，成化本、乾隆本作「慵」。

❸「雅」，成化本作「惟」。

正。孫女一，字外孫如孫，曰：『俟而父繼室而歸。』」予聞仁實之言，其母之德頗有與吾母同者，其年又與吾之季妹同，而吾母没已二十九年，吾妹没亦十四年矣。❶ 思其德、其年之同，而動予哀，銘以遺之。李氏諱如韞，泰定二年乙丑六月六日卒。三年丙寅十二月某日，窆于其里之鳳山。銘曰：

母也誠賢，子其永肩，以成以全。

故逸士陳君雲夫墓誌銘

學者曾仁任南康路建昌州學官，命其子以州人陳德剛來，請銘其父雲夫之墓。雲夫諱士龍，閩中宦族。王考紳，始徙建昌。考伯順，儉勤殖貲産。生男九人，皆魁偉，遂號望族，姓甲於一州。雲夫之次在九之四，生宋咸淳己巳六月癸卯。居家孝友，奉身澹泊，唯祀先饌賓，致其豐備。葬媢黨之弗克葬者，撫其孤遺，使之成立。或罹非辜，援之不惜力。儲粟賑饑平糶外，所貰甚溥，衆謂宜度其能償與否，則曰：「吾以周急也，豈繼富哉？奚暇豫計它日事！」然人亦自不忍負，尤貧者亦不責其必償也。雖與己忤，有善必揚；雖與己合，有過必規。不阿貴盛，不陵寡弱，不恃己長而短人，不以喜怒而有所予奪。擇士傅其子唯謹，傅病疫危篤，家老請舁送，不可，躬督諸子侍粥藥，更數醫治療。竟不起，哭之哀，襚櫬而歸葬之，贈卹甚至，咸稱忠厚長者云。泰定乙丑正月甲午，得疾終，年五十七。妣楊氏，先二十年卒；繼趙，亦先四年卒。子男四，德剛、

❶「十四」，原倒，據成化本乙正。

德大、德裕、德輔。女四，長適熊，餘未行。孫男二，女一。某年月日，葬某原。方彊壯時，人勸之仕，應曰：「仕以行志也下者，爲貧耳。吾幸衣食足以自給，苟志不可行，役於人，奚益？」里人鄭時中狀其行曰：「不趨利而急義，不慕名而務實，持古道而不變於今。」其信矣乎？銘曰：

有以承先，有以遺後。奉己則薄，待人則厚。胡優其德，而劣於壽？我銘幽宫，昭示永久。

故處士薛君墓誌銘

春秋時，薛視諸國爲先封，子孫以國爲氏，至唐逾盛。河東之薛，在宋秉義郎、殿前都校尉習者，處士其後也。處士諱勉，字方叔，世居信貴溪之仙浦里。曾大父子徹，迪功郎、知恩州南丹縣兼主管勸農公事。大父瑑，太學進士。父亨，静一居士，世以文獻自持，與臨川之陸、鄱陽之湯、弋陽之謝諸名人交際往還。母王氏，有婦德。族方隆而宋祚訖，民頑弗靖，罹官軍躪蹸，❶由是鄉里凋敝，而薛族之資産侵侵淪喪。❷衆咸戚惋，獨處士恬不介意，諉成毁興衰於數，不以貧賤渝其樂。天禀純粹正直，待卑屬必端肅，見小人無嚴毅。既不失我，亦不忤物。嘗遠遊荆、湖、廣、海間，雖沿邊溪洞亦至，倦而東歸。仙浦之南六七里曰宜陽方山，後擁諸峯，前羅明水，縈抱如玦。喜其地，遂徙居焉，扁其堂曰「寶善」，予嘗爲之銘。配孔氏，勤儉慈順。子

❶「罹」，原作「推」，據成化本改。
❷「侵侵」，原作「浸浸」，據明初刻本、成化本改。

二人，玄義，❶從開府張公隱老氏教中，質淑學篤，作詩清新不群，文士競與爲友。制授弘文裕德崇仁法師，充大都崇真萬壽宫貳職，璽書洊命長宫觀，❷非其好也。玄儀，朴雅温文，田州路儒學正。兄弟怡怡奉親，❸而處士君卒矣，泰定丙寅四月望日也，享年六十有八。法師在京，素相親厚。予既告老家居，緦服來過曰：「吾父不幸以病終，玄義弗克子，大懼吾父之美泯泯不傳，蘄一言刻諸墓石。」予於處士，因其子而知其父之賢，不辭而爲之銘。銘曰：

褧襲其錦恬處約，銘最其略潛亦灼。

金谿吴德勤墓誌銘

金谿吴塘之吴，其居東溪、居新田者，派之分也。安遠令惟新之子處禮，又自東溪分居桂田，早世。配葛氏，善持家，貲業日贏。長其孤天桂，納余氏爲婦。甫能應門，而官有海舟之役，竟勞瘁以殁。二嫠煢然獨處，乃請於新田之族，擇宋咸淳辛未進士、永豐縣尉名楊之少子恩爲後。恩字德勤，生永豐官所，元至元壬午爲後於桂田。未三年，有余氏喪。又數年，又葛氏喪。畢二喪，嫁天桂二女，人稱能子。娶曾，繼周，男

❶ 「義」，原作「義」，據成化本及下文改。

❷ 「洊」，原作「游」，據成化本改。

❸ 「怡怡」，成化本作「怡愉」。

女凡六。長子舉，從予學。至治癸亥，予守官禁林。是年冬，舉亦來京師。泰定甲子，補國學弟子員。❶明年乙丑冬歸省，父母喜子之至。又明年丙寅春，父病，夏五月己酉卒，年五十四。又明年丁卯春二月某日，葬其鄉之福林。舉衰絰造吾門，乞銘其葬。余因舉素知其父，純厚爲鄉之善人，許之銘，而語之曰：「必也正名乎？蓋以昭穆世次，恩宜爲處禮之子，而以舉之弟安爲天桂之子，則正名而言順矣。夫君子之必可言也，若名之不正，予惡乎銘？」諸子舉、安、寧、康。女二，長適鄧，次幼未行。孫男二，璧、欽。孫女亦二。銘曰：

嗟哉若人！雖不壽其身，而有子以壽其家，抑又何嗟？

故平洲居士劉士遠墓誌銘

撫之縣五，樂安最後置。樂安之鄉四，吉永豐割其一來隸，❷雲蓋是也。雲蓋鄉占縣上游，雖隸撫而吉之流俗固存。❸地産之美饒，户口之蕃庶，士氣之英特，世家之盛大，萃然出三鄉之表。竹園劉氏，鄉之右族。族之人無不挺挺自拔，卓卓自立。其間恂恂儒雅，肫肫仁厚，如麟如鳳，則有雲伯焉。雲伯生士遠，名辰翁，才子也。南土新附，遐僻未靖。時士遠猶少，已克相父，弭折亂萌，鎮護居里，遠近普賴

---

❶「國」，原脱，據成化本補。
❷「來」，原作「求」，據成化本改。
❸「俗」，成化本作「風」。

其庇。❶長而應門，一遵父轍。賑凶荒，活饑莩，❷捐己所有，息人之争，貧族昏喪，必致補助。久假負欠，復來告急，周恤不靳，曰：「彼以貧，故償不及時爾，豈負我哉？」歲供公役，未嘗剥下以奉上，比閭絶叫囂隳突之撓。民有小忿，平之，不令至官府。賓客過從，禮意歡洽。或勸充廣田宅，則曰：「子孫保此足矣。」族中有子無力延師，每竊喟嘆，擬建義塾，收聚以教。恬静寡欲，好義樂施，謙謹和易，與物無競。事親事長，略靡逆忤，侍疾頃刻弗離，持喪始末如一。家有水竹之勝，廬陵劉太傅嘗爲書「平洲」二字扁于樓，人稱平洲居士云。娶李，先七年卒。子楚蘭。女適王，適李。孫曰丁，曰德，曰瓊。女孫五，皆得所歸。泰定乙丑十一月終，年五十八。丁卯秋，葬龍石之原。楚蘭請銘墓石。予素聞士遠家世之善，可銘已。而其子方務學，崇立身之孝，是以不卻其請。銘曰：

而續而似，而務根柢；而邐而迤，❸而可涯涘。

故逸士高周佐墓誌銘

予家距吉永豐不二百里，聲相聞、跡相及也。華田之高爲邑著姓，有諱師文字周佐者，家業隆盛，卓爾

❶「普」，原作「等」，據成化本改。
❷「饑」，成化本作「餓」。
❸「邐」，成化本作「演」。

樹立，名聞尤表表。年四十四而終，與其友鄉貢進士解觀訣，無它語，囑以求余銘墓爲第一事。卒之三月，其孤世安，摭其所見於家庭、所聞於師友者，輯爲行述，解貢士將之以來。其言曰：「吾父機警敏悟，雖孩孺，如成人。讀誦三兩過，即記憶不忘。無雜嗜好，或遺之珍玩，僅一寓目，竟不留戀。乘暇維喜觀書。大父歷覽四方，吾父猶未冠，已承委意，專任家督。外而公私之酬酢，内而出納之齊量，蝟集鱗次，處之綽然。逮既冠，亦事遠游，往復京師再三。語人曰：『吾幸生六合混一時，❶獲覩版圖之廣大、宫闕之雄麗、人物之阜蕃、山川之奇勝，足矣，又何數數僕僕道途間爲？』乃定閒居之計，起樓庋圖籍，趙承旨孟頫爲作『藏書』二字扁其顔。既而過客日衆，舊宅地狹，❷改築于社林側。時曾大父年踰九十，大父亦且七十。新中堂，奉重親，致樂以養。東西之樓館，則以貯書焉，以禮賓焉。父之父兄行，有簿鄉邑者，有簿嚴道者，有巡警博羅、❸石灣者。吾父獨安於隱退，勸之仕，輒不應。精神標格，俊拔秀偉，美髯豐頤，眉目如畫，瞻之知爲英特。接引於人，一見如故，談笑傾倒，❹略無厓岸畛域。居綰水陸之會，臨淦之官，經過之使，與夫來往之朋游，朝夕迎送無少懈。所當資賮，靡不滿意去。每仗大義，不吝浮費，而根本益充肥，生殖益饒裕，蓋非私智

---

❶「生」，原脱，據成化本補。
❷「狹」，原作「挾」，據成化本改。
❸「博」，原作「傳」，據成化本改。
❹「談」，原作「發」，據成化本改。

計較所能得。兄死扶植從子，父喪撫恤幼弟，延師儒，淑胤胄，俾可應時需。水阻，造舟梁以濟；歲饑，發陳腐以糶。排難解紛，赴人之急，甚於拯己之焚溺。人以月庭稱，若其字云。志未大展，而遽棄諸孤，痛哉！諱致平者，吾父之大考也；諱應新者，吾父之考也。吾母鍾氏。三男二女，男世安長，世用、世康，吾弟也，世用先逝。女適黄者，吾女兄也；許適鍾者，吾女弟也。吾之子奇孫，女子子一，吾亡弟女子子一，吾父見孫者三矣。終於至順辛未十有一月丁丑。某鄉某里某原者，葬之宅也；某年某月某日者，葬之期也。」余閲所述，踟躕久之。嗚呼！吉士固多奇，周佐生而有以鎮于家，有以望于鄉，歿而蘄有以光于世，才識兩不凡已夫！於是爲之銘，銘曰：

嬴於有，❶嗇於壽，天也莫究，斯順所受。先而潛，後而炎，人也可占，其符所覘。

故西峯居士裘府君墓誌銘

裘氏先世，自會稽徙豫章之西山。宋淳熙丁未進士萬頃，由大理司直爲江南西路安撫司幹官，贈通直郎。弟萬全，以通直之介子由庚嗣，擢寶慶丙戌進士，終饒州德興簿。德興生希彭，郴守曹一龍妻以弟之女，居士其後也。居士諱興仁，字克榮。負氣不羈，頎碩美髯，從曹夫人之兄、都昌尉盛用學。德興之弟、朝散大夫、安撫司參議應材之期之爲興家子。革命後，西昌有賢令，甚相好。比還朝，有意薦拔，當路亦相推

❶「有」，原作「財」，據成化本改。

輓。居士惟日廣田宅，絶仕進想。年未六十，屏家務畀諸子，闢家塾誨諸孫。所居之西有山曰安峯，峻秀不群，行省平章史弼，寫「西峯」二字作堂扁，因以自號。幅巾藜杖，尚羊泉石，揭格言明訓于坐右，朝夕諷翫，自娱且自勉也。内無畛域，外不裱襮。理家御衆，和而有威，嚴而有恩。睦族婣，賙故舊，禮稱其情，接物唯恐傷之。或有未善，面規忠告。脱人於險，終不自得。歲侵，❶出粟以賑，平直以糶。貧而病死，施藥施櫬。貸弗克償者，焚其券。事曹夫人至孝。塋在安峯之麓，創庵捨田，招方外之人，掌歲時展省事。嘗曰：「樂哉斯丘！吾母葬於斯，吾妻祔於斯。吾終，其亦藏於斯也。」至治壬戌，自營壽藏。年耆色孺，神爽不衰。泰定丙寅十月疾，卻藥不服。旬餘，晨興衣冠，謁先祠，坐于堂，子孫列侍，笑語如常。逮夜，命子孫曰：「吾其終矣。」端坐至翼旦雞鳴而逝，是月廿九日庚午也。其生在宋寶祐癸丑六月十六日癸亥，歷春秋七十四。娶同邑萬貢士兄女，有婦德，先十七年卒。子男四，義高，前都省宣使；義大，樂平州儒學教授；義忠，未仕；義正，先殁。女一，適同邑熊。孫男十一，女八。曾孫男一，女二。明年丁卯十一月八日壬申，窆于所營壽藏。義高兄弟遣使致書求銘。予觀裘氏世以儒科顯，而居士之子若孫又才且賢。然則一身之隱處，蓋不盡其用，而留以遺後人歟？銘曰：

前有世科，後有時彦。獨立于中，絅錦不見。積深閟久，發也必閎。裘氏其昌，疇將與京？

❶「侵」，原作「祲」，據成化本改。

吴文正集卷八十二

元吴澄撰

墓誌銘

故桂溪逸士陳君墓碣銘

宋末科舉之學甚盛，國亡科罷，而業之者亦廢。樂安陳君貴道，❶守其故業，以自娱嬉，不以時所不用而怠。皇元延祐儒科復，于時舊學者已忘其步武，新學者未得其門庭。而君獨擅所長，年雖老，猶挾其藝一再試有司。遇不遇有命，而君之先識定見，莫不嘆服焉。貴道，君之字，仕貴其名也，居樂安縣西之二十里。世裕貲産，逮其祖、其父，益昌大。君生長富家，志趣不俗，種學績文是務。於親、於兄、於弟、於族，以孝恭友睦稱。交朋信，待衆仁，藹然君子長者之遺風。實孚譽達，鄉人士師尊之，邑大夫禮敬之。憲僉蔣侯行部至邑，見君甚歡，出所作詩詞與共商略。邑校缺官，當路以君攝職。前時君之弟崇進新構講堂，君又新構禮

❶「君」，原脱，據成化本補。

殿，衆口頌美。既而君復歸舊隱。先世嘗創道山書塾，屏帷列岫，襟帶清流，占地之勝，名公題詠不一。君讀書其中，夜參半，誦聲猶未歇，老而彌勵。至治癸亥，感微疾，正月十二日卒，享年七十八。娶方氏。子男四，文鳳、文麒、文璘、文慶。女四，適師，適張，適鄭，適何。孫男八，女七。泰定乙丑正月二十八日，諸孤奉柩葬于所居之西下陂之山。其冬，予還自禁林。明年，文璘請文墓石。予與君素厚善，思篤學篤行如君者不可見已，乃敘其概而繫之以銘。桂溪者，君别墅之扁也。銘曰：

恂恂耆舊，展也希有。隆隆丘阜，噫其可久。

金谿劉君妻吴氏墓誌銘

危素以其學子劉蘭見，傳其大父之命，其言曰：「吾母新田吴氏諱卿吉，宋貢士可之之子。賦質温淑，治家儉勤，中外無間言。外祖母卒，既葬，諸舅欲以篋笥所貯金帛分與女兄弟。諸女中吾母次居四，艴然曰：『女出嫁在外，母病，不得晨夕侍側奉湯藥，抱痛終天矣。身後又攫取所有，是利母之死，於心忍乎？』弗受。大德乙巳秋，外祖父罹無妄之災，吾母憤曰：『恨我非男，不能詣官代父明曲直。』勉吾父捐資佐諸舅，訴于上司，遂白其屈。❶ 吾父殁，時吾母未五十，畢男女昏嫁之未畢者，教之各使成立。家日以豐，受子孫致樂

❶「白」，成化本作「伸」。

之養。年七十六乃終，至順庚午三月五日也。卜宅兆于岳溪，❶將以某月日窆，敢徼一言光泉壤。」予與其夫家無一日之舊，危素丁寧述其子之情，乃爲之銘。其夫劉國珍也。子男三，介福、象賢、有容。女三，適荀，適鄧，適趙。孫男九，女四。曾孫男三，藺其長也。銘曰：

富且壽，繁胤胄。德可稱，福亦厚。

故陳山長妻姜氏墓銘

故浮梁州長薌書院山長陳君之配姜氏，年八十一，無疾而終。越四年，其壻金谿吴晉卿諗予曰：「妻母三子，長曰偉，建寧路崇安縣星村鎮巡檢；仲曰紳，將仕郎、瑞州蒙山銀冶提舉；季曰經，由平江路長洲縣教諭改儒學正。長子先二年卒，季子先三月卒，仲子獨治喪事。其從兄桂陽路儒學正厚，爲敘其母之行，方將求誌銘以葬，而紳亦卒。諸孫惟鈞既壯既室，其餘俱幼。晉卿承妻兄之志，敢蘄一言光幽宫。」予閲厚所敘，夫人世居饒安仁之璜塘，歸爲陳氏婦，奉舅姑無違，娣姒未嘗有間言。山長君負意氣，❷少宦學，偏游諸先進之門。晚值時難，能排紛禦侮於談笑間。不屑治貲産，得内助力，生殖有經，家業彌裕，勤女工至老不

❶「岳」，成化本作「樂」。
❷「意」，成化本作「奇」。

倦。❶饑寒不給者，隨所有濟之，能償不能償，不較也。三子皆有立，諸女亦克如其母。婚嫁費繁，辦之不勞力。晚受子孫孝養，閭里羨其享盛福。其殁，泰定二年十月六日也。男三。女亦三，適張，適上官；吴季，壻也。孫男五，女五。曾孫男一，女二。某年月日，葬某處。銘曰：

壽且豐，孫承宗。用康厥終，允臧斯封。

故金谿毛秀實妻陳氏墓銘

鄱陽陳氏女惠安，生宋寶祐甲寅九月。年未二十，歸撫金谿，爲毛秀實妻，奉夫之妾母如君姑。元至元丙子，家燬于兵，器服鮮遺。掇拾燼餘，日積月累，賓祭靡缺。供上所贏，猶能增廣田園廬舍，生殖浸浸饒裕。延祐甲寅，夫喪，斂葬如禮。時君舅進武校尉之喪猶在殯，曰：「子既卒且葬矣，兹豈宜緩？」遄卜宅安厝，畢其夫未畢之事。居常不忘敬順，未嘗鮮衣美食。戒其子繼芳暨翼曰：「吾相爾父，興家於艱危，本之以勤苦，將之以節儉，以有今日。爾其念哉！侈用則傷財，傷財則窶；矜氣則逆衆，逆衆則爭。爾其慎哉！」己爲所生子蔣之子，繼芳是也。蓋曰：「毛，文王之昭；蔣，周公之胤。二氏實一姓也。」年四十餘，復屬其夫以妾媵，生男二，其一不育，其一翼也。待二子與己出無間，命翼從前進士盱江李先生受學。泰定丙寅春得疾，明年丁卯夏小愈，明年戊辰春又劇。五月丙戌卒，年七十五。其冬，翼來乞銘，余病不能作，辭

❶「工」，成化本作「紅」。

之。天曆己巳春，温前請，將以某月日窆于某原。予觀毛母戒子之言，雖士大夫或有所不及，蓋賢母也。乃爲銘曰：

母教兢兢，子孝承承。毛氏其興乎？

故登仕吴君夫人余氏墓誌銘

宋登仕郎吴時可，撫金谿著姓。咸淳間，曁其季弟與郢程鉅夫共學臨汝書院。余，鉅夫友也，亦時造焉，遂識君仲季。未幾運代革，鉅夫顯宦于朝，時可隱處于家，恂恂然有古逸民遺風。食皇元之土踰三十載乃卒，鉅夫爲銘墓。又垂二十載，而其夫人卒，諸孤徵銘於余。夫人余氏諱妙真，金谿禮原之系。曾大父忠全，大父延明，父世覺，俱潛晦弗耀。景定庚申，歸爲吴氏婦。順舅姑，睦娣姒，厚宗戚，下逮使令，咸得其心。女事婦功，躬不憚勞，相其夫終二親喪，無違禮。登仕君晚嬰末疾，足不良于行者八年，湯藥飲食之奉，纖悉具宜。比及卒葬，凡附棺内外，必誠必信。老年獨受子孫孝養，燕居談論，❶每勸以勤學謹行、❷持身理家之道。既壽且寧，福稱其德。元至治癸亥十月庚午，❸無疾而逝，年八十二。泰定甲子某月某日，葬某里

❶「談論」，成化本作「娱侍」。

❷「勸」，成化本作「勖」。

❸「十」，原作「某」；「庚午」，原作「某日」，併據明初刻本、成化本改。

之延福原。子男六，❶垕子、辰子、應子、❷良子、復子、萊子。其一、其四先卒。女三。孫男十，女十三。曾孫男五，女五。予觀家之盛衰，寔關内助之賢以否。吴氏自宋至今，弗替益隆，非其所積者厚、所詒者遠而然哉！銘曰：

福集家昌，靡不繇内則；壽永身康，靡不繇順德。胄胤振振，一門其如春；堂防困困，百世其如新。

故吉水縣尉楊君墓誌銘

國朝一天下以來，民志靡定，塗之人輒欲躋身大夫士。窮智慮，竭貲力，雖不可得，而猶不止。幸而得之，於行可、❸際可、公養無一可，而甘心焉。鞅掌盡瘁，脂韋忍詬，雖不可爲而猶不悔，余壹不知其奚慕！吉水縣尉楊君，家清江縣之清江鎮。鎮綰西江東廣之會，貨物聚，户口蕃。大兵南下時未及郡竟，官吏已逋竄，居民失依倚，惡黨乘時將魚肉其鄉鄰。君見事明，投機敏，合數大家首詣帥府，輸款順附，一鎮之人大得以安，小得以全，更生者不啻百千萬。帥府嘉其誠，上其功，朝命授吉水縣尉。甚能其官，然不俟滿而歸。年方壯盛，閒適四十餘年，以至于老，無復萌仕進想。人問之，則曰：「吾先廬先疇自可容膝餬口，以怡吾

❶「六」，原作「五」，據明初刻本、成化本改。
❷「應子」，原脱，據明初刻本、成化本補。
❸「於」，原作「如」，據成化本改。

親，胡能役役爲人也哉？」噫！君之一命，分所宜有，非如它人之以智慮貲力取，猶且薄之而不處，何其識趨之超乎衆也！昔者范蠡既成功名於越，思移謀國之術而施之於家，謂陶之地宜貿遷，遂徙家箸鬻，竟以饒財雄一世。清江鎮，亦江右之陶也。五方俊民，聞陶朱公之風而興者，前後輻凑至，往往能有所立，故鎮人每由客寓而老子長孫，其間土著蓋無幾。獨楊氏爲世族，家近於市，而身遠於賈。雖廛地分僦于編户，厚生利用，不過歲收其土之入，而他無所通阜。坐視輩儔納倍蓰之息，累鉅萬之積，略不動其心。噫！聖門如子貢，猶未免於殖貨，君其賢也已。烏有晨夕羊鼎之旁而不一染指者乎？何其識趨之超乎衆也！宜春易貢士景升，於君有三世之好，而述其行曰：「君身長七尺，望之偉然。魁碩軒岸，重厚和易，輯睦閭井，解釋紛競，直辭正色，使人心服。鄉有水患，❶率丁壯築陂堰十餘里，護淤田數千百畝爲膏腴。歲饑，隨廪賓多寡以賑。善大字，樂爲人作名扁。所居水竹幽靚，庭階雜莳花卉，種梅數百株，紆環如谷，人號之爲梅谷云。泰定丁卯正月微疾，子弟親友咸在，君端坐曰：❷『吾年至此，吾欣然逝矣。』季旬八日也，壽七十六。曾大父有貴，大父法顯，父與祖，晦迹弗耀。君諱三登，字儀之。少業進士詩賦，藏書數百卷。昆弟三人俱文雅，訓勵諸子唯謹。娶王氏。男以義、以道、以德。女適胡，適張，適彭。孫世昌。❸將以某年月日葬某原，

❶「有」，成化本作「苦」。
❷「端坐」，成化本作「掀髯」。
❸「世昌」，成化本作「虎真」。

君所自卜也。」卒之四月，予客上湖黄氏之塾。以義，黄倩也，衣大布之衣來乞銘。其婦翁黄良孫謂予曰：「儀之之行可銘也。」乃爲銘曰：

不惡辱以榮，不惡嚣以赢，人之同情。彼林林而醒，此孑孑而醒，噫其可稱！

故蒼山居士徐君墓銘

余昔由撫而洪，由洪而撫，每過金谿城，泊舟岸下，屢欲登岸一覽，而輒不果。蓋撫、建之水自南遶其東而北流，又分一派遶其西，而合于北。山林可樵，原陸可耕，而水環其外，若海中洲島然。地屬撫郡臨川縣之明賢鄉，舟人云「某姓某姓居其間」，今不復能至其處矣。有徐居士子孫來乞銘以葬，問其居，曰「金谿城也」。問其族，曰「先世自洪之豐城徙」。居士君諱天麒，字麟卿。生宋寶祐甲寅仲冬季旬之二日，卒元泰定丙寅孟冬上旬之六日，得年七十三。卜天曆己巳季冬仲旬之四日，❶葬長樂鄉之塔坑。居士處有恒産，出可通舟，薦歷江、淮、湖、湘，貿遷所貯，家浸以肥。多接豪俠偉人，故襟抱識趣不鄙不凡。南服歸國，徵役難任，率至疲瘁。獨綽綽應之，竟莫能害，而力加裕焉。❷近境竊發，設計平殄，不煩官軍，黨里蒙惠。賙賑匱急，負者弗責。二教之徒蕲助，亦欣然樂施。達官嘗書「蒼山」二字，而扁其宴息之樓。鄰善家富，身康心

❶「卜」，原作「至」，據成化本改。

❷「力」，原作「尤」，據明初刻本、成化本改。

寧，優游長年，以壽令終。子孫才賢，興盛未艾，真福德人哉！考文先，妣蕭氏。娶白，早世，無嗣。再娶陳氏，先卒。子男四，景仁、景瑞、景輝、景昭。瑞，陳出也。女二，梅次鼎、甘桌，壻也。孫男十，曰彧，曰彥，曰誼，曰啓，曰文，曰成，曰馬，曰虎，曰智，曰黑。女五，曰武，曰琇，曰祉，曰祐，曰玉。爲請銘者鄔迪，景瑞之妻弟，而吾孫婦之族父也。銘曰：

肥遯皎皎，人間瀛嶠。生崇吉德，死妥吉兆。

有元忠顯校尉富川縣尹皮府君墓誌銘

府君諱南舉，字仲尹，姓皮氏。系本長沙醴陵，徙新淦西歸里，❶分徙清江崇學鄉，今爲崇學人。族以業進士與貢者不一，❷至宣教郎諱巽，登上第，知平江縣，繇是聲望彌光。府君，平江第二子也。幼從父游宦，其伯兄留任家督。父既殁，聚處協理。兄所可，弟然之；弟所可，兄然之。雍睦無間，鄉族鮮二。早歲俱從碩師受《周禮義》，兄嗣家學，相先後貢于鄉。同試禮部，弗利。國朝奄有南土，豫章已附，游兵駸駸及清江。皮姓介居二郡之間，官民靡所倚藉，僉謂宜得望族有才略者出應事機。府君完保宗黨于家，衆推伯兄往詣帥府輸款，境内遂安堵如故。事定，朝命授伯兄嘉議大夫、南雄路總管，授府君忠顯校尉、管軍總把，

❶「淦」，原作「塗」，據成化本改。
❷「與」，原作「舉」，據成化本改。

湖廣行省命充賀州富川縣尹。府君素志恬淡，隱退不仕，俗塵略無芥蔕。尊酒棊枰，藥爐丹竈，逍遥閒散，如方外人。然譽聞日隆，過從雲合，接賓朋有禮，賙鄰曲有恩，遠近視如泰山喬嶽焉。夫人清江縣尉胡蒙冲女，生子豫。❶晚歲病癈，年七十七子喪，憂悸病劇，既而復愈。年八十二，危篤幾甚，忽矍然而甦。自是又五年，八十六乃終。女八人，壻二胡、一趙、一黄、二鄒、一劉、一鄧。孫男一，植。女二，適楊，適趙。曾孫男二，女二，皆幼。余昔年屢客皮氏，總管公暨府君親密如膠漆。府君卒後九年，余再過清江，而府君之柩猶在淺土。植以總管公之子平江州判官滑之狀，請銘其大父之葬。余於府君，情誼非止如舊館人而已，追想其風流不可復見，則爲之銘曰：

質也清仙之臞，氣也初春之煦。人也外冰之涣，天也内澍之灌。德臻茲，其壽也宜。

樂安胡仲玉墓誌銘

樂安胡仲玉諱璉，❷宋咸淳丙寅四月戊子生，元泰定丁卯四月壬午卒。是年九月乙卯，葬縣北二十里康村之大朱谷。前期，孤恭衰絰請曰：「先君善事父母，承順養志，服勞竭力。敬兄友弟，夫婦如賓，應接允

❶「豫」，成化本作「滁」。
❷「璉」，成化本作「璡」。

當。明習吏牘，通敏過人。强壯時在官方愜志，忽自引退曰：『此非吾業也。』閒居殖産，❶勤而有恒，儉而中節，家日豐饒，❷汲汲以教子爲務。又推所餘，濟閭井之貧，衣寒粒饑，藥病棺死，以至梁川甃途，施財于二教，靡有吝意。孝弟慈厚，出乎本然，而非黽勉也。今也不幸大故，儻得達者一言光于幽，則死者爲不亡矣。敢以請。」予家距樂安甚邇，人之善否，固所熟知。而恭劬書博記，屢應進士舉，嘗及予門者。仲玉去吏爲民，竟能致富，其才蓋足稱也。❸祖諱濳，考諱祐之。一兄二弟。娶鄒。男三，良、恭、讓。女一。孫男二，惠、溥。女孫亦二。銘曰：

孟子有云，術不可不慎也。斯人庶幾能擇術者夫？家裕而子賢，宜哉！

故南城楊泰可墓誌銘

右南城縣之南八十里，有聚曰裹塔，楊氏族居焉。族無貴顯之人，無富豪之家，而風俗敦樸好善。先世有諱宏者，嘗暮行入郛，度郛外長橋。橋有遺篋，命僕人攜歸館舍，啓視内貯白金二百兩。翌日天未明，往

❶「殖」，原作「植」，據成化本改。
❷「家」，原脱，據成化本補。
❸「才」，原作「財」，據成化本改。

俟橋間，❶果有號而至者曰：「昨領官降和糴銀本，適醉於此而忘持。今雖傾家莫償，儻索不獲，唯有死爾。」宏察其言覈，其情哀，於是呼之造所館，出篋授之，其人泣感而去，由是鄉人稱爲念善翁。❷翁之仍孫亨，字泰可。祖考妣、考妣四喪俱未就土，悉心竭力，卜占宅，求良師，詳審安厝，唯恐弗慎。後亨年六十九而終。其子素不相識，詣予求銘，謂葬期擬今冬。余未暇作，則冬仲又至，必欲得銘，謂葬期展來春。嗚呼！昔者其父之葬親也，必待己之諳葬法；今也其子之葬親也，必待人之與銘文。否則寧未葬。揆之中道，固或未合，而致孝於親必誠必信，可謂厚也已矣。❸泰可德不詡，❹和不流，天性孝友，❺養生送死無憾。以禮開導族屬，俾不失尊卑序。理家儉勤，綱條整然。力匪有餘，每喜賑施，見貧瞽輒蹙頞，若己疾痛。道路阻隘不便，亦爲脩治。宋寶祐戊午十一月生，元泰定丙寅三月得疾弗起。娶宜黄饒。子男三，乍、平、本。平爲兄炎嗣。女適新城鄭。孫男六，女三，俱幼。兩及吾門者，季子本也。墓地在南豐小嶺下茶坑白石之原。銘曰：

偷俗靡靡，苟簡喪紀。訖事而已，奚念所始。必安親體，必章親美。嗚呼楊氏，有是父子。

---

❶「俟」，成化本作「候」。

❷「爲」下，原注「缺」，有空格十九；成化本無空格，「爲」「念」二字連接；據成化本連接、去空格。

❸「矣」下，原注「缺」，有空格四，據成化本去空格。

❹「詡」，原作「許」，據成化本改。

❺「性」，各本皆作「姓」，據文義改。

故臨川鄭君宏叔墓誌銘

唐僕射鄭畋之子、户部侍郎凝績，葬建昌新城縣北三十里，子孫因家焉，今爲鄭氏族。臨川之楊塘、清泥、池頭、浮田四派，其分流也。宏叔諱居誼，居楊塘。宋末寓清泥，與一二宋人文學相好。❶咸淳甲戌，混補入大學者名翔，貧無資，君給送其往。在學未幾，事變孔棘，奔避而出。道梗不通，適解后君於江東之境，相挈至家。時人情震蕩，君與大學兄弟力護鄉閭，鎮遏群不逞，幸而無虞，得以生聚。其間小定，乃歸楊塘故里。貢舉已廢，君教子明經不輟，或笑其迂。及儒科復，而君之子孫克副時需，始服君遠識。母年逾八袠，子職謹甚。伯季凡四，同居五十年，雍睦如一日。公私應接，長者分晝，少者禀承，罔不恪恭。處鄉恂恂，嘉善嫉惡，間出片言，平釋忿怨，悉愜所願。有喪無以斂葬，周助唯恐後。晚年創僧道寺觀各一，施田以飯其徒。欲建書塾待游士，未果而疾革，猶以成志囑子孫。生宋淳祐庚戌，元泰定丙寅九月卒。娶黄氏。子男，一雷，一中；一鶚，嘗任江浙御米稻田提舉。女適楊，適曾，適龍，適楊。孫男五。女七，四已行，三未笄。曾孫男四，女一。卒之年十一月，窆于金谿歸德鄉之上磜。前期，一雷命其弟一鶚，以前鄉貢進士程禄應所述行實來乞銘。余觀其行，蓋鄉之善士也，是可銘已。銘曰：

視久生厚，五福具有。本培末茂，韞美未售。躬之弗遘，式顯之後。

❶「宋」，各本同，疑當作「宗」。

陳垚葬誌

陳垚生長素封之家，而無膏粱紈綺之態。既成童，詣予所讀書。予每日談辯，從旁竊聽，悉能悟解。退而與同輩共論，雖年在其上者輒爲之屈。予固異之，父亦喜之。泰定丁卯夏，予出訪清江舊友，垚從。❶及秋，父促之歸，將爲畢娶。其意殊不欲，予與言曰：「父命安可違？」遂歸而娶。明年復過余，三月望歸省，竟以内疽之疾不可救而殂，四月十日也。父母哀之，予亦哀之。以予文誌葬，蓋其父母意也，聊藉是紓哀焉爾矣。噫！程子謂：「有生之類，間值者難，難則數或不能長。」垚之慧而夭也，殆以是與？其生至大庚戌九月十九日，年十九，已冠已昏，故不爲殤。冠之時，字曰伯高。婦吴氏，卒之後五月二十二日，生一女。噫！

❶ 「垚」，原作「世」，據成化本、乾隆本改。

吴文正集卷八十三

元吴澄撰

墓誌銘

故居士康君祥可墓誌銘丁卯

江西之郡吉爲最，其最者何也？文士之秀偉，富户之雄盛，俱非它郡所能敵也。其文士也，漁獵異書以逞其博，追琢瑰辭以衒其巧；如山岳嶙峋，如波濤洶涌，如秋空鷹隼，如春園花卉；或豪健豐贍，或清奇俊逸，或詼譎詭怪，或妍媚蔚紆；卑卑者不敢仰視。然求其淵淵如海，温温如玉，恂恂如孔子之處鄉黨，謙謙如顔子之有若無、實若虚者，蓋不多見。其富户也，精神振發，氣燄赫奕，伯仲公侯而輿臺府史；伐蛟搏虎，吞象食牛，弛張闔闢，無施不可；大率襲翁伯、季良之餘風。倘不若是，則相與嗤議其選愞骫骳。有能不爲習俗所移者，幾何人哉！若太和深溪之康，庶乎不移於習俗者也。康居士諱瑞孫，字祥可，先世自祁州徙。家足恒産，迨南服士疆既屬國朝，其大父若父相繼充拓，浸浸與擬封君者齊。而秉心無競，横逆弗校，卒能使之自屈，未嘗有一事溷公府。男女長穉，會食秩秩，如古禮法之家。至居士，三葉遵守靡渝。居士幼已卓舉，見者心瞿。少長佐其父，致養盡歡。大父景明，至元己丑年六十八而終。大母郭氏，延祐乙卯年九十七而終。父國俊，受養三十年，終延祐戊午，年七十六。惟母劉氏夙喪，戚戚常懷罔極之報，事繼母羅、郭與因母同。❶一兄一弟不壽，恭承父命，教育孤遺，一如己子。叔父年八袠，尊奉罔違。女兄之夫託處，白于親庭，給以田宅，至于今得所。妻兄孑立無依，爲窆其五六喪，館穀之終身，日與共飯。孝友睦婣之行，隆於內外者如此。嗜書如飴，尤喜讀史，論已往成敗得失如身與其間。泰定丁卯秋，攜孫出省稻畦，訓之曰：「詩書禮義固當熟，稼穡艱難亦當知。」越五日晨興，理櫛家政如常。俄入臥內，無疾而逝，閏九月二十日也，得年六十。娶羅氏，先卒。子男元愷。孫男宗武，孫女許適劉。曾孫男舉，曾孫女一。卒之明年春，元愷遣宗武來乞銘以葬。余適未暇，辭之。孟夏又至，乃進宗武而問焉，獲聞居士梗概。

噫！貲力之家，孰不頡頏騁騖以市聲勢，習俗則然。獨居士退若不盈，固其資識之超，抑亦默符於柱史之意乎？是可銘已。其友顏觀生述其行曰：「居士昂藏玉立，束帶十圍，白髯蕭疎，風采熠燿，衣襜手翼，無疾言遽色。簿書填委，公檄交馳，泰然若無事。待下有恩，雖盛怒不一撲。少頗嗜飲，中年痛自節抑，每以沈湎爲戒。常談皆菽粟之味，聽者不厭。歲饑平糶，不乘時射利爲低昂。敦意氣，重然諾，所爲磊磊落落，無一不可對人言。不求愧人而人自愧，不求勝人而人自不能勝。或有非義，曉以不可。事或非便，必力沮以安善良。爲人排難解紛，而不以爲德。一二郡侯甚嚴明，見之必禮敬，稱爲善人。子練達周務，孫警敏

❶「因」，成化本、乾隆本作「嫡」。

樂學，身後其無憾矣。」儒學提舉、同郡龍仁夫記其書室，❶而曰：「盤盤碩碩，爲家令子；冲冲雝雝，爲鄉令士。」亦知居士者云。銘曰：

斯人之懿，斯器之異；斯銘之識，斯則之昹。

吴叔升墓誌銘

至元丙戌，余始與吴東子叔震友。其幼弟順子甫十歲餘，就傅讀書，嶷然如成人。余及見其冠，及見其昏，及見其有子，及見其教子能成才，又及見其卒且葬。烏乎悕矣！順子字叔升，自幼端重恭謹，事親從兄，動循禮度，言行表裏相應。襟懷坦易，恥爲機巧；神情散逸，與物無競。生至元丙子五月季旬之七，卒泰定乙丑十一月仲旬之五。丁卯九月丙申，葬崇賢鄉之大塘。其先宋紹興甲子貢士珏，特奏名入官。子賁，贈朝散大夫。朝散生乾道己丑進士榮，仕至奉直大夫、江東制置安撫司參議。奉直生紹熙甲子貢士發藻。貢士生從事郎、吉州永新縣丞焱，免文解登嘉熙戊戌第，是爲祖。忠翊郎、御前諸軍都統司主管機宜文字困孫，是爲考。妣鄒氏無子，繼妣徐氏所生也，縣南鄒景元壻之。五男二女。長兄東子，歸附初授將仕佐郎，主永春縣簿，嘗以家之書樓作明新義塾。其後屋者摧壓，鳳山之陽山水奇秀，擬于其地建塾以嗣兄志，未及爲而卒。嗚呼！順子三兄，不四十年，其長兄逝，次兄逝，順子年及五十又逝，惟一兄曾任儒學教

---

❶「仁」，原作「人」，據成化本、乾隆本改。

諭者尚存。昔韓子志馬少監墓，以人久不死而觀此世爲悲，今余之於順子亦然。其子也，其孫也。銘曰：

命也在天，莫窺其然。徵之人事，有子可俟。

金谿吴昌文墓誌銘

金谿士吴斐，出應至治三年進士舉，遂如京師。泰定二年，試補國學生。三年，謁告省親。中路疾作，賴母之從兄陳真人日新與偕，不惜勞費，爲求醫藥，扶護至杭之崇陽宫。弟貫先期在杭，見兄羸瘠，甚戚。是夕臀膚生疽，七日而潰，養疾逾月。七月季旬，乃與弟俱西。丁卯，舟宿富陽二十里外，中夜如夢而逝。次日順風踔二百里餘，泊嚴陵，買棺以斂。時貫之妻之父曾尉文樞，同自經紀喪事有力。又三日，抵常山，止於逆旅。八月辛巳，父母聞訃，幾悶絶。從兄善往迎柩，丙申以喪至，宗族賓客哭極哀，數百里内皆傷歎。蓋其天資純厚精敏，童時不同群兒嬉狎。進士業既通，及吾門，問古大學之道，志在爲善士。喜吴興趙承旨孟頫書，模寫忘寢食，宛然得其風致。作近體詩，温雅華麗。事父母至孝，與人交未嘗忤人。雖燭見姦慝，口終不言。或託以事，必盡心竭誠。生大德辛丑十月，年廿六而終。居延福鄉之吴塘。大父可孫，宋咸淳甲戌進士，迪功郎、新昌尉，至元中授將仕佐郎、建昌路儒學教授。父晋卿。世世積善，鄉里稱爲篤行之家。有子賢而不壽，天道殆不可知。娶穀城簿朱彦才女，生一男二女。男始十歲。余之哀之也如親子姓。余之三孫，與共處國學者，哀之如親兄弟焉。其妻之兄、鄉貢進士朱夏狀其行，而曰：「較之德儉年多者，此曷爲短，彼曷爲長也邪？」嗚呼！此昌黎韓子所以銘李觀，施之昌文爲宜。昌文，斐字也。銘曰：

冉而疾，顔而夭。謂天昭昭，胡斯杳杳？

故梅埜逸士劉君墓誌銘

故丞相廬陵文公，嘗寫「卷舒堂」三大字，貽其鄉之隱君子劉氏。筆勢雄偉，廣脩丈餘，劉寶藏之。其嗣肖翁敞前規，揭舊扁，不遠數百里，遣人持文公真蹟造吾廬。余嘉其孝，爲作堂記。越數年，肖翁之子以麟致書曰：「亡考辱先生記其堂矣。不幸大故，將卜月日以葬，敢乞一言志諸墓。」余昔者固嘉肖翁之孝，今也以麟之孝如其考，惡得不諾其請哉？劉自袁之分宜徙，傳十餘世至振道，字子明，志氣慷慨，交四方賢士大夫，文公爲書堂扁者也。肖翁其次子，名夢説。博誦强記，經史諸書，貫穿通暢，翰墨尤工。婉愉事親，左右服勤，罔或遺親憂。素善鼓琴，父之燕座曰「琴牖」，其扁章丞相鑑所書。延客其間，父命操古調，聽者咸喜。父既没，偶至琴牖，必潸然隕涕，終身爲之廢琴。養母田夫人，堂名「春暉」。未幾母亦喪，讀孟東野詩，輒嗚咽痛絶。與伯兄同爨三十餘年，雝睦如一日。兄逝，哀戚劇甚。凡父所營創，莫不繼述充拓。堂西建重樓，藏書數千卷，手自點校，❶籤帙整整。前代所存古器奇玩、法書名畫，篤意收貯。資質甚端毅，❷言動典刑，

❶ 「手」，原作「首」，據成化本、乾隆本改。
❷ 「甚」，成化本、乾隆本無。

遇事正辭，無所阿狥。里有靈祠，廟圮弗治，歲旱禱雨未應。焚香致禱祝曰：❶「惟爾明神，久食兹土，幸速作霖，以蘇民望。」有頃，大雨。首倡衆力，一新其廟。平時希入城市，府公邑長待以賓禮，未嘗私有所干。安福州官范侯益民，廉吏第一，敬慕身教，家法之嚴，以女妻其子。往時盧學士摯將旨祀南海，解后一見，特加器重。問其名若字，因曰：「傅巖之肖，宜爲和羹之梅。」乃錫「梅埜」二字以號。繇是種梅結亭，稱梅埜逸士。幅巾鶴氅，游息亭中，雅歌投壺，枰弈茗飲，與賓客賡酬爲樂。酒酣興適，浩歌東坡「治生不求富，讀書不求官。譬如飲不醉，❷陶然有餘歡」之句，拊掌擊節，殆不知世間有榮辱事。撝謙自牧，好學友善，耆德先達，名人勝流，相與如伯仲。故見聞識趣，歲長月異，漸潤熏染，於其子亦日益焉。泰定丙寅，子以麟往應進士舉，朂之曰：「吾祖父以儒爲世家，吾從兄以名達禮部，汝其勉旃。」八月初，瘍生於背。雖謹視醫藥，然别墅從容，賓客談笑，一如無病時。是月二十九日終，享年五十四。娶王氏，先三十年卒。繼張氏，縣尉某之女，縣尹某之孫也。子男二，以麟、以立，俱張出。女三，長適吴，次許適王，幼在室。張㮚之狀謂：「肖翁好義好禮，保其清福，有詩書園林之娱。其生也人樂與游，其没也傷嗟之不已。所惜學未及設施，名未至光顯，懷才抱器，死於中天，可哀也。陰有德者，必食其報，不在其身，在其子孫。劉氏世有隱德，其來遠矣，其後又何可量哉！」斯言蓋足徵云。銘曰：

❶「致禱」，二字原脱，據成化本、乾隆本補。

❷「不」，原作「杯」，據成化本、乾隆本及蘇軾《送千乘千能兩姪還鄉》詩改。

韜卷經綸，以隱以淪。漫漫知津，疇詘疇信。不降其志，不辱其身，古之逸民與？

故鄔夫人周氏墓誌❶

夫人周氏，樂安鄔君孟時之妻，仁傑之母也。仁傑爲余言：「鄔氏自五代時，居天授鄉甘泉里之河山。族屬蕃衍，經宋三百年，號著姓。至元丙子以來，軍寇交擾，靡有寧歲。壬午冬，先君奉親，避地豐城之竟。明年春，彼地寇作，吾家亦罹其毒，而先君没焉。先妣抱諸孤，依外氏而處，嘗謂仁傑曰：『汝父才志不在人下，實爲家督，相爾祖樹立門户，諸叔蒙業而安。咸淳癸酉，汝仲父龍捷與貢，❷汝父慨然以儒效自期。未幾歷改科廢，又不幸早世，汝能勉學繼先志乎？』事變僅定，去外氏，復歸故里。吾母劬勞二十載，畢男女昏嫁。一家子孫四十餘人，養志盡歡。乃潸然涕泣曰：❸『吾與汝得脱喪亂之禍，享康寧之福，猶有淺土之喪，盍亟謀葬？』既葬，又曰：『昔張圓遇盜以死，其妻能求文人志墓，俾死者名永長存，而不悼其不幸於土中。吾老且病，弗果謀，汝輩獨不念及此乎？』逮病革，又曰：『吾年二十歸汝家，汝父年四十四而死。其時汝七歲，汝弟三歲，幼弟甫歲。今幸未墜先緒，吾死，必乞銘以表汝父之墓，以成吾志。』言既，涕泣不自已。明日

❶「誌」下，乾隆本有「銘」字。本篇末未見有銘，不據補。

❷「捷」，原作「從」，據成化本、乾隆本改。

❸「潸」，成化本、乾隆本作「泫」。

遂終。先君諱龍啓，生宋淳祐庚子九月壬申，卒元癸未三月丁卯。延祐庚申正月戊子，遷葬里之大山。先妣諱柔恭，生宋寶祐癸丑七月丙午，卒泰定甲子九月丁亥。越四年，丁卯十二月壬申，葬里之蔡家原。仁傑未能立身顯親，吾母遺教，其敢忘失？謹承先母志，以墓石之文爲請。先生閔其情而畀之銘，不惟生者可逭子責於昭昭，抑使死者可無遺憾於冥冥也。」曩余未壯，已聞府君之父宜伯諱誼，富盛而尚文，表表爲名家。比壯，又識夫人之父叔器諱治，敦樸而不華，與余相厚善。夫人以周長女爲鄔家婦，承厄難之餘，克勤克儉，以中興其家，哀傷夫君，圖壽其名於身後。嗚呼，賢矣哉！志夫人之葬，因以著府君之名，庶其慰愜貞妻孝子之心乎？系曰：夫人，府君同鄉懷仁里人。三男，仁傑、仁俊、士佐。中男爲季父後。一女，適崇仁鄭桂。孫男十一，女八。曾孫男五，女六。余之孫當，夫人孫壻也。是爲銘。

袁弘道妻陳氏墓誌銘❶

吾里陳居士庚，夫婦皆善人，四男三女。其中女幼慧，生宋寶祐戊午十一月八日。元至元壬午，歸於同鄉袁弘道。君舅夙喪，事君姑甚謹。夫家富而文，當時務紛紜、世業分析之後，儉勤相夫，以長裕其家。比近兄弟而處，凡七載。大德丁酉冬，從夫復還故里，貲産日闢，爲里中之甲。治内有法，遇下有恩，待賓客有禮。居士之家漸不如昔，弟姪來依者，衣食之，冠昏之，經紀顧視，終始如一。延師教子孫，俾克紹先志。里

❶ 標題，乾隆本卷四十二作《穀江逸士袁君修德妻陳氏孺人墓誌銘》，後附吴澄答袁修德書，書見卷十三。

有貧病者，樂周之。至元己酉，構新宅而居。延祐己未正月十五日，以疾終。夫悲失助，子哀失母。弟姪之依焉者，賓客之過焉者，莫不悵然思其德。泰定丁卯十一月戊寅，葬查坑溪南。❶ 夫爲請銘。子時敏娶黄、娶陳，時敞娶游，時孜娶吴。孫男濟泰、光明、昭志。孫女六，長適李，五在室。陳居士暨弘道諸父，於余爲異姓伯叔父行，故不辭其請而銘。銘曰：

婦人之善，不著於外，不聞於人。猗與良士，得此良嬪。

樂安徐明可墓誌銘

樂安徐昭明可服親之喪，既練，泰定丙寅二月乙酉，以疾終。明年丁卯十月丙申，將葬縣前之碧隴谷，孤子炳哀泣請志其葬。按：樂安徐氏，先世自臨川之下麓徙。昭之大父諱通，字泰甫。軒岸倜儻，意氣出群。宋末以庶人在官，前後邑令人品雖不一，率皆偉其才器。喜親士大夫，亦樂與交，其門常多嘉客。國初定南土，郡牧檄攝邑尉，新官待之如弟兄。時舊民未嫺新政，貴者乍失其貴，富者不保其富，倀倀無所依倚。一邑四鄉之人，晨夕奔趨，席其庇燾，消患解紛，人之賴以安全奚啻十百。聲譽洋溢，貲産彌厚，豪俠不嗇。日食千指，四方游士，伎術襍流，填咽而至，各滿所欲去。至元己丑九月卒，蒙惠者追思之。大母陳氏，年九十，猶康强善飯。父儀，字士儀，習進士程文。宋亡科廢，不獲試，晚好老佛書。泰定乙丑正月卒。昭

❶ 「南」下，乾隆本有「人形」二字。

生三歲，喪其母陳。比長，從詩師學詩，吟咏可傳。貢舉新制行，亦能其業，而壽不永。暨從弟尚，俱及吾門。娶何。男一人，炳也。女五人，適丘，適王，一許適黄，二在室。徐氏三世，挺然自拔於儔類中。昭年僅四十四，大父亦年止五十四，❶獨其父得年六十九。而父子相繼以殁，爲可悲也。銘曰：

猗嗟一門，前祖後孫。有惠濟人，有志顯親。惠未及浚，志未及伸。而遽隕身，其可嚬呻。

宜春易君妻劉氏葬志

故易處士妻劉氏，淑新其名，系出安成之族。年十九歸易，二十四喪夫，一男甫五歲，一女甫二歲。奉養舅姑，没而終其喪葬；鞠育子女，長而畢其昏嫁。禮教各無闕違。和妯娌，睦族婣，善比鄰，恤患難，撫孤幼，俱有藹然之仁。子既室，傳家事，專意道釋二教，每日誦經，寒暑不輟。年未六十，及見曾孫。六十三得微疾，越八日，盥頮而坐，命人誦《金剛經》于側，聽至「如夢幻泡影，如露亦如電」而逝，泰定丙寅十一月十九日也。明年某月日，葬里之黄熊原。子震，爲儒，謹愿篤實，請志其母之葬。余謂：「而母嫠居四十年，有婦德。又能理家，上孝下慈，外雍内慧，貞婦也，賢母也。」女妙巽，適駱，先卒。孫男一，曾孫男一。是爲志。

❶ 「亦」，原脱，據成化本補。

故撫城吴居士墓誌銘

吾家與居士交游，四五十年如一日。❶年七十七得末疾，艱步履。越三年，余赴闕過郡，至其家，猶能扶拽出見。又五年，年八十三而終，其孤請爲銘墓。噫！余其何能無慨然也哉！居士諱德新，字鼎之，世居撫城西門之内，直郡治之北。事親善幾諫，事兄篤恭。兄卒于家，卜宅兆而安厝之。撫其遺孤如己出，爲之冠笄昏嫁，各擇一業以終其身。故人子不自振，量力資給，可教者教之，底于成。濟親舊鄰里之貧，有貸未嘗計息。衣其寒，食其饑，疾不能醫者助藥費，死不能葬者助葬費。諱言人過，苟可告語，必責善以成其美。拯救急難。或有争訟，曉以理法，片言解紛，一出公是非，靡不心服。繇是諸鄉諸邑，望族巨室，咸造其門。科舉興，教二孫以取應。每日曉鍾動即起，焚香誦梵典，自少至老不輟。至治辛酉春疾，泰定丁卯秋劇，七月二十二日儵然而逝。其生在宋淳祐乙巳十二月二十五日。娶黄，繼姜，皆先卒。子男一，文炳。女三，其一適詹，其二、其三適張。孫男二，女一。曾孫男三，女二。卒之年九月某日，葬臨川縣招賢鄉之德坊。噫！居士敦謹人也，與人有情，與物無忤。延祐乙卯，充吉委吏。吉，大郡也，納米數十萬斛。概量平，訖事無譁，誠且才故也。善書者，嘗扁其燕室曰「實庵」云。銘曰：

維慎維慤，有厚無薄，有善無惡。交久不渝，嗟哉已夫，余其銘諸。

---

❶「五十」，原倒，據成化本乙正。

吴文正集卷八十四

元吴澄撰

墓誌銘

有元承直郎南康路推官蕭君墓誌銘戊辰

延祐五年進士第八人蕭灦，初任同知唐州事，奉其父就養。秩將滿，一從子偕其父相繼卒于官所，纍纍然以喪歸。既葬，服除，所知迫之同趨京，且先爲持河南省咨文以往。灦憂患之餘，趦趄其行，黽俛就道，僅一力自隨。泰定二年春至汴，疽作。閏正月七日，死旅邸。子輻扶柩過舊治，僚友吏民哀傷如其戚焉。喪歸數月命下，改授承直郎、南康路推官。其始仕唐州也，長貳頗以書生易之。見其行事，心乃大服，廉明之聲，聞于當路。嗚呼！竟如是而止，悲夫！灦字漢西，臨江新喻人，生至元癸未十月二十七日。祖寘叔，宋鄉貢進士。父元善，不仕。娶伍氏。子輻、璋、琇。琇嗣兄後。女子一，許嫁而夭。四年十一月某日，葬某處。余嘗校江西行省試士程文，而灦與貢，故其子輻走數百里，詣余請銘。嗚呼！余校文江西者再，初科得蕭立夫，拜初命，遄死。再科得蕭瀜，❶不及拜再命，又死。昔既銘立夫之葬，今又爲瀜銘，惡得而不悲也邪？銘曰：

人栽之，天培之，其諧也宜哉！人扶之，天摧之，其乖也何哉！

故洞真處士周君墓誌銘

君諱鼎，字德卿，姓周氏。廬陵人，其先世自汴徙。君生而英偉倜儻，不惟博覽群書，卓冠時彦，又善説辭，可馳騖艱難膠轕之場。年比壯，宋祚訖。危亡之際，猶能效謀獻計，贊近關守禦之臣。然厦顛，非一木能支矣。北來將相喜君才辯，君志在退處，無復干進。足迹半東南，達官鉅族，人人青眼相看。君亦不苟合，所至輒主僻陋隱約之家。不輕出，不汎交，韜晦其才。擅名一藝，絲桐遺音，悠然嵇中散之趣。所師蓋當代宗工，而君之巧，有若飛衛與甘繩之射，手法神縱，幾獨步江右，從學弟子常數十輩。餘力兼嗜醫經，深探張仲景用藥意，每歎庸醫誤人。撮《傷寒論》治法，❷撰成歌訣，明白縝密，觀者易曉。雖自處高簡，弗能低首下心爲人治疾，然醫流拾此足以悟疑辯惑，陰有活人之功焉。老而倦游，不遠適，間造鄰郡，訪舊相知，或留數月，或及朞年。清江彭氏，尤所親厚。泰定丁卯客其館，值初度，劇飲朗吟樂甚。越數日，無疾而終，

---

❶「瀜」，原作「運」，據成化本改。

❷「撮」，原作「攝」，據成化本、乾隆本改。

十二月九日也，年八十三。君之子聞訃而來，彭已悉爲經紀終事，輿論義之。君娶太學進士沈君女。子瑛、瑾、琺。❶女歸羅。瑾、琺俱爲承天宫道士，瑾先卒。瑛卜致和戊辰某月日葬，兆在臨江新淦善政鄉德集里之玉淵。琺謂余知其父，請銘。君自號大江翁，夙慕清虚玄教之宗，又號君洞真處士云。❷琺克踵家學。銘曰：

古之伯牙，痛子期死；今之子期，欲伯牙生。豈可得哉，豈可得哉？嗚呼噫嘻！

金谿余天麒妻吴氏墓誌銘

金谿名家故登仕郎吴君時可之長女懿純，以姪從姑歸爲同里余天麒之配。泰定丁卯七月戊午，年六十四而終。葬有期，哀子瑊承父之命，❸持舅之狀來爲其母乞銘。余嘗銘登仕夫人余氏之葬矣，閲狀，余母之賢一如吴母。奉舅姑、夫君，處族姻，待使令，❹以至主饋饌賓，靡不中禮。蠶績女功，躬服其勞。雖家力彌裕，不改常度。姑疾逾年，晨夕侍養左右，憂不滿容。父登仕君晚節風疾八載，❺每月致藥饍，每歲歸省問。

---

❶「琺」，乾隆本作「瑶」。下文同。
❷「云」，原脱，據成化本、乾隆本補。
❸「瑊」，原作「城」，據成化本改。下文改正同此。
❹「令」，原作「命」，據成化本改。
❺「疾」，原作「廢」，據成化本改。

已嫁而孝不衰，可謂賢已。子男一，珹也。女一，壻倪大本。孫男三，女一。致和戊辰九月甲申，葬白馬鄉之豹塘。狀其女兄之行者，登仕君之叔子應子也。銘曰：

父也賢，母也賢，故其爲女也賢，而歸爲人婦也亦然。

故登仕郎高君妻艾氏墓誌銘

臨川高溥，以其大父登仕君所撰大母艾氏夫人殯志，因其舅饒君心道來請銘。登仕君諱一夔，字帝臣。艾夫人諱良秀，❶字德潤，咸淳癸酉貢士性夫之女。年十有四歸于高，六十有六而終，延祐戊午冬也。次年春，殯于三岐。子男五，可、詒、裕，其四、其五出爲人後，俱早卒。孫男八，溥、洪、濬、深、某某某某。女七，長適章，餘未行。夫人卒後一年，其季子卒。又四年，其伯子卒。又四年，其夫卒。又一年，仲子亦卒。諸孫將以泰定五年某月日，葬於所殯之北。夫人生儒家，有婦德，中饋之職甚修。尊卑長幼，内外咸雍睦。事父孝，已嫁如未嫁時。其父貢士君，晚節頗怏怏失志，日具壺觴，就其寓地娱樂之，死而喪之哀。習見父族得儒效，每以勗其夫。銘曰：

一殯十年，家禍連連。今始克葬，維孫之賢。

❶「秀」，成化本作「琇」。

故太學進士黄君妻徐氏墓誌銘

臨川黄君叔與，太學名士。直易代，弗及成名，諸子皆能。一日，持其舅氏金谿縣主簿徐奇伯狀，來爲其母請銘。其狀曰：「奇伯女兄謹慧中凝重，不妄言笑。生淳祐丙午五月癸酉，咸淳癸酉歸黄。治家有則，動相警戒。夫入太學，脱簪珥，斧壓成劑，貯布篋中以授，且曰：『勿以舅姑晨夕奉養爲慮。』元至元戊寅，君舅喪，助夫喪祭，舉中儀式。君姑多病，扶掖盥櫛，❶湯藥必嘗而後進。訓兒子女鮮或厲聲色，處妯娌終始無間言。服飾簡朴，雖盛寒暑，手不離針線。大德丙午得瘧疾，每旦猶洮頮。七月己丑，言語如常時，奄然而逝。子男五，純、維、約、繼、紬。❷女四，壻曾，壻熊，壻王，壻許。孫男四，奐、岡、肯、德。女四。至大己酉八月，殯君姑墓左。至治壬戌，卜吉兆於盡安鄉之石牛堡，首乾趾巽，將以年月日葬。」嗚呼！余於太學君及其子約素厚善，銘其可辭乎？銘曰：

夫振文聲，子抱時才。克相克成，噫賢矣哉！

---

❶「扶」，原作「抉」，據成化本改。

❷「紬」，成化本作「紳」。

倪君立墓誌銘

與予同生淳祐己酉者日就凋落，其存者，相知有廣平程公，相聞有上饒倪君。延祐丙辰，程公自翰林承旨以疾謁告歸。是年冬，倪君亦得疾如程，次年丁巳春，竟不起。其孤介通山主簿鄧君希顔書，以前太學進士余君鑰所狀君行來徵銘。嗚呼！予與君，猶兄弟也。君生九月朔，後於予八月，而先於予以殁，能無悲乎？遂不讓而銘諸。君諱南杰，字君立，先世銀青光禄大夫始居貴溪之沂陽。曾大父元。大父澧，從事郎、武寧縣尉。父應雲，承信郎、沿海制置司議事官。君天資特異，書一覽即成誦。工進士詩賦，侍制議君隸業象山書院，❶山長黄侯器之。咸淳庚午秋貢與選，待試國學，提刑唐公特薦入官，以養親辭。父既喪，恭順二叔，同門聚處無間言；嫁遣二妹，厚資備禮無靳色。堂構克繼先志，宫講周公書「南溪」扁其樓。元宋之交，群情震蕩，君内外調脈寧親，以施於鄉鄰。當路勸誘以仕，弗應。至元辛巳，省差徽州路學正、紫陽書院山長，黽勉供職。究朱、陸異同，捐俸以修黌舍，士衆悦服。乃曰：「吾安爲斗升之禄廢晨昏之養乎？」不竢官滿，歸養慈親。年已五十，孝慕如孺，每上丘隴，❷惻惻興哀。子能應門，家事一不關心，吟詠自適，爲佚老計。尤樂佳山水。嘗游盱，有「夕陽影裏行人遠，春鳥聲中歸興忙」之句。繼游淛，徧覽奇勝，成詩一

❶「隸」，成化本、乾隆本作「肄」。

❷「上」，原作「一」，據成化本、乾隆本改。

帙，曰《溮水漁歌》。臨清流，建小閣，水光山色，收拾靡遺。暇日登臨，蟬蜕塵氛埃壒之表。去家十里許，原曰莊院，隸撫金谿。過而樂焉，結庵其間，環植花卉，曰「吾將宅於是」。次孫如京，戒勿久處。甫及半載，又命促還。先除夕三日至家，則君已疾矣。風淫于未然，精神烱如。正月朔旦，受家人慶禮如常。至午，索筆書遺教，一畀二孫，勗以勤學；一畀其子，令喪祭從禮，勿信世俗薦拔等事。越四日，翛然而逝。配金谿劉氏，先十八年卒。男以忠；女一，❶適安仁上官鑾。孫志文、志學。曾孫日新，曾孫女三。君卒之明年戊午二月己未日，遵治命葬莊院。銘曰：

溫溫粹玉，炳炳華燭；如綺如縠，如菽如粟。乃如之人兮，未展而束；我銘以昭之，百世芳躅。

故静樂逸士黄君墓誌銘

故静樂逸士黄君諱長元，子仁其字也。負英傑之氣，倜儻不群。往年初識，予心異焉。後嘗寓宿其家，既而不相聞垂二十載。泰定甲子秋，其季弟膺客死京華，比其歸骨，予哀而誌之。而君之子德華亦貽書，爲父請銘。乙丑冬，予還自禁林。丙寅春，德華來溫前請。君，洪之豐城人。其先自長寧鄉新田，徙劍池鄉散田。考諱榮孫，號桂巖翁，少與清江徐侍郎卿孫友。宋咸淳丁卯，覃恩貢禮部。家素饒裕。至元丙子以後，

❶ 「一」，原作「以」，據成化本、乾隆本改。

民駭新令，疇昔高門鉅室，❶不數年間，淪爲中下户者比比，甚則破滅，靡有孑遺。❷君年甫弱冠，以家督膺門，奮勵不少挫懾。❸當紛紜膠轕之衝，衆縮手莫前，若談笑從容，處置一如故常。不惟保守先疇，又能有所恢拓。翁得養高肥遯，一事不攖于懷。承志盡懽，宗黨稱孝。丁亥之春，翁始厭世。君弟兄三人，各克振拔，人謂難兄難弟。貲産日進，視世業不啻增十之八，聲譽翕然，賓客益盛。由勤儉興而濟急周貧，罔有靳色。或犯禮義，面折無隱，挺特嶷立，不波隨流俗。外似簡傲，然於所尊敬，雖爲之執鞭，忻忻如也。撫接卑下，惟恐弗逮。豪悍挾勢，必與之角理，勝乃已。最喜嚴陵方氏「提起」「截斷」二銘，勒之於石，佩服惟謹。天資超邁，書壹成誦，終身不忘。進士程文，肆筆中度，旦旦敦勗，如科未廢。延祐甲寅，貢舉制復，率子弟應詔。丙辰秋，得痿痺疾。明年丁巳，猶力疾就試。至治癸亥九月十八日，竟以前疾弗起，年六十三。卜葬某鄉原。配陳氏。男德華、理復、德範。女適熊某、楊某。孫成生、明生、壽生、酉生。熊壻後君一月卒，理復先君九年卒，俱無子，以孽子麟生、添生、次孫明生爲其後。狀君行者，胡氏紹初，謂君「才敏鋭，識通明，力量足以治繁劇，精神足以周細微。好善結交，急義勇爲，使得一命行其志，必有可觀。惜施于有政僅及一家」。胡與君之考同輩，年八十九矣，其言信。銘曰：

---

❶「門」，成化本、乾隆本作「閎」。
❷「孑」，原作「子」，據成化本、乾隆本改。
❸「懾」，原作「攝」，據成化本、乾隆本改。

猗嗟猷爲，卓犖瑰奇。不弘其施，而止於斯。

故山南逸士曾君墓誌銘

嗚呼！世未嘗無才也，不用於世，則其才不可得而見。山南逸士曾君，才之可用而不獲用者與？君長予二歲，予兄事之。所居限一嶺，相距十五里。自幼相聚相知，至老而君先逝矣，予其能無悲乎？君警敏倜儻，年十二而孤，已工進士詩賦，才名自負，富貴競羅致爲子弟師。中值革運，鄰寇蜂起，逃難備嘗險艱。黠猾並緣新政魚肉舊民，循常蹈故者往往家毁躬瘁。君雍容其間，抵巇如夷，匪但自庇，又以庇人。悉復早年所喪先業，日進月益，貲浸以贏。一族子，一族孫，合志扶樹，人稱三曾云。習俗頽靡之餘，儒族流風幸未泯絶，三曾力也。蓋君幹略最優，忘年折行，不相猜疑，用克恊濟。議論明決，❶機鋒捷出，雖諧謔嬉笑，綽有雅韻。士大夫官於斯，客於斯，聞聞見見，咸尊慕敬禮焉。詩詞倡和，竿牘來往，若不經意，而精神飛動，葩啖炳蔚，可目可口，令人喜悦，無厭斁時。充君之材，使小試一二，或以文采著，或以政績顯，將無施不宜。然終身成效，僅僅一家一鄉而止。嗚呼！才之難，士之不遇，古今所共嘆。予之謂君，亦何能已於言哉？銘曰：

山南謂何？號以地也。逸士謂何？士弗仕也。鄫去邑爲曾，姓其氏也。一元名，叔仁字也。考貢

❶「議論」，成化本、乾隆本倒乙。

孫士，夢薦諱也。張氏妣也，袁氏媲也。復孺、復參、復可，子也。張洪、董午，壻也。孫繁、衍、文，三；曾孫又生、成生、明生、泰生，四也。孫女五已行，一未行；曾孫女，猶稚也。居撫樂安，鄉則忠義也。葬南砦原，二十里而遥也。生淳祐丁未，日四月九也。卒至治壬戌，日三月五也。十月六日窆，卒之歲也。其窆之宅，丙首壬趾也。誌之以章其美也，銘之以繫于誌也。

吴文正集卷八十五

元吴澄撰

墓誌銘

金陵王居士墓誌銘至順壬午❶

居士姓王氏，其先自汴來南，一徙再徙，而家金陵。諱進德，字仁甫。少孤，奉母涂氏至孝。上有四兄，其一、其四蚤世，其二君祥，其三君玉，居士其五也。勤苦自植，趨時貿遷，道途不避寒暑，嚴事其兄如父，協力興家。二兄既逝，君祥之子曰子清，君玉之子曰子淵、子淳、子澄。母三分其産，畀一子四孫異居異財。居士所有，浸浸以羸。創立雖艱，而振䘏不吝。三四十年間，每遇饑歉，施麫施米，施鈔施粥，日甚久，數甚夥，費甚不貲，泰然行之如常。每遇疫癘，市善藥，命良醫，家至户到，隨證治療。煮藥之器，佐藥之用，纖悉畢備。病愈能食，則啖以糜，其所全活甚衆。寒卧無以蓋覆者，施楮衾；貧死無以殯葬者，施棺木。公府倘

❶「至順壬午」，四小字原脱，據成化本、乾隆本補。

有勸率，所出必倍他人。親疏之族，内外之姻，周濟尤篤。禮聘名師教子。郡庠燬于火，爲構講堂，高壯宏敞，并其中陳設器具一新。計緡錢七萬有奇，皆獨力所辦。買宅一區，割田九頃，創建江東書院，朝錫以額，設官掌其教。倣范文正公義莊規制，以贍親屬。城隍外門壞，内屋敝，運石于吴，取材于江，而更易其楹柱，而修完其棟宇。若此類布施不一，固其餘事爾。配于氏，婉順温惠，孝其姑，友其姒，如居士之事母、事兄。父母之没已多歷年，凡忌日及時祭，夫婦哀感，不異初喪。寬厚謙和，崇倫紀，敦信義，未嘗以貲富齒長而驕貧傲少。炎天獨處，衣冠儼然，見者竦肅。病劇，語言不亂，神色不變。天曆二年五月二十九日終，年八十有四。將以某年某月日合祔于氏宅兆，前期來乞銘。余客居士之家者屢，知其篤行詳矣，故爲志而銘焉。子男二，子雲、子霖也。女六，一先卒，其婿徐應隆、涂焕章、吕元知、趙良弼、于德淵、戚光。孫男九，女十三。曾孫男三，女六。銘曰：

篤行于身，無怨惡于人。噫訢訢，噫恂恂，噫疇之與倫！

元故從仕郎婺源州判官致仕操君墓志銘

操君，饒之浮梁人，貴持名，子敬字也，宋贈朝奉大夫諱昇之之孫，朝奉大夫、太府寺丞、知武岡軍諱斗祥之子。寺丞公淳祐辛丑進士發身，陞朝典郡，諸子皆殖學績文，稱爲名家。君其第五子也，年十七，以郡守之子試湖南轉運司，貢禮部。明年試入太學，充弟子員。皇元一天下，奉親隱處。至己丑十月，父喪。癸巳，任安吉縣儒學教諭。大德丁酉，進餘干州儒學正。庚子，遷溧陽州儒學正。癸卯八月，母安人張氏喪。

葬二親，悉遵朱氏《家禮》。例應部注教授，内省爲員多闕少，檄外省凡五十以下，再與學正山長之任，理作教授。月日丁未，長信州路藍山書院。至治辛酉，勑授撫州路儒學教授。壬戌四月至官，越三年泰定甲子，移疾致仕。年未及，不許。力請再四，乃得允。❶丁卯，敕授從仕郎、婺源州判官致仕。至順庚午五月己巳卒，年七十四。君教授撫州時，余被旨趨京，識君于郡庠。卒之年十有一月，君之子希德喪服造吾門，纍纍然，戚戚然，謂：「先君嘗獲一面。去冬苦脾泄疾，今春加劇，正月猶彊出拜先祖考妣墓。生平喜玩《易》，善占筮，四月辛丑筮疾，遇乾之夬，曰：『陽既亢矣，其能久乎？』次月甲子再筮，遇同人之乾，畫卦訖，默默斂策而卧，自此絶筆。越六日旦，命舁就正寢，屏女侍。親友來省，一一答之，精神不亂。問所欲言，則曰：『無可言者。』日將晡，翛然而逝。不肖孤痛惟先君幼侍先祖宦遊，涉歷世故，備嘗艱險。事父母孝，待兄弟友，厚睦族姻，篤嗜文學。質剛介，務實踐，不阿附，不奔競，見義必爲，取友必端。洊任學官，廉勤盡職。引年早退，日以教子若孫爲急。年逾七十，考終歸全。茲卜十有二月壬申，安厝于嘉禾山。諸孤無能顯揚，深懼先德泯墜，敢乞銘以示永遠。」噫！余疇昔一見子敬，固已嘉其敦謹。今聞諸其子，證吾所見，尤信。世胄而學不廢，文儒而行不瑕，其可銘也已。君娶許，繼方。子男六，希德、希先、希顔、希仁、希曾、希元。父命希先爲季兄後。希曾，泰定丙寅貢士。女適朱，適洪，適李。孫男若干。銘曰：

言行恂恂，質文彬彬。不忝其先，以啓其後人。

---

❶「允」，原作「請」，據成化本改。

廬陵張君材墓志銘

廬陵張君材名櫸，先世唐曲江公之苗裔，宦轍所到，留家吉之吉水。後分置永豐，割其所居之鄉隸焉。大父宋進士易名元佐，仕大元至承直郎、婺源縣尹。清謹慈愛，民懷其惠。然己意不愜，官滿而止。世父伯澄、父伯濟，聯中宋進士第，一授分寧尉，一授南康尉。代革，韜晦不仕。南康年七十二而壽而康，君材其丕子也。資稟英特，博綜群書，吐辭成章，敏健卓偉，慷慨倜儻，負濟世略。儒業時務外，文字聲音之形，象寄譯鞮之語，亦克旁究。年十六，郡守舉充歲貢。年二十，行省檄充樂安縣蒙古字學教官，❶皆非所樂。延祐甲寅，科目取士，出其素所長以應試。一不偶，即不肯再。蓋志趣弗與流俗卑卑屑屑者同。治生殖貨等事，絲毫不塵襟抱。前後郡邑正貳，凡廉能公正之賢，聞名起敬，輒不以民伍視。俯就問政，必剖析曲直可否以對，聽者心服，多所匡救。嘗過余，及見其詩。余謂君材豈但以能詩名，當以用世顯。戹于命，戹于時，尺寸莫展，年五十一而終，憐才者憫之。雖然，藉令得一官，未必可以舒其志，則又孰若全所守之爲愈。終之日，至順庚午九月丙戌。死生之際，凝定從容，有高人達士之風。娶南城尉羅致女。子男四，文豹、文彪、文虎、文篪。文虎奉尊者命爲同宗後。女四，長適王，前三年卒；次適陳，餘未行。孫男女各一。其年十一月乙巳，葬石井窖塘之原。弟棣狀兄行，畀文豹來徵銘。銘曰：

❶「字」，原作「官」，據成化本改。

才氣軼群，既博且文。俾引而伸，不讓辛陳。惜也隱淪，翳天匪人。

黄愚泉墓誌銘

故愚泉逸士黄君，天麟名，❶厚翁字也。先世自豐城之沇江，支分于清江之湛溪。考諱應雷，妣鄧氏。宋咸淳辛未十月四日生，元天曆戊辰六月四日卒。生十有四年而二親逝，伯兄督家。及既異財，或疑君未更事，外侮潛窺。君應變如常，家浸以饒，田宅悉增其舊。恩浹宗戚，信洽鄉閭，一言曉譬，輒平人忿争。苟可利人，雖勞力捐貲不吝。里有麾塘，儲水備旱。甲午、乙未間巨蟒穴堤，堤壞水泄。訛言見此蟒不死即病，人莫敢前。君率衆窒其穴，蟒亦避去，塘堤得完，而水利復。居當通衢，夏月每煮暑藥，❷以飲行者；平日又修它藥，以施病者。濟物爲心，大率類是。該通陰陽曆數、醫藥方技、百家之學，足迹遠涉江淮、吴越，而恬無干時意。憲官問俗，嘉君肥遯，爲書「愚泉」二字奬之，蓋以唐柳子厚之知而不用爲比。配徐氏，前清江縣尹某之女。子男以宏。孫男陽生、陽弟。孫女，長適徐洞，宋兵部侍郎之曾孫也；幼未行。至順庚午十一月八日，葬思賢鄉敏塘之原。其妻黨徐鎰爲之請銘。銘曰：

既灌既濡，潤後有餘，斯泉不愚。

---

❶「麟」，成化本作「懿」。

❷「煮」，原作「虔製」，據成化本改。

元故榮禄大夫江西等處行中書省平章政事李公墓誌銘辛未[1]

公，西夏賀蘭于彌部人也，皇元資善大夫、中書左丞，贈銀青榮禄大夫、平章政事，加贈推忠靖遠功臣、太保、儀同三司、滕國武愍公恒之子，益都淄萊軍民都達魯花赤，贈金吾衛上將軍、僉書樞密院事、滕國忠襄公維忠之孫。初，天兵奄并諸國，守夏邊城，城陷死節者，其先世也。忠襄始仕我朝，家于淄川，從唐所賜夏國姓，武愍遂爲佐命混一功臣。公諱世安，字彦豪，國言名散术斛。憲宗朝癸丑歲九月五日，生于宣德府龍門川，人稱李龍川云。武愍從丞相淮安忠武王平宋，既取襄樊，下荆岳，被命往定江西。諸郡邑相繼降附，無勞攻戰，平反大獄，全活故家百數。征謀治法，公之翊贊居多，江西之民按堵如故。武愍經略廣東，授公金符，朝列大夫、廣州路達魯花赤。辦軍需，與宋師戰于海珠寺下。公總千騎，據岸發矢，俘獲二百餘人，奪取三百餘艘，宋師舍舟陸走。明年春，克厓山。武愍同張元帥入獻捷，二帥分議水戰、陸戰功賞。議未畢，而張帥没，旨令武愍并議之。論定，武愍由都元帥授資善大夫、中書左丞，出行湖廣省事，公留候命。密院所擬，中書每抑之，公見執政言曰：「堅敵在前，非有重賞，何以得人死力？張帥及吾父，奉旨專賞罰生殺之柄。今大功既成，豈可失信？不然，此去再有征戰，誰肯捐軀命哉？」執政乃從武愍所定，以金符、銀符畀公給散，進階嘉議大夫、新軍萬户，尋陞同知江西宣慰使。後奉特旨，世襲益都淄萊上萬户。至元二十一

[1] 「辛未」，二小字原脱，據成化本、乾隆本補。

年，武愍薨于交趾，公護喪歸，葬大都路宛平縣永安山之陽。起復正議大夫、僉江西等處行中書省事，兼本軍萬户。二十四年，尚書省立，公僉行省事如初。有黠僧託采藥爲名至江西，俾人誣告宋相章鑑匿故主國璽及親屬，密旨命公提兵捕取。公止用百卒猝至其家，搜索無驗。詰問告者，首抶其誣，章相得釋。其僧撰造重大事名，脅取富室貨寶不一，公摭其事以聞，權相右之，事寢不報。

二十五年，巨獠猖獗，數道震撼。重臣出討，中路隕踣，轉以委公，卒底寧敉。信、豐有寇，公冒大雨夜行五十里，黎明抵賊所。賊方汲水朝餔，出其不意，殺戮殆盡。軍回，留騎數百，不給以食，約五日而還。騎兵掘食賊所窖粟，餘賊逋逃，爲飢窘，求食而出，悉捕斬之。以殄寇功，陞中奉大夫、參知行尚書省政事。二十七年，寇黨復聚，江西立行樞密院，差官與公合力。行省丞相止給軍三百，大軍遷延不發，而但移文督促。賊衆兵寡，不可前進。公乃聲言修理橋道，儲積糗糧，以待大軍之集。賊憚公威名，比行院軍至，一十七寨俱降。既降復叛者，令偏裨解青統官軍及降賊直擣其巢，芟刈靡有遺類。南豐、廣昌賊繼起，省官職應勦捕，托病而避，復請公往。公命弟萬户世雄等偕，首散民丁歸農，決遣官軍出城屯駐，令居民入城寧家。官吏賤糴民粟圖利，公責之曰：「汝不能弭寇，又復厲民，何以爲民父母？」盡散其粟，與復業之民。移檄諭賊以禍福，許其改過自新。三日之間，賊悉輸納其旗鼓兵仗。❶公乃會聚其徒，誅首惡六人，餘悉貰罪。被掠男女，各付所屬完聚。省長率僚佐舉酒賀曰：「真大丈夫也。」蓋以愧前之託疾避事者。

❶「仗」，成化本作「杖」。

尚書省罷，舊官盡革，獨存公一人，改參行中書省。既而參政徐公琰，公與協心剗除宿弊。前時官差民户典倉庫，往往虧折填償，以至破家。乃咨内省，擇府史代充，至今便之。三十年，省院以所獲寇四百餘屬公涖殺。公與都事周元德及行院官一一判别，僅戮其二而已。將征交趾，公往廣州造戰船五百。元貞、大德間，授正奉大夫、參江浙、河南二省。秩滿，陞湖廣左丞，供劉平章西征饋餉。溪洞險惡，無木牛流馬可運，率一斗粟，數十倍其費始達。人皆鬼蜮獸心，重以饑饉瘴疫。公與役夫均其勞，往復期年之上，遠征士卒得不乏絶。至大初召入，加榮禄大夫、平章政事、商議樞密院使，提調諸衛屯田。仁皇居春宫，領中書令、樞密使。既幸省府，將幸樞府，知公商議院事，促令就職。宴罷還宫，撫勞公甚勤。公素閔漢軍戍廣東瘴鄉十死七八，至是建議擇善地分六戍鎮守，有役然後調遣，無事則安居。戍兵免罹瘴毒，得全其生。皇慶元年，錫内宴，服金繡段、金鞍轡、弓箭、白金等物，日給公母太夫人尚醖一壺。次年冬，除江西等處行中書省平章政事。又次年夏，賜玉帶。自至元之末逮延祐之初，江西二十有餘年無寇禍。延祐二年，寧都官吏經理田糧，殘虐啓釁，寇大作，殺死州官。軍官圍城至再，省中同列詣公請曰：「非公孰能弭此變？」公以不兼提調兵馬之職，非所當任。懇請不已，公乃移咨密院，然後就道。不兩月，獲其渠魁，禁戢用兵，綏輯脅從、❶詿誤之衆，一如往年之于南豐、廣昌。平寇雋功，此其四矣。恩賚三珠虎符，以賞功也。三年，公念太夫人王氏壽將九十，乞侍養，得請。七年，丁太夫人憂，扶櫬合葬武愍公之墓。服闋，還江西。至順元

❶「綏」，原作「緩」，據乾隆本改。

年十二月，詔一品致政舊臣，給全俸。二年三月二十六日，公以微疾薨。天使來徵造朝，而公薨已七日矣。

先是，公參江浙、河南二省時，逮事忠襄公夫人、武愍公夫人，有子有孫，一家五世，文人鉅公作詩頌詠。❶後忠襄夫人終，公上事武愍夫人，下見曾孫，亦五世。及武愍夫人終，公年踰七十，而公之長子翰林直學士、中議大夫屺歸省，已近六十。鬚鬢皓白，人不辨其爲父子，亦復四世，莫不羡公門積善之慶。武愍生長邊陲，飲食祭祀並遵國俗。暨公之長，務學友士，誦習經史，希古聖賢。《儀禮》一書，儒流鮮讀，縱讀亦鮮達禮意。公識高質厚，值斬齊、期功之服，靡不暗合禮經。居室之西，營家廟，祠武愍公。物未薦新，口不先嚌。四時朔望，率家人行禮，雖晚年小疾，未嘗使人代。嘗至淄川，❷聚族戒曰：「此吾祖初基，今族大蕃衍，以淄川公視之，豈容有親疏之異？」族人無子孫，或孤弱客死遠方，爲歸其喪，就祖塋序昭穆以葬。有義田供展省之費，族之婚喪，皆取給于斯。在家燕處，蕭然若韋布。其出也，騶從省約。平生澹無所好，惟延名師，訓誨子孫。勸人爲善，見有善，若自己出；聞有過，輒爲覆護。勉仕宦以忠貞，勉子弟以孝友；貧約者勉其治生，富厚者勉其施與。飢寒之人，衣之食之。所識喪葬，必躬往弔祭。野有莩死，捐貲掩骼瘞胔。❸

❶「作」，成化本、乾隆本作「賦」。
❷「川」，原作「淄」，據成化本、乾隆本改。
❸「瘞」，原作「一」，據成化本、乾隆本改。

龍興郭外買地十餘畝，貧無葬地者藏焉。門生故吏，位省臺，官郡縣，不可勝數。若子若婿，俱歷清要。孫曾數十，家僮不啻萬指。生之時，雖行伍小校賤隸、里巷兒童婦女，咸知公名。薨之日，百司庶府以下，人人驚惋。公之子將祔公于考妣之兆，貽書請銘。

澄，江西人也。知公父子之豐功盛德詳矣，曷敢以老病辭！公之配顔氏，先四十八年卒；張氏，先三十年卒；俱追封滕國夫人。子男五，屺，中議也；嶼，懷遠大將軍，襲萬户，二十三年而卒；巘，棲霞縣達魯花赤；峙，亦先卒；嶸，奉議大夫、江西行省理問。女一，適典瑞院同僉紐里帍。孫男十，孫女四。曾孫男六，曾孫女三。公之弟世雄、世顯。公以本軍萬户讓世雄，授宣武將軍，在職十年還，以讓公之子嶼。嶼臨終，以讓宣武之子緐。緐曰：「父讓而子奪之，可乎？」不就職，乃與公之嫡長孫保。保以讓懷遠之子順。武愍公之蔭，讓與世顯，初任湖南宣慰之貳，繼任建康、吉安、瑞州三郡之監，階昭勇大將軍。中議，武愍嫡長孫，公之冢嗣也。門蔭當襲，固讓不受。兄弟交相讓，自公倡始，而中議濟其美。故一家雍睦之風，他姓希有，識者知李氏之昌未艾也。銘曰：

於維武愍，活西江鮒。抑有賢子，克相名父。禮敬遺老，風動一隅。當革而因，如疾其蘇。鼪鼯群號，公至屏息。男耕女桑，公所衣食。西江之民，淪浹公恩。逮公之喪，耳不忍聞。公魄歸只，公魂留只。公兮弗留，民之悲矣。

故承務郎湖南嶺北道肅政廉訪司經歷范亨父墓誌銘

士之汎濫于虚文而忽略于實行也久矣，波流萎靡之中，❶有特立獨行者焉，❷余惡乎不以東漢諸君子例之哉！清江范梈亨父，一字德機。家貧早孤，母熊守義，長而教之。天資穎敏，所讀誦輒記憶。年未三十，予識之于其鄉里富者之門。雖介然清寒，❸煢然孤獨，❹而熟察其微，❺有樹立志，無苟賤意。越數年，漸漸著聲稱。其處也，苦節困窮，竭力奉母；其出也，假陰陽之伎，以給旅食。其耽嗜于書，鑽研于文，用功數十倍于人，人鮮或知也。年三十六，始客京師，勳舊故家延致教其子。藝能操趣，弸中彪外，❻流光浸浸，以達中朝。薦舉充翰林編修官，官滿，部注建昌路照磨。憲臺有聞名者，改擢將仕佐郎、海南海北道廉訪司知事。不憚波濤之險、瘴癘之毒，巡歷遐僻，每務興學明教。民之抱冤、官之受誣者，一一存活申雪。政譽上徹，仍其所職，遷江西湖東。憲長嚴明，于僚屬中獨異目視。選充翰林應奉，憲臺又改擢福建閩海道知事。

❶「萎」，原作「茅」，據成化本改，乾隆本作「委」。
❷「行」，原作「力」，據成化本、乾隆本改。
❸「雖」下，成化本、乾隆本有「一」字。
❹「孤獨」，成化本、乾隆本作「孑立」。
❺「熟」，原脱，據成化本、乾隆本補。
❻「弸」，原作「绷」，據成化本、乾隆本改。

閩俗本汙，而文繡局取良家子爲閩工，無別莫甚。嫉之閔之，作歌詩一篇，具述其弊。憲長采之，以聞于朝，緣是其弊遂革。居十閱月，會江浙行省禮請校進士文卷。行至建寧，移疾竟歸，託于外族，而家在新喻之百丈山。天曆二年，授湖南嶺北道肅政廉訪司經歷，以養親辭不赴。其秋，❶自湖廣行省校文而還，逾月有母喪。明年十月，以疾終，年五十九。娶易，先卒。晚有子二人，庶出也。持身廉正，涖官不可干以私。疏食水飲，泊如也。爲文雄健，追慕先漢。古近體詩尤工，藹然忠臣孝子之情，如杜子美。又善大小篆、漢晉隸書。金谿士危素慕其風，數從遊處。未終前兩月，往哭其母。時疾已劇，尪羸骨立，謂素曰：「世道之卑、士氣之陋甚矣，子其勉諸！吾殆將死。」已而果然。素哀其卓犖大節，浮沉下僚，又不獲中壽。其子長者甫七歲，幼者甫四歲。懼其湮没無傳，乃摭其事行徵予撰銘，將與龍虎山道士薛玄羲買石勒諸其墓。❷嗚呼！亨父誠特立獨行人也，而素之高義，亦薄俗所稀。范之詩文，有《燕然稿》《東方稿》《海康稿》《豫章稿》《侯官稿》《江夏稿》《百丈稿》，總十二卷。銘曰：

介潔之行，瑰瑋之文，而止于斯也。來世倘有聞乎？噫！

❶「秋」，原作「秩」，據成化本、乾隆本改。

❷「羲」，原作「義」，據成化本、乾隆本改。

吴文正集卷八十六

元吴澄撰

墓誌銘

故處士季德吴君墓誌銘至順壬申❶

青雲鄉吴季德少予一歲，同姓也，同縣也，其子任數及吾門。泰定丁卯秋，季德訪予于上方觀。越二年，余八十一。初春以詩來，余和其詩以往，將期永久敘兄弟之好。而是年夏，季德死矣。噫！顧言蘄余志葬。志曰：崇仁之吴甚盛，而不一族。青雲之吴，先世盱人，主崇仁簿，壻于其鄉而家焉。在宋淳熙間丁酉、庚子、癸卯，如山、如陵、禮翼，續續預進士貢。方叔嘉熙戊戌補入太學，淳祐乙巳優等釋褐。由是其族之文聲大振，彬彬應舉，林林授徒，至今不乏其人。季德厚倫紀，篤恩義，施于内外族親，足以敦勵薄俗，又非止文辭句讀之長而已。宋祚訖，儒科廢，猶以舊舉業訓子。逮延祐復行取士制，子若孫皆能試藝，若前知

❶「至順壬申」，四小字原脱，據成化本補。

然。曾大考天麒，大考表臣，考子能，俱不仕。嬪樂安熊氏。子任、和、輔，中子以後從弟。孫男六，尚、琇、向、瑜、瑨、禄。❶ 孫女四。❷ 曾孫男立。一家四世，藹然詩書禮義之流風。季德名德夫，若陰陽家小伎，若卜日，若卜宅，若推人生休咎，靡不旁究，允爲通儒矣哉！卒以天曆己巳四月辛丑，葬以至順壬申正月丙寅。其兆黄栢坑之原，左距先嬪墓數百步。銘曰：

驟獻璞弗售，儲以須其胄。

從仕郎瑞州路高安縣尹嚴君墓誌銘

嚴自東漢避諱而得姓，蜀之遵、富春之光，肥遯高蹈，名耀百世。託《易》而諭臣子忠孝之道于衆者，遵也；雖不言《易》而明屈伸進退之道于獨者，光也。宋之季，有吉太和嚴氏進《易解》，余及見其書，其辭達。官之以祕書省校勘，而亦不仕。余因歎當時專門治《易義》應舉覓官之士，其于《易》也，深之爲精藴固鮮究竟，淺之爲文義亦或迷昧，然亦以之擢高科、登顯位，往往有焉。非藉《易》以徼利禄，而能沈潛玩繹，爲孤寒之所不能爲，余是以善嚴氏之書而賢其人。爰逮國朝，又聞私創義塾，教養宗族鄉黨之子弟。方時務搶攘轇轕之會，人人自救不給，于斯之時，暇豫從容，作此義事。問之，知爲祕書之家，益歎其不墜文獻之流風。

❶「琇向瑜瑨禄」，原作「秀禄向瑜瑨」，據明初刻本、成化本改。

❷「孫」，原作「六」，成化本無此字，乾隆本無此文，據文義改。

越數年，余承乏禁林，或持高安縣尹嚴君行狀示余，讀之，則祕書之子、義塾之主也。予既辭官歸，而高安之孫奉父命，因余之孫當請爲君銘墓，時君已葬矣。余素聞其再世之德美，乃爲追述而銘之。

太和之嚴，蓋自馮翊徙，又自金陵徙。至朝奉郎、潮州通守康元之弟保義郎、淮東制屬光庭生知古，知古生起予，起予生祕書肅。高安，祕書仲子也。諱某，後以字行，曰用父。嚴氏資力敵古侯伯，不驕盈，不豪縱，慈良謙約，自奉如貧儒，唯祭祀賓客必致豐盛。容貌光澤，聲音洪暢，志氣清明，靡暫偷惰。❶自少至老，❷必昧爽而起，衣冠待旦，端坐終日。傳習家學，手抄父書鋟木，諸家《易》注旁通融貫。處常處變，趨避曲當。自著《易説發揮》三卷，❸餘力兼覽《華嚴經》《法華》《道德》《黄庭》等書。州南門外懷仁渡當大江之衝，渡者日以萬計，嘗覆舟溺人，由是慨然動拯溺之思。龍灣、中河二水合流，迅駃掊激，春漲尤暴，舊橋低壓。乃于橋側別築基址，高廣數倍，通三大渠，以殺水勢。橋南築堤百餘丈，以達于渡。雖屢潰決，不憚勞費，補塞迄底堅完。❹渡近荒洲彌望，每風雨無所于庇，争渡者多溺。鳩工畚土於龍洲之上，❺崒爲平坡，建雲江觀掌以道流，建妙法堂掌以僧徒，各施田以贍其衣食。種樹成林，環二里許。水漲及大風雨，待渡者皆

---

❶「偷惰」，成化本作「惰媮」。

❷「老」，成化本作「耄」，且無下句之「必」字。

❸「三」，成化本作「二」。

❹「堅完」，原作「于成」，據明初刻本、成化本改。

❺「龍洲之上崒」，原作「洲之左右築」，據明初刻本、成化本改。

得往依，有所休息。宋之將亡，高安陳侍御上封事觸牾時宰，❶斥逐去國，客寄嚴氏屢期。一旦委行橐而別，莫知所終。在後其子入南，一一計橐中所直償之。其子力辭，强之使受。有僧兵間失母，求之徧天下，幸知所在。其人官于太和，貪忍特甚，懇求弗獲。君出金爲贖其母，僧大感悦。有奴被悍卒奪取其所攜主家金釵，將欲赴水死。君策馬追及悍卒，得釵還奴，以錢二千與卒，卒亦欣謝。施藥而醫所不能醫，施棺而葬所不能葬，收養貧家遺棄之兒，賑粟平糶以活飢，造舟成梁以利涉，似此輕財重義之事不一。當路薦授從仕郎、瑞州路高安縣尹兼勸農事，不赴。

初，祕書君之喪未葬而代遷，風塵四起，倉卒護柩出殯。時平，安厝如禮。新民不諳新政，舊家束手待盡，獨君才優識敏，應接得宜，黠吏狂胥震服，不敢慢侮。又言之有司，斷絶其根株，俾不肆毒閭里。于是居者如鴻歸蟄啓，始得所安。君時方强壯，閱歷又幾五十載。至治壬戌四月既望，以疾卒，壽八十有五。涉世久，故德之及人也深。遠近聞喪，相遇于道者皆失色，相語于家者皆流涕，望門而嗚咽不勝，及門而號痛欲絶者，日數十百。嗚呼！其何以得此于人哉！卒之年十月九日，葬萬安縣永和鄉龍丘之原。君先後凡五娶。子男三，寅翁、仁翁、辰翁。女二。孫男八，女五。曾孫男女十有五。銘曰：

余觀漢儒之傳經也，或世其業，弗世其德。高安世守《易》學，無悔吝于時，有慶譽于身。元永貞于其家矣，夫善用《易》者哉！

❶ 「高」，原作「南」，據成化本改。

故逸士袁君脩德墓誌銘

吾家臨川山之陽、華蓋山之陰，距邑百里，郡二百里，深山之野人也。由吾家而南，逾一嶺又二十里許，山彌稠，❶地彌僻，袁氏居焉。有竹逸翁者，温然如春，粹然如玉，藹然王謝家氣象，略無質勝之偏。豈其得于天者異與？❷蓋翁乃邑中先達嘉定辛未進士、容管安撫陳侯諱元晋之甥，少就舅家習學，故其身容意度，隨所居所養而移。其齒，吾父行也。余自視若諸子，而翁忘年折行，相與如友。噫，賢矣哉！逸士，翁弟之子也，諱弘道，字脩德。父諱景鳳，母方氏。夙喪其父，長養而教訓之。辭翰之純雅，儀象之安詳，儼然不失世父之規矱。謀慮謹審，踐履平實，接物和易。值運代革，鄰寇乘時暴擾，逃竄靡寧。奉母經紀資裝，嫁遣姊妹五人。❸年三十，母又喪。户役繁重，生業幾損其半，草竊猶未靖。至元庚寅，來依外舅陳居士。客寓八年，勤苦節縮，浸浸復其所損。大德丁酉，乃遷故里。己酉，新構于舊基屋東，創齋廬如舟，名以「月舫」，程承旨書其顔。自是足迹鮮到城市，幅巾褒衣，危坐終日，或覽經史，或覽詩文。事有嬰觸，善以理遣，喜怒不形，與人語惟恐激傷，對客無倦惰。天曆己巳四月會飲，酒□微疾。翌日辛巳晚，體力漸弱，至夜分

❶「稠」，乾隆本作「秀」。
❷「其」，乾隆本作「非」。
❸「姊」，成化本作「娣」。

而終，年七十一。生平處己謙虚，事世父如事父，恭兄友弟，族無間言。撫孤甥，待外姓幼穉，情誼俱敦篤，鄉閭稱爲長厚。及聞其喪，莫不惋惜。至順辛未七月癸卯晦，葬上坑先塋之右。子時敏、時敞、時孜。敞先逝。孫男七，女六。昔延祐己未，其配陳氏卒，余爲志其葬。今葬逸士，其孤復徵余銘。逸士猶余異姓弟，故不辭。諱景麟者，竹逸翁也。銘曰：

無怨惡於人，無愧怍于天。宰木欣欣，宿草芊芊，德人藏焉。

有元承事郎吉安路同知太和州事羅朋墓銘

皇元貢舉取士已來，天曆己巳第六科矣，吾鄉羅朋，中鄉試第二。次年庚午春，會試第四十八，御試第七。以進士出身授承事郎、吉安路同知太和州事，賜第，七品緋服。時年三十四，父母俱未老，若宗族，若親戚，若儕輩，若黨里，咸榮之。其還也，在路已微疾，留洪辰再浹，疾小愈，乃抵家。至順辛未冬，太和迓吏促赴官，疾雖不大作，醫屢更，藥屢試，終不去體，❶弗克往。壬申正月望，竟不起。豈但父母哀之哉！宗族哀之，親戚哀之，儕輩哀之，黨里哀之，而余之哀之也有加焉。蓋余事其祖孟俊父猶吾兄，視其父艮猶吾子，而朋猶吾孫也。朋之既擢科也，寔與余孫畲同舟而南。❷畲于去年八月五日遭母喪，十有一月十有八日毁

❶「去」，原作「脱」，據明初刻本、成化本改。
❷「寔」，原作「是」，據成化本改。

瘠卒中，二十有四日死。朋聞之甚戚，甫再逾月，亦相尋而逝。嗚呼哀矣哉！余之哀所以加于人也夫！孟俊父諱愷，體貌軒昂，意氣慷慨，剛果而樂爲善，不與碌碌腐儒等。南土新附，徭役不均，中下户有所不堪，而生業墮。艮才勝幹蠱，家復興。得内助力，嚴于教子，子遂成名。前代此鄉之始登科者侍郎李公，後百二十三年，朋爲今代儒科之首，居之相近一二里。羅氏積善三世，而肇慶于今，衆人之所期望果何如，而遽止于斯邪？嗚呼哀矣哉！朋娶李。男二，曰方，曰立。女一，曰夕。弟端傳兄遺命，請志葬。嗚呼哀矣哉！

庸詎能文之以文乎？友道，朋之字也。子大者，其父之字也。銘曰：

成之孔艱，毁也孔棘。天胡爾慳？疇不哀惜！

有元同知茂州事葉君墓誌銘

延祐戊午進士李君粲，初仕丞撫之崇仁，❶余所善者。今尹南康之星子，狀其鄉人葉君之行，請爲銘其葬。余于葉不相知，而李則相知也，因所知以知其所不知，銘其可。按狀：葉君，饒之樂平人，其先由新安徙，大榮其名，芳榮字也。父處士君諱以仁，母項氏，繼胡氏。處士三子，仲出後它姓，君其季也。九歲失母，哀慟不食，異于常兒。處士壯歲已謝事，析其産畀二子。值官有賦金之令，期集賦金户于金陵。君適遠遊，處士將自應徵，呼伯子請代，弗許。固請，乃聽其往。未幾，君還家，父語之曰：「汝在可代吾行，汝兄行

❶「仕」，原作「事」，據乾隆本改。

矣。」君聞父言，疾馳而赴，至則其兄有病危篤。君抱扶欷歔，兄曰：「弟若來遲，吾其殆哉！」君入奉湯藥，出應公役。兄之病瘳，遄東其舟。君畢事而歸，白其父，復合所析之産，一切代兄任勞，而不私其財。竭力應門，貽父兄以逸。金場日負畚鍤，求金無可得，吏並緣漁獵，民不勝苦。君具陳其害，有司以聞，竟罷其場。先是，驗田租賦金，歲久力疲，賦額如故。州長圖救其敝，以富補貧。富户相率上訴，君獨持不可，曰：「吾非欲多納金，顧征賦自土地出，有田之家不納，令無田者虚納，安乎？」贊成州長所行，貧户德之，富者有怨言，弗恤也。延祐經理官吏務增民糧，以希功賞。君所居寄産户糧多，土著户糧少，外處浮寄之糧，敷派其數于本處實有之田，增加不啻三倍。君百計根索舊籍糧額可憑者，辨明于官，仍自捐重貲賂吏。❶本土之民免受虚增之糧，君之惠也。初，樂平以縣陞州，君歎曰：「此小邑，今爲州，用物弘矣，如民困何？」一州佐稍知學，君勸之以學道愛人之意。既而有二州官各挾其能，大妨于政。君又平亭其間，❷二官遂睦，政適于平，民得以寧。李君敘君之行云爾。又謂：「君忠直裨于官府，惠愛暨于鄉黨，信以交朋友，安以遺子孫。服父喪無違禮，事後母無間言。天資近道，有得于孝弟。」李君名進士，其言蓋實也。特旨授君同知茂州事，以年老不赴。生于宋景定壬戌正月，没于元泰定丙寅正月。某年月日，以其配徐氏合葬于某原。徐之事舅姑得婦道，内事無不理，先一年卒。子男四，長國裕，嘗遊京師，爲中朝一二鉅公所許與；次也先，湖廣行省

---

❶ 「貲」，成化本、乾隆本作「貶」。

❷ 「平亭」，原作「調劑」，據明初刻本改，成化本、乾隆本作「平寧」。

知印，先三年卒；次真，國學生；幼者爲人後，亦卒。女一，適夏昇。孫男四，女四。銘曰：

善爲子，善爲弟，才足以保其家。惜哉！不得以用于世。

元故都目龔國祥墓誌銘

龔都目國祥偕其配徐氏，將以至順三年三月壬午，窆于臨川縣臨汝鄉之九里岡。其季子紳，承諸兄之命來乞銘，曰：「先父諱天瑞，洪之豐城人。洪，今龍興路；豐城，今富州也。吾祖而上，世爲宋吏。吾父際皇元混一之盛，獲登平章李公之門。以有時才，從事二郡，由撫而吉。吏員考滿，陞府史之首領。初治郡之臨川縣，再治贛之寧都州，繼任天臨路茶提舉司都目。適紳之伯兄芾天曆戊辰八月殁于瓊，訃至，吾父哀傷得疾，是年十二月甲辰終于寓舍。明年春，紳侍兄紘奉柩以歸，淺殯未葬。今年正月癸未，吾母亦終，乃合葬焉。昔吾祖諱彬，壽八十歲。予大母朱氏之姪，是爲吾父。幼讀書强記，長習律試吏。謹于持身，寬于待人，恪于奉公，所歷靡有瑕玷。衆中簡默，不衒不矜。俾當繁劇，如利斧斷枯朽。其吏于撫，僧寺被刼，盜獄有疑，白于上官，而盜免于麗極刑。其吏于吉也，或誣民爲軍，官府不敢決，聞于行省，而民免于隸軍籍。治臨川時，經理田糧之政棘，分縣之諸鄉爲四，與長貳各專其一。寧受譴責于上，而不忍逼迫于下，事亦終辦。治有僧溺死，辨其無異，故聽衆僧以之歸葬。法吏吹毛疏駁，據理具析，竟莫能屈。治寧都時，閱公帑得勸分羨餘之幣，計緡錢二千七百有奇，請于州長，市白金作公用酒器及丹漆竹木等器、衾褥帷帳等物。自後凡遇公府宴集，來使宿止，器皿設飭備具，不復如前私假，徧擾于民。豪横聚黨，争占官壕，狼鬬傷人，官吏畏避。

吾父獨爲受行，明徵其罪。犯者計窮，莫夜致賂，麾之門外。彼遂移賄他官，改委推問。值省臺審録冤滯，從吾父所覈初情。潭之茗局貪縱特甚，吾父諷勸同僚極力匡救。會有詔革其司，而吾父亦捐館矣。仕撫，樂其風土，買前代侍從管氏、張氏之屋而居。庭有五桂，翰林虞學士扁曰『桂堂』而記之。吾父生宋景定壬戌八月戊子，享年七十一。紳之兄弟五，芾，海南海北道元帥府奏差，攝瓊山令；其次端也，冕也，紘也，紳也。吾父有孫七，履爲長。孫女亦七。」余識國祥也舊，世吏而有士行，貌言藹藹如吾徒，氣和意廣，歡如也，豁如也。用未稱其才，惜哉！銘曰：

時之所才，時之所用。用之者輕，才則堪重。才之以獲，用則肇種。九里有原，永嘅斯壟。噫嘻！

金谿洪君士良故妻張氏墓誌銘

金谿洪君士良妻張氏，名妙清，賢婦人也。生宋景定辛酉，年十六歸洪。時南土初附，新政如蜩。洪君盛年膺門，晨夕公府，內事得助，家用以興。怡舅姑，友娣姒，夫家兄弟同爨二十年，雍睦如一日。後娣婦喪，撫夫之從子如己子，愛夫之庶子如己出。長育冠昏其諸孫，與諸子同。好善樂施，值大德丙午歲饑，發奩篋所貯，賑飢周急。貸弗克償者，弗責。天曆庚午歲復飢，周賑亦如之。戚姻鄰亞，雖童孺嫗嫗，靡不懷惠。心量寬和，身教嚴肅。夫或觸事嬰衷，必曲爲開釋，見其解顏而後止。夫或被子拂意，必詳致戒飭，見其從命而後喜。諸子或督厮役之愆，亦必諄諭恕宥。下而媵媵，待之甚恩。至順辛未十有一月廿有三日，呼諸子諸孫至前，囑以勤學孝敬父母，令左右扶掖，坐而逝。卒之明年九月甲申，葬于里之梅坊。❶洪君命男璋來請志其葬，乃因其所稱，敘而銘焉。男四，璋、同、泰、槐。璋歷袁宜春、江瑞昌二縣學官；同、槐，孽也。女五，適禮原余、新田吴、南城周、桂田吴，❷季在室。孫男四，鈞、鍾、鎰、鏞。孫女一。余于延祐丁巳春往拜陸先生墓，託宿洪館。洪方偕一二士構陸祠，余固異其家有禮義遺風，今而知其外内俱賢也。張氏，石門著族。曾祖元用，祖文懋，父德榮，俱不仕。銘曰：

助之賢，慶之延，信其然。

故臨川逸士于君玉汝甫妻張氏墓誌銘

余足跡不至城市十年，至順壬申夏，就子之養而至焉。問士于所知，或言于珪，工進士業。既而有一二客來過，叩其業頗習。叩其自，曰自于，乃信言者之言信。其年九月，珪衣大布之衣即余寓。坐定，戚然而請曰：「珪老母不幸于庚午十有一月辛巳終，且三年矣，始得葬地，在臨川縣長樂鄉金山之原。窆有日，幸憐而賜之銘。」余閱其所録，珪母張氏女，文安陸子門人宋先生復之外孫也。有婦德，能爲里中女子説《禮記·内則》、曹大家《女戒》，常以明經勗其子。余願珪深思母訓，行聖賢之道，立身揚名，以顯其親，勿徒以

❶「坊」，原作「方」，據成化本改。
❷「桂」，原作「柱」，據成化本改。

進士之經學爲學也。進士之治經，吾朱子以爲經之賊、文之妖。今之文格，雖比宋末微異，然亦卑卑淺陋之甚，曾是之謂明經乎？群試有司，攫取一官，曾是之謂顯親乎？余每嘅臨川、金谿之士，口有言輒尊陸子，及訊其底裏，茫然不知陸子之學爲何如。雖當時高弟門人，往往多有實行，蓋未有一人能得陸子心法者。陸學之孤絶而無傳，❶悕矣哉！余之接人非一，而鮮嘗以是告之，何也？度其必不以余言爲然也。苟不以余言爲然而與之言，余失言矣。珪之所自出，固已涉陸門之津涯，而珪之質淳謹篤厚，可與進道，余不與珪焉語而誰語？珪母諱壽玉，生宋淳祐丁未六月戊子，享年八十有四。珪父諱成，字玉汝，爲張之贅壻，先廿有二年卒。男一。女一，適吴遠。孫男愗。❷曾孫男應。銘曰：

母識孔卓，期子宏廓。伊誰云學，鄉有先覺。

撫州路陰陽學正彭從龍故妻徐氏墓誌銘

臨川長安鄉禮林彭從龍之妻徐氏妙英，至順三年五月辛未朏卒，年六十五。其仲子以昭，持前南康路儒學教授婁志淳狀，介鄧晋、王遠來見，乞志其母之葬。謹按狀：徐世居臨川新豐之黄銅。歸彭，事舅姑，相其夫喪祭，克順克敬。聲柔氣和，喜怒不形。與姒氏同處四十餘歲，日相歡聚，奉之若母。待夫之族，一

❶「陸」，原作「以」，據成化本、乾隆本改。
❷「愗」，成化本、乾隆本作「慭」。

一無間言。或假資服賈，及歸，任其所償，不校本外之子，曰：「朋友且通財，況子姪乎？」于内外使令輩，辭色亦未嘗厲。黨里嘉凶之事，隨力而助。家雖饒，躬執女功不怠。子既冠既娶，猶勗其學。晚節頗信浮屠法，徼福利。夫將遊燕，欲以家事分畀諸子，則告其夫曰：「嫡庶均吾子，析生業宜如一。」❶彭君泰定甲子歲受司天監檄，充撫州路陰陽學正。子男三，長以正，建昌路醫學録；仲以昭，臨汝書院直學；季以成及女一，庶出也。女適姚。孫男八，洙也，鐵也，泰也，文也，達也，升也，閏也，求也。女七，長適趙，其二許適吴，其三許適楊，餘未字。擬某年月日，葬某原。以昭汲汲得銘，孝可尚已，乃爲銘。銘曰：

夫優妻柔，母教子孝，維家之休。

元故金谿劉君國祥甫妻鄧氏墓誌銘

劉君國祥甫名天麒，再娶鄧氏，元贈忠翊校尉、同知建昌州子茂之女，忠顯校尉、同知吉水州希顔之女弟也。名懿惠，宋寶祐丙辰三月生，年三十九歸于劉。劉君初配余，有二男一女，俱幼，撫育教誨若己出。平居無事，足迹不下堂，未嘗疾聲厲色。服勤蠶績，恒達旦不寐。皇慶初，劉君没，委家政于諸子。身無所畜藏，人問之，曰：「凡殖貨者，將以給用。諸子既能養，奚以此爲？老年起處欲自適，私儲徒增累爾。」至順壬申八月壬寅，以疾終，年七十七。男三，長迪禄，仲載陽，叔立大。仲先卒。女二，一適王，一適鄧。孫

❶「析」，原作「折」，據成化本改。

男八，孫女八。次年癸酉正月壬申，葬里之新莊，距家甚邇。余與忠顯鄧君交誼如兄弟，忠顯之子謙，導其姑之子立大來乞銘，是以不得辭焉。銘曰：

少從父，稱賢女。長從夫，稱賢婦。老從子，稱賢母。其可銘已。

吴文正集卷八十七

元吴澄撰

墓志銘

有元奉訓大夫南雄路總管府經歷譚君墓志銘壬申

經歷譚奉訓，吾故人子也。平江路常熟州儒學教授李仲謀，以狀敘其世系行事曰：君諱適，字立之，以字行。其先蓋以國氏，其居撫之宜黄，丘隴可考者十一世。曾祖諱伯言，祖諱用川，在宋官皆從事郎。父諱文森，宋貢士，皇元授奉訓大夫、温州路總管府治中，歷同知武岡路總管府事、廣東道提刑按察副使、福建道儒學提舉、江西等處儒學提舉，官至奉政大夫。君其仲子也。讀書有志趣，侍親宦于閩，學國字，又學蘇字。❶擢江南行御史臺譯史，不赴。父喪服闋，遊京師。至大庚戌，尚書省鑄新錢，以才選授將仕佐郎、江東等處坑治副提舉。君博覽襍志，夙諳鼓鑄之法，召工潰鐵于池，即成銅。烹鍊功多利，悉送官。錢監廢，

❶「又」，原作「宦」，據成化本改。

君歸隱。其後再遊京師，至治癸亥，充司徒府掾。天曆戊辰，遷集賢掾史。及代，宜得隨朝正七品職，以去家久丐外，得奉訓大夫、南雄路總管府經歷。至順辛未夏南還，舟次龍舒。六月驟暑，感疾，越一日癸丑，殁於舟中。君天資簡重沈默，謹然諾，人莫測其涯涘。旅食十餘年，處之若素貧賤者，賢矣哉！生至元辛巳六月己丑，年五十一。娶徐氏。子男一，京生。女五，適夏，適胡，適蔣，餘在室。殁之明年，京生持狀來請曰：「先君平生艱勤，壽不逮禄，將以某年月日葬某原。不肖孤懼其泯没無聞，倘惠篤世契而畀之銘，以光於幽宫，則先君雖亡如存也。」予於奉政公長一歲，相與猶兄弟。見其子之能卓立則喜，今見其不得壽，寧不戚然乎？銘惡可辭！銘曰：

粹温如玉，可琰可瑈。天奪之速，云何不淑。

故修江鄭君朝舉墓志銘

修江，故建昌縣，今陞隸南康路。君鄭氏，翔名，朝舉字也。考諱有慶，妣余氏。生宋寶祐癸丑十月戊午。年踰幼學，端重如成人。習唐歐陽率更楷法、宋高廟行草，俱逼真。登鄉達吕侯正甫之門，從行倅撫郡。吕之父，朱子門人也。君熏染見聞，嗜小學、四書。歲乙亥避地，道遇遊騎，被掠，僅以二親脱走，猶携小學、四書、《宋名臣言行録》自隨。夫婦躬爨，奉養于艱棘中。國朝既定南土，歸隱廛間。值各處盜起，郡貳至邑，俾令長集父老，議選有才望者往撫諭，❶僉謂君可。君承命挾二力直抵諸山砦，曉譬禍福，悉改悔釋兵。郡貳器之，擬署郡從事，弗就。其後爲養，黽俛食庶人在官之禄，非其好也。居家事親，承志先意，❷無毫髮違咈。事兄亦如嚴父，❸靡或相猶。親瘠，輒不御酒肉，停公務，拜醫進藥，日夜不離左右。父嘗得瞽疾，又嘗得末疾，沉痼危篤，均爲難療。君竭心籲神，二疾咸愈，人謂孝誠所感。持喪致哀，服闋猶不忍出，薦奠追慕，終身不少替。邑之令長、鄉之耆艾數百人詣郡，舉其孝行。有江西茶運使素相知，辟充掾史。同儕獻言，税青莽以增課額。君力争，竟沮其計。省檄長府史中使經理田糧，❹君多方救護，民免加賦之害。省府括民爲匠，累累上陳其不便，事亦中止。遷茶司幕僚，在職未幾，以老謝去。君每疏聖賢格言於屏，朝夕目之，以省厥躬。嘗訓諸子曰：「議昏當擇良配。吾幸汝母惠淑，事舅姑尤謹，故不陷於不孝。」二子仕外，有使通問，必緘示誨言，勗以清慎。君與人交，必恭必信，翼善規過，不毁不譽。親黨有喪不舉，己雖屢空，助之不靳。撫孤賑急，汲汲恐後。年躋八衮，聽視聰明，髭髮才斑白。子時中，憲掾秩滿，授將仕佐郎、江州路總管府屬官。既代，擢江西省掾。方喜近家遂迎養之樂，至順壬申十有一月戊辰朏，君以微疾終

❶「才」，成化本、乾隆本作「素」。
❷「志」，原作「思」，據成化本、乾隆本改。
❸「亦」，原脱，據成化本、乾隆本補。
❹「理」，原作「歷」，據成化本、乾隆本改。

矣。娶余氏，先二十二年卒。子男四，一中，蚤世；時中，道中；德中，亦由廣西憲掾類吏部選。女五，一適丁。孫男十二。女七，一適閔。曾孫男一，女一。將葬州治西北天津山先塋之近，時中以江州路儒學正袁梅瑞之狀來乞銘。昔宋咸淳辛未，以鄉貢試禮部不中，其冬客郡倅館下月餘，與君同處吕門，又識君之子，是以不辭而銘君之墓。銘曰：

孝行之卓君所優，汙行之惡君所羞。之仁之義鮮與儔，斯銘斯志千古留。

故池州路貴池縣尹致仕徐君墓碣銘

君姓徐氏，其先由豫章徙撫宜黄之㴑溪。考諱德秀，避亂居郡城。君少字奇伯，中歲以字行，更字長公。與予同生宋淳祐己酉，月日後於余。工進士詩賦，其藝可貢，而屢試不偶。宋亡，在家講授。元至元甲午，當路舉充建昌路南城縣教，就陞撫州路臨汝書院長，再調長江州路景星書院。行省上姓名于朝，廁教官選内。大德癸卯春至京師，曰：「吾獲與天下英俊遊，志願畢矣。」遄歸，以造就後進爲務，從學者彌衆。至大庚戌，部注將仕佐郎、臨江路新淦州儒學教授。留淦五年，延祐戊午，换注撫州路金谿縣主簿。任未滿，引年去位。泰定甲子七月十三日乙酉，以疾終。明年，授承事郎、池州路貴池縣尹致仕，命下不及拜矣。君事母致孝，喪母致哀。叔父鰥貧，迎養于家，奉之猶父。女兄守嫠，弟麟先逝，極力扶持之。撫存孤甥，教育從子，一如己之子。爲文條達平贍，善談論。與人交，恭謹端恪，而不矯激。四典教職，振起士學，修完黌宇，有勤無惰，有興無廢。嘗攝新淦州事，決難決之訟，化難化之民，衆庶咸説曰：「教授權州半月，治效若此，倘使專司民社，又當何如？」逮主金谿縣簿，邑宰廉能，忻得儒佐。初娶符，繼娶晏。男中立，廣東元帥府掾，前六年喪；中益，蔭授征官。女適李。孫男，士原、士清、士淵、士觀。孫女，一適吴，二、三俱幼。卒之年八月十九日庚申，葬長安鄉余道之原。越九年，其孫始以南康路儒學教授婁志淳狀來乞銘。吁！銘已後矣，乃爲書此，俾碣于墓。銘曰：

予之齊年，如君者稀。後我而來，先我而去。嗚呼噫嘻！

故宋鄉貢進士金谿于君墓碣銘❶

金谿于君諱應雷，字震卿，暨澄同預宋咸淳庚午秋貢進士。君長七歲，予兄事之。明年試禮部俱罷，各退處僻陋，一在郡之東，一在郡之西南。相去遥隔，重會孔艱，迹若疏曠，心常親厚也。君少治舉子，詩賦論策，超越輩流。同里曾縣令，先達先覺，負重名，爲學者師。奇君之才，女焉。運代既更，學行彌高。禀氣剛直，寡合不阿。雖隣家，無事未嘗一至，倘至莫不歡迎。交友尤不苟。安貧固守，薪米屢空，略不屈挫。得一美味，必持奉二親。過從當飯而飯，當宿而宿，蔬食菜羹，對客共食，泰然無愧。誨人家子弟，諄諄善誘，成才者甚衆。所作文章，義正辭嚴，字畫遒勁，類其爲人。儲書數千卷，下逮陰陽伎術等書，亦或手抄。惟不喜二氏，曰：「生民之害大矣，吾忍觀之哉？」隱于五雲山之近，自稱五雲山人云。年躋耋耄，康强不減少

❶「進」，原脱，據成化本補。

壯。生宋淳祐壬寅十月己巳，終大元至順辛未九月辛丑。其年十月庚申，祔葬考府君之兆。配曾氏，諱季藻，淳安長女也，先一年卒。男三，長時保，少廣同，蚤世；惟中子廣在。女三，長適鄭大益，先九年卒；少適余岳，先十四年卒；惟中女適汪士規者在。孫男四，瑱、❶琥、珪、玘。孫女二，一適曾伯堅，一適余鼎明。壬申夏，澄自家來憩郡城，廣具君之行與事請銘。噫！銘而附於棺乎？弗及已，乃追銘之，以碣于墓。銘曰：

其文金玉，其質石鐵。九十而終，全士之節。

故將仕佐郎贛州路儒學教授陳君墓碣銘

君諱先得，字辰翁，居吉太和之城西，世爲里著姓。蚤歲應進士舉不偶，代革科廢，以其餘力爲詩，冲澹絶去雕飾。陋巷數椽，僅蔽風雨。隙地蒔梅一株、菊數本。家人憂其不事生産作業，無以遺後，則指架上書曰：「此吾子孫無窮受用。」年踰四十，始出遊。歷數縣教官，又以憲司選試中程，遷贛郡學録。年將六十，學官入仕制始定。既而奉江西行省檄，教諭興國及贛二縣，陞長瑞州路西澗書院。任滿，名上中書，部注將仕佐郎、贛州路儒學教授致仕。明年泰定丁卯二月十八日，終于家，年八十四。君外無貪求，内無忌克。人之戚，蹙然如己戚；人之休，愉然如己休。朋游燕坐言談，肅不聞聲，及有是非利害，厲辭面折，見其心服即

❶「瑱」，成化本作「琪」。

懇款如初。暇輒悠然獨行，❶行而適然相聚，聚而歡然以飲，飲而恍然以醉，醉而嗒然以睡，睡而忽然以醒。物我兩忘，處家處旅，一若是陶陶焉。莫年次子更其宅，寬衍十倍。君曰：「汝大吾家，❷在德器，不在屋室。人若期稱所願，豈有足焉？」曾大父以醫馳名，君亦兼通其術，予藥濟貧不倦。配曾氏。子男二，學詩，韶州路乳原縣儒學教諭；學禮，承事郎、贛州路瑞金縣尹。女一，壻蕭秀實。孫男三，以道，南雄路始興縣儒學教諭；文子，潮州路韓山書院山長；新子，其季。曾孫男四，曾、敏、鼎、祖。葬于州之雲停鄉，祔母嚴夫人墓側。學禮命文子自潮來索銘，時君殁已六年矣。閔其請之勤，故追銘之。銘曰：

其進其止，任運適己。子孝孫慈，俱以儒仕。

故臨川處士陳君墓碣銘

臨川東鄉之古原，陳氏居焉。處士君字瑜玉，諱瑜，生宋淳祐己酉九月望。年八十一，元天曆己巳九月望，以微疾終于家。明年至順庚午十二月庚申，葬東原。其鄉人饒宗魯述其行，導其子來求文文墓石。予按所述：君之六世祖策，贈朝奉大夫。二子，長子孺，紹興戊辰進士第三人，官至朝奉大夫、直顯謨閣、湖北安撫；幼子邦慶，生公著，君之高祖也。曾祖治原，祖世則，考師文，俱不仕。君端慤敏惠，少學舉子業，藝

❶「悠」，成化本、乾隆本作「脩」。
❷「大」，成化本、乾隆本作「衍」。

成而科廢。所居深邃，四山傍圍，一溪縈帶，鬱然桑麻，如古桃源。然濱于越界，南土初附，遐陬未靖。寇震于鄰，賴君有謀，寇不敢犯。其後官軍捕逐，幾受玉石俱焚之禍。君造于師，竭家財迎犒，保任其鄉爲良民。帥義其請，禁毋俘掠，一鄉生聚獲全，君之力也，至今父老猶感恩不忘。遇賢士挈家逃避，爲寇所得，貧無貲奉，將致之死，君捐金贖其孥而無德色。臨川大邑，每歲輸糧三萬有奇。❶吏漫其籍，官與民兩病。會郭尹至，君先自首實，又爲畫計考覈。尹行其言，未期籍成。君早年罹世艱棘，處劇而裕，謹慎而不罣於過，無厲聲厲容、偏好偏惡。人有争較，君爲諭釋，辭氣温和，無不感動悦服。撫家庭，人從卑幼，教愛兼備。與人交，傾倒坦易，鄉評所歸。遇事而斷，不苟下於人。歲饑周賑如常，惠利出於無心。體貌嚴重，衣冠肅潔，微髯頳頰，神意灑落。步速如流，炯炯精悍，閒暇自得，有文獻大雅遺風。喜玩佳山水，❷常意行規槃丘。莫年與鄉之耆壽宿望尊酒吟詩，昆弟翕具，其樂無涯。既殁，人咸思之哀之，而無怨議。配楊氏，先十年卒。男五，福、鈃、❸銘、鑾、釭。其二以後伯兄琇，其三以後季弟璡。女一，壻王昭祖。孫男十人，溢、演、溥、淳、浩、源、澄、潤、深、洪。孫女四。曾孫男六，相、❹武、周、觀、椿、桂。曾孫女四。饒宗魯曰：「士之能世其家

❶「三」，乾隆本作「四」。
❷「佳」，成化本、乾隆本作「嘉」。
❸「鈃」，乾隆本作「鈺」。
❹「相」，成化本、乾隆本作「祖」。

者，鮮矣。昔陳太丘長，其子爲卿，其孫爲公。榮名非不足，而公慚於卿，卿慚於長。吾里衣冠舊族，惟古原之陳，自朝奉公以來，七世皆富壽而文，雍睦如萬石君家。然則無忝於祖若父者，正不待求之躬行之外也。」宗魯信士，予信其言之信，故爲陳君銘。銘曰：

世爵世禄，或祇爲辱。世德如陳，不貴亦足。

吴文正集卷八十八

元吴澄撰

行　狀

大元故御史中丞贈資善大夫上護軍彭城郡劉忠憲公行狀

公諱宣，字伯宣，[1]其先潞人也，因出戍留居忻之忻口鎮。金末辟地于陝，歲癸巳七月，生于寓舍。國朝既得河南地，復歸忻，後徙太原。公沈毅清介，自幼嗜書，長達時宜，志在經濟。居家奉親，恭恪婉愉，事無巨細，必待稟命，意有不可，罔敢直遂。母嘗嬰疾，不寢踰月，疾愈乃已。兄弟雍睦，禮如賓友，孝弟純篤，名聞遠邇。宣撫行部，聽公談論，深蒙器重。還朝，以公爲薦，擢充中書省掾。在京從許文正公學，每退食，就師講明經理。考滿，除河北河南道巡行勸農副使。至元十二年，除户部郎中，改行省郎中。從丞相伯顔、

[1]「宣」，各本作「宜」，據《元史》卷一百六十四《劉宣傳》改。

平章阿术統軍平江南，❶自武昌順流抵鎮江，取瓜洲。立行省，供給軍須，❷靡有缺乏。禁止殺掠，撫安新附，所過州郡按堵如故。凡便益之事，多出贊畫。以丞相命赴闕進捷書，世祖皇帝親問南征事勢，應對稱旨，賜器服寵嘉之。江南既平，作詩百韻，鋪張偉績。宋臣有能死節守義者，必加歎獎。同陳右丞沙汰江淮冗官，存革悉合公論。知松江府。未幾，同知浙西宣慰司事。居官五年，威惠並著。陞江淮行省參議，改江西湖東道提刑按察使。貪吏豪民聞風屏息，一道肅然。二十二年，入爲禮部尚書，遷吏部。將征交趾，公上言曰：

連年日本之役，百姓愁戚，官府擾攘。今春停罷，江浙軍民歡聲如雷。夫安南小邦，臣事有年，歲貢未嘗愆期。邊帥生事興兵，因彼避竄海島，使大軍無功，❸將帥傷殘。今又下令再征，聞者莫不恐懼。自古興兵，必順天時。中原平土，猶避盛夏，交、廣炎瘴之地，毒氣害人甚於兵刃。今以七八月會諸道兵于静江，比至安南，病死必衆，緩急遇敵，何以應之？又交趾無糧，水路難通，無車馬牛畜馱載，不免陸運。一夫擔五斗，往還自食外，官得其半。若十萬石，用四十萬人，止可供三月軍糧。搬運船料軍須，豈止通用五六十萬

❶「术」，原作「珠」，據明初刻本、成化本、乾隆本改。
❷「須」，乾隆本作「需」。下文同。
❸「軍」，原作「舉」，據乾隆本改。

衆！廣西、湖南調度頻數，民多離散，户户供役，❶亦不能辦。況湖廣密邇溪洞，寇盜常多，萬一無人，伺隙大兵一出，乘虚生事，雖有留後人馬，疲弱衰老，❷卒難應變。何不與彼中軍官深知事體者，論量萬全方略。不然，復蹈前轍。

又將再征日本，公上言曰：

近議復置征東行省，再興日本之師。此役不息，安危繫焉。至元初年，高麗趙開建言，通日本以窺宋。數輩奉使，竟無成約，率兵征伐，❸亦不收功。驅有用兵民，取無用地土，猶珠弾雀，已爲失策。平宋之後，姦回擅權，賣官鬻爵，江南郡縣布滿貪饕，削剥官民。既而要功生事之臣，倡言東征。輕用其謀，於江淮兩浙創造海船，斫伐寺觀墳園樹木殆盡。每株大木不下三二百人拖拽，踰山越嶺，近者百里方到船場。民間費用過於木價十倍，夫匠死傷不可殫紀。造作軍器衣甲、百色物料，皆出於民，當役税户多致破産。大兵既達海岸，不交一矢，風浪損舡，委十餘萬於荒山。不爲敵殺，則爲餓莩，可爲哀痛。死事之家，殊無優恤，主將僅以身免，朝廷寬宥，使輸錢贖罪。天下知刑賞不行，何以懲勸使人效死？十九年冬，四處行省督諸路造膠河糧舡一千隻，又相繼於江南、平灤造東征海舡。江南擾動，過於向來。其平灤船料，油竹棕籐取於南

❶「供」下，原衍「給」字，據成化本、乾隆本删。
❷「疲」，成化本、乾隆本作「瘦」。
❸「兵」，原作「只」，據成化本、乾隆本改。

方，綱運絡繹，工匠牛畜死者相望。幸蒙停息，百姓瘡痍未蘇，軍家老稚哭者未已，又議大舉，恐民不堪。漢軍自圍襄陽，渡江征二王，戍閩廣，攻占城，破交趾，死損甚衆，及有絶丁破産之家。江南諸路，守城把渡、巡邏遞送、倉庫占役之外，調用常是不敷。南方新附舊軍，十餘年間老病逃亡，出征損折，向來精鋭棄於海東。❶新招軍數，皆非習武藝、慣戰陣之人。❷用此制敵，必然敗事。經營南方，用兵四十餘年，中國幾致疲乏。歸附以來，民失撫字，實非心服，但畏兵力而已。江淮輕剽陸梁之徒，潛伏山海，孰謂無之？伺我兵力虚耗，一旦嘯聚，驅輕生無藉衆民，所在殺掠，其鎮守官軍，❸議設科取士之法。

二十三年十二月，中書傳旨議更鈔鑄錢，公獻議曰：

原交鈔所起，漢周以來皆未嘗有。宋紹興初，軍餉不繼，造此以誘商旅，爲沿邊糴買之計。❹比銅錢易於賫擎，民甚便之。稍有滯礙，即用見錢，尚存古人子母相權之意。日增月益，其法浸弊。自一界、二界至十九界關子，計江左立國百五十年，是不及八年一更也。亡金行用會子，亦由此。數變名同，如小十貫、大十貫、通天寶會之類，隨行隨壞。大元初年，法度未一，諸路各行交銀，或同見鈔，或同絲絹。中統建元，王

❶「棄」，原脱，據明初刻本、成化本、乾隆本補。「海東」，乾隆本作「東海」。
❷「慣」下，原衍「争」字，據成化本、乾隆本删。
❸「軍」下，缺三百二十四字，明初刻本、成化本、乾隆本同。
❹「沿」，原作「公」，據成化本、乾隆本改。

以道執政，盡罷諸路交鈔，印造中統元寶。以錢爲準，每鈔貳貫倒白銀壹兩，十五貫倒赤金壹兩。稍有壅滯，出銀收鈔。恐民間疑惑，❶隨路椿積元本金銀，分文不動。當時支出無本，寶鈔未多，易爲權治。諸老講究扶持，日夜戰兢，如捧破釜，惟恐失墜。行之十七八年，鈔法無少低昂。後阿合馬專政，不究公私利病、出納多寡，每一支貼至有十餘萬定者。❷又將隨路平準庫金銀盡數起來大都，以要功能，是以大失民信，鈔法日虚。每歲支遣又踰向來，民所行皆無本之鈔，以至物價騰踴，奚止十倍。拯治之法，❸不過住印貫鈔，只印小鈔，發去諸庫，倒换昏爛，以便民間瓜貼。驗元起鈔本金銀，發去以安民心。嚴禁權豪官吏冒名入庫倒買。國用當度其所入，量其所出。如周歲差税課程可得一百萬錠，其歲支只可五、❹七十萬，多餘舊鈔立便燒燬。如此行之，不出十年，縱不復舊，物價可減今日之半。欲求目前速效，未見良策。新鈔必欲創造，用權舊鈔，只是改换名同，無金銀作本稱提，軍國支用不復抑損，❺三數年後，亦如元寶矣。宋金之弊，足爲殷鑑。鑄造銅錢，又當詳究秦、漢、隋、唐、金、宋歷代利病，在諸史通典，不待縷陳。國朝廢鈔已久，一旦行之，功皆若爲遠計，利民權物，其要自不妄用始。若欲濟溪壑之用，非惟鑄造不敷，抑亦不久自弊。

---

❶「間」，原脱，據明初刻本、成化本、乾隆本補。
❷「定」，乾隆本作「錠」。
❸「拯」，原作「極」，據成化本改。
❹「可」下，成化本、乾隆本有「支」字。
❺「抑」，成化本、乾隆本作「折」。

屬姦邪謀奪中書之務，立尚書省以專國柄，錢議雖罷。二十四年，遂行至元新鈔。未及期年，已覺滯澁。權姦以行省奉行不嚴，繩之以刑，遣公及兵部郎中趙孟頫斷江淮行省官吏罪。時有元惡，寔長一省，公顧惜大體，略不攟摭而去。二十五年，公由集賢學士除御史中丞，行御史臺事。其元惡悍戾縱恣，常慮憲官糾其非，若公尤所忌者。猶以前時常獲款接，因幸公之過揚，冀一相見，敘情好如舊。而公以臺官不當外交，竟絶江赴臺，於是增其猜怨。公領臺事之後，大夫與右中丞出建康城外點視軍船，群御史從。有以軍船載葦者，御史張諒究詰，知行省所使，詣揚州覈實。元惡盛怒，即圖報復。大夫之父官于屬郡，旋被按劾。遣其惡黨造建康，偵臺中違失，出惡聲相躪轢。❶臺中悚懼，陰往懇祈以自解。惟公嶷立不動，元惡怨公愈深。羅織公之子繫揚州獄，又令建康酒務、淘金等官及遭斷録事司官，誣告行臺沮壞錢糧，以聞于朝。納賂權姦，必欲置公死地。

當時專以財利一事爲重，又且素惡臺憲，差官二員至行省鞫問，公及御史六人俱就逮。公將行，書後事緘付從子自誠，令勿啓視。公既登舟，行省差軍船監押，兩岸列兵衛驅迫。鉦鼓旌旗，震耀數里，聽者觀者，爲之駭怖。比至揚州南關，簇兵圍繞，不得入城。同行御史分異各處，不通往來。九月朔，公自裁於舟中。啓視公所書絶筆，其辭云：「觸怒大臣，誣構成罪，豈能與經斷小人交口辯訟，屈膝苟容於怨家之前？身爲

❶ 「躪」，乾隆本作「轥」。

臺臣，義不受辱，當自引決，但以不獲以身徇國爲恨。嗚呼蒼天！寔鑑此心。」且別有公文，言元惡罪狀。❶後得其藁，塗注鈎鈐，辭句難辯。前治書霍肅爲序次其文，讀之令人悲惋。霍肅曰：「公既殺身，行省白朝堂曰：『彼知罪重，❷自割身死。』前後構禍主謀者，郎中某也。某爲行省員外郎時，公爲參議，相得甚驩。爲江淮鈔法，❸尚書省命公罰某杖罪。公以同僚，爲荷其事，由是公被罰。某素受公恩，但以同惡相濟，深忌正人，鋭意擠傾，❹曾不顧公議之可畏、宿恩之難負。公忠義節操，世所共知，識與不識，皆爲嗟悼。」肅親見親聞其事，故辭覈而情哀。在先有觀天文者，謂熒惑犯外執法。及是聞公有變，乃知正人生死，上應天象。

公哀問至太原，夫人李氏，將一僕一驢行三千里，❺奉柩歸葬。其後，同謀害公者不久俱死，若有陰譴云。元惡既斃，越一年，權姦亦誅。化絃更張，❻霍肅具公死事始末，呈之臺省，不報。公之官初階承直，轉大夫，歷奉訓、奉直、朝列、中順、少中、太中、嘉議、通議，凡九階。延祐四年，從子自持上公行寔，御史臺奏聞，制贈資善大夫、御史中丞、上護軍，追封彭城郡公，謚忠獻。夫人李氏，追封彭城郡夫人。謚議曰：「廉

---

❶「言」，成化本、乾隆本作「書」。
❷「彼」，原作「省」，據乾隆本改。
❸「法」下，原衍「法」字，據乾隆本刪。
❹「鋭」，乾隆本作「私」。
❺「三」，成化本、乾隆本作「二」。
❻「化」，原作「改」，據明初刻本、成化本、乾隆本改。

方公正曰忠，行善可紀曰憲。」公性至孝，鄉閭著聞，見知竇文貞公。門無私謁，政有惠慈。奏牘本乎公正，非拘儒曲士引據高遠不達權宜者比。其行善可紀，信矣。江淮省臣貪虐不法，公以其罪上。語泄，馳賄中外。柄臣黨惡，誅鋤忠良，傳檄加覈。公慮身辱徒損臺威，中道以殞，時論冤之。其廉方公正，又信矣。予嘗論公之死曰：「耳目重臣，無辜而被逮問，浮雲蔽日如此，豈善類可望生全之時耶？使公不死，忍恥以對獄吏，奚啻色理辭令之辱！假而得生，亦臧獲婢妾苟免者所爲耳。若公臨絶之音，豈不毅然大丈夫哉！人孰不惡死，不曰所惡有甚於死乎？此公之所以寧死而不辱也。」公之大父津，不仕。大母苗氏。父訓，金朝河南省掾，博學知名，與太原元好問友。母宋氏。夫人李氏，清苦持家，與公同其志操，後公二十七年卒。子男二，自勉，受蔭同知滁州，繼尹上蔡、臨潁二縣；自得，主杞縣簿。女三，婿張維、梁中立、毋琪。孫男五，❶女四。公行完於身，才周於世，剛正公廉，視古之名臣可以無愧，宜有傳在國史。故敘公平生大概，以俟它日采擇。謹狀。

❶「五」，原作「伍」，據成化本、乾隆本改。

吴文正集卷八十九

元吴澄撰

祭文

國子學告揭大成新扁文

維京師立先聖廟既落成之二年，今天子嗣位，乃加封大成之號。恭惟先聖，道德高厚，與天地參，爲萬世帝者師。聖君賢相，於位號廟祠務致崇極，以風四方。廟之堂曰大成之殿，廟之門曰大成之門。雖因前代之舊，然「大成」二字，寔今天子所錫。扁以斯名施之，於今尤爲宜稱。日吉辰良，❶爰揭新扁于殿之前、門之外，俾尊慕先聖入其門、升其堂者，得所瞻仰焉。謹以潔牲醴齊，用伸虔告，王其鑑之。

❶「日吉」，原倒，據成化本、乾隆本乙正。

祭周元公濂溪先生墓文

嗚呼！悟道有初，適道有途。先生之圖，先生之書。昭示厥初，維精匪粗；坦闢厥途，維約匪紆。人生而静，所性天性；物感而動，所用天用。未量布帛，分寸在度；未程重輕，銖兩在衡。風雖過河，水弗興波；❶形雖對鏡，鏡弗藏影。動而凝然，静而粲然。唯一故直，唯一故專。道響絶絃，千數百年。學要一言，洙泗真傳。有性無欲，有一無二。猗嗟效懾，久莫克至。先生之道，萬世杲杲。展拜墓前，如親見焉。廬山峙南，大江流北。仰之彌高，逝者不息。

慈湖丁蘭廟祝文

歲在丁亥十月丙寅，前鄉貢進士江西撫州吴澄，謹昭告於丁侯大神：

澄自少讀書，粗識義理。見有厚於人倫者，雖不同世，心慕其人。惟侯事親，不失子道。澄去冬經過，式瞻廟貌。疇昔之夜，夢袛見于侯，執紙幣以贄。歸舟泊祠下，敬惟往夢是踐。澄去家期年，今歸省母。舟泝流而上，祈得順風，而無驚虞，以早達於家。神其保祐之。

❶「水」，成化本、乾隆本作「河」。

祭樂安縣丞黄從事文

嗚呼！公生於梁，長於梁；老於揚，卒於揚。其質厚，其氣剛，其見定，其行方。始也辟地出蜀而遊，終也辟世入山而幽。出蜀伊何？崎嶇萬里，潔身以去，就禄而仕。入山伊何？優游卒歲，儉約以處，得正以斃。辟地以生，陳子之清；辟世以死，張子之寧。清則雖生而不辱，寧則雖死而猶榮。初予識公于通守之庭，聞公爲當代鉅人所敬，聽其言論風旨，於是而信公之名。既而從公於貳令之聽，見公爲一邑士民所愛，視其兩事設施，於是而得公之誠。曾幾何時，風震雨淩。公於斯時，蟣蝨小官，蹇蹇于下，事不辭難。又幾何時，地陷天傾。公於斯時，螻蟻微軀，行行于中，義不受汙。嗚呼！平居無事，凡百有位。衒才華，矜科第，挾崇高，夸寵利，憑踐萬民，傲睨舉世。及至一旦，茫無寸計，臨難苟免，從風披靡，自詭龍蛇，不愧犬豕。胡爲乎寒松勁草之心，乃見於下邑庶僚之底？如公之志，有隕無貳；如公之節，霜嚴日厲。人知公禍福不動，爲一時之勇；孰知公完養有素，非一朝之故。公之劬書嗜學，寒暑不廢，每躄然於芳草之艾蕭；公之安貧守賤，表裏一致，常怡然於陋巷之簞瓢。公之好賢樂善，心口嘆喟，恨不即上之青霄；公之憤世嫉邪，辭色峻厲，恨不即肆之市朝。逮祈死之不得，慨偷生之不聊；爰投迹於魑魅，任争席於牧樵。憂患之端，殆無時而不有；勁直之氣，不與累而俱消。外無撓而力毅，内有主而神全。惟其所禀之異，所學之正，是以雖老益壯，雖窮益堅。聖人未見，剛者如公，蓋庶幾焉。嗚呼！知公惟予，知予惟公，今其逝矣，欲見何從；有山崇崇，有水溶溶，今其藏矣，哀慟何窮。冥冥潛德，凜凜高風。一觴永訣，尚鑑予衷。

祭吴叔震文

嗚呼！人莫不有死，兄未可以死也。外無彊支，内未有壯子也。一家憂責之所萃，一邑民望之所係也。兄慮事兮素周，胡能一一預擬也；兄養生兮素厚，胡寧忽忽至此也。嗚呼！以兄風流文雅之懿，温恭謙遜之美，❶不惟見稱於平居遠近之交親，抑亦見重於當路貴顯之君子。蓋其久而不渝，行之安而無僞。故兄之感動乎人者有由，而人之愛敬於兄者無異。吾求一人彷彿如兄者焉，幾闔郡而莫之可比。知與不知，聞兄之死，疇不嗟悼而失聲，痛惜而隕涕。嗚呼！兄今已矣。吾自丙戌，與兄交際。知無不言，言無或避。于今八年，首末無二。今夏吾疾，兄念之至；兄疾數月，吾不謹視。初期兄之有瘳，豈料竟此而長逝。負于幽冥，抱恨積媿。嗚呼！昔兄於吾，孰不籌議；今吾於兄，寧敢遺墜。命之短長，家之隆替，諒天數之有定，匪人力之可計。寤寐以思，永嘆弗置。一觴告靈，尚鑑吾意。無以報兄，空洒哀淚。嗚呼！

祭危先生文

嗚呼！昔予弱歲，初識先生。端方之質，敦篤于行。日在程門，可幾彦明。事徽庵翁，雖壻猶子。翁既無後，悉意經紀。嫁其孫女，與子一視。翁之同宗，既貴既豐。尊禮先生，靡替有崇。館置于塾，十諮九

❶「恭」，原作「公」，據成化本改。

從。予時往來，每見益親。學不衰倦，知識日新。沉潛邃密，誾誾恂恂。下逮末術，鳥伸熊經。亦所深嗜，以衛其生。嗚呼先生，宜享遐齡。如何如何，一疾弗救。年踰七十，豈不謂壽。宿學彫落，予心寔疚。聞訃之初，身寄逆旅。絶學如綫，予復誰語。幾更旬朔，始拜柩前。魂兮何之，涕泗漣漣。❶嗚呼！

祭外舅余東齋先生文

嗚呼！翁年六十有七，未至於耋且耄也；翁之精神志氣，未至於昏且耗也；翁之起居飲食，未減於壯且少也。去夏得疾，其端甚微，人莫之告，澄莫之知。逮乎有聞，凛乎有疑。秋杪，澄始往省，專付之醫，而醫曰「可爲也」。去冬力疾，其出豈宜？藥莫或繼，病莫或支。雀鼠攖懷，風雪侵肌。歲杪，澄又往省，重責之醫，而醫曰「未危也」。正月于役，數月于違。意翁介疾有喜，可必其期也；孰謂凶訃遠馳，竟至於斯也。嗚呼！翁之意度，翁之文詞，篤志好學，老而弗衰。炳炳于中，寂寂于施，表表于鄉，昧昧于時。是則大運所同，而非獨翁一身之私也；舉世所慨，而非獨澄一人之所悲也。澄寔無似，翁妻以子。翁今已矣，莫之起矣。疾弗躬侍，喪弗躬事。奄忽再朔，始拜靈几。疾首痛心，有淚如洗。嗚呼！死者其有覺乎？翁其能如昨乎？死者其可作乎？翁其將焉託乎？嗚呼哀哉！尚享。

❶「漣漣」，成化本、乾隆本作「洏漣」。

祭張達善文

猗歟朱子，訓釋四書。微辭密意，日星炳如。紛紛末學，經笥文藻。而於本原，或昧探討。卓哉張君，學有正傳。章句義理，究索精專。講説鋪陳，敷暢厥旨。抑揚翕張，聳動群耳。公侯之門，賓師之尊。始終情義，彌久彌敦。晚官魯泮，又客衛服。詵詵游從，濟濟受讀。歸來淮士，妙運誨規。有言于朝，將升胄闈。如何如何，天不壽道。❶忽此棄遺，曾未耋老。昔遊白下，及上君堂；今滯儀鑾，君喪已祥。遥瞻蜀岡，墓長宿草；進拜遺像，涕隕心懆。學之不墜，允也不忘。愴焉一奠，以寓哀傷。尚享。

祭鄒居士文

嗚呼！予觀聖門之論君子，懷德、懷刑二端而已。其懷德也，於處善循理，秉義守禮，所樂所喜，勉勉操履，如嗜甘美；其懷刑也，於傾險譎詭，放僻邪侈，所畏所恥，惴惴謹避，如蹈火水。維此二端，夫孰能然？求諸今之人，居士公有焉。故公之在世也七十二年，不尤於人，不愧於天，内有懿行，外無瑕愆。予之迂踈，衆所共愚。締交之初，一見心孚。蓋嘗與予，夜半不寐，靡所不談，靡所不議。忘倦忘疲，深悦深契，忽然興喟，曰「惟我與爾」。使居今世，人人若是，則官府可廢，法禁可弛。追思是時，予年二十四，今又三十

---

❶「道」，原作「之」，據成化本、乾隆本改。

四年矣，公乃棄予而死。嗚呼已矣，予復奚言？惟上存淺土之喪，下闕承家之孫。此公之生而不置懷於朝夕，死亦不瞑目於九原也。雖然，天者不可知，人者猶可期。予當告公之子，以卒公志，以滿公意。公亦可以翛然長逝，而無芥蔕於斯。烏乎哀哉！尚享。

祭祝静得提舉文

猗嗟夫君，如瑜如珣，如蘭如芝，如鳳如麟。初賓淮甸，繼宦江濱。所至所歷，與物爲春。吾聞其風，未見其人。拙踈繆悠，垂老乃仕。與君交承，自覺形穢。南還一年，爰始通使。西遊數月，音問莫嗣。道中訃傳，疑駭驚悸。公牘促行，遽信其然。發書旅次，汗淚交漣。惻愴未已，次且不前。緘辭絮酒，亟奠几筵。悁悁目送，秋水長天。尚享。

祭袁主一文

嗚呼吾兄，遽至是邪？與兄同里，情同一家。後締姻親，交誼逾密。合如符契，固若膠漆。予之中子，兄之愛壻。年未三十，不幸夭逝。予罹此兇，兄寔不愉。曾未再期，兄亦棄予。予留京師，聞訃哀怛。望門一慟，情莫能達。數千里外，緘此哀辭。辭促意長，泣涕漣洏。

祭珊竹宣慰文❶

嗚呼！己酉之夏，予如京師。於廣陵之寓府，話六載之别離。公云「去冬一病，幾不可起，幸今少瘳，得再相見于此」。予覘公體貌雖羸，視聽不衰，意或日就於平復，而年壽未可涯也。予去曾幾何時，公厭世而若遺。二千里外，凶訃莫知。久乃聞之，惻愴不怡。遣使弔問，爰足以罄中懷之悲。日月不淹，忽焉四期。予始南還，而公不復見。感傷嘆惋，蓋有甚於初聞之期。維公超超特異之姿，恢恢大受之器，富而好禮，貴而下士。四海名勝之所願從，而知與不知之所共美。雖以疾廢而歸居，庶乎久生以觀斯世之何如爾。烏乎！公其已矣，而有賢嗣，則公之死，猶不死也。宿草芊綿，晨露晚烟。一觴敬酹，烏乎！安得起公於九原。

祭夏幼安文

嗚呼！以吾友朋明悟之質，和粹之氣，深沉之量，重厚之器，宜其得於天者既豐且備，胡爲嗇於壽而不假之以年歲也！烏乎吾友！卓爾殊異，齊諸輩儔，寡所匹儷。方其少也，於親孝敬，於長順悌，恪共子職，

❶「珊竹」，原作「沙卜珠」，據明初刻本、成化本改。

克承考志。如于越之劍，❶匣藏未試，炳炳輝輝，微見鋒鋭。及其長也，父喪既畢，家業益熾，田疇廣闢，積貯贏利。如源泉之水，春流方至，汩汩滔滔，莫測涯涘。其壯而學也，脱略凡近，超絶造詣，忘筌蹄於章句，探奥突於理義。未嘗執筆求工於文辭，未嘗挾册求多於誦記，而施於今者粲然可觀，而師於古者脗若冥契。其彊而仕也，觀天光於上國，覲日角於潛邸，攀龍附鳳於翕欻，化鯤爲鵬於尺咫。由布衣而七品，出玉音之特旨，時宰下禮於其廬，貴游願交者如市。❷騰啖啖於北方，冠總總之南士，彼商財而計資，率面頳而顙泚。烏乎吾友！衆美攸萃。言温雅而中倫，容安詳而合軌，聞者稱揚，見者嘆喟。烏乎吾友！而止於是。予於今春，移疾去位，吾友南還，同舟共濟。予於江干，數月淹滯，吾友前邁，旋即官次。比予及家，秋聿云季，吾友謁告，自官來憩。微恙遽感，良藥亦嚌，日望其痊，豈意長逝。病弗及問，斂弗及視，去者日遠，來者日駛。衮衮劇痛，洒洒哀淚。烏乎吾友！竟至於此。命也奈何？奚怨奚懟？賢母有命，俾淑而嗣。疇昔交情，罔間生死，有不盡心，幽顯負媿。一酹几筵，尚鑑予意。

祭董平章文

自聞公喪，亦既逾年，始得致清酌庶饈之奠于公之祠前。唯公堅剛之質，勁直之氣，廉正之操，果毅之

❶「于越」，乾隆本作「新磨」。
❷「如市」，乾隆本作「無既」。

才。如金百鍊，不可少摧；如矢一發，不可少回。如喬岳之崔嵬，如洪流之硠礚。見義必爲，不顧身之利害而移；見賢必敬，不因人之毁譽而疑。其嫉惡也如仇，其好善也如飴。勳閥巍巍，而恂恂文儒之設施；英邁堂堂，而循循理法之繩規。蓋其稟於天者既異，而其得於學者，又足以栽培滋溉，而有所裨。故能特立獨行，表表於天下，而視世之依阿澳涊、闒然取媚者，亦清泉湜湜之不滓於汙泥。❶某也山澤之癯，羈孤之迹。分甘肥遯於明時，未識公面，已辱公知。居常惴惴慄慄，惟恐負公之識鑑，庶幾没齒而無忸怩。豈意後公以死，猶及聞公之訃而興悲。烏乎！公之光昭卓偉，不可得而見矣。相望數千里之遠，僅能寄一哀於此辭。尚饗。

華蓋山禱雨文代申宰作

予之不才，濫叨邑宰。智識蒙陋，牧字乖僻。獲咎于天，天降之罰。連月不雨，早稻已損，晚稻亦傷。偏走群望，未遂感應。竊惟守土之官有罪，神宜譴責於其躬，百里之民何罪焉而罹此禍？今正艱食，若更不雨，無望秋成，民必孳死。神之仁慈，豈忍使斯民至於此極？油然作雲，沛然下雨，在神瞬息間爾。其注甘霖，以甦苦旱，以活斯民之命，惟神其憐之。謹告。

❶「亦」，成化本、乾隆本作「如」。

吴文正集卷九十

元吴澄撰

制

封張蔡國公制

天地間之有正人，國家恃以爲元氣。卿之忠藎，朕所眷知。比因疾以祈閒，爰加恩而優老。榮禄大夫、中書平章政事張珪，彝常世閥，廊廟宗工。早總戎旃，已作禮樂詩書之帥；晚司化軸，遂稱文學政事之臣。❶左右六朝，出入三府。夷險不易其守，鯁亮一如其初。太清翟薄蝕之昏，前期致沐浴之請。越予新服，嘉乃舊勳。謇謇之節，詎敢詭隨；侃侃而言，類多裨益。黯雖謁告，爽尚勉留。俾辭鞅掌之勞，專罄格心之學。緬維先正，嘗平金壘以立功；宜得後昆，復就蔡封而襲爵。所謂故國，庸建上公。思竭爾忱，廣敷陳於經幄；欽承時命，永翊贊於皇猷。可封蔡國公，提調經筵事。

❶「政」，原作「正」，據成化本、乾隆本改。

封天師制

我國朝之崇玄教，古莫與倫；卿世家之受皇恩，今爲特盛。宜隆稱號，爰示寵嘉。正一教主、嗣漢三十九代天師、太玄輔化體仁應道大真人、主領三山符籙、掌江南道教事張嗣成，冰雪神人，風雲聖代。繼乃祖乃父累功積行於前，而聞子聞孫繼序增光於後。及此初元之覲，助予敬德之祈。翼翼小心，允謂恪恭而有禮；巍巍大道，共祈清淨以無爲。可特授翊元崇德職事同前知集賢院道教事。

封仙姑制

朕惟下之事上也以禮，上之答下也以恩。朝宗于國者禮之恭，慶賞其家者恩之厚。嗣漢三十九代仙姑胡静正，出自右族，克相中闈，宜錫佳稱，用嘉媲美。可授明惠慈順仙姑。

封孫真人制

大道先天地而混成，至德正性命而順受。其能凝神守一，則可保身全生。我家啓運之初，異人乘時而出。素行上孚於睿鑑，玄功下濟於寰區。繼繼逮今，繩繩嗣教。以爾泰定虚白文逸真人孫履道，恬淡抱樸，謙沖葆光。方外從游，早逍遥於冀北；環中善應，晚楷式於豫南。屬長春之席虚，幸太古之傳未泯。遠尋支派，丕闡宗風，可特授神仙玄門演道大宗師、泰定虚白文逸明德真人，掌管諸路道教所，知集賢院道教事。於戲！心齋而有吉祥，爾懋明於寧極；年熟而無疵厲，朕永賴於蕃釐。宜令孫履道准此。

誥

追封秦國公賀勝[1]

巨姦蒙蔽，誣陷忠良。大號涣頒，昭蘇冤枉。允諧公議，宜錫殊恩。故開府儀同三司、上柱國、上都留守兼本路都總管、開平府尹、虎賁親軍都指揮使賀勝，光輔五朝，榮躋一品。讜論屢陳於中禁，重權久畀于上京。疾惡如仇，遑恤後來之身禍；觸邪獨早，孰知先見之神機。敬輿本欲摧延齡之鋒，彦範不幸死三思之手。粤予嗣服，閔爾罹殃。誕播告于寰區，用慰安於泉壤。褒崇有典，開釋無辜。進稱社稷之功臣，疏封井鬼之分土。服此爵命，施于子孫。可贈推忠宣力保德功臣、太傅、開府儀同三司、上柱國，追封秦國公，謚惠愍。主者施行。

[1] 「賀勝」，二小字原脱，據成化本、乾隆本補。

追封張氏秦國夫人❶

夫妻牉合也，禍福同之爾。夫勝，累朝舊臣，忠勤備著。不幸忤權姦，❷受誣構，以至於死，朕甚閔焉。亦既昭雪，優加褒贈，爾尚與享其榮哉！故某官某妻張氏，可贈秦國夫人。主者施行。

追封揑古真秦國夫人

朕有忠臣，罹此誣構。爾爲良配，失所依歸。死者既用褒嘉，生者亦宜矜恤。貴崇天爵，榮受國封。施及未亡人，以風天下之俗；享明乃服命，是曰邦君之妻。尚克有終，欽承無斁。故某官某妻揑古真，可封秦國夫人。宜令准此，主者施行。

表　牋

謝賜禮幣表

伏以接地風雲際會，親逢於明主；麗天日月照臨，遠及於老臣。賜之以府庫之財，衣之以筐篚之幣。

---

❶「秦」，原作「奉」，據成化本、乾隆本及正文改。

❷「權」，原作「雄」，據成化本、乾隆本改。

承恩過厚，揣分何堪。俯瀝愚衷，仰塵睿聽。臣誠惶誠恐，頓首頓首。伏念臣荆揚賤士，樵牧孤蹤。幼誦孔氏之遺書，無繇見道；長直朝家之興運，有幸爲民。愧碌碌之譾才，乏卓卓之奇節。以言其文章，則體格卑陋；以言其學行，則器識凡庸。自甘晦跡於深山，豈覬發身於昭代。大鈞靡不覆燾，小物亦預陶鎔。惟成宗法至元，首賁丘園之隱；歷武宗逮延祐，薦升館閣之華。先帝擢之禁林，今皇處之經幄。講讀古訓，對揚耿光。誤蒙上聖之簡知，得廁群賢而布列。然犬馬餘齒，已非少壯之年；而螻蟻微誠，莫展驅馳之志。外之弗能効勤勞於郡縣，内之弗能裨謀議於廟堂。糜廩粟，費俸錢，素飡甚矣；辱高位，速官謗，清論凜然。因負采薪之憂，遂辭視草之職。雖心同葵藿，常戀闕庭；奈景迫桑榆，宜歸田里。未嘗毫釐有補於國，況又耄耋無用於時。淵度涵容，寵錫優渥。兹蓋伏遇皇帝陛下，乾坤博施，海宇皆春。忍令散材汩没於泥塗，欲俾寸草沾濡於雨露。閔憐周恤，固君父惻隱之仁；悃款控陳，乃臣子辭讓之禮。倘冒昧而拜貺，實踧踖以懷慚。敢致懇祈，乞垂矜允。收此九重之大惠，全其一介之小廉。一是歡榮，等如祗受。臣栖遲畎畝，固難彊筋力以輸忠；教誨子孫，誓當竭精神而報上。所賜鈔錠段疋，除已嚮闕謝恩外，未敢欽受，謹奉表辭謝以聞。臣無任瞻天仰聖激切屏營之至。臣澄誠惶誠恐，頓首頓首，謹言。泰定三年某月某日，具官臣吴澄上表。

擬賀正表

祥開鳳曆，三年書正月之春；喜溢龍墀，萬國慶九天之拜。朝廷有道，臣庶齊心。中賀。孝友慈仁，聰明睿智。敬上帝而尊祖考，怡太后以及族親。正始厚倫，式昭風教之本；更化善治，茂迎福禄之來。際熙洽之昌辰，舉會同之盛典。某致身胄館，稽首宸居。日月照臨，祝聖人之悠久；乾坤交泰，值君子之吉亨。

賀正牋

黄道天開，曉麗彤墀之日；青宫地近，春隨紫禁之煙。禮盛三朝，歡騰八表。中賀。因心則友，令德維恭。建宗社之殊勳，不矜不伐；膺軍國之重寄，克讓克仁。隆孝養於慈親，廣緝熙於聖學。前星明潤，正月會同。某教掌貴游，光依儲極。始和布六典，聿新象魏之觀；元良貞萬邦，尚念虎闈之齒。

擬賀登極表

聖人冠世，久屬天地臣民之心；曆數在躬，宜爲宗廟社稷之主。六龍御極，萬象回春。中賀。睿智挺生，武文兼備。❶維太祖肇洪業，而世祖一寰區。其雄略宏規，偉曾孫之克肖；矧英姿粹學，與先哲以同符。爰自邇年，首平内難。試斧鉞於盤根錯節，措邦家於磐石太山。翕然人望所瞻依，迺以天倫而推讓。潛毓震宫之耀，順承坤母之慈。上帝公而無私，太寶畀于有德。不崇朝而致泰，姦慝悉除；如皎日之方升，幽微畢照。聿新善政，深愜輿情。僉云遭逢堯舜之君，何止超越漢唐之治。某等濫班端尹，幸際昌辰。附翼攀

---

❶「武文」，乾隆本倒乙。

鱗，豈敢作榮身之計；責難陳善，尚期攄報國之忠。

賀皇后表

天德出寧，覩乾龍之有造；地儀克配，同坤象之無疆。❶海宇咸歡，宫闈溢慶。中賀。柔嘉體順，恭儉性成。伉儷前星，久仰星軒之恊比；光榮今日，欣逢日馭之昭升。用宏《關雎》正始之風，共佐《梟鷺》太平之治。某等叨陪清列，獲覩皇明。利見大人，爲祭主而守宗廟；樂得淑女，嗣徽音以御家邦。

擬皇慶賀正表牋二道

元年正月，鼎新曆數之初；麗日中天，咸集衣冠之拜。照臨所暨，悦豫惟均。陛下明睿冠倫，緝熙典學。持守臻太平之盛，怡愉盡致養之歡。衆賢聚於朝廷，政修事舉；利澤周乎宇宙，吏稱民安。庶績彙升，三陽道泰。某職司虎冑，光近龍墀。皇極敷言，喜一人之有慶；臣工稽首，祝萬壽之無疆。❷

體元資始，先天茂對於乾時；積慶有餘，厚德實基於坤母。和開正旦，喜溢重闈。皇太后雝肅在宫，慈儉爲寶。上致隆於孝養，内昭嗣於徽音。維長發之降祥，篤生濬哲；以思齊而興聖，駿惠家邦。春暉融撫育之

❶ 「疆」，原作「彊」，據成化本、乾隆本改。下一文改正同此。

❷ 「之」，乾隆本作「以」。

仁，國典備尊榮之禮。某濫司六館，幸際三朝。儼千官朝會之班，肇端此日；享四海怡愉之奉，萬億斯年。

經筵講議

帝範君德

夫民乃國之本，國乃君之體。人主之體，如山嶽焉，高峻而不動；如日月焉，圓明而普照。兆庶之所瞻望，天下之所歸仰。寬大其志，足以兼包；平正其心，足以斷制。非威德無以致遠，非慈厚無以懷人。撫九族以仁，接大臣以禮。奉先思孝，處位思恭。傾己勤勞，❶以行德義，此乃君之體也。

唐太宗是唐家很好底皇帝，❷爲教太子底上頭，自己撰造這一件文書，説着做皇帝底體面。爲頭兒説做皇帝法度，這是愛惜百姓最緊要勾當。國土是皇帝底根本，皇帝主着天下，要似山嶽高大，要似日月光明，遮莫那裏都照見。有做着皇帝，天下百姓看着，都隨順着。行的好勾當呵，天下百姓心裏很快樂，有行的勾當不停當呵，天下百姓失望一般。志量要寬大着，寬大呵，便容得人。心要平正着，平正呵，處得事務停當。非威武仁德，這田地國土怎生肯來歸附？非慈愛忠厚的心，百姓怎生感戴？皇帝的宗

❶ 「傾」，原作「側」，據成化本、乾隆本及《帝範》改。
❷ 「很」，成化本、乾隆本作「哏」。下文同。

族，好生親愛和睦者，休教疎遠者。朝廷大官人每，好生秖待，休輕慢者。奉祀祖宗的上頭，好生盡孝心者。坐著大位次裏，好生謙恭近理，休怠慢者。揀好底勾當盡力行者，這是做皇帝的體面麽道。

通鑑

漢高祖至咸陽，悉召諸縣父老豪傑，謂曰：「父老苦秦苛法久矣。吾當王關中，與父老約法三章：殺人者死，傷人及盗抵罪。餘悉除秦苛法，吏民按堵如故。凡吾所以來者，非有所侵暴，毋恐。」

漢高祖姓劉名邦。爲秦始皇二世皇帝的時分，好生没體例的勾當做來，苦虐百姓來。漢高祖與一般諸侯，只爲救百姓，起兵收服了秦家。漢高祖的心只爲救百姓，非爲貪富貴來。漢高祖初到關中，唤集老的每、諸頭目每來説：「你受秦家苦虐多時也。我先前與一般的諸侯説，先到關中者王之。我先來了也，與父老約法三章：殺人者死，傷人及盗者，隨他所犯輕重要罪過者，其餘秦家的刑法都除了者。」當時做官的、做百姓的心裏很快活有。❶大概天地的心，只要生物。古來聖人，爲歹人曾用刑罰來，不是心裏歡喜做來。孟子道：不愛殺人的心斷似。前賢曾説這道理來，只有漢高祖省得這道理來。漢家子孫，四百年做皇帝。我世祖皇帝不愛殺人的心，與天地一般廣大，比似漢高祖不曾收服的國土，今都混一了。皇帝依著世祖皇帝行呵，萬萬年太平也者。

❶「有」，乾隆本作「者」。

吴文正集卷九十一

元吴澄撰

韻語五言四句

感興詩二十五首

至元丁亥自京師回，舟中寄子昂及在朝諸公。

圓氣直似專，方形翕還闢。眇眇血肉身，❶中立名三極。

又

天運比日舒，月行比日徐。舒縮生歲差，徐疾成閏餘。

❶「眇眇」，成化本、乾隆本作「眇焉」。

又

岱霍嵩華恒，濟淮江河海。昆侖歸虛谷，萬山萬水會。

又

氣火血脈水，骨金毛髪木。五行皆有土，四物載於肉。

又

馬圖龜文書，麟獲鳳不至。萬世炳文明，四靈兆開閉。

又

洪流啓三聖，烈炤顯六籍。❶ 世間土木偶，❷不度水火厄。

---

❶「炤」，成化本、乾隆本作「焰」。

❷「木」，原作「水」，據成化本、乾隆本改。

又

先天竟岐周，古文起東晋。四家一孤行，五傳三難信。

又

冀北盛堯禹，雍西大文武。洙泗東極天，舂陵南教祖。

又

臨川捷徑途，❶新安循堂序。本得近定慧，❷末失墮訓詁。❸

又

新安窮格功，臨川脩省處。三人有我師，況此衆父父。

❶「途」，原作「不」，據成化本、乾隆本改。
❷「得」，原作「堂」，據成化本、乾隆本改。
❸「詁」，原作「誥」，據成化本、乾隆本改。

又

老聃南國學，西出流沙外。釋迦西方來，南入閻浮界。

又

老氏巧處事，任術以爲理。釋氏嚴治心，絶物以勝己。

又

墨翟名宗禹，楊朱實師老。本主雖不同，一是畔吾道。

又

韓氏原道篇，❶董生正誼語。唐宋千年間，微子吾誰與。

❶ 「韓」，原作「長」，據成化本、乾隆本改。

又

周詩三百餘，楚騷二十五。自從蘇李來，萬變莫能古。

又

周召分方伯，鄭留著世家。西山二子薇，東陵故侯瓜。

又

子房爲韓心，孔明興漢事。三代以後人，卓偉表萬世。

又

楊雄莽大夫，陶潛晋處士。男兒百歲中，蓋棺事乃已。

又

批導郤窾際，出入齊泊中。解牛與蹈水，萬理一道同。

又

千金屠龍技，百金不龜藥。一壺濟中流，五石嘆濩落。

又

漢皇棄梁傅，鄭公負唐帝。君臣際會難，禮樂竟淪廢。

又

箕疇八政目，末師首食貨。井田封建後，此事如何可。

又

踰濟巢鴝鵒，入洛啼杜鵑。大事可知已，禽鳥得氣先。

又

元后宅土中，神皇主天下。書傳三千年，未有如此者。

又

風前白浪惡，雨後黄流渾。　公無渡河去，天未喪斯文。

題諸葛武侯畫像

含嘯沔陽春，孫曹不敢臣。　若無三顧主，何地着斯人。

題陶淵明畫像

凄凉義熙後，沈痛永初元。　天闊目無力，相隨酒一尊。

跋畫歸去來辭

當時歸去意，難與世人知。　未信千年後，能知有畫師。

題伏生授書圖有跋

先漢今文古，後晋古文今。　若論伏氏功，遺像當鑄金。

嗚呼！　天未泯絶帝王之制，故憖遺此老以至此時也。　女子亦有功焉。《書》二十八後析爲三十三，❶奇倔難讀。或謂女子口授時濟南、潁川語異，錯以己意屬讀而失其真。嗚呼！奇倔古書體也，錯何尤？晉、隋間古文二十五篇出，從順如今人語，非若伏生書奇倔矣。識者議其功罪，於錯爲何如哉？烏乎！是固未易爲淺見寡聞道也，安得起吴材老、朱仲晦于九原！

題馬義望雲閣

望雲空想憶，愛日莫蹉跎。游子歸與未，吾親念若何。

題高節婦詩卷

桃李盛芳年，貞心不二天。如何丈夫輩，大節少能全。

徐節婦秘氏詩二首

婦德貞從一，鄘風首柏舟。卓哉徐氏母，磐石屹中流。

❶「三十三」，原作「一十三」，據成化本、乾隆本改。

又

家無丹穴利，誰與築懷清。一二文儒士，依稀説姓名。

題漁舟風雨圖

簑笠寒颼颼，一篙背拳曲。有人方醉眠，酒醒失茅屋。

題張鶴溪萬里風行卷

忽逢萬里風，吹上一隻鶴。臨川故鄉溪，悠悠水如昨。

題琴士戴天聲贈言

耳未聞其琴，而已知其音。目未見其人，蓋已知其心。❶

❶「蓋」，成化本、乾隆本作「而」。

題王明遠筆

齊鋭久如新，文場策上勳。誰言斗邑小，有此管城君。

題雙頭菊

天下無雙士，風流靖節翁。如何名利域，有此兩心同。

清隱軒為梅泉毛使君題❶

冰雪淨無塵，風波濬不起。眼中世緣斷，踈影在淺水。

題雙鵲圖

寒夜鬼車飛，雙栖寄一枝。不逢晴曉語，誰信解先知。

❶「題」，成化本、乾隆本作「賦」。

蘆　雁

飛噭逐西東，亂投蘆葦叢。若無稻粱意，雲外附冥鴻。

題姚竹居畫卷

竹居昔過此，荏苒三十春。此畫今到眼，見竹不見人。

題陳舜卿龍頭

龍有真有畫，畫無真無假。畫好即爲真，題字從渠寫。

月鏡相面兼揣骨

見面未見骨，逢人工揣摩。會須能照膽，此鏡不須磨。

贈野碧葉相士

野客雙瞳碧，一如秋月明。九淵深莫測，容或有潛形。

蘭意爲艾生賦❶甲子三日

古來十二操，魯叟意誰傳。不采又何怨，幽芳祇自妍。

畫　猨

前者據石安，後者攀枝危。安危兩不知，抱子相與嬉。

題楊妃病齒圖

齒痛自顰眉，君王亦不怡。此癡如早割，何待馬嵬時。

玉田詩爲詹道士作

一寸虚閑地，中含渾沌天。誰能剪荆棘，日暖自生煙。

❶「艾」，成化本、乾隆本作「文」。

送洪士芳遊廬山

匡廬萬仞丘，❶今古幾人遊。更豁空中眼，須登最上頭。

題金牛供佛圖

憐汝山中苦，殷勤飯一盂。阿誰知飯味，汝意亦憐渠。

❶「丘」，原作「立」，據成化本、乾隆本改。

吴文正集卷九十二

元 吴澄 撰

韻　語 七言四句❶

題太祖太宗蹴踘圖有陳希夷趙韓王及二待詔

混元共戲一丸圓，年在庚申啓運前。賢聖仙凡俱泯泯，於今七度見流年。

驛舟過慈湖瞻禮丁侯廟

往年曾此拜祠前，歸侍慈親十二年。今日重來哀罔極，西風老淚濕征船。

❶「七言四句」，四小字原脱，據成化本、乾隆本補。

題山水手卷

家在江南山水村，黄塵陌上兩眸昏。偶然此景夢中見，歸路迢迢欲斷魂。

題黄冠師出示手卷

江山煙樹渺幽居，玄妙真師出此圖。師亦有居何處覔，可憑畫手寫來無。

題聚星亭畫屏贊二首

真人此日暫東行，争奈黄星漸次明。二姓聞孫竟如許，一天瑞氣落西營。

又

魏公勛業照乾坤，太史曾占五色雲。三拉敖家詩裏淚，始知亭贊意殷勤。

題梅埜圖

姑射仙人識面來，偶然有見却驚猜。誰家埜月糢糊影，絶憶前時雪裏開。

題墨蘭圖

赤節紅芳楚澤春，心期千載一靈均。不知何代爲茅去，❶誰認高枝細細紉。稽《本草圖經》《楚辭辨證》《通志·昆虫草木略》故云。

題畫山水扇面

一搦山川掌握中，人間何處不清風。水邊林下千年意，萬里扁舟五畝宫。

題徐滁州種德堂并序

其父光山令及侯，俱嘗於師旅之間、饑饉之年有所全活。

徐侯世德活萬命，光山新播侯耘治。種之成實實更種，穰穰今兹復來兹。

題桃源春曉圖

曚曨曉色破初春，一洞桃花樹樹新。此景世間真個有，只今去作捕魚人。

❶ 「代」，乾隆本作「意」。

贈壺中仙談命

春花洞樹各媸妍，墮溷飄茵亦偶然。何事壺中太多管，謫來塵世勘流年。

贈樂天術士談星命二首

大冶鎔金鑄萬形，洪纖好醜各圓成。不然順處渾無事，底用逢人説悴榮。

又

用之爲緯體爲經，七緯分靈作萬靈。禍福冥冥休苦問，且從羲氏較中星。

有示余六一公故履者爲題一絶

醉翁足跡已青原，驚見如今雙履傳。古物只須存集録，遺蹤一字可千年。

文信公崖山贈歐陽伯雲詩

主亡國滅此何時，贈别從容尚有詩。心畫心聲俱軟美，心如鐵石只心知。

奉題樵雲吟藁以畀其子

讀盡樵雲野叟詩，樵歌猶似入雲時。歌聲未共樵柯爛，底處樵家有此兒。

贈況鈞赴澧州天門教諭

一塵不染天門竹，百世猶芳澧浦蘭。子去三年容易過，好留二物久相看。

題呂公干謁不遇手卷

持鉢空歸雪滿天，地爐幾日斷炊煙。妻兒不作啼號態，剛信爐灰冷復然。

題伯時馬

驍壯雲連力氣麄，慣看馳突暗中都。如何得此真龍種，消得千金買畫圖。

寄譚提舉三首

幾年客裏負黄花，此節歸來始念家。遥把黄花爲公壽，秋香耐久晚尤嘉。

又

人間福德似公稀，底用紅塵着脚爲。歲歲長如今日好，湖邊風月足娱嬉。

又

一中春意造元和，常樂常安孰敢魔。個是法門真不二，本來無病惱維摩。

次韻張廣微贈金谿祝自牧過撫遊洪❶二首

偶逢此客憶文安，繞櫝重重襲莫干。儘是深藏藏不得，斗間紫氣有人看。

又

龍虎山頭香滿衣，紫玄洞口故飛飛。仙家有藥度一世，更向何方採取歸。

---

❶「韻」，成化本、乾隆本作「題」。

贈黄相士

華山一覺睡初回，雜遝門前貴客來。亦有麻衣道人至，地爐欲罷却無灰。

贈曾耕野談星命二首

黄犢青簑隴上春，低頭自樂可終身。觀星只用占風雨，底用窮通管别人。

又

巧將握算换犂鋤，不履郊原履要途。西舍東鄰秋熟好，歸尋耕地恐荒蕪。

跋牧樵子蒲萄

芸香樓上汗成珠，起趁清風爲掃除。見此西凉甘露乳，冷然齒頰出寒酥。

題洞賓像

大地虚空共一鐺，煎烹元不費煎烹。安爐立竈燒凡火，狡獪聊愚老樹精。

贈地理者並序❶

天下名山多被僧占，靖上人今以正法眼償行脚債，將又搜抉無遺。臨川山主爲賦二十八字，還省海印，出參雪庭，共發一笑。

真龍正穴何人識，走遍閻浮無處覓。現前只在眼睛中，笑倒如今容易得。

贈相士張月蓬仍其父號二首

好醜榮枯一照中，有人曾識月蓬翁。翁騎蟾去兒來也，又載前時月一蓬。

又

江海餘輝月一舠，水天無滓見秋毫。九淵深處明如晝，誰信波流巧遁逃。

❶「並序」，二小字原脱，據成化本、乾隆本補。

王謙道惠茶惠墨不受次韻酬之❶二首

不受東風不惹塵，清都瑶草一庭春。睚情牢落無魔到，閑却扣門傳信人。

又

曾被烟煤點染來，幾年洗滌淨塵埃。玉環自惜天然白，肯要玄玄處士媒。

移疾寓富州清都觀次韻朱元明送蕨

倦思渾如焦穀芽，病餘無力到君家。分來紫蕨長如許，欲向故山看麥麻。

送星學張雲臺

曾到清臺問五雲，授時曆法更精新。江南今有張太史，定許他年繼鄧陳。

❶「王」，原作「玉」，據成化本、乾隆本改。

贈全陽道人

濁陰有礙總銷鎔，地水俱無只火風。全得獨陽猶是有，一無所有是真空。

題十八學士登瀛洲圖

秦府開基萃勝流，一時傾慕比瀛洲。瀛洲渺渺在何許，我欲乘桴海上浮。

題雪洲圖

向來洲上雪漫漫，僵倒詩人一屋寒。洲上雪消人亦徙，❶畫圖猶作雪中看。

題程鶴心風枝晴梢雨葉露幹四竹

日曬風摇雨露竿，一般清意在毫端。當時老鶴歸何處，留取清陰百世看。

❶「上」，原作「在」，據成化本、乾隆本、《元詩選》改。

寄題無波亭

長江遠壑幾飈迴，雪屋銀山巨浪摧。最喜此中澄一鏡，微風不動月常來。

題巫峽圖

生平想像高唐賦，不識巫山十二峯。忽有奇觀來眼底，一時疑是夢魂中。

題秋山晚眺圖

西風醉帽倚斜暉，詩思山情萃一時。一轉頭間無覓處，却尋舊畫要新詩。

送國子生與貢充學正謁告歸省親

蘁鹽朝暮八年中，歸袂飈飈受朔風。已是春官新貢士，宦成更自有新功。

題許氏樂善樓

百尺高樓俯瞰時，眼前群動總卑卑。自家胸次有如此，直恐世間渾未知。

題遺山鹿泉新居詩後二首

宋氏南還金土中，一時文物盛華風。煌煌帝室龍興後，流落遺山老禿翁。

又

新居當日占新泉，不見新居見舊篇。一代風流今已矣，空餘心畫尚依然。

題半月芝蟾畫卷

紫芝偃蹇抱蟾蜍，天上求之此景無。看取初弦半規月，阿誰曉會寫成圖。

題曹農卿雙頭蓮圖二首

天光水鏡淨泓然，燦爛心花發瑞蓮。認得一莖雙菡萏，❶千枝萬蕊一根連。

❶「莖」，原作「茄」，據成化本、乾隆本改。

又

花中君子濂溪獨，分作河南二鄂華。天爲有兒雙秀發，送將此瑞到公家。❶

題九鷺圖

自飛自息自升沉，各飽魚鰕各稱心。世外冷冷風露潔，還知別有九皐禽。

題漁舟圖

岸柳青青岸蓼紅，兩兒兩嫗兩漁翁。當年應笑扁舟客，月夜西施一席風。

題雙雉圖

一昂一俛意閒閒，未覺幽棲飲啄慳。竹實儻能來彩鳳，也應寫入畫圖間。

❶「公」，成化本、乾隆本作「君」。

題山寺圖

青山緑樹色明鮮，橋有行人渡有船。諸有悉歸無色界，試投山寺叩金仙。

題郭學士衛州墜馬贈毉人序後三首

世人應無折臂公，豈無奇術嗇奇逢。頗隣衛子憂傷絶，密禱區區諉祝宗。

又

一蹶非人馬則然，扶傷效速賴毉仙。從今閒却毉仙術，只向危途緩着鞭。

又

不要黄金實藥囊，酬功合得漢文章。他年詔問持將去，可附蒼公傳左方。

題錦屏史仙繡牛圖三首

平原君像何人繡，費幾千絲似髮綢。可是史仙能狡獪，聚毛繡出下邳侯。

又

有毛無革毛安傅，傳上田單舊彩繒。❶陸放水浮俱幻影，底須拽鼻着長繩。

又

爲汝前身膽氣麄，却將假合化真如。雖然毛色皆如舊，悦草觸人心已無。

題皮如心行囊中畫竹圖

疇昔江鄉識此君，清風凛凛動霜筠。被誰點染移將去，也受京華半面塵。

題愛蓮亭二首

小亭倒影蘸清漣，萬斛香風一沼蓮。千載有人同此愛，試於花外契真傳。

❶「舊」，原作「形」，據成化本、乾隆本改。

又

看花妙悟出天然，有藕有荷方有蓮。認出箇中端的意，生生不盡億千年。

題嘉瑞亭二首

傳載三株紫荆合，詩吟五鬣老松連。更將韓子同心頌，題作李亭嘉瑞篇。

又

植楊雙本却騈柯，瑞氣熏蒸萃一和。誰着玉川奇怪筆，爲歌同異異同歌。

題武宗元洗耳圖

一般垢淨總成虚，有耳無聞垢自無。誰道清流堪潔耳，水中更是納群汙。

題董元山水圖

帝里春風二月天，黄塵十丈暗鞍韉。❶ 蒼蒼萬木煙雲裏，何處山川到眼前。

❶ 「韉」，原作「韂」，據成化本、乾隆本改。

贈術士盧易仙二首

上古神皇已泄天，後來文更畫成圈。無端拈出參同説，從此人人會得仙。

又

今代盧敖有後身，多多狡獪妙通神。何時何處杏林驛，一笑相逢契悟真。

題相師周可山三首

聲撼江湖四十春，相逢盡道眼如神。天機難可分明泄，密付華山高卧人。

又

相術通靈詩亦靈，攝將詩卷上天庭。豈伊暴客能持去，定是天官遣六丁。

又

月眼窺人大賽明，妖蟇蝕月是何形。世間醜好各中半，只合教君一眼青。

贈心天教授三首

撰得藍袍自誤身，想緣多口泄天真。如何不閣差除筆，又把虚名誤别人。

又

問君方寸大如何，椰子中間着大羅。❶ 却笑詩人心似錦，秋旻耿耿衆星多。

又

八月西風淨路塵，乘槎更可問天津。歸來袖得天孫石，正好回頭訪隱淪。

贈碧潭相士

偶前出去偶來歸，今昨何分是與非。可笑當時錢學士，誤將天壤示麻衣。

❶「椰」，原作「柳」，據成化本、乾隆本改。

題金石編

萬里歸來始見梅，忽逢奇士笑顔開。折梅付與君簪去，何日簪梅君再來。

送蕭一真

不到韶溪十八年，春園桑苧暗春烟。蕭翁孫子來相過，忽憶而翁一愴然。

追和李侍郎絶句❶二首

當時得得造梅邊，七十年餘又八年。墨蹟流傳存石刻，子孫省力護陳編。

又

弟兄八世敘同宗，逾遠逾疎隔幾重。世世自便絣絖賤，安知此去不分封。

❶「郎」下，原衍「工」字，據成化本、乾隆本删。

贈花秀才談命數二首

幾度花開幾度春，忽然爛熳忽埃塵。眼明識得花生死，❶徧洛城中只一人。❷

又

數皆前定定無差，一樣春風萬樣花。不要開時分品第，好從根上識萌芽。

贈曹山人

曹家師範兩劉家，一會傳神一撥沙。算法精工如筆法，❸點睛點穴兩無差。

❶「生」，成化本、乾隆本作「先」。
❷「一」，原作「十」，據成化本、乾隆本改。
❸「筆」，成化本、乾隆本作「墨」。

題蹴踘圖并序

錢舜舉云：青巾白衣，趙太祖；對蹴踘者，趙普也；❶衣淺褐者，太宗；衣黄，乃石守信；衣白而烏巾垂於項，乃党進；❷高帽年少者，楚昭輔也。此本舊藏御府，兵火流落人間，白摹倣以遺好事之君子。

聚戲人間混等倫，豈殊凡翼與常鱗。一朝龍鳳飛天去，總是攀鱗附翼人。

題逃禪翁畫梅詞後❸二首

小圃梅開能幾時，❹只餘豆粒綴青枝。禪翁壽得花如許，二百年來雪月姿。

又

天與才情箇樣清，前身端是老梅精。妙詞難作人間唱，夢裏羅浮翠羽聲。

---

❶ 「趙普」，原作「趙光普」，本卷前有詩《題太祖太宗蹴踘圖有陳希夷趙韓王及二待詔》，趙韓王即指趙普，逕删「光」字。

❷ 「党」，原作「黨」，據成化本改。

❸ 「翁」下，原衍「梅」字，據成化本、乾隆本删。

❹ 「開」，成化本、乾隆本作「花」。

題溪南烟雨圖

小小溪南五畝宫，等閒袖手睇遥空。❶春風楊柳梧桐月，絶似垂竿煙雨中。

道君十八鶴

得伴天仙上碧空，世間凡羽詎堪同。如何也解亡人國，漫想遺民哭懿公。

錢舜舉弁山雪霽圖

錢子心清似太湖，筆移西蜀入東吴。使君得此成三絶，好共梅泉作一圖。

和逯公謹

蕭然非俗亦非僧，尚被紅塵涴姓名。幸負東籬今歲菊，客窗曉枕聽鷄鳴。

❶「手」，原作「子」，據成化本、乾隆本改。

題僧圓澤託生圖

浮泡散作大海水，皎月長留萬古秋。幻滅如何重起幻，不騎獅象却騎牛。

題王氏留春亭二首　以留春爲韻❶

生香不斷氣和柔，不在千紅百紫稠。只恁園林光景好，一春萬古鎮長留。

又

先番物舊後番新，來往無停似轉輪。年去年來年自去，此中日日一般春。

用韻答破衣和尚❷

選官選物一般般，會做官時佛喜歡。端坐府中無少息，等閒統攝百司官。

---

❶「以留春爲韻」，五小字原無，據成化本、乾隆本補。

❷「用」，原作「題」，據成化本、乾隆本改。

贈星學鄧雲樓

尚憶前時太史家，至今名姓滿天涯。雲樓也是雲臺族，秘斷真傳定不差。

題寒雀圖

更無樹葉可因依，有啄能鳴愬與誰。❶ 閉口雙棲聊自暖，怎知宿處是寒枝。❷

題馬圖

豈是雄心要疾奔，不悲健足作閒身。勸君底用牢牽挽，❸付與沙場騎射人。

四偈奉寬齋居士二首

箇裏無邊無量在，寬齋寬處天來大。縱饒芥子細如毛，也着恒河沙世界。

---

❶「啄」，成化本、乾隆本作「喙」，似是。
❷「怎」，成化本、乾隆本作「不」。
❸「底」，乾隆本作「祗」。

又

居士勤勤勤禮拜，拜來拜去招雲怪。忽然一日發顛狂，丈六金身都打碎。

寄題栖碧山

棲碧山前有逸民，愛山終日與山親。幾番晴雨青如故，人不傲山山傲人。

題山水圖

遠樹疎林暎晚霞，江心雁影度平沙。誰人寫我邨居樂，付與巖前處士家。❶

自然道人賣藥都市因賦小詩

透得玄元最上關，掃除凡疢又何難。族毉用藥不相契，一笑携書歸故山。

❶ 「前」，原作「泉」，據成化本、乾隆本、《元詩選》改。

題雅集圖

官清無事足優游，下馬長楸作勝遊。濟濟衣冠唐盛世，諸賢不減晋風流。

題郝陵川雁足繫詩後

忠貞信使早許國，羈旅微臣晚見詩。追憶當時如一夢，濡毫欲寫淚交頤。

題忻州嘉禾圖二首　并序

燕人湯侯珏爲忻州守，❶廉勤明恕，民氣大和，天地之氣感而降祥焉。一年之間，遠近屬民，以禾、黍、麥、麻之瑞獻者十八，以木、草、果、蓏之瑞獻者凡九，害物之狼、食苗之蝗皆去其境。異哉！或以畫史所圖嘉禾等瑞二十七事示予，爲賦七言詩二章。

嘉禾異卉瑞重重，狼走蝗飛出境中。可是賢侯多美政，民和潛與地天通。

---

❶「珏」，原作「班」，據成化本、乾隆本改。

又

天賞循良有異能，故將諸物表休徵。作圖合叩天閽進，閽吏佯聾喚不譍。

題湖山卷❶

彭蠡匡廬甲天下，更從何處覓湖山。澄然不動屹如止，一勺一卷中自全。❷

題和靖觀梅圖

一枝春信到孤山，冰雪肌膚不覺寒。月下水邊看未足，折來更向手中看。

永豐毛月厓及其子拱辰俱善談星數往往能奇中索詩爲賦二十八字

而翁到老談星數，有子談星絶似翁。我已厭人期禍福，只將凡事付鴻濛。

❶「湖」，原作「胡」，據成化本、乾隆本改。
❷「全」，成化本、乾隆本作「閒」。

獨醒吟四首爲友人張太亨作

未必靈均酒量慳，獨留醒眼看酡顔。❶ 幾多酒不濡唇者，長在昏昏醉夢間。

又

五柳應如五斗伶，❷精神千古印湘靈。當年飲酒終身醉，直到于今心獨醒。

又

高門有酒滿如池，沉浸朝晡恍不知。怪得此中容此客，坐觀人醉獨支頤。

又

若人才調世之珍，謡詠雖多意轉親。群飲儘堪同一醉，如何要作獨醒人。

❶「酡」，原作「駝」，據乾隆本改。

❷「如」，原作「殊」，據成化本、乾隆本改。

次韻奉答元鎮内翰省郎三首

駟騎飛來造敝廬，手持一扎十行書。驚殘蕙帳蘧蘧夢，又報仙人得異除。❶

又

甽畝躬耕一幸人，如天洪覆沐皇仁。❷陽和不擇肥饒處，粧點閒庭碧草春。

又

豈有才猷可濟時，衡門只合老棲遲。一朝騎馬聽鷄去，先達曾聞識者嗤。

題金魚塘阡表後

孝子工爲不朽謀，百年阡表至今留。聞孫更勉光榮業，要作名兒第一流。

---

❶「仙」，成化本、乾隆本作「山」。「異」，原作「冀」，據成化本、乾隆本改。

❷「沐」，原作「沭」，爲版刻誤字，據成化本、乾隆本改。以下逕改，不出校。

延祐三年丙辰十有一月甲子詩贈武當山月梅道士二首

顯德年間舊丙辰，武當舊隱有高人。高人一去睡來覺，丁巳重來第七春。

又

武當道士能風鑑，定是希夷身後身。閲遍王門厮役了，塵中還見出塵人。

方　壺　圖二首　并序

蒼厓周氏，爲其徒羅季安畫《方壺圖》，且畀故相信公遺墨。二紙連作一軸，臨川吴某賦詩曰：

信是蒼厓畫作仙，等閑幻出小羅天。太師鐵畫家藏舊，雲黯煙昏四十年。

又

忠臣死去去成仙，住在方壺大洞天。此境移來落塵世，也留遺跡伴千年。

寄題洪氏碧潭

泓然一勺謾窺臨，陡覺沉沉萬丈深。箇裏有天如許大，碧天盡處是潭心。

戲筆依韻奉答武當皮道士二首

十分光滿十分神，一度花開一度新。黑暗裏頭明不滅，沍寒時節暖先春。

又

光清花白雖然好，非月非梅更可人。處子嫦娥冰雪質，武當山外貌姑神。

贈月臚相師❶

蚌胎入月幻玄珠，羨子雙臚黑漆如。純墨中間明似月，應無白眼向凡夫。

贈碧溪相師

溪水無心管是非，臨溪照影笑山鷄。滿身文彩翻成誤，虛影何堪炫碧溪。

❶ 「師」，成化本、乾隆本作「士」。

彭澤遇成之之京都有序

予有集賢之命，與修撰虞伯生俱乘驛而北。於彭澤解后曹成之訓導，將觀光上國，爲賦此。

人海茫茫名利場，盛年快意一觀光。顧予白髮歸來晚，羞過淵明五柳庄。

贈周楊遺墨

周楊諸老流風遠，生死交情一永年。家有聞孫善持守，十三幅紙至今傳。

題湯氏賑飢手卷有序

當饑歲，賑饑民，此仁心義事也。盱江湯氏，其蓄財下下，其好施上上。自比閭黨遂以至千里之外、萬里之内詩而美之者，什什百百而猶未也。

世間陰德少人知，顯在他年報應時。好是湯家行一善，喧傳萬口有聲詩。

瓶梅圖

姑射仙人冰雪姿，壺中表裏瑩無疵。合供天上瓊樓供，不要人間俗子詩。

劉商觀棋圖

局局更新局局奇，誰將摹刻到今時。坡仙可是世緣熟，劉李茆生一樣癡。

太乙真人蓮葉圖❶

裸裸赤身無寸絲，浮浮一葉作兒嬉。貪嗔應是全無了，尚有人間半點癡。

又

龜巢蓮葉曾千歲，仙卧蓮舟今幾年。融得幻身無一有，凌風飛去更超然。

寄題佑聖觀山水勝處

競説鄧林山水好，獨予未到不能知。何時了此遊觀債，當爲仙人補一詩。

❶「乙」，成化本、乾隆本作「一」。

題寒江獨釣圖二首

柳子當年絶妙詩，現前眼界是真知。　如何想像今人賦，得似當年眼見時。

又

阿誰畫此已成癡，更有癡人爲賦詩。　省得南華真玩世，無何有處覓緇帷。

贈黄太初畫魚❶

南華老仙真畫史，有魚横廣三千里。　一點化之上青冥，借問何時海風起。

晴窗梅影裏聽陳吾道弹琴

慣聽泉溜與松風，❷才出山來山耳聾。❸　一曲千年流水意，只愁無夢到空同。

❶「贈」，成化本、乾隆本作「題」。
❷「溜」，原作「聾」，據成化本、乾隆本改。
❸「山耳聾」，原作「耳欲溜」，據成化本、乾隆本改。

建康西江避暑用滕玉霄韻贈章如山❶

偶然出郭暫偷閒，政爲炎歊倦往還。滿目真山相客主，忽添一客號如山。

又

石頭城下看淮山，羡殺白雲終日閒。寄語醉中彭澤令，如何飛倦始知還。

贈李放慵

天慵吾友豫章熊，今見宜春李繼宗。彼自天然君自放，兩般頭腦一般慵。

贈穿天星翁

向來有術妙通玄，談已非宜況敢穿。侮慢上靈罪應死，詎能無識爲加箋。

❶ 「霄」，原作「宵」，據成化本、乾隆本、《元詩選》改。

題内丹顯秘有序

内丹顯秘者，武夷陳虚白以授參學弟子楊清遠也，爲賦絶句三首。

死户生門出入機，中間消息有誰知。希夷隱去泥丸顯，何代無人續正支。

又

鬼委白人易阜翁，庾辭擬易作參同。❶ 廣成輕把天機泄，直爲膝行趨下風。

又

聰惠如頑不浪傳，執文泥象豈根原。真師密示玄玄處，良賈深藏是至言。

題蜂猴圖

列户分房作麽生，彌高彌險恣超騰。有冠頭上誰爲貴，竊食林間謾取憎。

❶「庾」，各本皆作「瘦」，據上下文義改。

又

分封小小幾塵浮，忽見衰周十二猴。小大看來俱是幻，巖花山木自春秋。

題趙氏先德碑并序

趙氏，魏人也。今御史中丞簡之曾大父諱藻，金末爲元城令，有惠政，卒於官。吏民懷思，爲營冢墓，至今號縣家冢云。大父諱琛，潛德弗耀。以孫貴，爲贈資善大夫、司農卿、上護軍，追封魏郡公，謚安僖。初娶李，生一子。再娶袁，亦生一子。不偏所愛，視李之子猶己。外值有寇驚，以二子寄逃隣之窟室。隣恐兒啼，拒不納，棄己之子于草間，携李之子以匿。寇退，草間兒幸無恙。衆義而賢之，追封魏郡夫人。父諱楫，魏郡夫人所生也。仕至承事郎、織染司提舉。以子貴，贈榮禄大夫、司徒、上柱國，追封魏國公，謚敏惠。娶李，追封魏國夫人。中丞，魏國長子也。既封贈其祖與父，明年有旨立碑，命翰林承旨程鉅夫爲文，翰林學士承旨趙孟頫書丹，集賢大學士郭貫篆額。臨川吴某讀碑文，爲作詩六章。

曾聞循吏葬桐鄉，過者如瞻召伯棠。百里元城遺惠在，縣家墳樹鬱蒼蒼。

又

元城茂德世其昌，嗣哲韜珍閟弗章。况有閨中賢冢婦，善源深積慶彌長。

又

愛兒誰不羨親生，奇也履霜祥卧冰。倉卒逃生捐所愛，割恩取義有誰能。

又

肯抛己子抱前兒，❶此事今難古亦稀。天鑑昭昭兩全活，故應門户日光輝。

又

幼脱難危長必通，平林棄子有邰封。莫嗟承事官猶小，❷身後餘榮爵上公。

❶「肯」，原作「背」，據成化本、乾隆本改。
❷「猶小」，原作「榴少」，據成化本、乾隆本改。

又

執法明星玉粹温，宦途清譽滿乾坤。❶ 皇仁天廣崇先德，世世公侯魏國孫。❷

題朱簿淵采菊圖二首

絶憐枳棘林端客，把玩柴桑菊裏圖。❸ 儘有南山堪注目，屋低還得舉頭無。

又

江南江北兩專城，灊皖齊山古有名。 想得此中賢郡佐，庭無人力有詩成。❹

❶「滿」，原作「治」，據成化本、乾隆本改。
❷「孫」，原作「公」，據成化本、乾隆本改。
❸「柴桑」，原作「榮陽」，據成化本、乾隆本改。
❹「力」，成化本、乾隆本作「吏」。

送汪復心致仕得封贈之典歸隱二首

只爲浮榮賣了身，天涯多少未歸人。欽承恩命得休致，❶獨占紫陽千畝春。❷

又

八十衰翁作計疎，羨君六十早懸車。山中無限幽居樂，老眼猶明好看書。

送高郵彭壽伯訓導歸宜春省親二首

朝莫魚鹽斥海濱，三千里外仰山雲。歸逢里丈驚相問，❸學比孫秦進幾分。

又

樹未經霜葉未丹，不愁遊子客衣單。三年宦學今朝至，得進高堂百倍顔。

---

❶「得」，原作「歸」，據成化本、乾隆本改。

❷「獨」，成化本、乾隆本作「歸」。

❸「丈」，成化本、乾隆本作「友」。

贈傅省巖道士❶

有誰夢裏彷彿見，識得巖前相是真。良相遠孫傳此眼，❷却將徧閱世間人。

題伯時馬

四足追風捷羽翰，有誰伯樂是奚官。如今萬里青雲步，謾作人間畫卷看。

題舜舉馬

近年錢趙二翁死，直恐人間無駃騠。駑駘群裏忽得此，萬里歸來日未西。

贈陳曉山相士❸二首

陳家風鑑第一人，華山閒處了閒身。嘅余無分拜庭下，喜有山人亦姓陳。

---

❶「省」，成化本、乾隆本作「肖」。

❷「傳此眼」，成化本、乾隆本作「青眼在」。

❸「贈」，成化本、乾隆本作「題」。

又

六十九歲老相師，八十四翁初見之。❶ 從今見後幾度見，度度拈來前度詩。

壽全平章

春秋一萬八千指，道德二卷五千言。祝公壽數亦如此，孔老遺芳永永存。

答踈山長老茶扇之貺❷二首

静口一啜萬緣空，不數盧仝兩腋風。戰退睡魔成佛道，常惺惺有主人公。

又

熱惱紅塵一甑烘，半間雲影送清風。吾州若比襄州勝，城府堪栖老德公。

---

❶ 「初」，原作「老」，據成化本、乾隆本改。
❷ 「扇」，原作「羼」，據成化本改。

贈玄鶴師

俜停十五未婚前，耿耿春宵獨自眠。多謝有心傳密約，兩情從此得團圓。

爲游竹州題墨竹❶

婀娜新梢欲拂雲，糢糊沙背舊時痕。水平水落渾無定，歲歲龍兒長稚孫。

贈相士李樵野

曾看仙棋爛斧柯，歸來雙眼閲人多。賣薪亦有窮經者，富貴將來定若何。

❶「州」，成化本、乾隆本作「洲」。

吳文正集卷九十三

元吳澄撰

五言律詩

贈羅叔厚并跋

宗塾分重席，而翁共一燈。人琴兩寂寞，裘葛十交承。令子能無恙，遺經尚有仍。談天況精妙，門户速宜興。

予昔時嘗同潛心羅貢士於宜川吳氏家塾講授，其子淳老亦從予游。潛心死且十年矣，而淳老過予，能不重予之悲涕乎？五言八句寫懷，時壬寅三月既望。

贈黄醫并跋

善藥已三世，奇功可十全。爾能誠浩博，此業更精專。落落猶洴絖，紛紛競蠟鞭。因之增慨嘆，民命付蒼天。

月林黄季卿，三世治方藥，又能推占兦、擇埋葬，亦多技矣。吾與之談，蓋良醫也。然質而無華，誠而不僞，不衒鬻以求知，而知之者鮮。有能而人不知，人之懵也已何尤！

别閻承旨

贈篇題欲舊，飛刿墨方新。邂逅百五節，暌違十六春。朝廷須老手，❶館閣著閒身。歲歲山中望，文星麗紫宸。

次韻吴玄玄道判

半生任耳目，景響轉希夷。奄忽流年運，噫嗟悟道遲。宗家塵外客，餘事世間詩。共泛玄玄海，何分海與蠡。

送黄學志往京兆迎親

墮地已無父，籲天帝有哀。聞聲急走去，見面早歸來。夜寐不交睫，晝行休問梅。詩囊輕更好，萬里渴心埃。

---

❶「手」，原作「子」，據成化本、乾隆本改。

題伏生授書圖

後死寧非數，能言豈必男。如何掌故耳，未了異方談。篇簡僅四七，語音圓二三。可嗤千載下，孔傳苦研覃。

次韻程簿

鼊石真堪礪，牛刀小試初。已聞三月政，更看一年餘。時雨秧千井，清風壁四隅。絶知公事少，有句下離居。

次韻栽禾飯吟二首

農智專於此，雖愚可與能。我倉謾充積，爾力實依憑。野畝棊盤布，❶高田梯架登。❷苦中真樂在，鶂適自如鵬。

❶「野」，原缺，據乾隆本補。
❷「架」，原缺，據乾隆本補。

又

每負素飡愧，飡粗不敢餘。惕然存止足，庶以老迂疎。飲露藐姑射，避煬陽子居。炎凉知迥絶，日夜勉芸鋤。

市山曾貢士挽詩

桂樹秋香老，蘆花夜識神。百千億身佛，六十九年人。刀犢風猷遠，堂鱣雨跡陳。平生康濟手，辛木市山春。

吉州司法董迪功哀詩三首

曾忝榜下士，已踰三十年。嗟嗟行跡遠，忽忽訃音傳。哀緒馳天外，閒軀滯日邊。歸來成宿草，南望涕潸然。

又

尚憶甲申歲，慇懃荷款留。得追李氏武，遍踏古仙丘。去日言重會，來期不自由。如今千載别，此意悵難酬。

又

氣岸魁天下，詞源湧海濤。恢恢容量闊，卓卓立心高。友悌古三代，朋游今四豪。❶空餘影堂影，白首一青袍。

贈星禽陳小洲

每見星禽客，談形更論情。誰云衆飛走，得似最靈明。蛇虎類多有，鳳麟天靳生。超然離六道，問子可能名。

次韻段録事審囚勸分二首

兩間冬蟄久，忽忽聽春雷。泉脈通枯澤，蠹心焚大槐。一番原上雨，洗淨燒餘灰。收拾神功去，東蒙石磊嵬。

❶「朋」，乾隆本作「交」。

又

久囚形類鬼，衆餓腹鳴雷。皎月懸清鏡，薰風到緑槐。瘦蘇垂死命，炊熱已寒灰。但喜多全活，何辭馬陟嵬。

再韻酬蘭谷贈行之章

立身後孔孟，交友尚陳雷。生意同春草，清陰借夏槐。兩間雙電目，萬刼一風灰。珍重兼金贈，來詩更險嵬。

又

天闕生初月，江濤吼怒雷。日邊雨復霽，水裏火焚槐。去去行舟柁，温温煬竈灰。面南瞻斗柄，仙嶠峻崔嵬。

鄧恕軒哀詩

溪似武陵源，吾嘗宿恕軒。身無今服飾，家有古田園。亹亹陪賓客，恂恂率子孫。脱驂猶未遂，揮涕望

嚴門。❶

送南雄總管之子皮昭德赴京當傔使

豁豁淩公牧，天然重厚人。公侯宜有子，才藝覺無倫。異識超紈綺，英猷撼縉紳。試能真可續，佇俟立通津。

鷹峰范處士挽歌

隨會家聲遠，陶朱世德蕃。一身全盛美，百代懿聞孫。暇日詩書府，春風花柳園。斯人不可見，突兀鷹峯存。

次韻鄭潛庵

故園花自好，官舍草方生。聯事期同協，來朋喜合并。未應公勇退，且聽客留行。一木千間厦，支撑逮未傾。

---

❶ 「涕」，乾隆本作「淚」。

贈管葬師

滿腹天星妙，經年地理師。頗聞仙術閟，未許世人知。犢鼻山頭綦，鰕鬚水面絲。客中談不了，重會在何時。

送王仲温郎中之湖廣省

冰水清無滓，丘山重不移。保釐分相業，贊畫得賓師。官柳争迎舞，甘棠奈去思。書生方卧疾，遥寄數行詩。

送富州尹劉秉彝之京❶

六載心如一，今朝船欲東。我來期數數，公去忽匆匆。别意萬里外，交情片語中。自憐栖病鶴，不得逐長風。

❶「之」，乾隆本、《元詩選》作「如」。

送唐教導先生往見鄉先達❶

謂予將有適，暫此輟絃歌。城市囂塵遠，山林遺逸多。樹膏蘇隰稻，凉意到庭柯。爲問躬耕稷，憂飢思若何。

金陵友竹吴君挽辭

二難爭競爽，一出望齊飛。接武年猶壯，回頭事已非。墓前題處士，泉下得安歸。死去偕而季，應如造老徽。

題學詩堂

十知商賜可，三百亦爲多。而彼解頤者，其如墻面何。性情存諷詠，倫紀寓絃歌。最下能專對，猶堪言語科。

❶「先生」，乾隆本、《元詩選》無。

翁制屬挽詩

大隱居城市，今之韓伯休。活人深有德，利己略無求。經絡傳新考，衣冠儼舊游。如何未七十，吾涕爲翁流。

送隣人元德之武昌

讀律已三世，能詩新有聲。忽辭親舍去，遠作武昌行。江漢秋風起，孫曹故月明。舊遊曾感慨，送子倍關情。

送國子學吴生歸爲世大父大父壽

兄弟各耄耋，子孫仍衆多。善崇三世積，祥兆一家和。華髮躋朋壽，歡聲入咏歌。生歸從爾父，綵服共婆娑。

送李景仙歸湖南

外省天官屬，前朝閣學孫。甘心辭顯要，雅志便晨昏。卓卓廉能吏，堂堂忠孝門。此歸得模楷，菊里有鄉尊。

題大都姚氏爲祈助教辦葬費詩卷

姚氏施雖溥，祈生感最深。此恩天罔極，吾報力難任。惠利周千室，歌謡抵萬金。曾令采詩者，得被管絃音。

送大明路儒學正赴任

今日崇文教，儒風愧異時。朝廷誠有道，庠序久無師。胷矣能言鵡，傷哉執飽貍。似聞趨古魏，倘可愜深期。

送梁必大知事之婺州

一見何倉卒，相聞已歲年。東州文獻後，南國俊髦先。士詫蘇湖教，郡須岑范賢。贊謀倘餘暇，爲訪牧羊仙。

題洪母熊氏墓銘後

堂封已十年，孺慕尚纍然。執技走天下，求詩來日邊。顯揚光淑德，題贈富新篇。有子能如此，應知故母賢。

贈楊教授並序❶

敇授武昌路醫學教授楊用安存心，吾邑左港大姓也。行醫出外，已歷三世矣。存心用藥治病之外，善診太素脈，預定前程休咎、耆數修短，❷其術尤異。因其過我，詩以贈焉。

醫業已三世，藥功能十全。脈精平旦診，事測數年前。奇中嗟工巧，❸預知疑佛仙。期君還舊里，共啓內經玄。

贈杏隱車省醫

螢囊前哲行，虎穀後身仙。善藥名三世，良醫功十全。達官崇禮敬，芳聞遠流傳。❹陰德須冥報，兒孫食萬錢。

❶「並序」，二小字原脱，據乾隆本補。
❷「耆數」，原作「壽」，據成化本、乾隆本改。
❸「工」，原作「上」，據成化本、乾隆本改。
❹「聞」，原作「問」，據成化本、乾隆本改。

和劉尚友

挺挺詞林秀，栖栖越嶠東。幾年淹此鳳，何日見猶龍。郊時文中子，談遷太史公。萬金家寶在，昭代定遭逢。

贈熊景山造崇仁蓮漏成歸金谿

消長一壺水，昇沉百刻籌。範圍天用巧，舟載地儀浮。邑長政如此，國工神與謀。四時常不忒，春意滿皇州。

孤舟李君哀詩二首

兵後去邑里，城中長子孫。師模儀郡序，客席齒侯門。年壽昔尼父，風流今仲元。有人紹家學，身没道猶存。

又

衮衮詞章偉，融融笑語春。合并雖不數，夢想每相親。别去京華久，歸來墓草新。遺孤尚衰絰，忽見倍傷神。

天師留國公哀詩

物外煙霞趣，人間雪月身。丰姿渾不俗，詞翰兩如神。一旦天華隕，千年洞草春。皇恩在留國，愈久愈光新。

贈廣昌黄慶甫談葬術

似爾天年未，而於地理精。雖云師法好，亦是性資明。前聖六經在，餘功一藝成。及時培遠業，風翮九霄程。

豫章貢院即事奉和雲林提舉晚春閒居舊韻二首

客裏秋光好，歸心不厭遲。墻低孤塔見，院静一簾垂。隔紙聞風怒，臨堦看日移。宛然似三逕，未負菊花期。

又

晝日閒庭步，秋雲萬里天。眼前俱實際，身外一虚船。得意渾忘老，論交豈問年。此中真樂在，不要華山眠。

又和張仲美韻二首

病減凔加進，神清睡趲遲。避風違北牖，待月立東垂。人定籟聲寂，天旋斗柄移。有誰知此意，謾説鑄鍾期。

又

逍遥知勝地，縹緲到鈞天。動境風中葉，浮生水上船。有形俱待盡，無住自忘年。萬古中秋月，嫦娥夜不眠。

與張仲美别仍用前韻二首

鄉隣應怪我，何以獨歸遲。木末芙蓉發，簾前果蓏垂。夜寒知露重，秋老驗星移。南浦今番别，重來倘可期。

又

已了公家事，歸尋小洞天。友吟留別句，❶官辦送歸船。夜月各千里，秋風又一年。但當頻寄字，悃悃問安眠。

美王彦飛父母受贈官并序

江西省都事太原王彦飛，欽承朝命，父贈承直郎，母贈恭人。此詩書教子之效也，臨川吴某詩以美之。

教子勤學禮，❷逢時列縉紳。清華躋六品，榮寵被雙親。遺像朱衣豔，高墳緑樹春。報恩嗟罔極，聖代勸忠臣。

爲舒景春賦東皋

東皋種杏者，今住杏花村。收穀虎衛道，銜珠蛇報恩。窗紅開曉沴，草碧驗春温。豈待閒舒嘯，栢湖真

❶「友」，原作「交」，據成化本、乾隆本、《元詩選》改。
❷「學」，成化本、乾隆本作「詩」。

有孫。

奉贈林間上人

方外可誰語，林間得此人。弗從其師問，乃與吾徒親。燦燦心華現，英英辭藻新。試拋有爲法，共了無生因。

送國子伴讀李亨受儒學教授南還

夙昔懷知己，堂山德義敦。恍然驚再世，及此見諸孫。胄館五年客，公朝一命恩。今辰奉檄去，光彩照閭門。

題唐西平王李氏族譜後

勳業隆先代，流波衍後昆。西平十五子，❶南土百千孫。❷節度開今派，將軍著古源。❸縉紳從此盛，

---

❶「子」，原作「字」，據成化本、乾隆本改。
❷「千」，原作「年」，據成化本、乾隆本改。
❸「將軍著古源」，成化本、乾隆本作「分宜有古墳」。

不是出寒門。

贈廊庵隱士吳君瑞❶

瑞也吳同出，前無邂逅緣。圓機活潑潑，方匕妙玄玄。囊底儲良相，塵中渾隱仙。怕人問丹訣，只道鍊凡鉛。

傅居士挽歌

雲霄成鹿夢，湖海老鴟夷。樂境游魚在，歸舟化鶴隨。月魂迷郢樹，風淚濕襄碑。多少江南客，助歌哀些辭。

壬子自壽

昨日辭京國，通州岸下船。年年此初度，度度似今年。快活神仙地，懽愉父子天。小成重八數，圓滿大三千。

❶「廊庵隱」，成化本、乾隆本作「廓庵醫」。

追補故山長竹坡婁君挽歌三首

濟濟簪纓胄，温温瑚璉姿。洛園故衣履，❶商嶺皓鬚眉。友悌天然行，温莊學者師。斯人無復見，追憶可勝悲。

又

疇昔聯名貢，滔滔四十秋。傷哉永離别，值我遠遨遊。自嘆歸來晚，猶爲送往謀。葬期聞已後，揮淚洒林丘。

又

丹旐荷塘去，盈盈挽者歌。不聞薤晞露，空想竹緣坡。積累餘家慶，承傳定世科。耆年凋落盡，衰暮意如何。

❶「故」，成化本、乾隆本作「古」。

追補張萬户挽詩

饔帥開邊釁，犇師失國楨。英雄同一死，天地鑑孤貞。裹革骨無朽，留皮身有名。威靈存廟食，過者爲吞聲。

元榮禄大夫司徒饒國公吴公挽詩二首

賢父生賢子，吾宗有此翁。官階躋一品，封爵視三公。鄉里名稱異，乾坤寵渥隆。忽聞哀訃至，老淚灑西風。

又

公年八十五，今去昔何來。少賤老能貴，生榮死亦哀。有兒依日近，爲父戴星回。天上神仙侣，人間經杖衰。

玄教宗師張上卿挽詩❶

化鶴神仙骨，游龍道德章。風雲千載會，日月五朝光。身讓天師號，心存宰相方。山川效靈異，冠劍得深藏。

贈裴子晋相士

怪子抛家去，歸來非故吾。閲人如水鏡，知己慎江湖。宿雨添新漲，春風滿舊廬。匆匆又言别，聊爲賦驪駒。

贈陳可復寫真其人事佛持戒❷

早辦曹劉伎，視之如父兄。❸青年雖晚出，玄思殆天成。離相非求色，棲神不待精。誠能參佛解，筆下妙花生。

---

❶「宗師」，乾隆本作「真人」。
❷「持戒」，二字原無，據明初刻本補。
❸「如」，成化本作「猶」。

吴文正集卷九十四

元吴澄撰

七言律詩

勉學吟❶四首

三十年前好用工，男兒何者謂英雄。世間有事皆當做，天下無堅不可攻。萬里行方由足下，一毫非莫入胸中。拳拳相勉無他意，三十年前好用工。

又

三十年前好用工，日間莫只恁從容。養成驕習皆因富，蹉過流光只爲慵。人不修爲何異獸，蛇能變化即成龍。拳拳相勉無他意，三十年前好用工。

---

❶「學」下，成化本、乾隆本有「首尾」二字。

又

三十年前好用工，爲師不過發其蒙。十分底蘊從人説，百倍工夫自己充。舊學要加新學養，今朝不與昨朝同。拳拳相勉無他意，三十年前好用工。

又

三十年前好用工，過時學力强求通。從頭莫枉青春日，丱角俄成白髪翁。既冠當除嬰孺態，居今貴有古人風。拳拳相勉無他意，三十年前好用工。

歌風臺

黄屋巍巍萬乘尊，千秋游子故鄉魂。韓彭自取夷三族，平勃那堪託後昆。湛露迄今王迹熄，大風終古霸心存。當時儘自規模遠，誰起河汾與細論。

過種湖觀訪雷空山不遇因見其所註莊子留詩贈之

鈎探十翼象外意，羅絡三倉篇内文。道德五千聯貫密，逍遥第一寸銖分。❶此邦前有王元澤，後世詎無揚子雲。吾取二書還注我，何當商略重云云。

贈月鑑相士劉德輝

眼前見物定媸妍，皎月當空一鏡懸。大地山河三萬里，先天氣數幾千年。固知神識無塵滓，猶恐仙機有度權。上等相人非色相，内觀玄覽更超然。

燕　城

燕絡中原東北去，吴通上國古今奇。五千里外只如此，數百年來幸見之。弔望諸墳吾有淚，擊漸離筑世無知。西山綿亘三關險，日日氈車鐵馬馳。

---

❶「銖」，原作「錙」，據明初刻本改。

呈留丞相三首

峻望晴簪插碧空，幾年四海想流風。雪霜薺麥冬春一，日月蓬蒿晝夜同。天欲托箕傳九法，人能知惠略三公。吾儒實用存經濟，事事論量及物功。

又

春風座上誨渠渠，萍水相逢納拜初。生復得知前日事，聞多端勝十年書。正人以道自出處，直道於人何毀譽。或是堯夫奇叔弼，敢云太史證無且。

又

與世相違分陸沉，半生藏息寄書林。只今沂水春風樂，千古寒江秋月心。芥紫外遺尋尺利，草玄賓送寸分陰。此行大有遭逢處，岱岳高高河瀆深。

用贈李燦然韻述懷

故里香秔滑欲流，歸田計晚愧遲留。懸知海上三山客，塵視人間萬户侯。南去擬尋吴市卒，北來喜共李仙舟。玄翁一室渾無白，誰識王龔貢鮑優。

墨詩壽趙中丞

老松換骨德玄玄，來壽人間栢府仙。描寫精神長照世，發揮光彩上通天。一真不受丹青變，百物難磨鐵石堅。耐久結交濃淡等，清名留取共千年。

題林西隱居

黄巖郭外道林西，隱者居之人不知。遠去世氛春日永，遞來鐘韻晚風遲。從渠燕雀賀千厦，得似鷦鷯安一枝。想見吴興子昂字，京華萬里寄新詩。

和相山提點黄平仲

雲表飛來語詰盤，新詩轉燠破春寒。英英霞影籠扶若，耿耿星文認莫干。萬象滿前供物料，雙峯高處築吟壇。山靈更要衰翁記，軒豁乾坤露兩端。

送征東儒學提舉敖止善榮還高安

男兒弧矢四方身，直欲飛騰作貴人。膝下數千餘里遠，客中十又一年春。乘桴豈愛九夷俗，奉檄聊娱八袠親。此去東風歸袂軟，故園花鳥亦欣欣。

依韻奉答明極講主禪師

吾鄉平地絶梁關，頗異危途費仰攀。每想尋常超物表，劇慚一再到山間。有茶共啜促膝話，無物可持空手還。彼此相期崇令德，不然重見有何顔。

立春日寓北方賦雪詩

臘轉洪鈞歲已殘，東風剪水下天壇。賸添吴楚千江水，壓倒秦淮萬里山。❶風竹婆娑銀鳳舞，雲松偃蹇玉龍寒。不知天上誰横笛，吹落瓊花滿世間。

寄贈盱江名醫湯又新

一泓碧玉活人泉，三世修治功行圓。肯爲貧民甦死命，❷更令孝子壽親年。麻姑昔日栽桑地，董奉今時種杏天。不借虚言作輕重，實能世世大名傳。

---

❶「倒」，原作「到」，據乾隆本、《元詩選》改。

❷「肯」，原作「普」，據乾隆本改。

次别易耕雪❶

别去家山經幾年，乍歸又着嶺南鞭。雙眸眩眊番船載，滿口腥鹹海物鮮。胸次冰霜寧受滓，世間粉黛自争妍。早來共此青春樂，❷日暖風和無際邊。

書别李燦然

番陽李燦然，延祐戊午進士。丞崇仁六年，乃得代。赴部謁選，改通山縣尹。❸在京共處月餘，會予移疾還家，又同舟而南。將及廣陵，爲賦七言四韻，以敘别情。泰定乙丑九月晦日也。

盛世興賢得勝流，六年貳令小淹留。日邊普受九天渥，江上升遷百里侯。史館西偏聯共話，家山南望喜同舟。疲民延頸需恭茂，撫字催科定兩優。

---

❶「雪」，成化本、乾隆本作「雲」。
❷「早」，乾隆本作「年」。
❸「改」，乾隆本作「授」。

送幾泉石上人南歸

春風吹醒泉石夢，一錫飛來到日邊。世界空花俱幻爾，家山老木故依然。飄飄去住雲歸岫，處處圓明月在天。亦欲從師了耕種，縣南郭外有良田。

九皐亭

九皐界分與天寬，小小園亭暫憩安。門外圖書聊作府，庭前花卉頗宜蘭。❶清懷不遣塵埃到，好句留將久遠看。放鶴從教雲裏去，也應回顧此江干。

疊葉梅

羅浮夢斷杳無蹤，冰雪仙姿兩兩逢。縞袂怯單寒後襲，粉粧嫌薄曉來濃。迎風一笑知顔厚，臨水相看見影重。道眼只將平等視，玉環飛燕總天容。

---

❶「蘭」，原作「闌」，據乾隆本改。

洪賓客席上次韻張希

遼海烟霞縹緲間，千年老鶴未飛還。聲名籍甚東園皓，氣象蕭然陋巷顔。韜卷風雲隱城市，依乘日月照區寰。不應便作歸來賦，政要六鰲擎五山。

贈劉浦雲相士

波流萎靡半詼諧，道骨仙風孰鑑裁。天壤已無機發踵，地爐謾有火留灰。偶然鄭浦神巫見，疑是華山高士來。石鼎煮茶清話久，夜闌一枕鼻如雷。

題橘隱棋師

一片機心要勝伊，兩家敵手肯饒誰。塵間戲事何爲者，物外高人亦有之。四老果如神變化，二龍應笑俗獃癡。空花過眼俱成幻，無色界中觀此棋。

道　山　詩

回環湖水帶溪灣，彷彿瀛洲海島間。地上雲烟接天界，壺中日月照人寰。百年竹木青春在，一院香花白晝閒。只怕名韁牽引出，雙成悵望幾時還。

送國子伴讀倪行簡赴京

瀲灎離杯泛九霞，❶還家未久便辭家。出門惻惻重闈遠，前路漫漫萬里賒。不怕狂風妨去鷁，偏愁寒月照栖鴉。諸生凝望須君至，共賦新詩賞雪花。

送盱江朱仁卿省親

貪天外慕一浮鍼，愛月中誠百稱金。萬里春暉燕雪勝，六年宵夢楚雲深。何煩陽子爲忠訓，忽動何蕃純孝心。歸去斑衣無限樂，冬初吾舸亦南尋。

和齊年徐宰韻贈傳神黄義卿

地闊天高物物容，未容汾曲老王通。低頭自覺衰頹久，對面誰加點染工。俗狀塵深羞鏡裹，藥爐灰冷在山中。幾時割取好東絹，寫我齊年作兩翁。

❶「離」，原作「浮」，據成化本、乾隆本、《元詩選》改。

孫提點舒嘯出示前姚司業南椳寫詠軒詩悵斯人之不復見次韻以寓感慨云

鸞仙縹緲度西山，軒外千年水一灣。孤鳥長空雲淡淡，二蟲小知日閒閒。黄塵滿路遊雙鬢，丹鼎何人鍊九還。惆悵詩翁留綺句，依稀真界鎖玄關。

寄題節孝先生祠

篳掃莓苔出斷碑，輦將松柏構新祠。幾年節孝先生行，一旦淮南録事知。信是清門守家學，能於濁俗拯民彝。何當俛伏陳嘉菜，喜爲陽侯遠寄詩。

答揚州盛子淵

多情示我四感興，久别喜君參悟真。視聽兩忘尤貴默，貪癡淨掃莫留嗔。已知身外總長物，且得家中有至珍。處處揚州好風景，瓊花常占十分春。

送龔舜咨南歸有序

舜咨一出游觀京國，略不動世俗利名之想，浩然而歸，其志趣之超邁，可尚已，詩以餞行。

男子初生射矢蓬，已包六合在胸中。往年南北一江限，今日車書四海同。快甚雙眸窺宇宙，鄙哉百計入樊籠。浩歌歸去渾無事，栖碧山前月上東。

詩贊榮侯父子讓官之美

曾聞榮子猶然笑，爵禄真同毳羽輕。總總中人慳遠識，區區外物起紛争。❶君恩及嗣寧私我，父命如天合讓兄。❷太伯伯夷俱第一，世間列傳與齊名。

題陳西樓記詠集末有序

樂安縣之水西流三十里爲界川，陳氏世居其地。前有魯卿以「西」號其園，有國明以「西」號其樓。魯卿之孫、國明之子定甫，預胄監所貢士。宋嘉定以後，元大德以前，題詠西樓者殆且百家，俱當代顯達名勝之筆。天時人事凡幾變更，而定甫有子有孫，保守斯樓，百餘年猶一日，襲藏昔人詩文，至今罔敢失墜。噫！西園、西樓二公之所積，以施于久遠者，其何如哉！同郡吴某，識于西樓記詠之卷末。

東川混混邑西流，前有西園後有樓。五世兒孫兩朝事，百年風雨幾番秋。山間故物天心月，卷裏詩人海面漚。誰似君家奇寶在，金膏水碧古今留。

---

❶「外物」，原倒，據明初刻本乙正。

❷「命」，原作「母」，據成化本、乾隆本改。

和竇神清惠教韻

觀海難爲湖與江，兩間闊視更誰雙。達人慣見鯤擊水，癡士可憐蠅撲窗。並轡何時追日馭，戴盆終日望天杠。嗟予耄耋君亦老，敢比當年葛拜龐。

宣　尼　吟

勸王一語嘗非孟，孰識宣尼更遠謀。才説在邦兼四代，有能用我即東周。楚惟令尹終難及，衛有封人見最優。适賜與由俱解此，惜哉吾道竟悠悠。

贈朱法師有序

中和守素真一法師、洞真觀提點朱善正心淵，能秉誠心、運真氣，以感天地，召陰陽，祈雨輒雨，余在金陵知之稔矣。從天師北覲，天師奉旨祈雨，遄獲應驗，法師與有力焉。歸有日，詩以贈之。

往年曾客鳳凰臺，稔聽吾師救旱災。舒掌掌中雷走去，舉頭頭上雨飛來。每嗟魃鬼火六合，誰借神龍水一杯。袖有甘霖巖下隱，如何閒却濟時才。

又

泰定再春花趁開，顒顒膏澤潤枯荄。吾皇閔雨雨隨應，❶仙伯籲天天未回。後載進瞻新日月，先鞭驅起舊風雷。歸尋洞府還真隱，翠栢丹桃次第栽。

玄鑑言命詩以謝之

玄空一鑑衆星羅，奈此塵寰休咎何。未信唐賢厄南斗，又從宋代惱東坡。萬生胎息蠙衣衣，千古盤旋蟻磨磨。化化中間藏不化，憑君細説總由他。

題大乾廟壁有跋

大業龍舟竟遠巡，義寧狐媚忍欺人。北方各署新年號，南嶠猶遺舊守臣。身合沉江甘殉楚，心知蹈海勝歸秦。塵間俛仰幾楊李，樵水東流萬古春。

隋大業十四年戊寅，泉守歐陽公官滿歸，至此，夫婦俱溺水死。時楚林士弘、長樂竇建德、魏李密、定

❶「應」，乾隆本作「至」。

陽劉武周、梁梁師都、❶秦薛舉、凉李軌、梁蕭銑，各已僭號割據，而唐李淵迎代王侑帝于長安。是年二月，江都有變，宇文化及立秦王浩。五月，李淵廢王侑而自帝，❷以隋爲唐。王世充以越王于東都。公，洛人也，將安歸乎？生蓋不如死矣。噫！公之心誰其知之？後六百七十七年春二月朔，過廟題壁。

❶「都」，各本均作「周」，據《舊唐書》卷五十六《梁師都傳》改。
❷「廢」，原脱，據乾隆本補。

吴文正集卷九十五

元吴澄撰

韻語七言律

次韻息窩道人

三年隻影落天涯，望極南雲眼欲花。道上已驚仙枕夢，河邊誤泛客星槎。棗梨秋熟供新飯，桃李春榮滿舊家。喜得息窩消息好，黄金粲粲待披沙。

次韻彭澤和縣尉讀書巖亭

怪石崚嶒自可尋，❶劃開巖洞更幽深。隱仙書響烟雲散，太史字痕風雨侵。舊迹一朝成偉觀，新亭六

❶「自可」，成化本作「可十」。

角面穹林。孝廉作此千年計，淨洗世間塵土心。❶

次韻酬彭澤和縣尉

石仙種橘舊成林，孝子和侯重按臨。自是儒流爲政別，超然德度感人深。底僚此日塵中跡，卓行他年史外心。客有奇逢癡不去，天風浩蕩更秋霖。

徐道川次文生韻仍韻奉呈

北行往往值齊年，先後冥符豈偶然。却幸筋骸尚康健，又將步武接英賢。行藏非我由天意，久速何師賴聖傳。況有蘭金同志在，芳香彌烈守彌堅。

歸舟次韻徐道川

齊來齊去好齊年，只覺吾廬愧此川。西日不淄持釣手，南風初試阜財天。一舟汎汎身無繫，十畝閒閒里有田。尚欲超然遊八極，可能共我話良緣。

❶ 「世」，乾隆本作「人」。

寄濟州張脱脱和孫

聖朝厚德徧穹垠，驛置舟車待小臣。弊倖宜防須特職，選掄不苟得儒紳。家聲藹藹千人傑，客席温温四海春。郵吏向予談盛美，短詩聊此寄情親。

長蘆岸阻雪次韻張仲默二首

忽地瑶華數尺深，天工妙手敏如今。❶無聊客子興長歎，有思詩翁動短吟。誰與推篷問僵卧，自驚潑水透重衾。轉旋真藉毫端力，早起暾陽破沍陰。

又

不管嚴風滯去舟，且欣初雪兆豐收。茫茫一白迷荒岸，炯炯雙清盼勝流。❷似此人間豈塵鏡，恍如天上有瓊樓。雲間日出情尤快，千里金臺瑞彩浮。

---

❶「今」，原作「針」，據成化本、乾隆本改。據同韻下首《又次韻張仲默》，作「今」是。

❷「盼」，成化本、乾隆本作「卧」。

又次韻張仲默

官卑祿隱儘年深，古意常存不薄今。本本原原知問學，篇篇什什亦歌吟。後生習氣多紈袴，先正流風一布衾。志合豈辭千里遠，相期晚歲共分陰。

壽董中丞

直氣貞心命自天，❶風霜老栢正蒼然。將千萬世壽吾國，先五十年生此賢。甲子肇新初日度，丑辰依舊斗星纏。邦基身世同悠久，敢賦崧高第二篇。

踈齋盧學士和郝奉使立秋感懷余亦次韻二首

斧威直指可能禁，鼓吹從容翰墨林。公館月簾秋澹澹，誰家霧閣夜沉沉。喚回千古南樓興，付與兩翁東楚吟。休道鐵心猶解賦，要人識取愛梅心。

❶ 「貞」，成化本、乾隆本作「真」。

又

政爾煩歊不可禁，秋聲忽忽動鴞林。好懷恰與清風值，浮翳俱隨驟雨沉。江上清楓頻入夢，淮南幽桂又聽吟。閑雲淡漠元無繫，來去常如見在心。

又次韻謝踈齋和章

昏倦群魔政叵禁，忽然驚起立如林。初聞仙樂空中下，細認香材水底沉。有句可陪薇閣老，何人敢效玉川吟。兔絲謾附千尋上，喬木樛垂見古心。

夜坐四次韻

物情自適更誰禁，草際螢飛鳥宿林。魯叟爾來無夢寐，蜀莊此去只冥沉。客中又見秋風起，夜半初聞木葉吟。凉意逼人眠不得，坐看孤月到天心。

晝坐五次韻

静中不覺暑難禁，況復身居七寶林。槐國避焚封蟻出，石盆趨冷戲魚沉。蚊將伺暮深深匿，❶蟬未知秋懇懇吟。只有道人方燕坐，清香一縷起鑪心。

石泉法師來自天京朝士有詩道其雨晴感應之速玄玄道判率予繼作遂亦不辭❷

廣陵倦客困炎埃，聽得仙官天上來。歙欻陰霾見星月，尋常掌握挾風雷。居然三日祈禳事，可是明時爕理才。朝士有歌吾亦喜，豈無餘福及埏垓。

有畫影談命人於真州厚獲而去其門弟子繼來

獨巧真堪駭衆愚，有言有象立成圖。天機往往多奇中，人事來來亦偶符。每見𧷤乩叢鬧市，又聞䄄載去通都。老蒼已辨田巴計，却喜升堂得是夫。

---

❶「匿」，乾隆本、《元詩選》作「聚」。

❷「率」，乾隆本作「懇」。

客中即事次韻元復初郊行二首

急雨連宵井也渾，城居寥落似山村。停披儘看書堆案，絶飲空餘酒滿樽。日有虚皇相伴侣，時逢嘉客細評論。青燈一室長如晝，未覺門人四野昏。

又

客中又過二分春，聞道千紅百紫新。雨到庭隅長芳草，日窺窗隙弄游塵。懸知萬里只如此，孤坐一堂還可人。不信却須凌倒影，九天樓閣倚長身。

次韻元復初飲歸

茫茫大地一漚浮，底是劉家百尺樓。紅緑春來春去樹，清渾雨後雨前流。所逢偶爾難追覓，此處欣然即勝游。最喜江南山色好，晴雲無意自蒙頭。

次韻劉縣丞漕運述懷之作

漕餉西來數百艘，❶塵囂煩委雜朋曹。量收庾積方嬴取，水惡風狂儘獨勞。自顧壺中一粟小，回思庭下二松高。北山詩作東山廢，好句聊堪畀海濤。

次韻博士牛吉卿

隴西公所揖升階，頗意前時與子偕。❷知有啼號惱韓愈，喜無竇徑誤高柴。宦優難曠存深慮，病起能詩見好懷。此去天君常泰定，客邪誰敢寇形骸。

次韻送袁惟一遊盱自鄭館

已知柔日卜辛丁，將破盱雲訪老程。人事古來難甚怏，天容今夏更慳晴。倘經華子宜留句，偶會麻姑亦寄聲。未許先生終嫁衛，早還鄭圃共尋盟。

❶「餉」，原作「向」，據成化本、乾隆本改。

❷「意」，成化本、乾隆本作「憶」。

次韻謝友和二首

不作常途計有無，信知律令要詩書。堂堂手捧諸侯檄，款款躬尋處士廬。偉器期君天下用，名談慰我客中居。文章時出聊游戲，更待他年報政餘。

又

公館逢迎眼倍明，相山堂上曉風清。飽聽江練新詩好，轉覺濠梁逸興生。柱後法冠他日服，案前書策舊時檠。三千牘裹有此客，未要津頭便送行。

次韻餞胡器之挾詩府驪珠遊江左浙右二首

疊疊青山曲曲溪，客來恰值主人歸。推吾謬作劉公是，知子可如陳去非。悟處蛇蜩遺脱殼，看時翡翠好毛衣。清朝若定詩流品，指日雲霄向上飛。

又

滿篋驪珠未是窮，照人海蜃眩青紅。慎投休惹群盲怪，妙貫終須一線通。至寶千年存異玩，圓機觸處得玄同。雪天送子江湖去，春水生時吾亦東。

贈謝兄遊齊安

謝氏蘭階有此奇，鄭公樗散是吾師。不甘鄉里浮沉老，忽作江山汗漫思。赤壁千年遺舊迹，黄岡一日遇新知。爲余唤起蘇仙夢，明月清風無盡時。

用魯山段録事和李簽士丁麻姑韻時段奉憲檄賑濟

呷軋籃輿從事衫，泥途滑滑石巉巉。急援野莩填溝壑，敢避行難似隴函。春氣頓回萎草木，長林驚見古松杉。一夫弗獲真吾愧，誰道魯山非傅巖。

秋孟讀書林中觀梅追和主人十疊之歌二首

讀書林裏樹林林，獨向梅邊着意深。人愛説香兼説影，我看成實又成陰。境清遠却炎炎氣，仁熟中全白白心。他日風霜冰雪後，約來花下重追尋。

又

黄金脱帶緑成林，春在梅根深更深。❶ 已悟坎宫藏一白，❷從教否月長三陰。殺機密密含生意，實腹存存得本心。無日無時不陽復，識花試向未開尋。

潛庵蘭思有倡和以示天慵而不以示余次韻索之二首

南榮瀝瀝簷牙雨，北牖颼颼紙背風。坐久從教更漏速，灰深宿得夜爐紅。生來意氣都虚喝，老去情懷似小童。頗怪詩筒俱走遍，隔墻有耳却成聾。

又

冷窗兀兀坐無悰，聞有王風續鄭風。老我自知才思薄，羞人斗覺面顔紅。不嫌官舍嗤寒客，只怕詩家斥狡童。唱和喁泠俱變滅，到頭萬事付真聾。

---

❶「根」，成化本、乾隆本作「花」。
❷「悟」，成化本、乾隆本作「悮」。

仍韻奉答潛庵官長

自笑此生如斷篷，飄飄偶爾逐長風。鑿通隣壁一鋝白，分得書燈半穗紅。韓輩詎堪儕陸老，蘇門可是進黄童。公曾四問伊人否，愧我形骸尚聱聾。

送敦教授之英德❶

庾嶺梅花歲晚幽，送君遠客嶺南州。單車發軔雲霄路，好句留題烟雨樓。消解炎風成泠澮，磨礲怪石作琳球。聖恩敦遣光文化，倘比唐蘇是勝游。

送空山雷講師門人丹陵胡道士游京師二首

玄經一足獨侯芭，寂歷空山宰樹華。大半門人立霄漢，尚餘吾子卧烟霞。小心慣煉補天石，大膽能刳蝕月蟇。去去奉書三詣闕，却尋句漏問丹砂。

❶「敦」，乾隆本作「郭」。

又

遠遊誰爲賦新篇，來自丹陵小洞天。拂日一鞭聊復爾，御風雙袂已飄然。快看鵬海三千里，早證龍沙八百仙。莫戀射熊春夢樂，贈詩人在斗牛邊。

次韻胡器之問病

鶯聲晛睆燕差池，春到閑中日更遲。偶躡清都陪淨侶，誰知勝境即良醫。屋山月上元無夜，樹杪風來似有期。坐客屢談渾忘答，問余還職在何時。

題倒騎驢觀梅圖

玉妃一笑本無猜，拗性驢兒去不回。見面可憐交臂失，留情聊復轉身來。月凝絶豔駸駸遠，風送清香款款陪。雪裏吟翁吟弗就，過時却與惱癡獃。

次韻袁惟一寄贈

薄伎聊堪比旊陶，分甘負僋誤乘軺。每慚樗櫟妨賢路，不廢蒭蕘荷聖朝。雨露恩濃難報補，烟霞疾痼匪虛驕。多兄舊遥猶存菊，紫蓋雲深望眼遥。

次韻浩齋喜雨

巫鬟何許會争憐，甘澍真堪當醴泉。才士幾分消渴病，衆生一霎喜懽緣。已聞龍德撫八極，佇見鴻恩漲九川。好借餘波供涸硯，鋪張雅頌萬斯年。

題西峯隱居

悠悠好景寄桑榆，老向西峯自校書。争席樵夫便狎坐，摳衣稺子任懽趨。花香静晝微風裏，草色深春一雨餘。城市通儒日沉醉，還知醒眼看吾廬。

寄題桂溪陳氏山居

斗邑西來谷可盤，天教隱者宅其間。縈紆幾曲桃源水，突兀一拳蓬島山。竹樹百年清蔭在，圖書四壁白雲閒。日長自對聖賢語，雞犬不驚人往還。

偶次韻何太虚九日寄皮昭德時太虚將往觀山因阻雨留清江鎮余寓芸香樓❶

故故誰將泠雨催，雲峯雲女是良媒。不教每日乘樏去，應爲今朝泛菊來。遠岫沐餘增點染，枯池滿後足渦洄。樓中有景無人寫，留取新詩待子回。

白雲亭詩并序❷

衆山崷崒一峯尊，峯頂新亭扁白雲。百世清風松獨嘯，千春化日草長醺。底須天上别境界，未覺寰中多垢氛。北望悠然識親舍，神仙元不離人群。

樂安天授群山之間，一峯巍然，名靈寶山。有四仙祠，託焉山之北阯。富者代興，昔陳今游，寔主兹山。游氏弘道既新仙館道寮，又構一亭，以望親舍，扁曰「白雲」，將求四方之能詩者賦之。弘道年少才優，事父兄不違禮，無世俗子弟之好，而翛然有塵外雲山之趣。清致如此，是可尚已。

❶「偶」，成化本、乾隆本無。
❷「序」，疑當作「跋」。

禱雨次韻酬袁惟一

晝日如焚夜薄寒，早苗已穗欲枯乾。薦饑忍見艱庶食，獨飽何能樂一簞。自顧人微耕草野，聊同巫舞禱雩壇。老鱗挾得千年雨，投鐵靈湫亟起蟠。

盱江童氏重修喜清堂❶

緑樹紅芳映酒巵，朱甍碧瓦照清池。❷百年老監善占地，三世聞孫肯棄基。浩浩乾坤千刧裏，巍巍棟宇一新時。相銜扁字俱塵土，消得江山入好詩。

次韻王學士七夕新秋二首

煌煌桴鼓引雙旌，道是天孫大禮成。金鏡南飛光欲半，銀潢西去寂無聲。佳期一夕人誰見，❸淫思千年事未平。最怪河東五星麗，却嫌抱拙要中更。

❶ 「喜」，乾隆本作「善」。
❷ 「碧」，原作「屋」，據成化本、乾隆本改。
❸ 「人誰」，原倒，據成化本、乾隆本乙正。

又

夜來天闕透清香，桂露蘭颸冷逼床。肅肅刑官傳令到，炎炎酷吏去人忙。鷹鸇横擊老逾健，狐兔深潛類自傷。聞説南樓新月色，江湖萬里動寒光。

王承旨壽日

雲漢分章作世禎，❶此時此日鉅儒生。千年嶽瀆靈光合，萬里乾坤秋氣清。滿月有輝仍似昨，繇星無數敢争明。皇猷帝制閒中事，論道經邦要老成。

寄題醫士陳氏意齋

百千萬變十三科，泥古方書奈病何。看取慈親求赤子，有如姹女籍黄婆。重輕按舉精思巧，加減稱停活法多。此妙不傳君獨得，可能紙外覓機佗。❷

---

❶ 「禎」，原避諱作「禎」，據成化本改。
❷ 「外」，成化本、乾隆本作「上」。

次韻吴真人題侯講師損齋

已知無患在無身，諸妄俱無只一真。淨盡千林摇落後，長流萬古發生春。目官窅窅成朝徹，鼻觀深深養谷神。我亦易中研九卦，喜從方外見畸人。

題許氏時思堂

庶人於寢士於廟，事死如生遠可追。三世孝心傳百世，❶四時享禮帥初時。記文炳炳眉山筆，家範優優曲沃規。我欲因之敦薄俗，不能自已更裁詩。

賈參政壽日 二首

相業傳家幾百年，天心爲國産英賢。岱嵩崋崒青千古，溟渤渟涵會萬川。垣北紫微瞻正色，斗南黄道次新躔。訏謨辰告從容了，誰信金門有隱仙。

❶ 「三」，成化本、乾隆本作「一」。

又

比山比阜比岡陵，仁静如之壽作朋。恒月半規圓有漸，臨陽二畫進方升。回頭舊臘家家餞，轉眼新春歲歲增。妙運所期裨造化，八荒一域慶同登。

次韻楊司業

東風絃管沸樓臺，處處游觀鬧往來。❶散地一般春意到，後園幾樹好花開。發舒情思將詩句，領略芳香付酒盃。擬辦賞心酬美景，呼童先與掃莓苔。

次韻楊司業喜雨

好雨冥冥濕軟塵，雪花豔豔更同雲。蘇醒地肺萎枯脈，點綴天涯浩蕩春。九奏召和符氣數，六龍在御慶華動。帝功不有歸玄造，玄造無言跡已陳。

❶「鬧」，乾隆本作「閑」。

寄題許氏文會堂

四海交游萃一堂，講論不在泥篇章。知爲糟粕書奚貴，悟得筌蹄易可忘。染就恐緇羔域素，亂真休眩臘鞭黄。紛紛只詫三槐記，指擬功名付二郎。

次韻楊司業芍藥

寒沍深冬宿異根，發榮今日謝春恩。淺潮半醉流霞暈，清印初昏淡月痕。花下蜂狂成勝集，草間狼藉倒芳樽。紫芝興味亦如此，誰信京華有綺園。

次韻楊司業牡丹二首

誰是舊時姚魏家，喜從官舍得奇葩。風前月下妖嬈態，天上人間富貴花。化魄他年鎖子骨，點唇何處箭頭砂。後庭玉樹聞歌曲，❶羞殺陳宮説麗華。

---

❶「聞」，原作「閑」，據成化本、乾隆本、《元詩選》改。

又

公詩態度藹祥雲，綺語天香一樣新。楮葉雕鎪空費力，楊花輕薄不勝春。老成此日名園主，俊乂同時上國賓。樂事賞心涵造化，撥根未遜洛中人。

題某翁慶壽詩卷

平生真樂在田園，貌古心淳内外全。有子有孫天上福，無榮無辱地行仙。義方何意禄三釜，仁静收功壽百年。多少歌詩談盛德，翁應一笑寘牀前。

次韻寄揭浩齋

蘧使倉忙辦去船，目隨賓雁到南天。懸懸兩地懷冰鑑，袞袞諸公事貨泉。宇宙無涯悲往日，田園有興待來年。浩齋風月今何似，萬一分留肯獨賢。

送王國卿博士提舉陝西儒學

文公東北曾分陝，宣父西轅未到秦。百二山河應似舊，一千年事幾更新。雍田上上古無敵，髦士峩峩今有人。國子先生時雨遍，萬家烟柳露桃春。

題送耿子明還家養母序後

三十嫠居九十康，斑衣兒子鬢毛蒼。桃分仙實來西極，萱老春花瑞北堂。萬里遠遊雙足倦，百年終養寸心忙。蹇予風樹嗟何及，爲爾重歌不匱章。

題曹氏褒德集

蓬鬢蒼蒼適子孤，追揚父美孝如初。廉平一世文無害，醫治千家惠有餘。陰德將期駟馬蓋，多方已富五車書。阿誰能爲作佳傳，❶笑指空餅問粟儲。

曹彦禮易齋

先天河瀆龍馬出，中古岐山鳳鳥鳴。往聖一心開秘賾，來今萬世覩文明。❷能知身内有周孔，豈謂人間無邵程。三復曹君易齋説，名齋難處是難名。❸

---

❶「佳」，乾隆本作「家」。

❷「今」，原作「令」，據成化本、乾隆本改。

❸下「名」字，成化本、乾隆本作「明」。

題徐妻趙氏貞節傳後

爲夫終養志難酬，代戍無丁重有憂。家地雖寒兒可待，所天或二妾誠羞。堂堂烈婦道應爾，衮衮文儒説未收。誰輯世間貞節傳，品量特筆擬春秋。

題徐威卿學士贈吕子敬總管三詩後

薦賢學士久黄壤，投老使君猶緑眉。處處甘棠思美政，言言華衮見三詩。他年循吏誰能傳，當日行人口有碑。厚施在民應厚報，天教上壽過期頤。

壽　詩

貳公弘化得真賢，妙斡陰陽爕理權。千載台星應申嶽，一時臘雪瑞堯天。豐登氣象人皆睹，參贊工夫世莫傳。又起初元壬子曆，年年皇慶太平年。

途中代東監學僚友

疇昔何曾三宿戀，如今已是四年淹。朝廷禮意不相薄，朋友歡情殊未厭。日月無私光普照，烟霞有約分應潛。歸衫鳥㖿花香裏，處處春風動酒帘。

朝回再次韻

風吹儷樂下瑶臺，閶闔中間翠輦來。雲擁紅光千丈遠，日行黄道九天開。百官星拱環金闕，萬壽雷聲進玉盃。已覩太平新氣象，四方犴獄長春苔。

題簡齋陳參政奏藁後有跋

君臣密勿紹興中，文物依稀貞觀風。三幅奏篇存雅製，諸家題字總名公。已聞玉匣人間見，空想銀鈎天上工。百八十年如一夢，摩挲遺墨視夢夢。

紹興參政簡齋陳公奏藁三幅，其一謝御賜臨王羲之玉潤帖，其二爲奉旨辨歐陽詢書真僞。淳熙、紹熙葛、周、洪、尤、謝、楊、章、樓，以至慶元、嘉泰、開禧諸名公題跋者，凡十八人，蓋百八十年於兹矣。澄得肅讀，感慨繫之。臨川吴澄謹書。

次韻酬劉監簿

本來麋鹿樂丘山，何事駑駘絆杙桓。胥矣西疇趨東作，偶然北海便南摶。道邊老木留遺蔭，江上清風動去瀾。君向洞庭找彭蠡，水天萬頃共清寒。

題御史謙齋瑞竹卷

相君遺下公安種，御史重開私第祥。幻作靈根長枝葉，❶顯教清節傲冰霜。貞心匹配朱家栢，餘蔭依稀召國棠。如是四時如一日，共看耐久保青蒼。

次韻息窩道人遠寄二首

飲罷金盤玉露杯，和陽消息到寒梅。月華夜照崑崙頂，雪浪春融灩澦堆。此事一行嗟便廢，迷途未遠幸歸來。高齋久久高人跡，砌面重重封緑苔。

又

參同遍萬復同千，早見師兄發秘傳。❷小智詎覘海鵬化，大方應笑野狐禪。息窩對榻知何日，衲被蒙頭記昔年。只作平常不奇怪，金光明藏聖功員。

---

❶「幻」，成化本、乾隆本作「潛」。
❷「師兄」，成化本、乾隆本作「先生」。

吴文正集卷九十六

元吴澄撰

韻　語七言律

送人遊武昌

丈夫落落志四海，俗士拘拘守一途。羡子春秋當壯日，結交豪俊必通都。孤舟驚浪千堆雪，片紙長江萬里圖。歷覽山川俱遍了，歸來我欲問今吾。

送談星命者往武昌❶

而父當年挾策遊，高談雄辯藐王侯。世傳法筏得三昧，妙悟圓機説九流。七緯合離天漠漠，百生禍福水浮浮。唯應黄鶴樓前月，照古今人春復秋。

❶「昌」，原作「曲」，據成化本、乾隆本改。

贈僧遊廬山

安安穩穩萬年枝，更覓禪林何處栖。夜雨葛籐新長蔓，春風柳絮未沾泥。擬將江水一吸盡，要與廬山千仞齊。若問西來祖師意，家園枕上曉鶯啼。

贈羅心遠

抛却儒書出四馳，談星説數舌如箕。言言微中人争慕，落落多奇子自知。海内清平應大遇，溪邊邂逅適今時。轉鈞造命非吾事，欲贈無財且贈詩。

贈杏林吴提領

董仙採石頻收穀，石子成名亦悟真。重見杏林林下客，賸分梅嶺嶺頭春。一心惻惻生慈憫，萬命懸懸正苦辛。我欲乘風問良相，急投刀匕活疲民。

寄題饒氏西園

近拜陸祠過東館，遥聞饒氏有西園。參天喬木遷年代，❶遍地名花遺子孫。雪檜霜松期歲晚，露桃雲杏趁春暄。我生亦坐林泉僻，何日飛來共一樽。

贈談命人熊景仁

畏日蒸蒸汗沃漿，忽移熱惱作清涼。定非戰國談天衍，疑是仙家縮地房。小住百年聊戲劇，大超萬刧有真常。眼前富貴飄風耳，此命堅牢最久長。

追補楊唐州挽歌

清風奕葉盛簪纓，共歎君侯好弟兄。家難未平千載恨，州麾豈羨一時榮。樹風夜撼凝香寢，薤露朝騰載路聲。報施如今天已定，鳳毛進進九霄程。

---

❶「參」，原作「象」；「遷」，原作「千」，併據成化本、乾隆本改。

與郭友仁

賣得詩珠擬療貧，傾家豈意爲陪隣。逃亡已不升新穀，貪取猶將過百囷。門下有誰能市義，里中無處可依仁。争如跳出樊籠外，粒粟應藏自在身。

贈地理鄒晞陽

單衣隻影苦羈棲，至寶携持欲向誰。剛有天資剛有志，善談地理善談詩。王門海闊裾徒曳，寒谷春遲律試吹。認得田園真樂處，歸來堯舜是吾師。

和元夕觀燈

霞珮翩翩禮太清，星毬燦燦簇華燈。恍如天上通明殿，豈是人間傀儡棚。仙樂風飄琅韻遠，❶御爐烟裊異香騰。新年共慶春和早，屋瓦無霜水不冰。

❶「琅」，原作「浪」，據成化本、乾隆本改。

和陸景薦二首

自有人心百世公，義門舊地築新宫。寒霄宇内千蹊黑，宿火爐中一燼紅。我信先生猶不死，誰知衆異總相同。悠悠此道今如線，無質空存斲鼻工。

又

陸家賢胤世情疎，頗或憐才命載車。皜皜曾聞濯江漢，亭亭詎肯染泥淤。静觀天下輪雲事，珍貯胸中祖父書。一任歸車徒四壁，❶知君斷不效相如。

次韻别文穆

曾憶真賢也屢空，身貧心泰未爲窮。山中得得逢初雪，筆下超超擬變風。更有來今千載事，可無往古十分功。相期不盡輪囷意，行色催人子又東。

❶「壁」，原作「璧」，據成化本、乾隆本改。

和答枝江令何朝奉有序

枝江知縣何朝奉，在桃源別墅有詩貽贈，時予服道士服讀書巴山之陰。❶何詩末句云：「泗上簪冠終不作，子房久矣赤松遊。」用韻奉答四首。

弱柳疎桐不奈秋，蒼蒼松柏自難儔。向來花縣留遺蔭，今去桃源卜一丘。無計參承空有慕，有言貽贈敢無讎。詩才雖短猶能賦，何日山林得共遊。

又

生平闒老凛如秋，一旦番成老氏儔。晉士無心入蓮社，楚纍有興托丹丘。遁身詭姓聊依附，詖行淫辭甚寇讎。土木形骸雖混俗，高人靈府與天遊。

又

戰國于今幾百秋，韓臣有子莫能儔。傷心牛後資談柄，拉淚虎前成故丘。❷袖鐵沙中非失計，授書圯

---

❶「服道士服」，成化本、乾隆本作「寄跡道觀」。

❷「前」，原作「許」，據成化本、乾隆本改。

上詎忘讎。❶ 籜冠縱有興王分，良豈甘從赤帝遊。

又

世無孔子作春秋，良遂儕諸平勃儔。天授雖然遇龍德，棧燒終是首狐丘。非爲漢用爲韓用，既報秦讎報項讎。不是功成身始退，早年黄石已從遊。

送李春谷往受道籙二首

龍虎山中紫翠烟，青精顔色四時妍。桃枝慣見枝成實，蓬海空聞海變田。五斗米仙真有道，一神樓藥豈無緣。秋風吹緑茂陵草，的的黄金飛上天。

又

翩翩佳客破炎蒸，陡覺清風四坐生。敗道未平仙鶴卯，前知應笑野狐精。最多能後成諸幻，❷不二門中只一誠。此去偏參方外了，歸來孔壁日星明。

---

❶「詎」，原作「遽」，據乾隆本改。
❷「後」，原作「候」，據乾隆本改。

貢院中和張仲美

墻外浮屠壓古城，案頭文字浩縱橫。不辭霜鬢年華老，又辦天朝歲貢英。秋隴故園迷蝶夢，曉窗客枕厭雞聲。何當孺子亭前去，省想高風浣俗情。

九日登樓

黄葉黄花競獻新，德星來聚此相親。雲烟暮色樓頭眼，風雨秋聲客裏人。詩興悠悠千載事，酒盃盎盎一時春。共期白首各自愛，莫負乾坤八尺身。

貢院校文用張韻四首

棘圍校藝日如年，生怕談經説用燕。執筆敢矜修月手，稱心得似順風船。鑑衡遇物元無意，竹帛書名固有天。裁決至公還似樂，賡詩何惜費長箋。

又

文弊東都六百年，初唐猶似説張燕。障川亦有回瀾手，航海應無到岸船。韓祖蘇孫星北斗，周情孔思日中天。與君共此談生事，❶弊帚千金一幅箋。

又

水驛相逢記昔年，長蘆飛雪暗全燕。棲遲闕下長聯步，顧望山中各問船。一去幾經槐國夢，再來共對菊花天。此行又別何時會，倘有賓鴻數寄箋。

又

與君相聚各耆年，世路從渠自越燕。元不東陵千户食，底須西子五湖船。牛刀綽綽存餘地，雞甕區區看隙天。似此唱酬亦云樂，賸磨濃墨寫吴箋。

和韻雙頭白蓮二首　伯夷名允叔齊名智❷

花中君子志同芳，簪合蕲流百世芳。允智雙清恥周粟，皇英競巧繡虞裳。房蜂共蒂各生子，囊麝連臍不斷香。絜白二難相伯仲，難分誰苦又誰良。

❶「事」，原作「活」，據成化本、乾隆本、《元詩選》改。
❷「二首伯夷名允叔齊名智」，十小字原脱，據成化本補。

又

花神亦有弟兄行，幻出亭亭並帶芳。二佛同敷獅子座，三閭賸集大夫裳。金莖單捧雙盤露，玉笋匀分兩臉香。❶肥白陳平羞獨美，齊名要共一心良。❷

彭澤水驛和虞脩撰

此非元亮幽居處，而喜亦無車馬喧。澍雨一時蘇鬱熱，流風千載挾清寒。秋田舊治民猶昨，柳岸新亭客避煩。江面波神應冷笑，曾聞容膝可偷安。

登孤山有序

延祐五年秋，與伯生脩撰憩彭澤水驛。值江州推官畢侯來審囚，❸棹舟登孤山，有彭簿、劉尉同遊，因賦五十六字。

---

❶「匀分」，原倒，據成化本、乾隆本乙正。
❷「一」，成化本作「腹」。
❸「囚」，原作「因」，據成化本、乾隆本改。

三十年前東下時，開篷曾賦小孤詩。風濤如許相衝激，天柱迄今無改移。長願江流平似鏡，坐看舟客去如馳。悠悠此日登臨意，付與潯陽循吏知。

題彭浪廟

絶岸孤峯已是奇，彭浪對立儼相持。海門第一關如此，山崦幾多人未知。險勢蹁來似平地，安心贏得賦新詩。長江渺渺東流去，會障狂瀾更有誰。

重題峨眉亭

一亭突兀枕嵳峩，此地曾聽月下歌。天上謫仙歸去了，人間行客重來過。荒荒宿草横丘隴，浩浩遊魂幾浪波。二百餘年招不得，溯流赤壁問東坡。

次韻答謝玉溪求墨

點染曾需帝闕香，歸來誰復寫凡將。已慚友我無餘潤，❶那得分人有寸長。天與玄玄傳道妙，時看皝皝發文光。相期共印千年事，遲鈍研磨不要忙。

❶「友」，乾隆本作「交」。「潤」，成化本、乾隆本作「閏」。

用韻酬梅月翁二首

梅如冰玉月如杯，月十分清更着梅。湖海舊盟鷗鷺社，田園晚趣鶺鴒堆。誓將結屋鄰翁住，喜見携詩爲我來。何日得同花下飲，不妨醉倒卧莓苔。

又

踏遍東南路幾千，詩名少日已喧傳。老成更誦河亭句，脱透真如曹洞禪。尋究宗親知共本，挨排行輩肯忘年。尚期分我梅花月，生怕羅浮夢未圓。

癸丑生日次韻酬黄山長

擬進華筵酒一鍾，將行復止謾匆匆。先天愧我十年長，初度偶然正月同。政爲蓼莪懸講榻，又傳梅使寄東風。有懷不寐夜參半，熠燁文星麗碧穹。❶

---

❶「燁」，原避諱作「燿」，據明初刻本、成化本、乾隆本改。

寄題胡氏園趣圖

地偏車馬少行蹤，天闊雲烟萬里通。本本芥菘饜宿雨，年年桃李媚春風。孰賓孰主園如昨，人去人來趣不同。我亦謀歸理荒徑，寄詩先到峴臺東。

次韻魯司業二首

麗日中天下照臨，太平有象適當今。睿容穆穆崑崙厚，聖度淵淵渤海深。❶忠藎世臣弘相業，敷陳治道格君心。小儒忝綴班行末，咫尺龍顔奉玉音。

又

天聽雖高肯俯臨，上稽往古證來今。覆盆局促難瞻遠，短綆尋常詎汲深。野老無知進芹味，朝賢有喜見葵心。優優教冑歌詩暇，遺我簫韶不盡音。

❶「海」，成化本、乾隆本作「澥」。

澧陽通濟橋

涔溪南北往來衝，纍石成梁濟不通。兩岸步行三十丈，二年力役百千工。蒼茫喚渡閑飛鷁，夭矯橫空覩卧虹。朝錫佳名史官記，人人傳誦謝家功。

題敗荷并序

聞中丞相公有敗荷詩，❶甚工緻。不見初詩，見諸人和篇一二，依韻謾成一首，録去請教。

嬌紅久失六郎張，黛緑殘粧更遇霜。照影有慚同敗卒，返魂無計覓巫陽。三生傾蓋成憔悴，一半披衣墮混茫。畢竟明年青不改，依然十里遠聞香。

贈游遜仲有序

曼湖游遜仲，有恒産，有恒心，又兼通伎術，❷能相地之形勢，察人之脈病，贈之以詩。

兒孫大旺皆因地，性命常存亦在人。一樣機關一同巧，兩般伎藝兩通神。虚虚實實穴易悮，隱隱隆隆

---

❶「詩」，原脱，據乾隆本補。
❷「通」，原作「道」，據乾隆本改。

脈要真。家富千金又能此，此金無價永隨身。

方塘詩爲匡廬山陰學道之士朱清逸作

億刼廬山有活泉，❶幽人鑿地敢偷天。縱橫四直可半畝，上下一清藏大圓。真景渟涵雙日月，幻形變滅萬雲烟。塵飛風起渾不管，此處無波只湛然。

贈楊醫士❷

飽聽人稱李與張，名聲新起趙州楊。已諳本草攻奇疾，更遇長桑得禁方。一刺能逃癡豎子，十全當貳大醫王。汗顔寸技無知者，日月看題檢藥囊。

贈洪均

洪門自昔推三秀，族子於今守一經。拂日能來瞻北極，乘風送去到南溟。發身散地頭方黑，當路群公眼爲青。我在燕雲指吴會，書燈光射斗牛星。

---

❶「刼」，乾隆本作「仞」。

❷「楊」，原作「陽」，據乾隆本及正文改。

題豫章紫極宫太古樓寄余傅一道士

經今億萬大千刧，猶似天開地闢前。一物亦無惟混沌，幾時方有此山川。乾坤謾自羲皇始，宗祖應推象帝先。八達四通昭曠眼，昏昏杳杳入玄玄。

雪巖詩

木長柔枯草長籐，❶鳳凰岡下老雲仍。清名寂寂無名叟，白髮蕭蕭有髮僧。晴霰撒珠泉噴薄，暮烟凝翠石崚嶒。寒山生怕人饒舌，唤作雪巖渠不譍。

贈相地者

葬術相傳自晚唐，曾仙名姓至今香。已看後輩成前輩，誰把青囊换黑囊。群護降龍來宛轉，四横朱雀去悠揚。此言易簡人人曉，妙在旁搜得秘方。

---

❶「枯」，《元詩選》作「枝」。「籐」，成化本、乾隆本、《元詩選》作「藤」。

贈術者

來過有客急延茶，道是江湖伎術家。身瘦恍疑華表鶴，眼明會捉草中蛇。巧思十畝淇園竹，麗句三春閬苑花。似此多能應不困，佇看天上泛仙槎。

壽周栖筠

家傳茂叔易通書，年與羲皇卦畫符。貞下起元相續續，一中生萬又初初。儼然大帶深衣客，伴此先天太極圖。又喜歸來隣叟健，❶手持壽酒慶新居。

贈金精丁葬師見丁氏家藏使重書墨蹟

蕭田勝事億冰崖，丁族聯姻亦盛哉。疇昔笙臺鳳飛去，只今華表鶴歸來。雲霄萬里心仍在，城郭千年塚可哀。玩世玄機饒戲劇，混凡仙眼爲誰開。

---

❶「又」，成化本、乾隆本作「大」。

又

伏羲作卦伏羲重，❶傳到丁家易遂東。俯察根原該地理，遠延支派擅天功。節停去水便卑澤，蠱壞來山忌内風。二五正當生氣聚，錦囊有法葬其中。

又

古哲安墳遺舊蹤，後人得術紹真宗。毒眸遠賽天邊鶻，健足生拏地上龍。何處無神司采擇，誰家有福定遭逢。結廬亦欲娱吾老，試爲雲間覓一峯。

金精丁氏昆仲甚盛，皆以相地之術及吾門，先祖嘗贈之以詩。蓋其術得之家學，非若他人之獵取遺書、妄自矜大以售其欺者，故贈詩致託之之意焉。仲偉重來，先祖棄諸孤已三年矣。當以未終襄事日夕爲憂，伏讀前詩，益重哀痛，故書。諸孫當謹識。

❶「伏羲作」，原作「金精排」，據明初刻本、成化本、乾隆本改。

吴文正集卷九十七

元吴澄撰

韻語五言古詩

次韻湖北程廉訪使歲寒亭亭在黄鶴山下有栢一株竹數莖❶

黄鶴飛不回，蒼栢乃小住。千年歲寒姿，深藏翳榛蕪。偶然剔荒穢，幽意畢呈露。生來本孤特，❷彊使此君附。❸作亭以面之，相對澹無語。雖蒙新知厚，頗若違余素。人間無霜雪，天上有雲霧。政恐挾風雷，一夕化龍去。❹

❶「訪使」，原倒，據成化本、乾隆本乙正。
❷「來本」，原倒，據成化本、乾隆本乙正。
❸「彊」，原作「疆」，據成化本改。
❹「龍」，原作「雷」，據成化本、乾隆本改。

次韻南皐避暑

淋淫兩月雨，悶悶鬱奇思。❶翕赫數日晴，熇熇焮厚地。炎凉與燥濕，今昨頓殊異。紅塵況囂雜，清抱虞點穢。可人忽來期，出郭聊巧避。倏然遺俗氛，劇談到名理。頗訝猶龍翁，以身爲大累。要知悟道人，隨處得佳致。有人傾家釀，不飲心亦醉。西日翳翳沉，南風飄飄至。之子玉雪標，世德罔失墜。能效工部吟，肯遜柳州記。斯文千載事，曠代一角瑞。莫逆只自知，旁觀等容易。孰識斲輪工，妙在不傳意。風雩詠歸辭，聖者興歎喟。從來山水樂，獨許仁且智。高視曠然寬，幽尋奥然邃。會心各欣欣，如口有同嗜。嗣當賦兹遊，附入羅阜志。

次韻靈興避暑

書窗候曙色，紙白朝復朝。自聞雨聲斷，不厭日氣歊。一襟夏籟爽，萬慮春冰消。空中九畹香，飄下襲桂椒。夜堂月影清，劇談神境超。曉轡露蹄濕，前瞻天宇昭。靈峯存舊迹，方士構新寮。共尋幽棲勝，未計歸程遥。忽悟種植理，嘉禾生柔苗。回眸睇仙娥，示以髣髴髾。叩頭禮阿母，賜以婉婉嬌。黍炊邯鄲枕，樹響箕山瓢。食已問前路，征人趁良宵。此時别緒惡，風纛寸心摇。明晨喜機動，霞暈雙臉潮。夢云蘭茁芽，

---

❶「悶悶」，原作「閟閟」，據成化本、乾隆本改。

驚見梓附喬。先期命桐君，❶爲子歌椒聊。登閣望芙蓉，麻煙起蒸窯。懸如父問子，笑語谷口囂。親歡怡怡奉，客話款款邀。廣厦足清美，高田尚枯焦。萃翁納溝愧，長願陰陽調。彼哉隔胸膜，豢養秪自驕。誰憐作苦者，塵甑午腹枵。道眼洞一視，仁聲徹層霄。脱除小稟臼，蜕殼非蟬蜩。

贈清江楊信可

往年踈齋老，同看廣陵春。起予五君詠，字字春條新。歸來西江上，始識詩中人。騷人已千載，此土遺蘭孫。吾里吴仲谷，詩格逼盛唐。視子倡酬篇，與子鴻雁行。❷有文更奇古，腹笥儲三倉。清時需髦士，佇子天際翔。

餞王講師分韻得波字

夫君鸞鵠姿，早蔭青青柯。天風忽摇落，匿影逃虞羅。堂堂少微翁，闊視海一蠡。閩山初識君，有如歐得坡。違離十年餘，契義矢靡他。揭來漳江濆，❸千里重經過。青眼兩熠燿，白髮各挪抄。朝飲共談諧，夜

---

❶「命」，《元詩選》作「合」。

❷「子」，成化本、乾隆本作「之」。

❸「揭」，原作「竭」，據成化本、乾隆本、《元詩選》改。

燈對吟哦。交情政爾歡，别意今如何。謂有神官招，道妙相縷覼。去去不可留，船頭漾春波。寅軒窗外月，清夜照薜蘿。頹然一翁老，顧影獨婆娑。我欲丐賸馥，亦復成蹉跎。目極象山雲，仙巖太崒峩。❶幸君勿我遺，頻寄别後歌。

題詹澗草蟲

夏躍難語冰，秋吟豈知春。生不一年計，百年影如新。澗翁今何之，見此不見人。諸孫視予笑，伸紙一拂塵。

題熊生篆卷

隸輩趨捷巧，人文浸湮沈。條綱竟昧昧，刀筆漫刻深。自熊氏之孫，夢寐史頡心。姓名儻可托，一字當千金。

送謙山大師歸吴興

得此方外友，知是吴中奇。圓機坂流丸，盎盎春浮眉。偶坐竟日談，聽之每忘疲。倏來謂予去，倚閭有

---

❶「太」，成化本、乾隆本、《元詩選》作「岌」。

親思。如何初相滅，不滅初初彝。信矣佛性大，欲離不可離。歸語趙學士，一笑問何其。

題孔知府致仕❶

賢哉孔大夫，年老勇歸去。❷喬木嘯清風，寒花醉香露。東門瓜蔓長，南國棠陰故。循吏好兒孫，餘輝滿庭户。

談經次韻夏編修

六經在天下，浩瀚若河漢。東流竟日夜，萬世資溉灌。❸遼哉去聖久，原遠末益散。競持郢書説，孰别魯鼎贋。鷄鶡物之微，猶自了晨旦。云胡有目人，莫覩星宿爛。新安巨子出，豪縷密分辨。嗟予童而習，弱質少勇悍。續綆鈎其深，事倍功未半。吾鄉有奇彦，京國逞縱觀。顧予蘁夢中，快甚湯液汗。❹妙句發心聲，嚴嚴氣魁岸。相期五色瓜，剖實得犀瓣。

---

❶「題」，成化本、乾隆本作「贈」。

❷「年」，成化本、乾隆本作「投」。

❸「資」，原作「貪」，據成化本、乾隆本、《元詩選》改。

❹「快」，原作「怏」，據成化本、乾隆本、《元詩選》改。

寄董平章

偃蹇百圍栢，受命雄以剛。常時飽雨露，晚節輕風霜。昂昂參天質，鉅任堪棟梁。工師不敢材，千歲保青蒼。太行千里青，突兀天下望。偶然興雲雨，變態未易狀。神功寂如無，日月共澄朗。相期天久長，爲世作保障。天空澹無雲，熒煌泰階平。太微有垣衛，今近少微庭。俯臨自炯炯，仰瞻漫瞢瞢。中宵狼北望，南極一星明。

送楊志行赴閩海照磨效其體

負疴出京華，❶息擔憩江介。邂逅玉雪姿，乘陵塵囂外。❷嘉名昔屢聞，良覿今一快。談諧每欣豫，晨夕數期會。藉此慰羈孤，明將倏離北。❸天書下司臬，海嶠備寮寀。陽烏方赫曦，驛騎促徂邁。❹去矣君勿留，❺懷哉我奚賴。

❶「疴」，成化本、《元詩選》作「痾」。
❷「陵」，原作「堎」，據《元詩選》改。
❸「明將倏離北」，《元詩選》作「胡然倏離背」。
❹「徂」，原作「俱」，據成化本、乾隆本、《元詩選》改。
❺「勿」，成化本、乾隆本、《元詩選》作「弗」。

題四皓圖

皓首出山來，從容定儲宮。儲皇已御極，論賞將誰同。飄然拂衣去，詎敢貪天功。飽茹石上芝，坐蔭巖下松。商顏鬱嵯峨，千載餘清風。

贈無名名理太古

饒陽太古父，事事追太古。宋相文正公，世近未足數。堯時大理官，庭堅乃吾祖。弦操羲皇琴，筆繪虞帝黼。詩和衢童謡，字通頡史詁。落落眼中人，此事今莫伍。雖然君四伎，猶墮諸有罟。厥初無名名，聽視兩聾瞽。誰哉鑿七竅，而以閲衆甫。復還太古天，予欲混沌汝。

送涂君歸淛

昨歲抱琴來，今兹抱琴去。委質隨長風，斷蓬與飛絮。一家蠡湖南，一住西湖東。兩地各繾綣，寸心漫怔忡。浮雲豈無依，倦鳥亦有棲。迎門穉婦笑，索果嬌兒啼。歸裝春袖薄，荒徑春華落。理曲到求凰，何人悲別鶴。

代柬曾小軒謝馮筆蠟紙之貺❶

柬縛中山豪，寸管入時操。幾微見鋒鋭，可敵古鉛刀。江人有妙悟，匪直取價高。坡公詫葛吴，蔡藻朱所褒。邇來浙西馮，聲實相朋曹。小技足名世，屠龍空自勞。

又

變化惡木膚，用舍堪卷舒。蜜脾百花精，漸漬鍊治餘。外理透中黄，滑澤玉不如。❷甚慚負此寶，誰解鍾王書。心藴托手畫，聊以傳吾徒。雖然是糟魄，糟魄未容無。

又

玉堂揮翰手，歸賦田園居。窗几淨無塵，四友日與俱。分界墮深谷，光輝潤蓬廬。森森春筍齊，澮澮秋雲鋪。方今圖治棘，任使正爾須。顧我焉所用，卑身註蟲魚。

---

❶「柬」，原作「東」，據成化本改。

❷「滑」，原作「骨」，據成化本、乾隆本改。

贈趙法師

公明師閩徐，禁架妙一世。夫君得奇術，豈其遠苗裔。符呪撝呵間，立已衆疾癘。金針刺畫影，火炷灸衣袂。凡目向故常，詎測此神異。小儒亦驚駭，泚筆不敢議。喚起范蔚宗，亟與續方技。盛年倘遭逢，榮顯軋五利。

贈人求賻

德甫死數月，❶家貧不能葬。其子泣告予，聽之爲惆悵。予謂其子曰：今日汝宜往。汝父在世時，滿眼知識廣。高閎慣奔走，所事盡豪爽。資財既饒裕，意氣亦倜儻。故人之子至，寧不動念想。生死見情誼，真實非勉彊。❷應有郭元振，錢送幾萬鏹。應有柳仲塗，金餽幾千兩。堯夫清廉吏，麥且五百鑲。❸子瞻酸寒儒，❹絹且四十丈。彼但抽氊毛，此已歸泉壤。汝其試扣門，佇看賻盈帑。予助嗟薄少，忝作汝父黨。蘇詩

---

❶「甫」，成化本、乾隆本作「雨」。

❷「真」，原作「直」；「彊」，原作「疆」，併據成化本、乾隆本、《元詩選》改。

❸「鑲」，原作「盎」，據明初刻本、成化本、乾隆本、《元詩選》改。

❹「子」，原作「阮」，據明初刻本、成化本、乾隆本、《元詩選》改。

贈季明，鄙語謾相倣。

題唐隱士盧鴻十志圖

嵩高地中區，下有隱者廬。兩徵堅不起，一至終不渝。好爵等浮雲，還歸對生徒。官爲營草堂，殊恩耀山隅。爾來數百年，十境入畫圖。之子服儒服，浸淫老莊書。翛然有仙意，生白一室虛。三宿戒凝戀，十境亦可無。

題周御史所作梁氏貞節詩後

婉娩梁氏子，蚤歸趙州王。芳年未三十，所天遽云亡。煢煢無一息，自誓如共姜。斬苴三年終，死穴期同藏。姑存養必孝，姑没哀逾荒。服不施鉛華，❶步不出閨房。當路上其事，煒燁門閭光。客聞視父譽，一字三惋傷。知子莫若父，事覈言有章。貞詩御史筆，凛凛風四方。

贈純真張道人

深深息納踵，綿綿神在谷。小心龍護珠，大用龜藏六。閤户坤吝嗇，殺機天反覆。解牛中恢恢，頤虎外

❶ 「鉛」，原作「途」，據成化本、乾隆本改。

逐逐。尺箠可萬世，❶衆輻唯一轂。於粲通行仙，不緇澆僞俗。朝乘丹霞飛，暮傍青雲宿。厭食羊千蹄，縱談鷄三足。長身白瓠美，短髮黑漆沐。取數已多多，成事非碌碌。風馭先赤松，雪歌後黄竹。來階石曼卿，往候張平叔。

題畫蘭

孤芳愜遐趨，婉娩媚幽人。清露浥脩竹，柔風弄繽紛。嘉名誰肇錫，副墨傳千春。欲起黄大史，問之楚靈均。國香人服媚，可佩亦可紉。猗猗空自香，玄聖爲悲辛。騷人久不作，舉世鮮識真。哀哉化爲茅，誰與招湘魂。

江西秋闈分韻有序

延祐四年秋，❷江西府中書省欽奉天詔第二舉進士。典校文者七人，或居千里外，或居千里内，一時麇至，❸來集于兹。晨夕相親，亦云樂矣。其將别也，能無情乎？乃九月九日，開尊暢飲。登樓遠眺，秋

❶「箠」，原作「莖」，據成化本、乾隆本改。
❷「秋」，原脱，據成化本、乾隆本、《元詩選》補。
❸「麇」，《元詩選》作「麏」。

意滿目，悠然興懷。酒闌，以「日月依辰至舉俗愛其名」爲韻，各賦古詩一首，爰記良辰會聚之樂，且抒異日離索之思焉。

一天秋意滿，淡泊散微霿。覊棲滯公館，朓朒忽已再。佳辰遘九日，節物兩冥昧。東籬黄花吐，應笑我安在。天網罩群髦，驅使及我輩。白袍蟻蜂聚，黑字蛇蚓態。居然三千牘，負以幾牛背。妍媸屬鏡鑑，踳駁混鉛黛。披條索其華，掇頡紛瑣碎。臨文費三思，撫几時一慨。❶皇心天廣遠，鴻澤海汪濊。猗歟際休明，光垢勇礪淬。誰能日鉏耨，沃衍有荒穢。繼今獲小成，力學期大耐。異時國君臣，彪炳麗昭代。此中斷金侶，清氣浮沆瀣。繾綣膠漆情，頡頏璚瑶珮。忽謂歲華徂，❷共希賢哲配。道崇極所躋，厚德重彌載。❸臨別無媚言，努力各自愛。

登撫州新譙樓

至順壬申十有一月下弦之後，登新譙樓，緬懷王丞相、陸先生之流風，成古詩一章，奉呈同志諸友。

吾邦山水秀，雄麗冠江右。巍樓横中天，闊視納宇宙。懷哉二前聞，吸料得醇酎。身操冬雪明，心田秋

❶「時一」，原倒，據成化本、乾隆本、《元詩選》乙正。
❷「歲」，原作「水」，據成化本、乾隆本、《元詩選》改。
❸「厚」，原作「原」，據成化本、乾隆本、《元詩選》改。

月轂。運轉八紘鈞，❶繼纘百聖胄。純氣古難齊，卓卓尚微疚。嗟予二三友，高舉第一手。杵糜五色石，❷密補九天漏。

至順壬申十一月，郡新作譙樓，部使者、郡監若守，請先生觀焉。先是，先生以第三子京教授郡學，來就養焉。登樓後賦此，遂出城，竟歸其鄉。嗚呼！先生此詩之作，至於此，有不得而自已者矣。昔者曾子著《大學》之書，言修己治人之道，而《中庸》之書，則子思子憂道學之失其傳而作者也。後千有餘年，程子曰：周公殁，聖人之道不行；孟子死，聖人之學不傳。道不行，百世無善治；學不傳，千載無真儒。嗚呼！此豈可有幾微倍繆疑惑於其間者乎？陸先生、王丞相，寥乎天地之間氣，卓乎千載之豪傑，殆非臨川山水所得而私者也。然而臨川有如是之父兄君子也，豈他郡之所可望哉！吴先生「微疚」之言，蓋有概於先哲之所深憂者矣。明年六月，先生卒。嗚呼！此集之所謂至於此而不得自已於言者乎？先生之門人袁明善求集書此，因識其後云。至元己卯七月既望，雍虞集書。

❶「紘」，原作「紭」，據成化本、乾隆本改。
❷「五」，原作「無」，據成化本、乾隆本改。

吴文正集卷九十八

元吴澄撰

韻語七言古風

雪谷早行爲張允中作

路絶人蹤失關隘，槎枒老樹森矛介。兩間寥廓淨無塵，誰剪天花遍飛灑。風絮當頭零亂舞，兹遊浪説平生快。蹇驚瘦骨真耐寒，踏破鴻蒙新色界。應不是奇謨李常侍，❶夜發文城薄淮蔡。又不是直諫韓侍郎，遠謫潮陽出秦塞。面梨凍帖髭綴銀，❷何事催君早行邁。君不見，古昔閉門僵卧人，高似灞橋驢背償詩債。

❶「謨」，原作「模」，據《元詩選》改。
❷「髭綴」，原作「髮綴」，據成化本、乾隆本、《元詩選》改。

贈道士劉季榮并序

白鶴觀道士劉季榮，號清真師。生平以能碁遊四方，諸名公莫不敬禮。攜其所得贈言示予，就徵予作。師既老且貧，又無法嗣，若有不釋然者。爲賦長句，以開解之。時予移疾客劍江，寓清都觀。

清真劉師八十一，行脚一萬四千日。鶴身七尺臞而長，鶻眼雙明黑如漆。盛年狡獪稱善奕，覆下百子無一失。貴人達官争出迎，鉅軸褒辭總名筆。老來歸卧吴皐濆，蜜房春富飄餘芬。吾師掩鼻自顧影，齒牙半落舌空存。師曾一局春幾度，底用厭厭怨遲暮。算盡輸贏秖自誤，阿誰悟得碁中趣。一枰白黑都收去，試問虧成在何處。此碁不分三伯六十路，只是中間一□路，❶當其無處詳識取。❷

極高明亭

空中玲瓏八面窗，虚境純白開天光。山河幻影障不得，秋毫歷歷洞八荒。大鵬凌摩九萬里，九萬里下俱莽蒼。彼哉坐井窺管者，鴟鵂夜撮搶榆枋。❸向來東極産素王，嘗登泰嶽俯下方。雙輪日月萬古照，盲

❶「一□」，原脱，據明初刻本補。
❷「詳」，成化本、乾隆本作「師」。
❸「榆」，原作「揄」，據成化本、乾隆本改。

者不識庸何傷。人人具此上下四方眼，請爲拂拭聖孫心鏡三十有三章。

郭司令歸壽母

及親三釜亦云樂，違親千里寧不惡。養志雖分孺慕癡，愛日宜逮春暉時。郭家弟兄好男兒，辭官歸來壽庭闈。慈顔歡笑引滿飲，幾年兒去今朝歸。

題東坡古木圖

當年眉山孕三蘇，曾聞眉山草木枯。長公拈筆作仙戲，老木槎枒動春意。信知造化在公手，一轉豪端活枯朽。此木一春一秋一千年，與公雄文峭字永久同流傳。

次韻楊司業

春夏華榮變衰歇，頹飈刮肌山露骨。騷人望秋悲泬寥，忽見小春梅蕋發。頓然喜氣排寒冬，不管天令嚴鈇鉞。古來蹈道如蹈水，與汩與齊偕出没。坐中白晝對羲皇，門外黄埃自城闕。只憐郭樸註蟲魚，或誤蔡謨啖蜞蠘。争似冥冥雲翼遠，静看滑滑霜蹄蹶。公桑十畝邇洙泗，我菊一區連楚越。懸知真樂在曲肱，到處扁舟堪散髮。我能振袂從公遊，分我南溪半風月。

題劉秘書贈劉德明字説後

劉仙校書天禄閣，宦情一似晴雲薄。三載歸來鬢漆黑，高談空中響雷雹。楊子江邊槐柳濃，散髮薰風小盤礴。笑傲月林清絶處，窗户重重啓關鑰。吾家先生此行窩，歸夢未須繞衡霍。枕中鴻寶我秘書，驚倒伊人得家學。贈言勗汝明德明，三百明珠光錯落。夜深持向月下讀，林外夔魈千里却。不要青藜太乙燈，自有萬丈流輝照寥廓。

題羅漢過海圖

阿誰解衣盤礴羸，作此中乘第一果。等閑地獄駭屠沽，如許風波無不可。巨浸彌天靈怪百，❶現前幻境元非我。騰踏逍遥容易去，只有虚空無障裹。般若岸，金剛山，超登只在霎時間。爲吾説與諸尊者，更有海門關外關。

❶「浸」，原作「境」，據成化本、乾隆本改。

奉還師授小藁

張家兄弟真真難，❶天才患多不患慳。好詩一百三十首，❷高人擬删不可删。聯篇累句採摘出，奚止窺豹見一斑。丹霞皓月浸秋水，青烟緑樹明春山。神情飄飄已天外，蹤跡落落猶人間。如何塵中著此客，問駒吾欲叩九關。

雪峯歌爲傅繼先作❸

廬山幾千仞嶙峋，上有五老仙人餐玉屑。玉屑多多餐不盡，抛撒漫空舞霏雪。幻成瀛海五神山，不假白銀作宮闕。玉清真境無色界，俯視人間俱蠓蠛。三冬玄玄獨皓皓，掩蓋群汙同一潔。從渠下土訝高寒，美酒小兒夸煖熱。頗聞廬峯景萬變，麗日融春秋霽月。亦有烟霞雲雨風，唯有雪天最奇絶。君不見，西蜀雪山半年凝不化，豈識敏手神機弄詠謪。又不見，東維箕尾百世留餘光，來此偷取五老仙人餐玉訣。雪中峯頂揖老仙，呵手一笑何年别。

---

❶「兄弟」，原倒，據成化本、乾隆本乙正。

❷「一」，乾隆本作「三」。

❸「繼」，成化本、乾隆本作「應」。

壽劉承旨并序

唯齋先生年登八袠，舊友江西吴澄寄詩爲壽。❶

去歲公年七十九，我共群賢祝公壽。今年公壽八十齊，我已還家在江右。江右望公五千里，坐憩音容如尺咫。❷我公歷遍翰苑官，八袠堂堂老承旨。公家壽域極天峻，彌仰彌高世增累。公前我後許躋攀，梯級已成因舊壘。公今具足五福疇，我更期公百不憂。蟠桃豈待三千歲，夜夢僊娥薦石榴。

湖口阻風登江磯山觀濤

狂風吹人渾欲倒，❸瑟瑟寒聲動秋草。捫蘿徑上磯頭山，萬頃江湖波浩渺。怒鱗雲鬣奔騰來，眩目快心千樣好。向曾觀海難爲觀，回首匡廬青未了。玄雲作帽深蒙頭，五老藏昂元不老。何時月夜水鏡淨，漭蕩澄虚納蒼昊。著我峯尖伴老人，坐看海東紅日杲。

---

❶「友」，原作「有」，據成化本、乾隆本改。

❷「憩」，成化本、乾隆本作「想」。

❸「人」，原作「入」，據成化本、乾隆本、《元詩選》改。

輔夫人慶八十詩

任南夫人八十歲，視明聽聰德温惠。子佐大梁丞相府，孫分千里諸侯寄。聯翩采服梅風暄，阿孫拜後子拜前。一時慶事實希有，此慶流衍端有先。任南公如朱絲絃，平反十九人不冤。高門車馬固餘事，福報泉湧來源源。宰屬瑚璉白玉堂，州君蘭茁初春芳。天然德器家之寶，未論品秩袍笏光。太常序筆焕瓊玖，翰林李家詩老手。盛事喧喧閭里傳，傳之他日鄉青編。我曾有堂號三樂，人羨人誇難强學，如今回顧只漕然。畢竟蹄豚盃酒祝穰田，❶多公一門母賢子賢孫又賢，賢德所萃天所憐。天所憐，慶綿綿，年年此日開壽筵，從今八十可至八百更八千。

題劍池驛樓詩舊日寶氣亭今撤而爲樓

雙龍飛去已千年，斗間紫氣夜黯然。却今往往來來客，坐閲朝朝暮暮船。天地與亭俱傳舍，舊毁新成更代謝。舊亭不見見新樓，新樓誰作今州侯。州侯温温廊廟姿，三年涖政民不威。政成遺惠及賓旅，又與江山發新趣。昔舊今新新復舊，劉郎去後何人胄。樓新樓舊謾勞心，江光山色只如今。著我憑闌觀水逝，遊目兩間尋寶氣。猗嗟世上無張雷，有鋏莫彈歸去來。

❶「穰」，成化本、乾隆本作「禳」。

題女真調馬圖

此是女真調馬圖，百年盛氣豪中區。後來更有精彊者，覽圖撫事增嘻吁。上古神龍負圖出，豈必驅除須此物。誰其却之服糞車，欲畫此時無此筆。

次韻蘭谷柬寄❶

子行過此不少屬，翩然一葉東下舟。聞之追及鄧林觀，望極黄州洲外洲。❷觀邊得憩皮氏館，出子詩句談因由。五峯新月曲如鈎，同觀有客可人不。早還赴我避暑約，約到仰山山頂頭。

次韻玉清避暑 二首

廛西水北有佳處，五月六月泠泠風。移將上界清淨下，豈與塵世熱惱同。❸若人睡厭黄琉璃，曉夢驚走紅守宫。起來忽忽動逸興，倒指疇昔閑過從。相邀采真無何境，嗒然熟視誰長雄。談邊了悟蟬脱殼，區

❶「柬」，原作「東」，據成化本改。
❷「州」，原作「洲」，據成化本、乾隆本改。
❸「與」，原作「爲」，據成化本、《元詩選》改。

中局促鳥在籠。盃行笑語各忘倦，西景徐射寶藏東。歸來賸帶煙霞馥，一眉初月浮高空。新詩追紀昨遊勝，泉思湧出清無窮。善觀慚我非季子，❶世業早已荒壽夢。況加白雪不易和，欲待他日不匆匆。坐間政爾揮白羽，門外又報來青童。和篇兩地一時至，燦燦星斗羅璇穹。旋温鑊湯抽繭緒，陡覺平陸生奇峰。擬代移文謝幕府，且卷片玉還冰翁。

又

至人逍遥隘八極，九萬里外淩剛風。山林畏佳亦可愛，❷隅于互答萬不同。塵囂近市那得此，清冷幸有仙聖宫。炎天赤日汗如瀉，美人邀我閑遊從。凉風颸颸披襟受，誰與宋玉論雌雄。飲酣頗厭斜照入，上訴欲借輕雲籠。❸晡時主客各散去，水南水北分西東。繞纏竟墮綺語業，轉頭未遣諸有空。碧梧公子逞秀媚，紅蓮幕賓欺寒窮。小心肯甘示晋弱，大膽一噱吞楚夢。綉段贈酬一至再，錦囊馳遞遽更匆。我才拆襪線苦短，如彼采木山已童。倦鶴低摧合鳴喙，有時嘹亮聲振穹。❹詩成滿意手自舞，漸覺黄點森眉峰。數

❶「季」，原作「李」，據《元詩選》改。
❷「畏」，原作「果」，據成化本、乾隆本改。
❸「訴」，原作「訢」，據成化本、乾隆本改。
❹「穹」，原作「空」，據成化本、乾隆本及同韻前詩改。

莖髭白撚未斷，覽鏡依舊皤然翁。

張道人開華蓋山路

我家紫玄洞天前，仰視天與山相連。❶ 羊腸詰曲石犖确，每欲飛上愁攀緣。道人可是堅願力，開闢大道坦坦然。一躋從此出世外，著我直透崑崙巔。浮丘握手莞爾笑，❷與子別去何千年。

和王講師食官長吉州俸米飯長句

公不見，鄭老襟期人未知，杜陵野客道是真。吾師豈嫌官冷飯不足，令人傳播坎軻詩。又不見，王子求僊未當癡，餐松啖栢自可永不饑。得浮丘公接引去，吹笙大醉真絶奇。如何白須縶頰黄塵裏，❸閩山千里趨江湄。怪事怪事一怪之，有鉢誰爲先生持。先生莞爾笑余陋，天涯海角只此藤一枝。片雲孤鶴任飛去，雙轂雙履不要推挽不要提。逢人得醉且共醉，烏論行藏久速宜不宜。主人肯與飯一匙，可三千載不語離。吉州米價何足問，東廣等處皆當爲。吾發運，充度支，我笑先生太貪饞，何異啼叫索飯兒。假饒便便經笥作

❶「天與山相」，乾隆本作「洞天與天」。
❷「丘」，原作「游」，據成化本、乾隆本改。
❸「須」，乾隆本作「頭」。

飯袋，舍衛大城千百十衆一食無猜疑。瀾翻三十二句偈，不肯割捨一飯恩愛將報誰，先生微笑面壁西。答云未可三十二相觀如來，吾言元非真語實語者，觀吾要在大寐不食無言時。

題柴氏悦親堂圖

柴宗貴戚昔嬋嫣，有后有帝已越三百年。柴氏孝行今延緣，有圖有詩又越三十年。貴戚幾時降爲庶，孝行百世芳猶傳。畫圖歌詩悉與草木腐，❶惟有彜性不泯長終天。晚周何啻一千五百載，至今人慕參與騫。後來史書亦立孝行傳，柴家子孫孫子尚勉旃。

詩十二韻留别治書相公干轉呈中丞相公

昔年曾在京華見，此日江干重會面。天然粹美金玉相，學力逾深筆逾健。帝分清廟瑚璉器，往正南疆十司憲。敬從厥長猶父兄，協比乃僚等朋援。務存大體已嚴重，肯作小才須燿炫。沉思聖代設官意，普愛遐陬若畿甸。爲恐螟蟊害嘉穀，年年遣使巡行遍。龔黄卓魯不多得，期扇廉風滿州縣。云胡百川漲渾流，宋子齊姜亦倡賤。閭閻耳目駭視聞，何道能令習丕變。一時栢府俱正人，潛運化鈞速郵傳。外垣執法終夜明，北望紫微遥睠睠。

---

❶「畫」，原作「與」；「與」，原作「畫」，併據成化本、乾隆本改。

曾君希轍以道法遊諸方徵予賦詩

神僊方伎曾聞語，道術根源誰作古。静守元神非寂照，動驅祖氣因想取。認將平地是煙霞，變幻晴天忽雷雨。有符坐制物魅伏，勿藥立看民病愈。嗟我侗顓殊未解，多君狡獪能如許。侍宸靈素今遠矣，好往諸方鳴法鼓。

玉霄詩贈玉成教諭❶

玉霄山人通身酒，淋漓醉墨龍蛇走。偶然山邊行一匝，攬取雲煙十之九。如何止分山半截，不謂此山可全有。歸來小立象山巔，俯視群山俱培塿。

八駿圖

陰山鐵騎千千匹，雨鬣霜蹄神鬼出。風馳雲合暗中州，蹂盡東賓西餞日。豈皆騕褭與乘黄，拓土開基功第一。忽於紙上見八駿，穆滿所乘最超逸。如今已死骨亦朽，漫向毫端想毛質。當時造御天上藝，僅到

❶「霄」，原作「宵」，據成化本、乾隆本、《元詩選》改。正文「霄」字改正同此。下「玉」字，成化本、乾隆本、《元詩選》作「王」。

瑶池王母室。暮雪霏霏黄竹歌，日行三萬竟如何？逢時莫問才高下，只與論功孰少多。

題玉霄贈西山胡氏筆工

醉滕用筆晞顛張，醉餘得意非風狂。固知筆貴鋒中藏，胡家洪筆耐似杭。工書者聞吾未試，因是是之誰敢訾。一望茶坊酒肆中，壁上家家玉霄字。

贈寫真劉壽翁

黄州橋邊倜儻人，❶號曰相山劉寫真。眼前名士描貌遍，亦及中林麋鹿身。生來自揆形相惡，赤準高顴面如削。武夷櫂舟歌九曲，洛社深衣園獨樂。人言相似我言非，只合幼輿置巖壑。可憐筆墨誤點染，彊使垂紳望臺閣。聖恩天廣覆群臣，百年勳閥長如新。誰將子上南薰殿，爲寫褒鄂光麒麟。

龜　室并序

天久不雨，人家沼中水竭泥燥。見一龜朝夕避日，無可藏伏隱蔽之所，命童甃甓爲室以居之。嗟汝至靈物，見汝亦可憐。曳尾汙泥中，爆背枯池邊。朝晝暮夜露甲殼，勃窣蹣跚倖郭索。西徙東遷

---

❶「州」，原作「洲」，據成化本、乾隆本改。

避炎熇，旋遶不停周四角。既無清泠之水可洗濯，又無虵蟺之穴可寄託。幸不遭豫且傷，不逢孔愉戕。我今命童奴，毿髭作爾居。非如楚相穿窟室，聊似豳公壘陶復。❶嘉汝不與雞鶩争啄粟，嘉汝不與豺虎争噉肉。日精月華自可實汝腹，何營何求自可安此屋。豈須蓮葉然後出遊息，豈必蓍叢然後入藏伏。慎勿輕易泄靈智，預人家國禍福事。將府汝以山藻之節棁，將襲汝以廟堂之巾笥。與其君王所寶榮且貴，孰若野人所坑辱且棄。嗟汝靈智誰可同，能與汝友惟神龍。偶然行雨凌太空，還當與汝相守壽等天地無終窮。

送里中星禽人往東廣省兄

蛟龍變莫測，虎豹文且威。昂然馬牛大，蕞爾蚓蝠微。是何區區者，而盡化化機。猿鶴沙蟲果類應，百千萬種未可幾。吾嘗問天天不語，惟見碧空夜夜流清暉。里中斯人傳秘妙，形形象象四面圍。所安林藪悉羅罩，洞視情性兼瘠肥。敢將物賤擬人貴，謂有百是無一非。擔頭擔術庾嶺去，廣蛇潛蟄江燕歸。難兄執筆司福禍，萬命懸寄一手揮。二十八禽休細辯，好在天際脊令鴻雁飛。

壽王講師

欲雪未雪雲黯黑，不知此日神僊謫。桃實今經幾度紅，梅花仍似當年白。厭向閩山食荔蕉，喜來江浦

❶「壘」，成化本、乾隆本作「穴」。

訪鸞簫。廣文客舍寒如許，自有春風長藥苗。

題米元暉山水

一水兩山間，水如練帶山如鬟。昔見江山似圖畫，今觀圖畫如江山。米家下筆亦等閑，盧家珍襲同瑶環。一朝身後落人手，又爲好者開歡顔。我家一幅廣長畫，朝夕對之如列班。有力莫能偷奪去，常青常白色不黯。若將此幅與論價，仇金何啻千千鍰。❶

送真楊師遠遊

黎君曾著祖生鞭，銜石欲把滄海填。風流雲散事已矣，何處韜藏三略篇。如今老去視顛顛，反耕築室治寸田。古來豪傑多神仙，佇看騎鶴凌紫烟。

如齋詩

五金同入大冶爐，洪纖厚薄各異模。孰高孰下孰脩短，孰爲不足孰有餘。浩刼變成只須臾，百年何事分戚愉。至人謂性不謂命，性惟一本命萬殊。君家畫出太極圖，誰知太極本來無。道有所如還不是，如如

❶「仇」，成化本、乾隆本作「讐」。

不動乃真如。

印千江月來軒

千江有水無人吸，江裏月來何處入。若浮水外入江來，水浸月輪應解濕。在天一月在江干，千月還同一月圓。水中月影元非月，無所從來月在天。

羅　漢　圖

四大假合成幻身，大地山河俱幻境。傀奇磥砢十六尊，得遇世尊爲摩頂。諸多伎倆近狡獪，雖未大乘亦機警。有能領取像外意，閉目超然發深省。畫人漫灑毫端墨，觀者只疑燈下影。慈尊長閔衆生癡，直到于今癡不醒。

贈畫史黄庸之

混溟誰是老畫師，幻出形相萬不齊。如梧如竹如桃李，如冰如雪如虹霓。堂堂人中廊廟器，淡淡物外江湖姿。獨予醜惡類蒙倛，執拗頗亦見頻頤。古來伊周匪易爲，老不用世免誚譏。黄工筆意更神奇，❶寫

---

❶ 「更神」，原倒，據成化本、乾隆本乙正。

偏麟鳳到鹿麇。付與鄧林嘉客去，歸挂壁角儕鍾馗。豈能夜深吐怪犯牛斗，或者歲久化象乘尾箕。

自牧歌贈僧自牧

曾聞牧人處林下，擊鼓用兵先喪馬。又聞牧人穀與臧，讀書博塞俱亡羊。嗟爾牧人何所務，務在留心嘗管顧。吾師條繩絏定水牯牛，不容斜視略回頭。有時純熟鞭不動，來亦無擒去無縱。毛群齊足不亂行，人生自得兩相忘。大衆茫茫少閑暇，誰非喪馬忘羊者。

送時中内翰

氣燄龍光上衝斗，才謨牛刃新發硎。芳菲拾盡禿汀若，奇險楚屈號湘靈。曾聽姚程二公説，相期冬蟄轟雷霆。如何不留掌帝制，而使汎汎猶風萍。里矉不羞見者走，衆醜共娟孤娉婷。山玉崖珠豈終閟，鷓班螺甲姑自馨。皇心急士甚暍渴，識子會有天眼青。

送江州學録潘興祖

潘生年少醇美資，往往溢浦來語違。紛紛末學衒華辭，願汝實學培本基。慎獨畏天勿妄爲，交朋每事毋誑欺。狄侯曾作宰相師，汝可慕傚終身規。

贈楊山人

易言山下有火賁，冲暖温和生萬類。葬書暗與易意同，納人死骨乘生氣。苟得其術宜深秘，慎勿求人售富貴。各有正業惟四民，我食我衣方無愧。❶

李母慶九十❷

李翁八十壽考終，李母九十猶女工。耳聰目明四體健，禮賓奉祭饋必躬。大兒七十小半百，李門諸婿皆如龍。孫男有六曾孫五，才賢袞袞方興隆。誰能一家五福備，信知積厚報必豐。子貞學士爲予説，作詩聊續十五風。

題張郡侯慶壽

八十五歲張子野，彊健風流老瀟洒。一百餘歲張北平，含嘻乳哺還孩嬰。人間大福無如壽，張家壽者

❶「方」，乾隆本作「自」。
❷「李」，乾隆本作「趙郡李世安」。

時時有。清河郡侯家栢鄉，漢宋二張鴻雁行。只今八十又踰五，未來一百從今數。壽星光裏舞斕斑，❶兒孫玉雪翁朱顔。腰繫黄金身衣紫，焜赫天恩耀閭里。生封侯國天下榮，三尊備具身康寧。侯家積善已數世，顯親肇自殊科使。殊祥有志睎騫輿，晨昏致養親歡愉。綺羅筵上開春酒，賓客駢闐祝公壽。喧傳盛事至京師，朝士人人爲賦詩。鋪舒世美誰椽筆，董相文章今第一。

過枯河

高堂出郭二舍近，午憩東陽安樂鎮。雙堤對峙似城墻，中坳一道如壕圳。驅車下坂抵坳行，低平盡處還復登。半坳一門字斗大，濱鹽滄鹽兩分界。不知此是古黄河，且行且顧心疑怪。前詢父老爲予言，河北山東此處分。濱隷河南滄隷北，河流已改界仍存。古河來自白馬渡，東過開州城下去。遂入滄河越魯河，❷入海當年猶此處。自從六七十年來，南趨梁汴會于淮。河患古來兖州極，今日兖州河道塞。憶昔初通禹貢時，道元漁仲遍參稽。萬語千言俱紙上，親見親聞今指掌。振古黄河北道流，漸漸南移天地秋。今逕與淮同入海，北行無用濟河舟。世事古今大奇變，豈但蓬萊更清淺。他年欲續山海經，聊述此詩紀聞見。

❶「斕斑」，成化本、乾隆本倒乙。
❷「越」，原作「粤」，據《元詩選》改。

題東坡載笠着屐圖❶

白鶴峯前井赤鯶，遠徙又化南溟鯤。城南白晝魑魅現，賴有東黎諸弟昆。腥鹹滿口無異語，似人慰意聊過門。竹刺藤梢歸路晚，濛濛霧雨天欲昏。御人不識臧紇聖，抖擻雨具相温存。天涯禹跛不到處，要使舊攆留新痕。荷笠俄成牧羊叟，誰憐海上屬國孫。襄童拍手接籬倒，庯犬驚吠扶桑暾。先生招怪每類此，白首幸免長鯨吞。何人爲作野老像，風流不減乘朱轓。謫來天仙墮塵網，化身千億難名論。我從像外得真相，神交心醉都忘言。

題牧牛圖

樹葉醉霜秋草萎，童驅觳觫涉淺溪。一牛先登舐犢背，犢毛濕濕猶未晞。一牛四蹄俱在水，❷引脰前望喜近隄。一牛兩脚初下水，尻高未舉後兩蹄。前牛已濟伺同隊，回身向後立不移。一牛將濟一未濟，直須並濟同時歸。此牛如人有恩義，人不如牛多有之。人不如牛多有之，笑問二童知不知。

---

❶「載」，各本同，疑爲「戴」字之誤。

❷「俱」，原作「歸」，據成化本、乾隆本、《元詩選》改。

吴文正集卷九十九

元吴澄撰

韻語❶

臨江仙

九日，舟泊安慶城下，晚憩臨江水驛。于時月明風清，水共天碧，情景佳甚。與徐道川、方復齋、況肩吾、方清之驛亭草酌，子文、京侍，以「殊鄉又逢秋晚」分韻得「殊」字，❷賦臨江仙。

去歲家山重九日，西風短帽蕭踈。如今景物幾曾殊。舒州城下月，未覺此身孤。　勝友二三成草草，只憐有酒無茱。江涵萬象碧霄虚。客星何處是，光彩近辰居。

❶「韻語」，成化本、乾隆本作「樂府詞」。
❷「秋晚」，原倒，據成化本、乾隆本、《全金元詞》改。

謁金門 依韻和孤蟾四闋

如何喜？自喜自知可矣。天地與人同一理，世人知者幾。❶ 六十循環卦氣，歲歲二分二至。坎險何妨離附麗，共誰研底裏？

如何樂？□見孤蟾輪廓。❷ 莫道箇中難捉摸，細尋應會錯。斫桂吴生善謔，管甚高深廣博。記取嫦娥端的約，當空圓不落。

如何改？認得吾廬堪愛。虚敞玲瓏無障礙，主人常只在。❸ 得此非因賜賚，得此非因賭賽。占斷這些閑境界，僦來成永買。

如何悟？静看風前雪絮。飄落晴光明媚處，易晞還似露。大笑忽然回顧，日在天心幾度。八萬里中元不暮，往來經熟路。

❶「人」，《全金元詞》作「間」。
❷「廓」，原作「郭」，據成化本、乾隆本、《全金元詞》改；又據《全金元詞》「見」上增「□」。
❸「常只」，《全金元詞》此二字下有小字：「疑不之誤。」

渡江雲揭浩齋送春

名園花正好，嬌紅殢白，百態競春粧。笑痕添酒暈，豐臉凝脂，誰與試鉛霜。詩朋酒伴，趁此日、流轉風光。儘夜遊、不妨秉燭，未覺是疎狂。　　茫茫。一年一度，爛熳離披，似長江去浪。但要教、啼鶯語燕，不怨盧郎。問春春道何曾去，任蜂蝶、飛過東墻。君看取，年年潘令河陽。

木蘭花慢和楊司業梨花

是誰家庭院，寒食後，好花稠。況墻外秋千，晝喧鳳管，夜燦星毬。蕭然獨醒騷客，只江籬汀若當肴羞。冰玉相看一笑，今年三月皇州。　　底須歌舞最高樓。興味儘悠悠。有白雪精神，春風顔貌，絶世英遊。從教對花無酒，這雙眉、應不惹閑愁。那更關西夫子，許來同醉香篘。

再用韻

正群芳開遍，花簇簇，蘂稠稠。看艷杏夭桃，蒸霞作糁，輥繡成毬。天然素肌仙質，對穠妝艶飾似含羞。癡絶京華倦客，貪春忘却南州。　　似傳聞天上玉爲樓。❶此事付悠悠。且白晝風前，黄昏月下，爛熳同

❶「似」，《全金元詞》無此字，當是。

遊。神凝藐姑冰雪，又何須、一醉解千愁。自有壺中勝賞，釀來玉液新篘。

三　用　韻

好風流詩老，雙鬢上，雪霜稠。憶少壯歡娛，呼鷹逐兔，走馬飛毬。春風斷腸柔唱，拚千金一笑破嬌羞。此日花時意氣，當年夢裏揚州。　對客床百尺卧危樓。❶往事總悠悠。把湖海人豪，消磨變换，洙泗天遊。應知裂麻司業，爲前時、諫舌頗多愁。今去却堪痛飲，❷甕頭有酒頻篘。

四　用　韻

看風花煙柳，濃又淡，少還稠。有小巧微蟲，垂天布網，轉地摶毬。冲融一般春意，只啼鶯語燕向人羞。收取塵間樂事，都歸杓裏舒州。　下綺筵珍饌醉青樓。❸光景信悠悠。奈蛃隊蝦群，空中聚散，水上浮遊。誰知太和真趣，本無愁、何用更澆愁。問字頻來未已，漉巾不要親篘。

❶「對」，《全金元詞》無此字，當是。
❷「今去」，原倒，據《全金元詞》乙正。
❸「下」，《全金元詞》無此字，當是。

水調歌頭 次韻寄皮達觀❶

四垂雲晦曖，一夏雨溟濛。千奇百怪驚人，海蜃眩青紅。誰道穀城黄石，混跡長安紫陌，九萬里培風。静夜歘澄霽，皎月麗中天。問今年，❷年幾許，尚童蒙。憨癡自笑，能裨造化竟何功。豈意京華倦客，忽得蓬萊妙唱，流響韻商宫。此去兩神劍，終久會雌雄。

❶「次韻寄皮達觀」，六小字原脱，據《全金元詞》補。
❷「問」上，原衍「人」字，據《全金元詞》删。

吴文正集卷一百

元吴澄撰

韻語 楚語 雜題

楚語

約離騷

靈宗嬋嫣諜高陽，篳路籃縷啓南荒。祖瑕食屈奕葉光，蹇予初服雜衆芳。蕙纕蘭佩芙蓉裳，忍令遺棄官道傍。靈脩收拾充幃囊，先後皇輿驟康莊。好姱佳麗蛾眉揚，衆妬謡諑言如簧。牛女中道成參商，所天不二何可忘。中腸踴躍如沸湯，拉淚哀吟瘖后皇。下湅羿澆桀紂亡，上述三后躋虞唐。雲旗龍駕環四方，❶終然

❶ 「旗」，成化本、乾隆本作「旂」。

臨睨悲舊鄉。浮雲蔽日夜未央，終不見天老人狂。貞臣一變宗國彊，❶登天有夢魂飛杭。❷國事顛倒衡人張，絶齊婚媾親虎狼。秦關月冷空徬徨，輿尸東歸涕泗滂。天未絶楚郢有王，寢苦枕戈膽可嘗。不幸言中臣罪當，天乎何辜竄江湘。君恩已矣無復望，繾綣惻怛臣所臧。❸《九歌》《天問》繼《九章》，求偃問卜歌滄浪。讒人壅君恨不彰，臨絶之音轉琅琅。一經六傳相頡頏，至今光燄亘天長。爲千萬世扶三綱，比經《風》《雅》伯仲行。九十四章三百七十有六句，言言壹爲靈脩故。後世不知原所愬，祇把《離騷》等詞賦。模擬逼真誰得似，玄翁胸中富奇字。赫赫官稱亦大夫，大夫還反楚三閭。三閭當日沉湘意，臣僕於人不如死。魚腹清魂招不回，悠悠千古何人哉！一死一生同一哀，晋士一篇《歸去來》。

泗濱四章并序

泗濱，美善長也。善長蓋氏，而居泗之濱焉。

泗之濱兮結屋，樹蒼蒼兮波緑。挹其清兮可沐，首雖俛兮心不覆。□杲杲兮東旭，晞予髮兮陽之谷。就其深兮可浴，澡予身兮濯予足。如垢淨兮莫予敢黷，白皓皓兮人如玉。

❶「臣」，成化本、乾隆本作「人」。
❷「飛杭」，原作「無抗」，據成化本改。
❸「惻」，原作「側」，據成化本、乾隆本改。

泗之濱兮出遊，蔭喬木兮頫清流。顒顒魚泳兮鳥哢幽幽，風輕雲淡兮晝景悠悠。馬騑騑兮轡柔，蹇予省兮松楸。野老争席兮竟日綢繆，解后芻人兮猶不忘乎諏謀。❶驟天衢兮策驊騮，胡於此兮淹留。

泗之源兮縈紆，經魯阜兮派南洙。合流兮舒舒，借微潤兮澤萬世而有餘。沛歌大風兮惟霸之符，彭城恃力兮子羽噫嗚。二雄陳迹兮俛仰已無，❷湯湯自如兮襟帶揚徐。濁河横潰兮不與同汙，非清沂清淮兮誰與爲徒。

泗之流兮汐潏，逝如斯兮夜繼日。風帆兮迅疾千里，尋常兮往來忽欻。屈折而東兮奚固奚必，沈浮任物兮齊出汩入。滔滔兮汩汩，積小成大兮不遺纖悉。彌遠彌多兮靡殫靡畢，終然到海兮會萬川爲一。

楚歌五首勸潭士歸鄉❸

潦徑兮篁叢，露沾衣兮翳夫蒿蓬。塊獨立兮山中，蹇何人兮忽予從。

袖在兮懷蓀，閟其馨兮鼬不得聞。翦紙兮招離□，坐三沐兮三熏。

髿髿兮尾瑣，影隨形兮我我。中渴饑兮焦火，夢西江以供吸兮沙飯顆顆。

❶「芻」，原作「蒭」，據成化本改。
❷「無」，原作「旡」，據乾隆本改。
❸「首」，成化本、乾隆本作「闋」。

又

湘水兮沄沄，莽千里兮九疑之雲。朝朝暮暮兮晴復雨，十年不見兮我心苦。湘竹兮翛翛，淚痕雖乾兮滑欲流。天寒歲暮兮之子無裯，君胡爲兮此淹留？

題蘆雁飛鳴宿食圖

敗蘆兮蕭蕭，肅肅兮嗸嗸。驚夜兮泬寥，爲一飽兮辱泥滓以劬勞。鴻冥冥兮九霄，侣大鵬兮逍遥。

楚語贈歐陽尚古

歐陽尚古將遊孔林，遂游京師，壯哉斯遊也！吾聞君子之愛人以德，不以姑息，於是作楚語招之。

其辭曰：

嗟嗟子之爲斯遊兮，余一不知其何求。工居肆以締造兮，農服勤乎畎疇。買宅市以貿遷兮，商致遠乎車舟。緊淳古之安土樂俗兮，行惘惘而靡由。雖中世之賢能兮，長治亦不出乎鄉州。逮春秋戰國兮，孔孟皇皇而周流。蓋聖哲之不得已兮，庶幾民病之速瘳。彼儀秦妾婦以希合兮，大丈夫之所羞。六一公之違墳墓兮，寓於隨而藏脩。竟薦書以策名兮，不聞未仕而遨遊。今聖代之隆盛兮，多士咸蒙其庇庥。勵行業於家庭兮，欻焱舉而雲浮。繇里選而天府兮，❶脱民伍而贊皇猷。又奚僕僕於道路兮，囁囁於王侯？惟孔道之昺陽兮，若大明之燭幽。瞻前後而無不在兮，豈在乎堂防之一抔。子有太平十二策兮，姑待對於扆旒。抱璞而自獻兮，仲淹未免乎愆尤。歸來歸來兮，息藝圃以優優。異時快意觀光兮，固異乎今日之羈愁。歸來歸來兮，馴猿放鶴聊淹留。辭曰：

秋風兮嫋嫋，莽汀洲兮蘋蓼。于何之兮天渺渺，珠在淵兮月皎皎。冥鴻萬里兮，俟子雲表。

雜　題

題鄭印心龍頭

冬而沉冥，夫孰測其頭角崢嶸也；春而奮興，又孰測其雷雨發生也。時止時行，初貞後亨。❷ 吁嗟客卿，❸善得其情。

---

❶ 「繇」，原作「縣」，據成化本、乾隆本改。
❷ 「貞」，原作「真」，據成化本、乾隆本改。
❸ 「卿」，原作「鄉」，據成化本、乾隆本改。

題況生手卷

欲渡未渡兮，岸側夷猶之舟；欲到未到兮，雲中縹緲之樓。何時天風泠然臂兩翼，瞬息飛步過十洲。❶

跋牧樵子草蟲

維野有牧，見彼于于；維山有樵，見彼嘤嘤。子豈樵夫，子豈牧豎，于何見聞，深解蟲趣？牧樵子言：此論未然，聞聞見見，得者淺淺。維蟲能天，天固在我，非牧非樵，亦何不可。

跋虎溪三笑圖

一溪不過，限隔爾我。偶接高人，容易打破。六眼相視，大笑呵呵。法界無邊，吾師知麼？

題王氏洗經圖

淨洗淨洗，莫留一字。併將故紙，撇在水裏。空手歸來，無可執把。如是如是，是了悟者。

---

❶ 「洲」，原作「州」，據成化本、乾隆本改。

題東溪周氏畫魚

得所得所，鄭相可欺。樂也樂也，蒙叟安知。畫好畫好，一點千癡。

題子昂竹石

匪竹匪石，伊松伊雪。作如是觀，奇絶奇絶。

題馬圖

頫首鬣蹄，昂首欲起。誰其御之，一日千里。

題牧樵子草蟲

入機出機，走草飛草。真假俱幻，玄造玄造。

跋草蟲

嘤嘤趯趯，蠢蠢蝡蝡。誰之所爲，自然而然。

跋一犁春雨圖

聽人使唤，依理耕種。稼穡休犯，見草休動。

跋牧牛圖

齁齁鈎鈎，這般頑牛。把鼻拽轉，尚不擡頭。

題飛鳴宿食四雁圖

前者東，後者西。好兄弟，胡相違？
天宇高，陰風號。儘嶅嶅，誰汝勞？
水深深，夜沉沉。無人舉火蘆荻林。
湖澤卑，菰稻肥，何事春來又北歸。

宋徽宗二鵲圖

帝皇之世，巢可俯窺。萬機餘暇，及此玄微。
昔觀二鶴，今覩二鵲。筆意如生，撫卷淚落。

題劉壽翁爲予寫真見家藏遺像墨蹟

里人劉壽翁爲予寫真，見之者咸曰：「此朱夫子像也。」其有若之似與？抑陽虎之似與？予爲此思，識者鑑焉。草廬六十翁始生之日題。

自警二首前丙寅十八歲作

氣昏嗜臥害非輕，才到更初困倦生。必有事焉常恐恐，直教心要强惺惺。縱當意思沉如醉，打起精神坐到明。著此一鞭能勇猛，做何事業不能成。

又

元來一片虛靈府，埋没經年滓穢場。不特通時多走逸，覺於静處亦飛揚。晝間常被事牽引，夜後猶如夢擾攘。唤起主人翁警省，自家三徑不容荒。

題閤皂山

漢吴仙跡兩峰齊，欲拾瑶花路恐迷。寶殿青紅疑地湧，林巒蒼翠接天低。九重香案分雲篆，八景琅函記玉題。仙鶴翔空清似水，步虚聲在朵梅西。

題蘇李泣别圖

節旄盡矣自須存，此日生還侍主恩。策杖謾循椎結泣，平陵有子廣無孫。

送陳小庭之廬山

匡廬幾千仞崔嵬，上有天仙相往來。我欲遊之未遐遠，君今往矣何時回。我遊我意亦無佗，君遊君意還如何。豈爲昔人詩句好，豈爲其間僧舍多。天地升在最高頂，谷簾界天直下懸銀河。我觀此水注湖注東注入海，復隨海日騰湧上天偏飛洒。浩浩蕩蕩無塵界，❶萬生活動增恣態。流無轉窮萬萬載更萬萬載，匡廬山不改。

晦庵畫像贊

義理密微，❷蠶絲牛毛。❸心胸恢廓，海闊天高。豪傑之才，聖賢之學。景星慶雲，泰山喬岳。

---

❶「浩浩」上，原衍「飛」字，成化本、乾隆本無此詩，據文義删此字。
❷「密」，成化本、乾隆本作「玄」。
❸「毛」，原作「尾」，據成化本、乾隆本改。

寧可無頃

風吹枯木不摇，水激方輪不動。畢竟有木有輪，惹起風號水湧。雖如泡影露電，也被眼根覷見。諸有都歸變壞，萬刧一空長在。

已上自《自警》二章起至此，見《風雅集》，今增入。

贈術者自言能通皇極經世訣❶戊辰五月

六合之外大無方，一氣所到何渺茫。浮陽運轉無停止，濁滓凝結留中央。不用安排理自然，能知其理爲知天。區區象數特糠粃，屑屑推占心愈偏。偉哉邵子蓋世英，天光宇泰何靈明。南禽聲裏知人事，枯樹枝頭識物情。天地中間物幾般，古今來往事多端。玲瓏樓閣虚空裏，八達四通皆洞觀。世人膠漆盆中錮，趨亦趨兮步亦步。未得逍遥林下心，焉能默會環中數。風角鳥占世不少，凡是術家皆可了。觀海迺令河伯歎，登岱始知衆山小。❷嗟予用工在格致，觀書亦嘗到經世。窺天豈不見分毫，對人何敢談容易。如君幾

---

❶「訣」，成化本、乾隆本作「書」。

❷「衆」，原作「中」，據成化本、乾隆本改。

載江湖客，自道有傳并有得。臨别聊陳我一言，熟玩之餘細消息。

贈金工新學篆剔癸酉六月

赤幘白衣逞妖媚，❶工倕驅歸宋無忌。鍊骨範形鐫鑿奇，花葉龍蛇有生意。靈心巧智隨機轉，鼎足釵頭得新製。棗刻逼真瘦與肥，朱絲屈盤鬬神麗。姓名千里一封書，萬口沫流天上藝。他年鑄就左顧龜，倩生爲剔全窠字。

宜黄友人遠遊不反因其投贈用韻招之乙亥七月

君平歸來鳳山巔，明月清風相款延。窮冬笙簫響松檜，盛夏霜雪飛湍泉。步屧春躋赤松嶺，拏舟秋泛黄華川。賓朋過從亦足樂，談王説霸浩無邊。詩思發來把酒沃，睡魔寇我呼茶煎。人生窮達固有定，富貴不在人着鞭。袍笏堆床錢滿屋，一身以外皆可捐。從來肉食多肉眼，千古英雄苦叫天。❷能除種種貪癡相，是即生生自在仙。出門一步便荆棘，歸家四壁牘霞煙。山高水深橋梁絶，猨左狨右虎豹前。投刺謁人困細字，上書獻策費長箋。君不見，長安富兒羅葷羶，十日一炊稱世賢。又不見，朱輪華轂諸王宅，子雲默

❶「妖」，乾隆本作「嬌」。

❷「苦」，成化本、乾隆本作「空」。

默守太玄。歸乎歸乎盍歸乎，毋上九關兮入雷淵。

贈術者丙子二月

金精山人李方叔，到處山頭曾印足。季袁術數景純書，許巫識鑑君平卜。談天三寸舌瀾翻，相地一雙眸歷碌。我欲從君問占算，已拚前程任伸縮。我欲倩君看骨骼，生出世來知碌碌。搜求天下佳山水，又怕兒孫不禁福。布裙掛破芒鞋穿，山靈秘護迷人目。與君且飲數盃酒，寄傲荒村老茅屋。日月無光天地黑，微軀何翅太倉粟。臂插雙翎背負雲，❶側身北望吞聲哭。君不見，古來隧道獸蹄腥，空塚茫茫春草緑。

和桃源行效何判縣鍾作丙子十二月❷

冀州以北健蹄馬，一旦群嘶廬藿下。睢陽不遇雙貂公，總是開關迎拜者。燎原燄燄春復春，不惟捧水惟益薪。海門浪沸會稽坼，血淚交流草莽臣。舉首日邊遠與近，不知官守何人問。仲連未即蹈東海，元亮至今尚東晉。桃源深處無腥塵，依然平日舊衣巾。擬學漁郎棹舟入，韓良寧忍終忘秦。

---

❶「翎」，成化本、乾隆本作「翅」。

❷「丙子十二月」，五小字原脱，據成化本、乾隆本、《元詩選》補。

懷黄縣丞申時避亂寓華蓋山丁丑四月

丞君丞君天一所，十日不共床頭語。粤從天紀涣散來，大半英雄化兒女。舉世張頤啖糞壤，君獨吐之不肯茹。舉世眯目蒙埃塵，君獨去之不肯處。大鵬垂翅何人憐，神龍失水癡獺侮。當道林林立虎豺，深山處處多蛇鼠。不堪嘯聚没復出，近來眠食問幾阻。奔逃無間天陰晴，腹背浴汗頭沐雨。心如清水到底潔，身寄白雲深處住。❶伯夷叔齊上追蹤，浮丘王喬兩爲侣。❷洞巖殷殷生風雷，仙館沉沉鎖烟霧。山蔬可羹買米炊，何須更學農與圃。有兒讀書紹家風，有客清談忘世務。我自遠來亦云樂，尋又别去徒延佇。二親定省不可曠，安得終歲矻矻萬仞岡頭論今古。

忍　卦

忍，刃上心下。元亨。初吝。終吉。悔亡。利君子貞。不利小丈夫。象曰：忍，剛發乎内，柔制乎外。小有所抑，大有所益也。象曰：心上有利刃。忍，君子以含容成德。初一：必有忍，其乃有濟。象曰：能忍其性，事克濟也。次二：小不忍則亂大謀。象曰：小不克忍，成大亂也。次三：一朝之忿，忘其身，以及其

❶「處」，原作「虚」，據成化本、乾隆本、《元詩選》改。

❷「兩」，成化本、乾隆本、《元詩選》作「與」。

親。象曰：一朝之忿，至易忍也。忘身及親，禍孰大也？次四：出於胯下，以成漢功。韓信以之。象曰：胯下之辱，小辱也；成漢之功，大功也。次五：張公藝九世同居，書一「忍」字，以對天子。象曰：同居之義，忍克致也。積而九世，有容德也。上六：血氣方剛，戒之在鬭。象曰：方剛之氣，忍則滅也。形而爲鬭，自求禍也。

送樂希魯之高安征官見樂氏家藏墨蹟

馬首向高安，駝裘耐苦寒。聖師曾委吏，賢相亦征官。初筮寧辭賤，脩程此發端。塵中吟不費，有句寄來看。

自贊畫像二首　見家藏遺像❶

峩峩玄冠，肅肅玄端。人今服古，貌醜神完。秋霜面目，春陽肺肝。少也弗秉畊莘之耒，老而弗持釣渭之竿。徜徉烟霞泉石之間，悠然而有餘歡。其自適於樂水樂山者歟？一吾山人自贊。

---

❶「見家藏遺像」，五小字原脱，據明初刻本補。

又

身形瘦削，春林獨鶴；眼睛閃爍，秋霄一鶚。遠絶塵滓，大同寥廓。自鳴自和，自歌自樂。以爾蕞爾之軀，誰謂充滿六合而有餘；以爾熒然之目，誰謂周流萬古而不足。舒舒其居也，于于其趨也。其山林樵牧者乎？野之耕築者乎？

原序

吾儒之道，三綱五常之道也。故儒道之在天地間，一日不可無者。自先師孔子設教於洙泗，之後惟顔、曾、思、孟氏得傳斯道，以爲真儒。餘未免惑於虚無寂滅之談，溺於記誦詞章之習，其於真儒，蓋不易得也。有兩漢之儒固多，而道統無傳；有唐之儒亦多，而道統罕繼。惟昌黎韓子奮然而出，歷序道統相傳之自，有曰：堯以是傳之舜，舜以是傳之禹，禹以是傳之湯，湯以是傳之文武周公，文武周公傳之孔子，孔子傳之孟軻，而末有「軻死不得其傳」之言，又有「荀揚擇焉不精」之語。至於力排異端，起衰濟溺，而韓子所任之意，亦有在焉。由是觀之，道統之傳，有自來矣；真儒之生，誠不偶也。宋德隆盛，五星聚奎，天啓文運，篤生異人。而吾儒之道，燦然復明。若濂溪周夫子、康節邵先生、河南程夫子、横渠張先生，一時迭出，以儒道爲任。繼而晦菴子朱子挺生新安，上承孔孟之傳，下紹周程之統。顔孟而後，此數先生者，方可爲道學之真儒也。迨乎前元，真儒亦罕，惟魯齋許先生、草廬吴先生焉耳。先生才智過人，默悟斯道，遠泝洙泗之流而窮其源，近紹程朱之統而得其要。上焉天文，下焉地理，與夫九經之微辭奥義，以至諸子百家之言，罔不研究。真知實踐，而各臻其極，有功於聖門，有功於來學。周、邵、程、朱數先生之後，若先生、許先生者，詎非道學之真儒乎？第恨陽之生晚，不獲擔簦負笈，摳趨於先生之門；執經問難，侍從於先生之側。一瞻先生之光，以聽先生之誨，而求夫真儒之歸，可勝嘆哉！邇者叨持憲節，道過臨川，懷思先生之道，景仰先生之風，乃得目覩先生之遺文，而私淑先生之教。何其幸與？吁！先生之文，道德性理之文也；先生之學，周邵程朱之學也。孔門千載而下，若先生者，曾幾何人哉！正所謂麒麟鳳凰，世不常出；景星慶雲，世不常現者耶？陽忘其愚陋，勉贅數辭於先生文集之間者，庶有以見歷代真儒之難得，而陽之私淑抑亦少寓於萬一云。景泰辛未秋七月甲子，後學會稽韓陽拜手謹序。

吳文正集附録

年　譜并序❶

臨川吳文正公年譜一卷，❷門人危素所纂次。初，公既捐館，其長孫當嘗草定其次序，又以請謚來京師，以廕補官。朝廷知其能世家學，馴致清顯，數期素刊訂其書，以傳於世。素惟及公之門者，在朝在野猶有其人，故屢致辭讓。當以江西肅政廉訪使奉詔招捕盜賊，十年不返，而最後及公之門者，亦皆相繼物故，素於是不敢緩也。會繇禁林調官嶺北，暇日取其藁，頗加紬繹。凡公自製之文見於集中者，可以互見，宜不必載。其與人論辨勝負一時之言，亦復删去。祭文、輓詩、行狀、謚議、神道碑，并附見焉。嗚呼！方宋周元公倡聖賢之絶學，關洛之大儒繼出。遷國江南，斯道之傳，尤盛於閩境。❸已而當國者不明，重加禁絶。嘉定以來，國是既章，而東南之學者靡然從之，其設科取士，亦必以是爲宗。其流之弊，往往馳騖於空言，而

---

❶「年譜」上，成化本有「臨川吳文正公」六字，乾隆本有「草廬吳文正公」六字。

❷「臨川」，乾隆本作「草廬」。「一」，原作「二」，據成化本改。

❸「盛」，原作「勝」，據成化本、乾隆本改。

汨亂於實學，以至國隨以亡而莫之悟。公生於淳祐，長於咸淳。而斯何時也，乃毅然有志拔乎流俗，以徑造高明之域。宋既内附，隱居山林者三十年，研經籍之微，玩天人之妙。稾城董忠宣公，力薦起之仕，或不久而即退，或拜命而不行。要之無意於爲世之用，著書立言，以示後學，蓋燦然存乎簡編。方來之英彦，亦可以潛心於此，而無負公之所屬望，豈非善學者哉？素幾弱冠，以親命執經座下，侵尋衰莫，無能發明師訓。夙夜畏惕，莫知所云。《年譜》之成，君子有以悲其志矣。至正二十五年正月既望，門人榮禄大夫、嶺北等處行中書省左丞臨川危素序。

公諱澄，❶字幼清，❷晚字伯清，姓吴氏。其先七世，始自豐城縣今富州。徙撫之崇仁縣。六世祖周，❸始居崇仁鄉之坫原。生二子，璣、璿。宋高宗渡江，選民爲兵，璣以繇役長鄉兵，戍江東，因家太平州。璿生曄，❹公高祖也。謹厚慈儉，家日饒裕。❺有寇自寧都縣今升州。境至，屋廬盡燬，改築於吴山之下，曰咸口，年至八十餘。曾祖考大德，❻澹然無時俗嗜好，中年即謝家事，優游林泉，亦享耆壽。祖考

---

❶「澄」，原作「澂」，爲統一起見，據乾隆本改。下不再出校。
❷「字幼清」，三字原脱，據乾隆本補。下句「晚」字同此。
❸「祖」，原脱，據乾隆本補。
❹「曄」，原避諱作「煜」，據明初刻本、成化本、乾隆本改。「曄」上，乾隆本有「暉」「明」二字。
❺「日」，原作「自」，據成化本、乾隆本改。
❻「大」，原作「太」，據成化本、乾隆本及虞集所撰《行狀》改。

鐸，工進士詩賦，精通天文星曆之學，寬厚不屑細務。考樞，温粹純實，謙退不與人争。善爲方，里嘗大札，業醫者多畏傳染，不敢往視，或盡室不起。乃煑善藥，命一力持以自隨，給以飲之，全活者數十家。有喪不能舉者，竭力周恤，終身以爲常。妣游氏，生二子，長則公也。

宋淳祐九年己酉　宋理宗朝❶

正月壬戌日申時，公生。十九日。公生前一夕，鄰媪夢神物蜿蜒降於舍旁之池中。❷里父老云：豐城徐覺得望氣之術，見紫氣於華蓋、臨川二山之間，謂人曰：「是必有蓋世偉人生焉。」公稍長，與覺遇諸鄰邑，覺驚異曰：「向吾所占偉人，子良是，幸自重。」

十年庚戌

十一年辛亥

三歲。穎異日發。公三歲，大父每讀古詩，授之，❸漸至數百篇，琅琅成誦。游夫人攜過里姥，姥惠以錢果，公敬受之，終有慚色，密置之而去。

十二年壬子

---

❶「宋理宗朝」，四小字原無，據成化本、乾隆本補。以下各皇帝年號增補同此。

❷「池中」，成化本作「地者」。

❸「授」，原作「愛」，據成化本、乾隆本改。

寶祐元年癸丑　宋理宗朝

五歲。就外傅。公五歲，始就外傅。穎敏殊絶，讀書累千餘言，數過即能記。自是日務勤學，或至達旦。游夫人慮其過勤致疾，量給膏油，僅可夜分。乃密市油，伺母寢，復觀書，❶且障其明，恐爲母所覺也。

二年甲寅

三年乙卯

七歲。《論語》《孟子》、五經皆成誦，能屬詩，❷通進士賦。

四年丙辰

五年丁巳

九歲。鄉里鄰邑課試，每中前名。

六年戊午

十歲。始得朱子《大學》等書讀之。讀《大學》《中庸》朱氏《章句》。　公嘗因學者求講《中庸》，❸語之曰：「吾幼時習詩賦，未盡見朱子之書，蓋業進士者不知用力於此也。十歲，偶於故書中得《大學中庸章句》讀之，喜甚，自是清晨必誦《大

❶「復」下，乾隆本有「續火」二字。

❷「詩」，成化本、乾隆本作「文」。

❸「講」，原作「讀」，據成化本、乾隆本改。

學》二十過，如是者千餘日。❶然後讀《中庸》及諸經，則如破竹之勢，略無凝滯矣。學者於《大學》得分曉，則《中庸》不難讀也。」

開慶元年己未　理宗朝

景定元年庚申　理宗朝

二年辛酉

十三歲。大肆力於群書，應舉之文盡通。公於書，一覽無不盡記。時麻沙新刻《古文集成》成，❷家貧，從粥書者借讀，踰月而歸之。粥書者曰：「子能盡讀之乎？」公曰：「試抽以問我。」隨粥者舉問，輒盡其章。粥者驚異，遂贈以此書。

三年壬戌

秋，時十四歲，丱角，就撫州補試。按公撰許母墓誌云：「余以童丱就郡學補試。同邸有一先生長者，視予所作賦，勉而教之。試畢，各不問名居而去。後八年，予忝鄉貢，工歌鹿鳴之燕，向所見先生長者在焉。問之，則臨川許先生功甫也。」其年，爲江西轉運司所貢士。❸

四年癸亥

---

❶「如是」，二小字原脱，據成化本、乾隆本補。「千餘日」，成化本、乾隆本作「三年」。

❷ 下「成」字，原作「因」，據明初刻本、成化本改。

❸「所」，成化本作「新」。

十五歲。知厭科舉之業，而用力聖賢之學，❶作《勤》《謹》二箴。公年十有五，深知科舉業之不足致力，專務聖賢之學。因讀朱子《訓子帖》，得「勤」「謹」二字，謂「真持養之要經、爲學之大務」。作《敬》《和》二銘。公曰：「吾讀《敬銘》，則使人心神收斂，百妄俱消，❷如在靈祠中，如立嚴師側，凄凄乎其似秋，而不自覺足之重、❸手之恭也。讀《和銘》，則使人心神怡曠，萬境俱融，有弄月吟風情，有傍花隨柳想，熙熙乎其似春，而不自知手之舞、足之蹈也。」

五年甲子

秋，侍大父如郡城。時大父赴鄉試，會郡守延致番易程先生若庸於臨汝書院。❹宋季士習惟以進取爲務，❺程先生嘗遊石洞饒氏之門，獨以朱子之學授諸生。公謁見升堂，歷觀其標貼壁間之説，有不盡合於朱子之學。❻公乃一一請問，如所謂「《大學》爲正大高明之學，然則《小學》其卑小淺陋之學乎」？程先生悚然曰：「若庸處此，未見有知學能問如子者。余之子仔復、族子樞之，皆與子同年生，可相與爲友。」自是公每至郡，必留臨汝。樞之，翰林承旨程文憲公鉅夫舊名也。

咸淳元年乙丑　宋度宗

---

❶「而」，原脱，據成化本、乾隆本補。

❷「妄」，原作「望」，據成化本、乾隆本《外集》卷一《敬銘和銘跋》正文改。

❸「自」，原脱，據成化本、乾隆本《外集》卷一《敬銘和銘跋》正文補。下文「不自知手之舞」句增補同此。

❹「番易」，乾隆本作「新安」。

❺「惟以進取爲務」，成化本、乾隆本作「惟務進取」。

❻「之學」，二小字原脱，據成化本、乾隆本補。

八月，作《襍識》五章。十月己丑，作《顔冉銘》。十二月戊子，大父卒。喪葬凡役，公悉考古禮，禀於父左丞公而行之。大父寢疾，公侍其父視藥食，❶不就寢席者凡十餘夕，無怠容。大父嘆曰：「吾察此孫，服勤連晝夜不懈，而神氣有餘。此大器可望，其善教之。」

二年丙寅

冬，葬大父於岾原之古宅。十一月壬子，作《理一箴》。

三年丁卯

十九歲。作《道統圖》并敘，較正《孝經》。又取他書之言孝者，爲《外傳》十篇。公謂朱子於諸經各有成書，獨未及於《書》、於《春秋》。欲取諸家之訓説，而成朱子之志。精力方强，凡天文地理、律曆田賦、名物算數，博考經傳，而得夫觀察之微，制作之故。作《皇極經世續書》。公潛心邵子之書，每病夫昧者流爲術數之末，遂以先天六十四卦分配一元之數，推治亂相禪之由，而爲是書。兵火後，散軼不存。通趙主簿書，作《自新》《自修》《消人欲》《長天理》《克己》《悔過》諸銘。

四年戊辰

作《題四書》一章、《紀夢》一章、《襍識》一章、《矯輕》《警惰》二銘。

五年己巳

❶「侍」，成化本、乾隆本作「代」。「視」，乾隆本作「侍」。

六年庚午

八月，應鄉貢中選。以「乾卦」《保合太和萬國咸寧賦》中第二十八名。答繆郡守書，答程教授書，作《褉識》二章。

七年辛未

春，省試下第。三月癸酉，纂次舊作，題曰《私録》。程先生識其後曰：「若庸來此二十一年，❶閲人多矣，未見年方弱冠而有此志量，有此工夫，廣大精微，無所不究，如晝方旦，何可量也。僕雖老，不敢自棄，願聞切磋語。」八月，至臨汝書院。留止數月。

八年壬申

授徒山中。

九年癸酉

十年甲戌　以上皆宋度宗

授徒樂安縣。以縣丞黄西卿之招。西卿，蜀人忠義士也。

大元至元十二年乙亥　元世祖平宋天下混一❷

撫州内附。

❶「一」，原作「二」，據成化本、乾隆本《外集》卷三《程若庸外集跋》正文改。

❷「元世祖平宋天下混一」，九小字原無，據成化本、乾隆本補。

十三年丙子

奉親避寇。時寧都盜起。

十四年丁丑

十五年戊寅

十六年己卯

十七年庚辰

隱居布水谷。公與前貢士樂安鄭松結廬谷中。谷在樂安之高山上，有田有池，群山外環，唯一逕可通。❶縣崖飛瀑而出，故曰布水。屏絶人事，簞瓢卒歲。今爲古隱觀，蓋以公舊隱故也。❷

十八年辛巳

留布水谷。纂次諸經，注釋《孝經章句》成。

十九年壬午

留布水谷。較《易》《書》《詩》《春秋》，修正《儀禮》《小戴》《大戴記》成。

二十年癸未

---

❶「可」，原作「河」，據成化本、乾隆本改。

❷「蓋」，原脱，據成化本、乾隆本補。

冬，還自布水谷。

二十一年甲申

五月己酉朔，父左丞公卒。公居喪治葬，率循古制，參以《書儀》《家禮》行之。鄉黨姻戚，亦多依效，不用浮屠。里俗或譏之，則以爲解。

二十二年乙酉

居喪。冬，葬父左丞公於里之魯步東邊。

二十三年丙戌

八月，釋服。程文憲公以江南行臺侍御史承詔訪求遺逸，有德行才藝者，即驛送入覲。冬，程公至撫州，命郡縣問勞迎致，强公出仕。力以母老辭，程公曰：「誠不肯爲朝廷出，中原山川之勝，可無一覽乎？」公諾之，歸白游夫人，治行。十一月，如建昌路。同程公行故也。

二十四年丁亥

春，適燕。程公疏上所薦士以復命，終不忍舍公。公微知之，力以母老辭，遂治任南歸。公卿大夫多中原老成，而宋之遺士亦有留燕者，皆知公之不可留，而惜其去，相率賦詩送别。閻文康公復之詩有曰：「群材方用楚，一士獨辭燕。」趙文敏公孟頫方被召爲兵部郎中，獨書朱子與其師劉先生屏山所賡三詩爲贈。十二月，還家。舟中賦《感興詩》二十五章。

二十五年戊子

授徒宜黄縣明新堂。宜黄吴東子建義塾，扁曰「明新堂」。設先聖像，行舍菜禮，奉書幣，聘延公授徒其中。❶屬隣境有警，乃奉游夫人寓門人鄒志道舊廬，自留義塾數月。❷秋，還家。朝命求較定《易》《書》《詩》《春秋》《儀禮》《大戴記》《小戴記》。程文憲公請於朝曰：「吴澄不願仕，而所考《易》《書》《詩》《春秋》《儀禮》《大戴記》《小戴記》，俱有成書，於世有益。宜取寘國子監，令諸生肄習，次第傳之天下。」朝廷從之。遂移行省，遣官詣門，謄寫進呈。仍令有司，常加優禮。

二十六年己丑

進呈諸經。令藏國子監崇文閣。見書目。

二十七年庚寅

二十八年辛卯

夫人余氏卒。夫人諱惟恭，父珏，世居里之余溪。❸寶祐三年二月庚寅生，得年三十有七。

二十九年壬辰

三十年癸巳

三十一年甲午　以上皆元世祖朝。

---

❶「授」，各本均作「受」，據文義改。

❷「義」，原作「寓」，據成化本、乾隆本改。

❸「余」，乾隆本作「朱」。

正月甲子，如福州。程文憲公爲福建閩海道肅政廉訪使，迎致焉。十一月戊申，還家。

元貞元年乙未　元成宗朝

八月，如龍興，遊西山。江西湖東道肅政廉訪使司經歷郝文聞公至，來見，問《易》疑數十條。留居郡學，有答問之辭，郝君命吏從旁書之，令學者傳録，名曰《原理》。○朔南士友，問學者衆。時元文敏公明善自負所學，論經之次，輒屈其坐。人聞公至，質諸經疑難數十條，問《春秋》尤多。公隨問剖析，元公大加畏服，以爲平生所遇明經之師，未見如先生者。及論性理，未甚領悟，公令其觀程子《遺書》及《近思録》。元公嘗讀是書，至是始潛心力究，而有所得。他日謝先生曰：先生所學，程朱二子之學也。❶請執弟子禮終身。城中士友及諸生請開講郡學，公説「修己以敬」章，❷反覆萬餘言。聽者千百，多所感發。

十一月，還家。

二年丙申

如龍興。時董忠宣公士選任江西行省左丞，元文敏公，其客也，辟爲掾，以教其子。公執謁於其館，董公聞之，親饋食中堂，頗問經義治道，顧元公曰：「吴先生德容嚴厲，而不失其和，吾平生未之見也。」

大德元年丁酉　成宗

二年戊戌

---

❶「之」，原作「所」，據明初刻本改。

❷「説」，明初刻本作「謂爲講」，成化本作「爲」。

董忠宣公以江南行臺御史中丞入覲，改僉樞密院事，力薦公於朝堂，吏頗緩其事。一日，議事都堂，董公起立，語丞相完澤、❶平章軍國重事東平文貞王不忽木曰：❷「士選所薦吴澄，非一才一藝之能也。其人經明行修，論道經邦，可以輔佐治世大受之器也。皆曰僉院質實，所薦必天下士，何疑焉？」會平章拜御史中丞，尋薨，不及用公。七月，母夫人游氏卒。

三年己亥

居喪。

四年庚子

六月，作正中堂於咸口之原。長子文治其役。❸堂成，程文憲公爲之記，趙文敏公篆其額。八月，釋服。

五年辛丑

授應奉翰林文字、登仕郎、同知制誥、兼國史院編修官。董忠宣公時爲御史中丞，以私書勉公應召。都堂移江西行省，令有司敦請。復董中丞書。

六年壬寅

八月壬戌，戒行。十月丁亥，至京師。春，有司奉旨朝命趣行，督迫邑里，具驛舟，敦遣至京師，已有代矣。公即欲歸，

❶「完澤」，原作「諤勒哲」，據明初刻本、成化本、乾隆本改。
❷「不忽木」，原作「博果密」，據明初刻本、成化本、乾隆本改。
❸「役」，原作「後」，據成化本、乾隆本改。

河湅不可行。元文敏公朝夕奉公尤謹，大夫士多來問學。及行，元公爲詩序。

七年癸卯

春，治歸。五月己酉，至揚州。董忠宣公言：「應奉翰林文字吴澄，天稟高特，道業安成。不求用於時，隱居五十餘載。至元間遣使求賢，同至者俱爲按察，本官力以母老辭還。大德三年，舉本官有道之士，都省奏充前職，咨行省敦遣之。❶任未至，而吏部作不赴任闕。頃於本官無所加損，似失朝廷崇儒重道之意。」至揚州，江北淮東道肅政廉訪使趙公完澤以暑熾，强公留郡學。中山王玠、❷河南張恒，皆受業焉。答張恒問孝經。七月癸酉，❸至真州。淮東宣慰使珊竹公玠、❹工部侍郎賈公鈞、湖廣廉訪使盧公摯、淮東僉事趙公瑛、南臺御史詹公士龍及元文敏公諸寓公，具疏致幣，率子弟至揚州，請公講學。

八年甲辰

授將仕郎、江西等處儒學副提舉。十月，還家。

九年乙巳

較定《邵子》。公嘗謂：「邵子著書，一本於《易》。直可上接羲、文、周、孔之傳，非術數之比。其能前知，在人不在書，在心

---

❶「敦」，原作「特」，據明初刻本、成化本改。

❷「玠」，成化本、乾隆本作「所」。

❸「癸酉」，二字原脱，據明初刻本補。

❹「珊竹」，原作「沙卜珠」，據明初刻本、成化本、乾隆本改。

不在數也。」公天資高明，❶蚤年已能領悟，故於其書考較詳審，布置精密，並有意義。較定《葬書》。

十年丙午

四月，如袁州。公將遊南嶽，至袁州，儒學提舉鄭公陶孫遣使致書，追請赴任。十月朔，上官。各路學官循常例，其禮物致慶者卻之，惟諭之以篤意教養而已。有直學以錢穀訐其教授者，公曰：「直學所竊，教授有所不知；教授所得，直學無不知者。均謂之盜，欺人不知，而恕其可知者，可乎？直學爲教授屬，於義爲犯上，當先治之。」時天寒，其人惶愧汗下，拜謝悔過，告訐者爲之息。學官之不嚴者，聞之皆凜然知恥云。省若憲以兩提舉俱碩學鴻儒，每加優禮。憲府即郡庠設燕，以聽講爲請。鄭公以講席遜公，公亦以其出於誠意毋謙也。爲講《孟子》一章，開發明辨，有以各當其心也。日與鄭提舉謁參政戎公益，❷公曰：「東南士習凋敝，得二先生作而新之，使不習如某者，得以蒙成而逭責，豈非幸歟？」公從容言曰：「必欲作成人才，在於教人言忠信，行篤敬，以尊德性而已。」

十一年丁未

正月戊辰，以疾謁告。二月，就醫富州。寓清都觀。五旬之内，本司遣學職催請者六，吏人催請者四，文移往復凡數十，又移省憲趣還。公固辭以疾，嘗曰：「學校教育，各有其職。錢穀出入，總之有司。提舉之官，本爲虛設，徒糜廩粟。」故勇於去職。較定《老子》《莊子》《太玄》章句。公以老莊二子世之異書，讀者不人人知其本旨，注釋者又多荒唐自誑。公爲之參考訂定，將使智之過高者不至陷溺於其中，凡下者不至妄加儗度於高虛云耳。《太玄》之書其文艱深，讀之者少，然邵

---

❶「資」，明初刻本作「性」。

❷「與」，明初刻本作「同」。

子於其數實有取焉。六月，如臨江路。病至百日，止門人清江皮溍家。十月，還家。

至大元年戊申　元武宗朝

授從仕郎、國子監丞。九月，改築宅於咸口。此故宅基。華蓋、臨川二山，南北對峙，相距各十有五里，山水明秀。長子文，董其役。

二年己酉

正月丁未，次子衮卒。衮字士工，生至元壬午七月己卯。既殯，郡縣以都堂移江西行省，❶遣官禮請，給驛舟，具禮敦遣。公哀痛未欲行，督趣不置。三月，戒行。五月，至京師。❷六月，上官。初，許文正公爲國子祭酒，始以朱子之書訓授諸生。厥後監官不復身任教事，唯諉之博士助教。❸公至官，六館翕然歸向。公清晨舉燭堂上，各舉所疑以質問。日昃退就寓舍，則執經以從。公因其才質之高下，而開導誘掖之，講論不倦，每至夜分，寒暑不廢。一時觀感而興起者，甚衆。時未設典簿，廩膳出内監，丞司之。❹公會其羨餘，以增養贍，❺而舊弊悉革。中書省政多循習故常，好大喜功。乘間而起，立尚

❶「以」，原作「與」，據明初刻本、成化本、乾隆本改。
❷「師」，原脱，據明初刻本補。
❸「諉」，原作「委」，據明初刻本、成化本、乾隆本改。
❹「司」，原作「主」，據明初刻本改。
❺「贍」，原作「膳」，據成化本、乾隆本改。

書省，以奪其政權。其丞轄嘗通《洪範》《易經》之大義，❶近進者多言儒術，以迎合之。數欲引公以爲之重，公嚴重不可屈。致有辯士自謂能致之，踵門曰：「先生負治平之學，生民之塗炭，國家之困敝，甚矣。今在朝者，❷寧能不一副執政者之求乎？」公以疾辭。明日又至，則避之。辯士遂知終不可致，歸紿其人曰：❸「老儒未嘗騎乘，墮馬折臂，不能來矣。」乃止。

三年庚戌

四年辛亥

授文林郎、國子司業。癸酉，上官。尚書省臣伏誅，阿附得進者皆斥罷，中書省奏升公司業。劉公賡繇侍御史拜集賢學士兼國子祭酒，間語諸生曰：「朝廷徒以吾舊臣，故自臺臣來領學事。主上作新斯文之意甚重，吾豈敢當？司業，大儒，吾猶有所質問。時不可失，師不易遇，諸生其勉之。」公爲取程淳公《學校奏疏》、❹胡文定公《大學教法》及朱文公《貢舉私議》，❺三者斟酌去取，一曰經學：《易》《書》《詩》《儀禮》《周禮》《禮記》，❻《大戴記》附，《春秋》三傳附。「右諸經，各專一經，並須熟讀經文，傍通諸家，講説義理度數，明白分曉。凡治經者，要兼通小學書及四書。」二曰行實：孝於父母；弟，在家弟於兄，在外弟於長；睦，和於宗族；婣，和於外姓之親；任，厚於朋友；恤，仁於鄉里以及衆人。三曰文藝：古文、

---

❶「大」，原脱，據明初刻本補。

❷「者」，原作「廷」，據明初刻本改，成化本作「著」。

❸「曰」，原脱，據乾隆本補。

❹「爲」，明初刻本作「嘗」。

❺「定」，原脱，據下文《元史本傳》《神道碑》補。「大」，原作「二」，據成化本、乾隆本《學統》改。

❻「書詩」，原倒，據成化本乙正。

詩。四曰治事：選舉食貨、禮儀樂律、算法度支、❶星曆水利，「各依所習讀」，❷《通典》《刑統》《算經》，「諸書是爲擬定教法」。同列欲改課爲試行大學積分法，公謂：「教之以争，非良法也。」論議不合，遂有去志。著學基統。❸及門之志以此爲求耑用力之地。

皇慶元年壬子　元仁宗

正月，❹移疾去職。公登舟，賦詩留别。僚友皆爲之驚愕，諸生一旦失所依歸，有流涕者。監學命屬吏及諸生十人，追至通州河上，懇留不從。都堂亦遣使請，或尼不行。三月，至真州。舊學者强留講學。七月，至建康。冬，還家。

二年癸丑

集賢院知公之教人不倦，同至都堂，請以國子祭酒召公還朝。平章李公孟爲倡言曰：「吴司業高年，養病而歸。今即召還，是苦之也。」遂不復召。

延祐元年甲寅　元仁宗

---

❶「度支」，原作「吏文」，據成化本、乾隆本改。

❷「依」，原作「於」，據成化本、乾隆本改。

❸「著學」至「之地」，十七字原脱，據明初刻本補。

❹「正」，乾隆本作「二」。

作久大堂。命長子文董其役，倣古規制，趙文敏公孟頫篆額。❶八月，江西貢院請考校鄉試。❷屢以病辭，不獲。

二年乙卯

正月，如龍興。時經理田糧，限期嚴迫。使者立法苛刻，務重增民賦，以覬爵賞。郡縣奉行尤虐，民不堪命，群情洶洶。邑父老知公與部使杜顯祖在朝廷有交承之誼，請往陳其害。公既行一日，使者已趨袁、瑞，不及入城而還。

三年丙辰

留宜黄縣五峯寺。❸公欲著《易纂言》，五峯僧舍僻静，門人往從者二十餘人。

四年丁巳

七月，江西省請考校鄉試。❹時患足創，❺堅卧不出。使者率即縣，留山中不去，不獲已而行。考官七員，公所命題，出經問曰：「孟子道性善，堯舜至於途人一耳，而《論語》曰性相近，何也？」同官或怪其易，公曰：「於此有真知，則言不差。」江西貢士

---

❶「孟頫」，二小字原脱，據明初刻本補。

❷「請」「校」，二字原脱，據乾隆本補。

❸「寺」，原脱，據乾隆本補。

❹「請」「校」，二字原脱，據乾隆本補。

❺「創」，原作「瘡」，據明初刻本改。

二十二人，公以爲答此問不差者，纔得三四卷耳。❶先是，臣僚數言公姓名於上前。八月，上特問公何在，太保曲樞對：❷「臣聞居江西。」集賢知上意所在，請以代李源道爲直學士。中書奏可，命修撰虞集給驛聘召。

五年戊午

還自永豐縣武城書院，授集賢學士、奉議大夫。既拜命，疾作。久之，無行意。虞集曰：「此除實出上意，宜勉爲一行。」❸五月，戒行。八月，次儀真。疾復作，使者亟欲復命，公因辭謝，遂留淮南。十一月，留建康。《書纂言》成。

六年己未❹

留建康。寓濂溪書院，南北學者百餘人。十月，留江州。十一月庚寅，祭周元公墓。

七年庚申

留江州。七月，湖廣省請考校鄉試。❺以疾辭。還家。北方學者皆從。

至治元年辛酉　元英宗朝

---

❶「三四」，原作「二三」，據明初刻本改。
❷「曲樞」，原作「楚蘇」，據明初刻本、成化本、乾隆本改。
❸「一」，原脱，據明初刻本補。
❹「年」，原作「月」，據乾隆本改。
❺「校」，原脱，據乾隆本補。

二年壬戌

如建康。定王氏義塾規制。有司上其事，賜額「江東書院」。十月，還家。《易纂言》成。

三年癸亥

授翰林學士、太中大夫、知制誥同修國史。英宗皇帝嚴明果斷，獨委丞相拜住以政，❶於是勵精求治。召用故老，❷薦公才德於今爲儒士冠，故超授是命。遣直省舍人劉孛蘭奚給驛聘召。❸疾馳至公家，且曰：「上固知先生年已高，所以來召者，必欲見先生，宜毋以此爲辭。」二月庚寅，戒行。三月甲辰，次龍興。己酉，省憲官祖餞。五月，至京師。時上在上都，丞相聞公至，大喜。六月己巳，上官。七月，勑譔金書佛經序。時書經於慶壽寺。中書左丞速速傳旨譔序，❹仍諭上意，一追薦列聖，一祈天永命，一爲民祈福。對曰：「主上寫經之意，爲國爲民，甚盛舉也。唯追薦冥福，臣所未知。蓋釋氏因果利益之説，人所喜聞。至言輪迴之事，彼之高者且不談，其意止爲：❺『爲善之人死，則上通高明，其極品則與日月齊光。爲惡之人死，則下淪汙穢，其極下則與沙蟲同類。』其徒遂爲超生薦拔之説，以蠱惑世人。今列聖之神上同日月，何待子孫薦拔？且國初以來，凡寫經追薦之事不知其幾，若超拔未效，是無佛法矣；若超拔已效，是誣其祖矣。譔爲文

---

❶「住」，原作「珠」，據明初刻本、成化本改。

❷「召用」，二小字原脱，據明初刻本、成化本補。

❸「孛蘭奚」，原作「布呼齊」，據明初刻本、成化本、乾隆本改。

❹「速速」，原作「蘇蘇」，據明初刻本、成化本、乾隆本改。

❺「止」，原作「以」，據明初刻本、成化本改。「爲」，似當作「謂」。

丞相辭，不可以示後世。」左丞曰：「上命也。」先生請俟駕還奏之。會上崩，不及奏而止。八月丁卯，上還，次南坡，崩。丞相亦遇害。十一月，晋王入，即位。十二月癸酉，逆賊以次伏誅。公亟謀治歸，河凍不可行。勑譔國子監崇文閣碑。

泰定元年甲子　元泰定帝

正月，推登極恩。賜銀百兩、金織文錦四疋。二月，開經筵。用江浙省左丞趙簡言也。命公同中書平章張珪與祭酒鄧文原爲講官。壬午，會議進講事宜，條奏敕講官賜坐。三月壬寅，上御明仁殿聽講。悉屏侍臣，唯丞相、御史大夫在。侍講罷，命内饔賜食。甲寅，上御流杯池亭聽講。公講《中庸》「舜其大孝」章及《資治通鑑》數條，上大悦。四月壬戌，中書集議太廟神主。先是至治末，有詔作太廟。議者習見同堂異室之制，新廟作十三室。❶未及遷奉，而國有大故，有司疑於昭穆之次，故命集議焉。先生曰：「世祖皇帝混一天下，率考古制而行之。古者天子七廟，廟各爲宫。太祖廟居中，左三廟爲昭，右三廟爲穆。昭穆神主，各以次遞遷其廟之中，頗如今中書省六部對列。省部之設，亦效金、宋之典。官府尚從前代典故，豈有宗廟之序次不考古之典故，可乎？」七月，修英宗皇帝《實録》。中書會議司天監屬訐其官長。所訐二月皇后出殯係犯復日，又葬日正犯聖算行年，輕侮不敬，致二后同日而崩。刑部取罪狀，中書奏兩院會議，公曰云云。

二年乙丑

❶「三」，原作「二」，據乾隆本改。

正月朔。以疾不能會朝。辛卯，移疾。養疾南城天寶宫之别館。辛丑，中書遣官問疾。朝中知公將南歸。庚戌，中書請議事。直省舍人某來。辛卯，中書具燕。禮部郎中取涣致丞相意，❶敦請還職。閏月辛未，翰林國史院開局，纂修英宗皇帝《實録》。有旨賜宴，丞相親至，公以是居院之西廳。二月，進講。八月辛亥，移疾。《實録》既畢。丙子，中書具燕舉留。左丞許師敬領官屬至院，❷燕畢，即命小車出城。僚友及朝士大夫知者追餞於都門外，諸生送至通州。中書聞知，❸亟命官具驛舟追至楊村，不及而還。十一月，至龍興。延祐經理田糧，❹各省後有詔蠲虚增之税。惟江西舞文之吏，以減削則例爲名，增税至三萬餘石，不得免。至治初，包銀令爲害。泰定改元，中書集議便民之事，公力以二事爲言，下詔始免包銀，且命體覆減削之名而蠲之。有司因循未行，至是值奉使宣撫在江西，公又言之，乃督憲司即爲除害，人皆德之。十二月，還家。

三年丙寅

授翰林學士、資善大夫、知制誥同修國史。公既歸，丞相數欲召還。或曰：「公以高年稱疾而去，其可得而復致乎？」丞相乃言於上曰：「江南吴某，❺舊德重望。往年召爲學士，商議政事，進講經筵。今以年高，辭朝而去，宜加優禮，以宣揚朝

❶「取涣」，原作「楚輝」，據明初刻本、成化本、乾隆本改。
❷「丞」下，原衍「相」字，據明初刻本及《元史》卷一百十二《宰相年表》删。
❸「知」，明初刻本作「之」。
❹「田糧各省」，原倒，據明初刻本、成化本、乾隆本乙正。
❺「某」，乾隆本作「澄」。

廷敬老尊賢之意，使天下有所激勸，而聖明之譽，亦得垂於無窮矣。」上深然之，乃有是命。并賜中統鈔五千貫、金織文幣二表裏，遣翰林編修官劉光至家傳旨。三月己巳，拜命。公上表辭謝。蔡國公張珪薦章。其略云：「欽承明詔，肇啓經筵。考論前經，講明正道，實國家之令典，其所關係，非細務也。而珪以家世之舊，愚戇之誠，備位宰臣，❶首當勸諫。及解機務，仍俾專官。自念世備戎行，所謂明經，實慚寡陋。況通譯之難，講明有限，積誠未至，不能感格。惟願老成之進，庶幾陳閉之心。竊以周尚父授丹書之戒，漢申公赴蒲輪之招，皆以耆頤，爲國羽翼。蓋有乞言之禮，必於養老之時；非徒外飾虛文，實以諮詢治道。翰林學士吴澄，心正而量遠，氣沖而神和。博考於事物之賾，而達乎聖賢之蘊；致察於踐履之微，而極乎神化之妙。正學真傳，深造自得，實與末俗盜名欺世者霄壤不同。粤自布衣，一再收召，超擢學士，有識君子不以爲過。前當講説剴切，温潤完厚，康健聰明。經學之師，當代寡二。雖蒙恩賜存撫，爲禮甚優，然合召還，資其學問，良非小補。」云云。未幾，復舉以自代，曰：「制誥、國史二事，所以成一王之大經，萬世之昭憲。比於效一官、分一職，重輕不侔。若止因循冒昧，常人孰不可爲？當職世從軍旅，歷職省臺。文章本非所長，志慮耗於勞勤。深思逭責，其在薦賢。翰林學士吴澄，學貫天人，行足師表。書事得筆削之法，代言近典誥之文。蓋其所造甚深，文學亦其餘事。目今兩朝實録，未經進呈；累朝嘉言善行，多合記録。載事修辭，全資學識。又有遼金宋史，先朝累有聖旨纂修，曠日引年，未覩成效。使前代之得失無聞，聖朝之著述不見，恐貽後悔，君子恥之。然非博洽明通，孰克成此？本官雖曰年近八十，其實耳聰目明，心清力贍。❷今不使身任其事，後必追悔無及。近蒙朝廷差官優賜存問，禮意誠厚，然須使當承旨之任，總裁方可成就。所合舉以自代，允協輿論。」云云。答

❶「臣」，原作「相」，據明初刻本改。

❷「贍」，原作「瞻」，據成化本、乾隆本改。

田憲副問。

四年丁卯

三月，省墓樂安縣。七世祖妣張氏夫人，葬天授鄉之櫟步。留清江縣。荆襄來學者十有五人。八月，還家。

天曆元年 是年初，改致和元年，歲在戊辰。

二年己巳

七月，江西省請考校鄉試。❶辭疾不起。《易纂言外翼》成。

至順元年庚午 天曆、至順皆元文宗朝。

伯子文以廕授官。先是，郡縣以公歸老無復出意，舉文承廕，授奉議大夫、同知柳州路總管府事。

叔子京以侍養授官。故事：儒臣告老者，❷許官一子侍養。答王參政問。

二年辛未

答危素問。八月，家婦曾氏卒。制大功服。十一月，孫㑹卒。居母喪，毁瘠卒。公惜其穎敏，哭之痛。

三年壬申 此後爲順帝初年，先没。又三十六年，元亡。

留郡學。子京迎養。公服所製玄冠玄端，以謁先聖先師。《禮記纂言》成。

❶「校」，原脱，據乾隆本補。
❷「者」，原脱，據成化本補。

元統元年癸酉

遷母夫人游氏於里之魯步東邊，祔父左丞公墓左。六月甲子，感暑得疾。公感疾，服藥數日，小愈。踰旬頗安，醫者請退，公曰：「吾往時病退，體即清和。今證已去，而體氣若在病中時，殆未愈也。」庚辰，疾復作。❶辛巳，公命孫當曰：「吾疾異於常時矣。」召學者曾仁曰：「生死常事，可須使吾子孫知之。」共手胸前，正卧不動者數日。乙酉，揮藥不進，漱水畢，暝目不語。里中人是夕見一大星，隕於屋之東北隅。丙戌，薨。年八十有五。午時，❷神思泰然而逝。戊子小殮襲用玄端，己丑大殮用絞衿。事聞，詔加贈資德大夫、江西等處行中書省左丞、上護軍，追封臨川郡公，謚曰文正。《謚法》：「經天緯地曰文，内外賓服曰正。」

故翰林學士資善大夫知制誥同修國史臨川先生吴公行狀❸

曾祖大德，❹妣張氏。祖鐸，贈中奉大夫、淮東道宣慰使、護軍，追封臨川郡公。妣謝氏，追封臨川郡夫人。考樞，贈資善大夫、湖廣等處行中書省左丞、上護軍，追封臨川郡公。妣游氏，追封臨川郡夫人。

---

❶「疾」，原脱，據明初刻本補。

❷「午」，原作「卒」，據成化本、乾隆本改。

❸此文虞集撰，見《道園學古録》卷四十四，增校四部叢刊本該集，簡稱《學古録》，出校從寬。標題，原作「行狀」，據明初刻本、成化本、乾隆本、《學古録》改。

❹「曾」上，《學古録》有「本貫撫州路崇仁縣崇仁鄉咸口里」十四字。

先生諱澄，字幼清，晚稱伯清，姓吴氏。其先自豫章之豐城，遷居崇仁。六世祖周，[1]生二子。璣，將鄉兵留太平州。璿，生曄，始居咸口里，公之高祖矣。自是以來，世治進士業。先生以宋淳祐九年己酉正月十有九日生。前一夕，鄉父老見有異氣降其家。後有望氣者言，華蓋、臨川兩山之間，當有異人出。兩山之間，所謂咸口里也。三歲，穎異日發。宣慰公抱置膝上，教之古詩，隨口成誦。五歲，就外傅，日受千餘言，誦之數過，即記不忘。母夫人憂其過勤，夜節膏油之焚。常候母寢，復續火讀書達旦，不敢令母氏知也。七歲，《論語》《孟子》、五經皆成誦，能著律賦。九歲，鄉邑課試，每中前列。十歲，始得朱子《大學》等書而讀之，恍然知爲學之要。日誦《大學》二十過，如是者三年。次第讀《論語》《孟子》《中庸》，專勤亦如之，晝誦夜惟，弗達弗措。十三歲，大肆力於群書。家貧，常從鬻書者借讀，既而還之。鬻書者曰：「子盡讀之乎？」先生曰：「試舉以問我。」鬻者每問一篇，輒終其卷迺止，[2]鬻者遂獻其書。十四歲，丱角，赴郡學補試。郡之前輩儒者，皆驚其文。十五歲，知厭科舉之業，而用力聖賢之學。見朱子《訓子帖》有「勤」「謹」二字，如得面命，而服行之，作《勤》《謹》二箴。又作《敬銘》，有曰：「把捉於中，精神心術；檢束於外，形骸肌骨。」又作《和銘》，極言周子、程伯子氣象以自勉。常自言曰：「讀《敬銘》如臨嚴師，如在靈祠，百妄俱消，而不覺足之

[1]「六」，原作「七」，據乾隆本及《年譜》改。

[2]「迺止」，二字原脱，據成化本、乾隆本、《學古録》補。

重、❶手之恭。讀《和銘》心神怡曠，萬境皆融，❷熙熙然不知手之舞、足之蹈也。」其後又作《顔冉銘》《理一箴》《自新銘》《自修銘》《消人欲銘》《長天理銘》《克己銘》《悔過銘》《矯輕銘》《警惰銘》等，節節警策。踐履之功，於斯可見矣。

是歲，宣慰公赴鄉試，先生侍行。時郡守迎新安徽菴程先生若庸，以朱子之學教授郡之臨汝書院。徽菴蓋從雙峰饒氏游，先生因鄉人謁之。徽菴未出，而外齋有揭帖片紙滿壁，皆徽菴特見以語學者之説，先生一覽而盡之。及見，先生從容進問，如曰：❸「先生壁間之書，以大學爲正大高明之學，❹然則小學乃卑小淺陋之學乎？」若此者數條。徽菴曰：「吾處此久矣，未見有如子能問者。❺吾有子曰仔復，族子槱之，與子年相若，可同學爲友。」槱之者，盱江程文憲公文海鉅夫舊名也。自是常往來徽菴之門，徽菴深知之，而同堂之人弗盡知也。咸淳元年冬，左丞公侍宣慰公之疾。久而小間，宣慰謂左丞曰：❻「吾察此孫，晝夜服勤，連月不懈，而精神有餘。此大器也，可善教之。」蓋宣慰自襁褓知愛先生，間形於言，而親戚鄉里以爲有譽孫之癖

❶「而」，原脱，據乾隆本、《學古録》補。
❷「皆」，原作「俱」，據成化本、乾隆本、《學古録》改。
❸「如曰」，原倒，據成化本、乾隆本、《學古録》乙正。
❹「正大高明」，原作「高明正大」，據成化本、乾隆本、《學古録》改。
❺「見」，原脱，據成化本、乾隆本、《學古録》補。
❻「宣慰」下，原衍「公」字，據成化本、乾隆本、《學古録》删。下文「宣慰捐館」句改正同此。

矣。十有二月，宣慰捐館。喪葬凡役，先生考古禮，禀於左丞而行之。十九歲，著説曰：「道之大原出於天，聖神繼之。堯舜而上，道之元也；堯舜而下，其亨也；洙泗魯鄒，其利也；濂洛關閩，其貞也。分而言之，上古則羲皇其元，❶堯舜其亨乎？禹湯其利，文武周公其貞乎？中古之統，仲尼其元，顔曾其亨，子思其利，孟子其貞乎？近古之統，周子其元也，程張其亨也，朱子其利也，孰謂今日之貞乎？未之有也。然則可以終無所歸哉？蓋有不可得而辭者矣。」又嘗與人書曰：「天生豪傑之士，不數也。夫所謂豪傑之士，以其知之過人，❷度越一世，而超出等夷也。戰國之時，孔子徒黨盡矣。充塞仁義，若楊墨之徒，又滔滔也。而孟子生乎其時，獨願學孔子，而卒得其傳。❸當斯時也，曠古一人而已，真豪傑之士哉！孟子没千有餘年，溺於俗儒之陋習，淫於老佛之異教，無一豪傑之士生於其間。至於周程張邵，一時迭出，非豪傑，其孰能與於斯乎？又百年，而朱子集數子之大成，則中興之豪傑也。以紹朱子之統自任者，果有其人乎？澄之齠齔時，惟大父家庭之訓是聞。以時文見知於人，而未聞道也；❹及知聖賢之學，而未之能學也。❺於是以豪傑自期，以進於聖賢之學，而又欲推之以堯舜其君民而後已。實用其力於斯，豁然似有所見，坦然知其易行，

❶「皇」，各本及《學古録》同，疑爲「黄」字之誤。
❷「以其知之過人」，六字原脱，據成化本、乾隆本、《學古録》補。
❸「得」，原脱，據成化本、乾隆本、《學古録》補。
❹「而」，原脱，據成化本、乾隆本、《學古録》補。
❺「之」，原作「知」，據成化本、乾隆本、《學古録》改。

而力小任重，固未敢自以爲是。而自料所見，愈於人矣。」是時先生方弱冠，而有志自任如此。其後，先生嘗識此二文之後曰：「其見多未定之見，其言多有病之言。然不忍棄去，録而藏之。」則晚年所進，自此可考矣。

六年庚午，應撫州鄉舉，以第二十八名薦。明年，試禮部下第。歸而纂次舊作，謂之《私録》。時宋亡之證已見，先生以其道教授鄉里。嘗作草屋數間，而題其牖曰：「抱膝《梁父吟》，浩歌《出師表》。」程文憲公知其意，題之曰「草廬」，學者稱之曰草廬先生。歲乙亥，皇元至元十二年也。❶撫州内附，傳檄至樂安。❷樂安丞蜀人黄西卿不署狀，去之窮谷。不免寒餓，猶招先生教其子，先生從之。十四年，亡宋丞相文天祥起兵廬陵，郡多應之。傍近寇起，先生奉親避地，弗寧厥居。鄉貢進士鄭松，奇士也。迎先生隱居布水谷，後人以其處爲真隱觀。十八年，纂次諸經，註釋《孝經章句》成。十九年，較定《易》《書》《詩》《春秋》，修正《儀禮》《小戴》《大戴記》。二十年，自布水還居草廬。二十一年五月，左丞公捐館。

二十三年，程文憲公奉詔起遺逸於江南。至撫州，强起先生，以母老辭。程公曰：「不欲仕可也，燕冀中原，可無一觀乎？」母夫人許其行，❸與程公同如京師。既至，程公猶薦先生，不令其知。先生覺其意，力

❶「年」，原作「歲」，據成化本、乾隆本、《學古録》改。
❷「至」，原脱，據成化本、乾隆本、《學古録》補。
❸「許」，原作「喜」，據成化本、乾隆本、《學古録》改。

以母老辭。二十四年歸，朝廷老成及宋之遺士在者，皆感激賦詩餞之。故宋宗室趙文敏公孟頫，方召爲兵部郎官，獨書朱子與劉屏山所和詩三章以遺之。一時風致，識者歎之。二十五年，程文憲公言於朝曰：「吴澄不願仕，而所定《易》《書》《詩》《春秋》《儀禮》、大、小《戴記》，得聖賢之旨，可以教國子，傳之天下。」有旨江西行省，遣官繕録以進，郡縣以時敦禮。元貞元年八月，遊豫章西山，憲幕長郝文仲明迎先生入城，請學《易》。❶時南北學者日衆，清河元文敏公明善，時行省掾，以文學自負，常屈其坐人。見先生，問《春秋》大義數十條，皆領會。至語之理學，有所未契，先生使讀《程氏遺書》《近思録》。文敏素讀是書，至是，始知反覆玩味。他日見先生，曰：「先生之學，程子之學也。願爲弟子，受業終其身。」❷城中居官之人及諸生，皆願聞先生一言。請先生至郡學，先生爲説「修己以敬」一章，指畫口授，反覆萬餘言，聽者千百人。有嘗用力於斯者，多所感發。

二年，❸董忠宣公士選，任江西行省左丞。因文敏得見先生於館塾，以爲平生所見士，未有德容辭氣、援據經傳如先生者。大德元年，拜行臺御史中丞。入奏事，首以先生爲薦。及在樞府，又薦之。一日，議事

❶「請」，原脱，據乾隆本、《學古録》補。

❷「受」，原作「授」，據明初刻本改。

❸「二」，原作「三」，據《學古録》及《年譜》改。

中書，起立謂丞相曰：「士選所薦吴澄，經明行修，大受之器。論道經邦，可助治世。」❶平章軍國重事不忽木曰：❷「樞密質實，所薦天下士也。」丞相逮事世祖，親見用人之道；平章，許文正公高弟之得其傳者；是以知重忠宣之言。❸授應奉翰林文字、登仕佐郎、❹同知制誥，兼國史院編修官。詔有司敦遣，忠宣又以手書招之。先生答書云：「朝廷用人之不次，公卿薦人之不私，布衣之受特知、❺蒙特恩如此，近世以來所希有也。雖木石，猶當思所以報稱，而況於人乎？然夫子勸漆雕開仕，對以『吾斯之未能信』。而夫子説之者，深以開之可仕不可仕，開知之而夫子未知之也。閣下之舉，古大臣之事，澄敢不以古賢人君子之所以自處者自勉。」❻繼以邵子之詩曰：「幸逢堯舜爲真主，且放巢由作外臣。」「澄雖不敏，願自附於前修，❼成之者在閣下矣。」有司敦迫久之，先生爲一至京師，而代者上矣。方冬寒沍，京師學者，奉先生而問學焉。七年春，中丞猶抗章論朝廷失待士之禮。先生歸至揚州，時憲使趙公弘道，及寓公珊竹公玠、盧公摯、賈公鈞、趙公

❶「世」，原作「國」，據成化本、乾隆本、《學古録》改。
❷「不忽木」，原作「博果密」，據明初刻本、乾隆本改，成化本、《學古録》作「不灰木」。
❸「重」，原作「董」，據成化本、乾隆本、《學古録》改。
❹「登」，明初刻本作「將」，似是。
❺「受」，原作「授」，據成化本、乾隆本、《學古録》改。
❻「君子」，二字原脱，據正文卷十一《復董中丞書》及明初刻本補。
❼「修」，原作「賢」，據成化本、乾隆本、《學古録》改。

英、詹公士龍、元公明善等，先後留先生，身率子弟諸生受業。明年八月，除將仕郎、江西等處儒學副提舉。九年，❶校定邵子之書。十年十月之官。十一年正月朔，以疾辭去。留清都觀，與門人論及《老子》《莊子》《太玄》等書之本旨，因証其訛僞，而著其説。

至大元年，除從仕郎、國子監丞。❷朝命行省敦遣，二年六月到官。先是，世祖皇帝初命許文正公自中書出爲祭酒，文正始以所得朱子小學躬尊信之以訓授弟子。繼之者多其門人，猶能守其法，久之寖失其舊。❸先生既至，深憫學者之日就乎荒唐，而徒從事於利誘也，思有以作新之，於是六館諸生知所趨向。先生旦秉燭堂上，諸生以次授業。晝退堂後寓舍，❹則執經者隨而請問。先生懇懇循循，其言明白痛切，因其才質之高下，聞見之淺深，而開導誘掖之。使其刻意研窮，以究乎精微之藴；❺反身克治，以踐乎進脩之實。講論不倦，每至夜分，寒暑不廢。於是一時遊觀之彦，雖不列在弟子員者，亦皆有所觀感而興起矣。時朝廷循習寬厚，好功名者奏立尚書省，改更紛然。新執政鑄錢貨、變鈔法以爲功，欲得先生助己，而恐其不可致。

❶「年」，原作「月」，據成化本、乾隆本、《學古録》改。
❷「監」，原脱，據乾隆本、《學古録》補。
❸「之」，原作「而」，據成化本、乾隆本、《學古録》改。
❹「退」，原作「趨」，據成化本、乾隆本、《學古録》改。
❺「乎」，原脱，據成化本、乾隆本、《學古録》補。

有士請致先生，先生卧病門生家，不可致，乃歸紿其人曰：「老儒不善騎，墮馬折臂病矣。」❶四年，武皇賓天，仁宗即位，尚書省罷。先生陞司業，侍御史劉公賡拜集賢大學士，❷兼國子祭酒，召諸生，語之曰：「朝廷徒以吾舊人，自臺臣遷，以重國學。司業，大儒，吾猶有所質問。師不易得，時不可失，諸生勉之。」皇慶元年正月，❸先生使買舟通州。❹既行而後，移文告其去。監學官愕然，貴游之士，倀倀失所依，有流涕者。數十人追至河上，懇留不從。朝廷亦遣人追留，或尼不行。蓋先生嘗爲學者言：「朱子道問學工夫多，陸子静却以尊德性爲主。問學不本於德性，則其弊偏於言語訓釋之末，❺果如陸子静所言矣。今學者當以尊德性爲本，庶幾得之。」議者遂以先生爲陸學，非許氏尊信朱子之義。然爲之辭耳，初亦莫知朱、陸之爲何如也。延祐三年，先生深入宜黄山中五峯僧舍以居。六越月，修《易纂言》。四年，江西行省請考鄉試。先生出經問曰：「孟子道性善，堯舜至於塗人一耳，而《論語》曰性相近，何也？」同官或怪其平易，❻先生曰：「於此有真知，則言不差。」江西貢士二十二人，而答此問不差者，先生以爲纔得三四卷耳。

---

❶「病」，原脱，據成化本、乾隆本、《學古録》補。
❷「大」，原脱，據成化本、乾隆本、《學古録》補。
❸「正」，乾隆本作「二」。
❹「使」，原脱，據成化本、乾隆本、《學古録》補。
❺「言語」，原倒，據成化本、乾隆本、《學古録》乙正。
❻「平」，原脱，據成化本、《學古録》補。

五年春，除集賢直學士，特陞奉議大夫，遣集賢脩撰虞集，奉詔召先生於家。行至儀真，病作，不復行。渡江，謁金陵門人王進德家新書塾，所至學者雲集。居數月，修《書纂言》。六年十月，泝江州，寓濂溪書院。十一月，率諸生拜周元公之墓。是年，北方學者爲多。明年還臨川，從之者皆北人。至治二年，《易纂言》成。三年，英宗即位，東平王拜住爲丞相，❶勵精爲治，黜陟臧否，朝廷赫然。超拜先生爲翰林學士、知制誥、同脩國史，階太中大夫。遣直省舍人劉孛蘭奚，❷奉詔召先生於家。使者致君相之意甚篤，先生拜命即行。五月至京師，六月入院。時詔學士散散，❸集善書者粉黄金寫浮圖藏經。有旨自上都來，使左丞速速詔先生爲之序。❹先生曰：「主上寫經之意，爲國爲民，甚重事也。但追薦冥福，臣所未知。蓋釋氏因果利益之説，人所喜聞。至言輪迴之事，彼之高者且不談，其意止謂：『爲善之人死，則上通高明，其極品則與日月齊光；爲惡之人死，則下淪汙穢，其極下則與沙蟲同類。』其徒遂爲超生薦拔之説，以蠱惑世人。今列聖之神上同日月，何待子孫薦拔？且國初以來，凡寫經追薦之事，不知其幾。若超拔未効，是無佛法矣；若超拔已効，是誣其祖矣。譔爲文辭，不可以示後世。」左丞曰：「上命也。」先生請俟駕還復奏之，❺會上崩，不

❶「住」，原作「珠」，據明初刻本、成化本、《學古録》改。
❷「孛蘭奚」，原作「布呼奚」，據明初刻本、成化本、《學古録》改。
❸「散散」，原作「散直」，據明初刻本、成化本、《學古録》改。
❹「左丞速速」，原作「丞相蘇蘇」，據明初刻本、成化本、《學古録》改。
❺「俟」，成化本作「候」。「復」，原脱，據成化本、《學古録》補。

及奏而止。

泰定元年，朝廷用江浙行省左丞趙簡言，開經筵進講。平章蔡國張公珪領之，以經學屬之先生。先生言温而氣和，經旨敷暢，得古人勸講之體。廷中驟見文物之盛，而先生首當其任，來者法焉。在至治末，詔作太廟。議者習見同堂異室之制，新廟作十三室，❶未及遷奉，而國有大故。有司疑於昭穆之次，故命集議焉。先生曰：「世祖皇帝混一天下，率考古制而行之。古者，天子七廟，廟各爲宫。太祖廟居中，左三廟爲昭，右三廟爲穆。昭穆神主，各以次遞遷其廟之中，頗如今中書省六部對列。省部之設，亦倣金、宋之典。官府尚從前代典故，豈有宗廟之敘次而不考古之典故，可乎？」七月，有旨國史院脩《英宗實録》。時漢人承旨缺，先生總其事，分局纂修。既畢，先生有歸志。中書左丞奉旨賜宴史院，致勉留之意。宴畢，命小車出城。朝士追送於齊化門外，諸生送至通州。中書聞，亟命官具驛舟，追至楊村，不及而還。是年，先生七十有七歲。

十一月，至豫章。延祐經理民田時，激變贛之寧都，中外騷動。事定，詔蠲虚增之税。惟江西有郡縣，舞文之吏以減削則例爲名增税三萬餘石者，不得免。至治初，又行包銀，爲害益甚。先生在朝，數言于執政者。泰定改元，中書會議便民之事，先生復以二事爲言。❷詔書始免包銀，且命體覆減削之名，而蠲除其

❶「三」，原作「二」，據成化本、乾隆本、《學古録》改。
❷「復」，原作「始」，據成化本、乾隆本、《學古録》改。

稅。有司因循未行。至是，值宣撫在江西，其副齊公履謙，嘗與同官成均，相敬如師友。先生力以告之，乃督憲司，即爲除豁。十二月，抵家。中書言：「吴澄，國之名儒，朝之舊德。年高而歸，不忍重勞之，宜有所褒異。」有詔加授資善大夫，賜鈔五千貫、金織文錦二，皆有副。

初，先生與張蔡公同年告老，其再相也，力荐起先生。會蔡公又去，而士大夫多傳其辭云：「欽承明詔，肇啓經筵。❶考論前經，講明正道，❷實國家之令典。其所關係，非細務也。而珪以家世之舊，愚戇之誠，備位宰臣，首當勸講。及解機務，仍俾專官。自念世備戎行，所謂明經，實慚寡陋，況通譯之難，講明有限，積誠未至，不能感格。惟願老成之進，庶幾陳閉之心。切以周尚父授丹書之戒，漢申公赴蒲輪之招，皆以期頤，爲國羽翼。蓋有乞言之禮，必於養老之時；非徒外飾虚文，實以諮詢治道。翰林學士吴澄，心正而量遠，氣充而神和。博考於事物之賾，而達乎聖賢之蘊；致察於踐履之微，而極乎神化之妙。正學真傳，深造自得，實與末俗盜名欺世者霄壤不同。經學之師，當代寡二。粤自布衣，一再收召，超擢學士，有識君子不以爲過。前當講説剴切，❸温潤完厚，康健聰明。雖蒙恩賜存撫，爲禮甚優，然合召還，資其學問，良非小補。」未幾，復舉以自代，曰：「制誥、國史二事，所以成一王之大經，爲萬世之昭憲。比于效一官、分一職者，

❶「啓」，原作「起」，據成化本、乾隆本、《學古録》改。

❷「正」，明初刻本作「聖」。

❸「説」，原作「明」，據成化本、乾隆本、《學古録》改。

重輕不侔。若止因循冒昧，常人孰不可爲？當職世從軍旅，歷仕省臺。文章本非所長，志慮耗於勞勩。深思逭責，其在薦賢。翰林學士吴澄，學通天人，行足師表。書事得筆削之法，代言近典誥之文。蓋其所造甚深，文學亦其餘事。目今兩朝實録，未經呈進；累朝嘉言善行，多合紀録。載事修辭，全資學識。又有遼、金、宋史，先朝累有聖旨纂修，曠日引年，未覩成效。使前代之得失無聞，聖朝之著述不見，恐貽後悔，君子恥之。然非博洽明通，孰克成此？本官雖曰年近八十，其實耳聰目明，心清力贍。今不使身任其事，後必追悔無及。近蒙朝廷差官優賜存問，禮意誠厚，然須使當承旨之任，❶總裁方可成就。所合舉以自代，允協輿論。」

天曆元年，《春秋纂言》成。二年，《易纂言外翼》成。遊先生之門，南北之士前後無慮千百人。門人袁明善言，❷嘗聞先生論及門之士，❸先生悵然曰：「聞吾郡多俊秀，❹宜有可望者。」三年，其第三子京爲撫州路儒學教授，迎先生至城府，學者無不得見焉。進而教之，靡間晨夕。雖偶病少間，未嘗輟其問答。居久之，則又問明善曰：「得毋有未見者乎？」後數日，部使者、郡守請先生觀新譙樓。❺先生賦詩一章，懷王丞

❶「須」，原作「後」，據成化本、乾隆本、《學古録》改。
❷「袁」，原作「元」，據成化本、乾隆本、《學古録》改。
❸「聞」，《學古録》作「從」。
❹「聞吾」，原倒，據成化本、乾隆本、《學古録》乙正。
❺「譙」，原作「瞧」，據成化本、乾隆本、《學古録》改。

相、陸子静以示學者，遂登車歸其鄉矣。四年，《禮記纂言》成。六月，先生寢疾。病踰旬，屏藥醫，使門人告子孫治後事，拱手正身而卧。乙酉，夜有大星隕其舍東北隅。丙戌，日正午，神氣泰然而薨，年八十有五歲。以玄端斂。娶余氏，追封臨川郡夫人。子男五：文，贈奉議大夫、同知柳州路總管府事，後先生一年卒；袞，先卒；京，以奉養先生，特授撫州路儒學教授；稟；亶。孫男十一：當、蕃、畣、當、嘗、奮、里、畀、叟、略、界。畣、嘗，蚤世。孫女五，適譚觀、曾文、熊鈴、袁鎮、黄盅。曾孫男四：亼、全、佡、❶侖。曾孫女二。❷

嗚呼！孟子歿千五百年，而周子出，河南兩程子爲得其傳。時則有若張子，精思以致其道。其迥出千古，則又有邵子焉。邵子之學既無傳，而張子之歿，❸門人往往卒業於程氏。程門學者篤信師説，各有所奮力，以張皇斯道。奈何世運衰微，民生寡祐，而亂亡隨之矣。悲夫！斯道之南，豫章、延平高明純潔，又得朱子而屬之。百有餘年間，師弟子之言，折衷無復遺憾，求之於書，蓋所謂集大成者。時則有若陸子静氏，超然有得於孟子「先立乎其大者」之旨。其於斯文，互有發明，學者於焉可以見其全體大用之盛。而二家門人，區區異同相勝之淺見，蓋無足論也。朱子以來，又將百年。爲其學者，毫分縷析，❹日以增盛，曾不足少

❶「全佡」，成化本作「念全」。
❷「曾孫」，二字原脱，據乾隆本補。
❸「之」，原脱，據成化本、乾隆本、《學古録》補。
❹「析」，原作「柝」，據乾隆本、《學古録》改。

救俗學利欲之禍，而宋遂亡矣。先生之生，炎運垂息。自其齠齓，特異常人。得斷簡於衆遺，發新知於卓識。盛年英邁，自任以天下斯文之重，蓋不可禦也。摧折窮困，壯志莫遂。艱難避地，垂十數年。其所以自致於聖賢之道者，❶日就月將矣。歷觀近代進學之勇，其孰能過之？南北未一，許文正公先得朱子之書於邊境，伏讀而深信之。持其説以事世祖皇帝，而儒者之道不廢，許公實啓之。是以世祖以來不愛名爵，以起天下之處士。雖所學所造各有以自見，其質諸聖賢而不悖、俟乎百世而不惑者，❷論者尚慊然也。

先生自布衣用大臣薦，出處久速，道義以之。三命益隆，遽至内相之貴。稽其立朝之日，未嘗有三年淹也。施教成均，師道尊重；勸講内廷，誠意深遠。與大議，論大事，雖可概見，而無悠久浹洽之功者，非人之所能爲也。然而先生生八十有五年，耳聰目明，以終其身，得以其學肆於聖經賢傳，以辨前儒之惑，以成一家之言。天下後世之學者，可以探索玩味於無窮矣。

其於《易》學之五十餘年，其大旨宗乎周、邵，而義理則本諸程傳，其校定用東萊吕氏之本，而修正其缺衍繆誤。其《纂言》，則纂古人、今人之言，有合於己之所自得者，大概因朱子象占之説，而益廣其精微。若項安世《玩辭》等説，則因之益致其潔静。至於自得之妙，有非學者所能遽知。而通其類例以求之者，則在《外翼》。《外翼》十二篇，曰卦統，曰卦對，曰卦變，曰卦主，曰變卦，曰互卦，曰象例，曰占例，曰辭例，曰變

❶「自」，原脱，據明初刻本補。
❷「者」，原脱，據《學古録》補。

例，曰易原，曰易派。

《書》校定，以伏生所傳自爲一卷，不以所謂古文者雜之。

《春秋纂言》，蓋取近代儒者特見之明，以破往昔諸家傳註穿鑿之陋，決以己意而折衷之。使人知聖筆有一代之法，而是經無不通之例。既採摭群言各麗於經，又用趙氏纂例之法，分所異，合所同，纂爲總例七篇，曰天道，曰人紀，曰嘉禮，曰賓禮，曰軍禮，曰凶禮，曰吉禮。例之綱七，例之目八十有八。凡《春秋》之例，禮失者書，出於禮則入於法，故曰刑書也。事實辭文，善惡畢見，聖人何容心哉！蓋渾渾如天道焉，所謂例，學者以此而求聖經云耳。

《儀禮》，存者十七篇，先生補逸經八篇者：《投壺》《奔喪》，取之《小戴記》；《公冠》《諸侯遷廟》《諸侯釁廟》，取之《大戴記》；《中霤》《禘於太廟》《王居明堂》者，❶篇名見諸鄭氏注，❷而其文則甚略矣。有傳十篇：《冠義》《昏義》《士相見義》《鄉飲酒義》《鄉射義》《燕義》《大射義》，皆取之《小戴記》。《大射義》，乃自《鄉射義》而分者。《聘義》《公食大夫義》，則用清江劉氏所補。《朝事義》，則取諸《大戴記》，以備《覲義》。而所謂《禮記纂言》者，既取諸義附於經，又别《大學》《中庸》别爲一書。其存者凡三十六篇：通禮九、喪禮十一、祭禮四、通論十二。篇次先後，稍變於舊。就篇之中科分櫛剔，以類相從，俾其上下文意聯屬。章之大旨，標識

❶ 「者」，原作「諸」，據成化本、乾隆本、《學古録》改。

❷ 「諸」，原脱，據成化本、乾隆本、《學古録》補。

於左。其篇章文句，秩然有倫，先後始終，至爲精密。先王之遺制，聖賢之格言，千有餘年。其亡闕僅存而可考者既表而出之，各有所附，而其糾紛固泥於專門名家之手者，一旦各有條理，無復餘藴矣。

《孝經章句》，最所蚤定，而《外傳》十卷亡矣，其餘皆存也。

《詩》，則以爲朱氏傳得其七八，其有餘論，則門人傳其言，未及集録。

周子、程子之書既定於朱子之手，而張子、邵子之書，先生始爲校定次第，正其訛缺。張子書挈《東西銘》於篇首，而《正蒙》次之。又以邵子爲「孔子以來一人而已」，蓋其於邵子之學，深有所會悟也。

先生之博通妙契，有未易言者。門人衆多，浩不可遏，各以其所欲而求之，各以其所能而受之，蓋不齊也。乃著《學基》一篇，使知德性之當尊；著《學統》一篇，使知問學之當道。所謂窮鄉晚進，無良師友，而有志於學者，循此而學之，庶乎其不差矣。

又有《老子》《莊子》《太玄經》《樂律》《八陣圖》、郭璞《葬書》等説，卓見精識，去世俗淺陋之説遠甚。而先生支餘之學，蓋不止此。其進學之塗轍，首見於《私録》二卷，而心術之精微，文集具可考見。平日議論，門人各有紀述，識者有所擇焉。

嗚呼！先生往矣。其可得而見者，經學、文字之傳於世者也。至若厲如秋霜，煦若春日；論説如江河之淵源，沾溉若雨雲之敷沛；❶親切者如劍之就礪，薰陶者如飲之得醇；望之而心服，即之而氣融。比之求

❶「沛」，原作「布」，據成化本、乾隆本、《學古録》改。

於言語文字之微者，其感化疾矣。不幸天不憖遺，文星下墜，後死者不得有與於聲光。然而自昔賢者所可見於後世者，亦賴此而已矣。嗚呼天乎！集之先君子長先生四歲，有交友之誼。自幼侍側，以聆其緒餘；晚仕於朝，嘗從先生之後。歸田之日，先生已去世數月。蓋深嘆其有不可得聞者，竊敘所知之萬一，以告方來之學者。謹繕寫上之國史、太常，使君子有所考觀焉。至元改元十有二月朔，❶奎章閣侍書學士、翰林侍講學士、通奉大夫、知制誥同修國史虞集狀。

列　傳❷

吴澄字幼清，撫州崇仁人。高祖曄，初居咸口里，當華蓋、臨川二山間。望氣者徐覺言，其地當出異人。澄生前一夕，鄉父老見異氣降其家，鄰媪復夢有物蜿蜒降其舍旁池中，旦以告于人，❸而澄生。三歲，穎悟日發。教之古詩，隨口成誦。五歲，日受千餘言，夜讀書至旦。母憂其過勤，節膏火，不多與。澄候母寢，❹燃火復誦習。九歲，從群子弟試鄉校，❺每中前列。既長，於經、傳皆習通之，知用力聖賢之學。嘗舉進士，

❶「至元」至「虞集」，原作「謹」，據《學古録》改；「月」，《學古録》作「日」，據上下文義改。
❷此文爲《元史》卷一百七十一《吴澄傳》，增校中華書局一九七六年整理本《元史》。
❸「于」，原脱，據《元史》補。
❹「澄」，原脱，據《元史》補。
❺「子弟」，原倒，據《元史》乙正。

不中。

至元十三年，民初附，盜賊所在蜂起。樂安鄭松，招澄居布水谷，乃著《孝經章句》，校定《易》《書》《詩》《春秋》《儀禮》及大、小《戴記》。侍御史程鉅夫，❶奉詔求賢江南，起澄至京師。未幾，以母老辭歸。鉅夫請置澄所著書於國子監，以資學者，朝廷命有司即其家録上。元貞初，游龍興，按察司經歷郝文迎至郡學，日聽講論，❷録其問答，❸凡數千言。行省掾元明善以文學自負，嘗問澄《易》《詩》《書》《春秋》奥義，歎曰：「與吴先生言，如探淵海。」遂執弟子禮，終其身。左丞董士選延之於家，親執饋食，曰：「吴先生，天下士也。」既入朝，薦澄有道，❹擢應奉翰林文字。有司敦勸，久之乃至，而代者已到官，澄即日南歸。未幾，除江西儒學副提舉。居三月，以疾去官。

至大元年，召爲國子監丞。先是，許文正公衡爲祭酒，始以朱子小學等書授弟子。久之，漸失其舊。澄至，旦燃燭坐堂上，諸生以次受業。日昃，退燕居之室，執經問難者接踵而至。澄各因其材質，反覆訓誘之，每至夜分，雖寒暑不易也。

❶ 「侍」，原脱，據成化本、乾隆本、《元史》補。
❷ 「論」，原作「誦」，據《元史》改。
❸ 「録」，原脱，據《元史》補。
❹ 「澄」，原脱，據《元史》補。

皇慶元年，陞司業。用程純公《學校奏疏》、胡文定公《太學教法》、❶朱文公《學校貢舉私議》，約之爲教法四條：一曰經學，二曰行實，三曰文藝，四曰治事。未及行。又嘗爲學者言：「朱子於道問學之功居多，而陸子静以尊德性爲主。問學不本於德性，則其弊必偏於言語訓釋之末。故學必以德性爲本，庶幾得之。」議者遂以澄爲陸氏之學，非許氏尊信朱子本意，然亦莫知朱、陸之爲何如也。澄一夕謝去，諸生有不謁告而從之南者。俄拜集賢直學士，特授奉議大夫，俾乘驛至京師。次真州，疾作，不果行。

英宗即位，超遷翰林學士，進階太中大夫。先是，有旨集善書者粉黄金爲泥寫浮屠《藏經》。帝在上都，使左丞速速詔澄爲序。❷澄曰：「主上寫經，爲民祈福，甚盛舉也。若用以追薦，臣所未知。蓋福田利益，雖人所樂聞，❸而輪迴之事，彼習其學者，猶或不言。不過謂爲善之人，死則上通高明，其極品則與日月齊光；爲惡之人，死則下淪汙濁，其極下則與沙蟲同類。其徒遂爲薦拔之説，以惑世人。今列聖之神，上同日月，何庸薦拔？且國初以來，凡寫經追薦，不知幾舉。若未効，是無佛法矣；若已効，是誣其祖也。❹撰爲文辭，不可以示後世。請俟駕還奏之。」❺會帝崩而止。

❶「太」，原作「六」，據成化本、乾隆本改。
❷「速速」，原作「蘇蘇」，據明初刻本、成化本、乾隆本、《元史》改。
❸「雖」，原脱，據《元史》補。
❹「其」，原脱，據《元史》補。
❺「請俟駕」，原作「擬自上」，據成化本、《元史》改。

泰定元年，初開經筵，首命澄與平章政事張珪、國子祭酒鄧文原爲講官。在至治末，詔作太廟。議者習見同堂異室之制，乃作十三室。❶未及遷奉，而國有大故，有司疑於昭穆之次，命集議之。澄議曰：「世祖混一天下，悉考古制而行之。古者，天子七廟，廟各爲宫。太祖居中，左三廟爲昭，右三廟爲穆。昭穆神主，各以次遞遷。❷其廟之宫，頗如今之中書六部。夫省部之設，亦倣金、宋，豈以宗廟次序而不考古乎？」有司急於行事，竟如舊次云。時澄已有去志，會脩《英宗實録》，命總其事。居數月，《實録》成，未上，即移疾不出。中書左丞許思敬，奉旨賜宴國史院，仍致朝廷勉留之意。宴罷，即出城登舟去。中書聞之，遣官驛追，不及而還。言於帝曰：「吴澄，國之名儒，朝之舊德。今請老而歸，不忍重勞之，宜有所褒異。」詔加資善大夫，仍以金織文綺二及鈔五千貫賜之。❸

澄身若不勝衣，正坐拱手，氣融神邁，畣問亹亹，使人涣若冰釋。弱冠時，嘗著説曰：「道之大原出於天，神聖繼之。堯舜而上，道之元也；堯舜而下，其亨也；洙泗魯鄒，其利也；濂洛關閩，其貞也。分而言之，上古則羲黄其元，❹堯舜其亨，禹湯其利，文武周公其貞乎？中古之統，仲尼其元，顔曾其亨乎？子思

❶「三」，原作「二」，據成化本、乾隆本、《元史》改。
❷「遞」，原作「第」，據明初刻本、成化本、乾隆本、《元史》改。
❸「二」，原脱，據《元史》補。
❹「黄」，原作「皇」，據《元史》改。

其利，❶孟子其貞乎？❷近古之統，周子其元，程張其亨也，朱子其利也，孰爲今日之貞乎？未之有也。然則，可以終無所歸哉！」其蚤以斯文自任如此。故出登朝署，退歸於家，❸與郡邑之所經由，士大夫皆迎請執業。而四方之士，不憚數千里，躡屩負笈來學山中者，常不下千數百人。少暇即著書，至將終，猶不置也。於《易》《書》《春秋》《禮記》，各有《纂言》，盡破傳注穿鑿，以發其藴，條歸紀敘，精明簡潔，卓然成一家言。作《學基》《學統》二篇，使人知學之本，與爲學之敘。尤有得於邵子之學，校定《皇極經世書》，又校正《老子》《莊子》《太玄經》《樂律》及《八陣圖》、郭璞《葬書》。❹

初，澄所居草屋數間，程鉅夫題曰「草廬」，故學者稱之爲草廬先生。天曆三年，朝廷以澄耆老，特命次子京爲撫州教授，以便奉養。明年六月，得疾，有大星墜其舍東北，澄卒，年八十五。贈江西行省左丞、上護軍，追封臨川郡公，謚文正。

長子文，終同知柳州路總管府事；京，終翰林國史院典籍官。孫當，自有傳。

---

❶「其利」，二字原脱，據乾隆本、《元史》補。
❷「乎」，原脱，據乾隆本、《元史》補。
❸「退」，原脱，據《元史》補。
❹「正」，原作「定」，據成化本、乾隆本、《元史》改。

壙記

有元翰林學士吴公，諱澄，字伯清，居撫州路崇仁縣。祖鐸，贈中奉大夫、淮東道宣慰使、護軍，追封臨川郡公。妣謝氏，追封臨川郡夫人。考樞，贈資善大夫、湖廣等處行中書省左丞、上護軍，追封臨川郡公。妣游氏，追封臨川郡夫人。公生宋淳祐九年己酉正月十有九日。中咸淳九年鄉貢進士舉。皇元大德四年，以處士起，授應奉翰林文字、登仕佐郎、同知制誥兼國史院編修官，未上。八年，除將仕郎、江西等處儒學副提舉。至官三月，以疾辭去。至大元年，擢從仕郎、國子監丞，二年六月到官。四年，就陞國子司業，轉文林郎。公欲更學制，與僚友論不合，皇慶元年正月去官。延祐五年，進集賢直學士，超轉奉議大夫，奉詔行至儀真，病作而歸。至治三年，超拜翰林學士、知制誥同修國史，階太中大夫，奉詔遣直省舍人特召於家。五月至官，秋聞南坡之變，即有歸志，以寒沍舟不可行。泰定元年春，開經筵，詔公獨當其任。明年二月，有旨修《英宗實録》，時承旨缺，公總其事。八月書成，即歸。三年，特詔加授資善大夫，賜鈔五千貫、金織紋錦二，皆有副。上表辭謝，上不允。至順四年六月丙戌，薨於正寢。至正五年，贈江西等處行中書省左丞、上護軍，封臨川郡公，謚文正。子男五：文、衮、京、稟、亶。文，奉議大夫、同知柳州路總管府事，後公一歲卒；京，將仕佐郎、翰林國史院典籍官。孫男十一：❶當、蕃、藚、奮、里、畀、叜、略、界、壘、纍。當，翰林脩撰、徵

❶「一」，原作「二」，下所列孫男名僅有十一，據改。

事郎、同知制誥兼國史院編脩官。孫女八。曾孫男九：亼、全、仚、侖、仝、鈺、銈、鏍、鏗。曾孫女七。玄孫男一：炫。玄孫女一。以至正七年七月初九日己酉，葬縣之禮賢鄉太平里。謹誌於壙云。

大元敕賜故翰林學士資善大夫知制誥同修國史贈江西等處行中書省左丞上護軍追封臨川郡公謚文正吳公神道碑❶

翰林學士揭傒斯奉詔撰❷

皇元受命，天降真儒，北有許衡，南有吳澄。所以恢宏至道，潤色鴻業，有以知斯文未喪、景運方興也。然金亡四十三年，宋始隨之。許公居王畿之内，一時用事，皆金遺老，得早以聖賢之學佐聖天子，開萬世無窮之基，故其用也弘。吳公僻在江南，居阽危之中，及天下既定又二十六年，始以大臣薦，强起而用之，則年已五十餘矣。雖事上之日晚，而得以聖賢之學爲四方學者之依歸，爲聖天子致明道敷教之實，故其及也深。上既命詞臣歐陽玄表許公之行於石，❸復以吳先生之述詔臣傒斯。臣材質駑下，於學問無一堪可，詎足以窺涯涘、塞明詔？然國家盛典，敢不欽承！

謹按前奎章閣侍書學士虞集狀：公諱澄，字伯清，撫之崇仁人。曾大父大德，大父鐸，皇贈中奉大夫、

---

❶ 標題，原作「神道碑」，據明初刻本、成化本、乾隆本改。

❷ 「翰林學士」，四字原脱，據明初刻本、成化本、乾隆本補。

❸ 「表」，原作「誄」，據明初刻本、成化本、乾隆本改。

淮東宣慰使、護軍、追封臨川郡公。父諱樞，皇贈資善大夫、湖廣等處行中書省左丞、上護軍，追封臨川郡公。祖妣謝氏，妣游氏，追封臨川郡夫人。世有積德，爲儒家。其所居咸口里，在華蓋、臨川二山之間。豐城徐覺者善望氣，嘗過而指曰：「必有異人出焉。」已而生公之前一夕，里中人夢有神物蜿蜒降公所居，明日生公。三歲，能誦歌詩數百篇。五歲，出就外傅，日受千餘言，三四過即記不忘，夜誦常至達旦。七歲，能默誦五經。十歲，知爲學之本，大肆力於朱子諸書，猶以《大學》爲入道之門，必日誦二十過，如是者三年。十五，遂以聖人之學自任，作《勤》《謹》二箴、《敬》《和》二銘。十六，拜程若庸先生，友程文憲公鉅夫。十九，作《自新》《自脩》《消人欲》《長天理》《克己》《悔過》《矯輕》《警惰》諸銘，以自策勵。二十舉進士，明年下第。又三年，宋亡，天下爲元，是爲至元十三年。而政教未舒，民疑未附，乃與樂安鄭松隱居布水谷，作《孝經章句》，校定《易》《書》《詩》《春秋》《儀禮》、大小《戴記》。二十一年，遭父喪。凡治喪悉從古制，鄉里皆化行之。

服除，程文憲公以南臺侍御史奉詔求賢江南，强起公。以故舊，俱至京師，而不受其薦。居數月，以母老辭去。程公既不能屈公，又言所校諸書宜置國子監，以資學者。朝廷下行省，行省下有司，即其家盡録上之。元貞初，至豫章，憲幕長郝文公迎館郡庠，朝夕聽講，有所問答《原理》數千言。省屬元文敏公明善以學自命，問《易》《詩》《書》《春秋》，歎曰：「與吴先生言，如探淵海。」終身執弟子禮。董忠宣公士選時爲行省左丞，迎至家，親執饋食，曰：「吴先生，天下士。」董公由南臺御史中丞入僉樞密院事，薦有道，東平文貞王不忽木曰：❶「董公不妄舉。」方議行用之，會遷御史中丞，尋以疾薨，不果用。五年，又以董公爲中丞，乃授應奉翰林文字、登仕郎、同知制誥、國史院編修官。比至，已有代，執手遮留不去。中山王玠、❷張達、河西張恒輩，皆從受業焉。八年秋，除將仕郎、江西儒學副提舉。明年，待次家居，校定邵子之書，❸始推其書上接伏羲、文王、周公、孔子之傳。明年冬，始就官。居三月，即免去。校定《老子》《莊子》《太玄》。

至大元年，以從仕郎、國子監丞召。脩許文正公之教，日講於公，夕講於次，寒暑不懈。仁宗即位，進司業。乃損益程淳公《學校奏疏》、胡文定公《大學教法》、朱文公《學校貢舉私議》，❹爲教四條：一曰經學，二曰行實，三曰文藝，四曰治事。未及施行，爲同列所嫉，一夕竟去。六館諸生，悵悵如失父母者。有不謁告從之而南者，居數年，然後歸，歸皆取高科，爲名士。集賢以祭酒召公，中書不可。延祐初，賓興之詔行。四年，再校藝江西。❺而詔集賢修撰虞集乘傳山中，起爲集賢直學士，特加奉議大夫。明年秋，行至儀真，以疾謝遣使者，就金陵，過九江，拜周元公墓而歸。北方學徒數十人，皆從之，至家留不去。

---

❶「不忽木」，原作「博理密」，據明初刻本、成化本、乾隆本改。

❷「玠」，原作「玾」，據《年譜》大德七年條改。

❸「之」，原脱，據乾隆本補。

❹「私」，原作「司」，據成化本、乾隆本改。

❺「藝」，原作「議」，據成化本、乾隆本改。

英宗即位，鄆忠憲王拜住爲丞相。❶進賢屏惡，天下風動。至治三年春，遣中書直省舍人會江西省臣，就家起拜翰林學士、知制誥同脩國史，進階太中大夫。以五月至京師，時駕在上都，尋有南坡之變。明年春，治任將歸。衆皆懇留，爲大行《實録》計。會朝廷以江淛行省左丞趙簡言請開經筵，以公及平章政事張蔡公珪、國子祭酒鄧文原爲講官。每進講，必三四過乃已。泰定二年閏月，脩《英宗實録》。八月書成，未及上進，即稱疾。中書知有去志，即院具宴舉留。宴畢，乘小車出城，委牒而去。中書聞之，即以驛舟追至楊村，不及而返。明年，詔遣使賜楮幣五千緡、金織段文二，進階資善大夫。公上表辭所賜物。四方學者日益衆，公雖疾，必强起教之。又衣食之，故學者多至卒業而後去。

元統元年六月，微疾。乙酉，夜有大星，隕其舍東北隅。明日日中遂薨，年八十五。以玄端斂。及治喪，一用公所定家禮。贈江西行省左丞、上護軍，追封臨川郡公，謚文正。妻余氏，追封臨川郡夫人。子男五，文，以澤授奉議大夫、同知柳州路總管府事，後公一年卒；袞，先卒；京，以便養特授撫州路儒學教授；稟；亶。孫男十：當、蕃、龠、蕾、畲、奮、里、畀、叜、略。當，國子助教；龠、畲，早世。孫女五，❷譚觀、曾文、

❶「住」，原作「珠」，據明初刻本、成化本改。
❷「孫」，原脱，據乾隆本補。

熊鈐、袁鎮、❶黄岦，其壻也。曾孫男四：亼、全、佡、侖。曾孫女二。❷

臣竊惟我國家自太祖皇帝至於憲宗，凡歷四朝五十餘載，天下猶未一，法度猶未張，聖人之學猶未明。世祖皇帝以天縱之聖，繼統纂業，豪傑並用，群儒四歸，武定文承，化被萬國，何其盛歟！至若真儒之用，時則有若許文正公，由朱子之言、聖人之學列位臺輔，❸施教國子，是以天啓昌明之運也。乃若吴公，研磨六經，疏滌百氏，綱明目張，如禹之治水。雖不獲任君之政，而著書立言，師表百世，又豈一材一藝所得並哉！其學之源，則見於《易》《詩》《書》《春秋》《禮記》諸《纂言》。其學之序，則見於《學統》《學基》諸書。而深造極詣，猶莫尚於邵子。其所著書文章，皆行於世。公隱居時，有草屋數間，程文憲公過而署其牖曰「草廬」，故號草廬先生。其葬以元丁亥，❹其墓在縣之禮賢鄉，地名左橋陳頓坑。其銘曰：

天地之大，六籍載焉；帝王之尊，六籍位焉。六籍之道，無内無外；六籍之義，有顯有晦。匪伊求之，道何由明；匪伊明之，道何由行。昔豈弗求，求或未至；昔豈弗明，明或猶蔽。天監六籍，生此哲人。抉微闡幽，志氣如神。其言汪汪，其書洋洋。其學之方，其國之光。天下儒師，國中通貴。永配孔庭，❺以式百世。

❶「袁鎮」，二字原脱，據乾隆本補。
❷「曾」，原脱，據乾隆本補。
❸「列位」，成化本、乾隆本倒乙。
❹此句疑有闕字。
❺「孔庭」，成化本、乾隆本作「許公」。

補　遺[1]

臨川草廬吴先生道學基統

草廬吴澄編述

學　基

君子終日乾乾夕剔若。○君子以自强不息。○君子無終食之間違仁，造次必於是，顛沛必於是。○非禮勿視，非禮勿聽，非禮勿言，非禮勿動。○出門如見大賓，使民如承大祭。○居處恭，執事敬，與人忠。○言忠信，行篤敬，立則見其參與前，在輿則見其倚於衡。○道也者，不可須臾離也，可離非道也。是故君子戒慎乎其所不睹，恐懼乎其所不聞，莫見乎隱，莫顯乎微，[2]故君子必慎其獨也。○毋不敬，儼若思，安定辭。○坐如尸，立如齊。○莊敬日强，安肆日偷。○致禮以治躬則莊敬，莊敬則嚴威外貌，斯須不莊不敬，而

---

[1] 補遺部分據成化本、乾隆本增補《道學基統》、外集三卷。以成化本爲底本，校以明初刻本、乾隆本。

[2] 「微」，原作「徵」，據乾隆本及《中庸章句》改。

慢易之心入之矣。○奸聲亂色不留聰明，淫樂慝禮不接心術，惰慢邪僻之氣不設於身體，使耳目鼻口心知百體皆由順正以行其義。○禮也者，所以固人肌膚之會、筋骸之束也。○清明在躬，志氣如神。○持其志，無暴其氣。○養心莫善於寡欲，其爲人也寡欲，雖有不存焉者寡矣。○苟得其養，無物不長。操則存，舍則亡，出入無時，莫知其鄉，惟心之謂與？○學問之道無他，求其放心而已矣。○耳目之官，不思而蔽於物，物交物，則引之而已矣。心之官則思，思則得之，不思則不得也。此天之所以與我者，先立乎其大者，則其小者不能奪也。

右前貳拾則

《易》二　《論語》五　《中庸》一　《禮》七　《孟子》五

一者，無欲也；無欲則静虚動直。○動而無動，静而無静。○定之以中正仁義而主静。○定性者，動亦定，静亦定。○静後見萬物自然皆有春意。○敬則自虚静。○有主則虚。○敬勝百邪。○有生則實。○外物不接，内欲不萌。○若要作得心主定，惟是止於事。○心要在腔子裏。○整齊嚴肅，則心便一。○主一之謂敬，無適之謂一。○一於恭敬，則天地自位，萬物自育。此體信達順之道，聰明睿智，皆由此出。○定然後始有光明。○心清時視明聽聰，四體不待羈束，而自然恭謹。○常惺惺。○其心收斂，不容一物。○正其衣冠，尊其瞻視，❶潛心以居，對越上帝。足容必重，手容必恭，擇地而蹈，折旋蟻封。出門如賓，承

❶「尊」，原作「等」，據乾隆本及《朱子全書》卷六十六《敬齋箴》改。

事如祭，戰戰兢兢，罔敢或易。守口如瓶，防意如城，洞洞屬屬，罔敢或輕。不東以西，不南以北，當事而存，靡他其適。弗貳以二，弗叄以三，惟心惟一，萬變是監。從事於斯，是曰持敬，動静無違，表裏交正。須臾有間，私欲萬端，不火而熱，不冰而寒。毫釐有差，天壤易處，三綱既淪，九法亦斁。於乎小子，念哉敬哉。

右後貳拾則

周子三　程子十二　張子二　謝先生一　尹先生一　朱先生一

學統

易

書

詩

禮　儀禮　傳　逸經

周官

小戴禮

大戴禮

春秋

左氏傳

公羊傳
穀梁傳
論語
孝經
大學
中庸
孟子
右本言十
邵子
周子
張子
程子
右幹言四
國語
國策
史記

漢書
老子
莊子
孫子
八陣圖
楚詞
後語
太玄
潛虛
右支言八
陰陽大論
内經　素問　靈樞
八十一難經
傷寒論
周易參同契
葬書

右末言六

教法

一曰經學：

易

註疏

伊川

晦庵

項平庵、蔡節齋附

以上凡三家，各以一家爲主，而旁通諸家。他經倣此。

書

註疏

東坡

晦庵

林少穎、蔡九峯、吴才老附

以上凡三家。

詩

註疏

歐陽本義

晦庵集傳

蘇黄門解、吕東萊讀詩記附

以上凡三家。

儀禮

註疏

晦庵經傳

通釋附

以上凡二家。

周禮

註疏

王東巖訂義

易芾、鄭諤附

以上凡二家。

禮記

註疏

衛氏集

以上凡二家。

春秋

註疏

啖趙纂例

程胡二先生解

劉氏意林，孫泰山、高抑崇、吕大奎五論，吕東萊、張主一集傳，止齋後傳附

以上凡三家。

三傳

註疏

劉氏權衡

陳止齋章旨附

以上凡二家。

右諸經專一經，每經各專一家，亦須熟讀經文註文，旁通諸家，講説義理度數，明白分曉。凡治經者，皆

要兼通小學書及四書。

二曰行實：

孝　在家孝於父母。

弟　在家弟於兄，在外弟於長。

睦　和於宗族。

婣　和於外姓之親。

仁　厚於朋友。

恤　仁於鄉黨以及衆人。

三曰文藝：

古文

詩

四曰治事：

選舉

食貨水利

數

禮儀

樂律　各依所習讀。
通典
刑統　諸書是爲擬定教法。
前件係以程明道《學校奏疏》、胡文定《大學教法》、❶朱文公《學校貢舉私議》三者參酌去取。
皇元至大四年辛亥，著《學基》《學統》終。

刻道學基統跋❷

毅往歲受學於吴先生即得此書，伏而讀之，著力以來未能有得。及沉潛反覆，然後知此書誠尊德性、道問學之樞要也。志學之士果能於此兩極其至，雖希賢希聖可馴至焉。❸毅寓清江之暇日，因壽諸梓，與四方學者共之。

泰定丁卯十一月良日，學生臨川歐陽毅識。

---

❶「胡文定」，原作「胡安定」，上文《元史》本傳、《神道碑》作「胡文定」，據改。
❷標題校點者代擬。
❸「聖」，原脱，據文義增。

臨川吳文正公外集卷第一

私録綱領

私録自序❶

《私録》者，吴澄私自録其平日所作也。澄自爲學以來，凡有所得，則必識之，以備遺忘；凡有所失，則必箴之，以示懲創；凡有所感，亦必隨寓而爲之辭，以寫警戒。蓋皆出於心之自然、而觸於機之不容已者，而非有意於作也。舊嘗集而爲録，一依所作之先後而爲之次。其見固多未定之見，其言亦多有病之言，皆不暇銓擇，蓋欲使他日觀之，因得以考所得之先後、驗所學之淺深。今復間以一二著述附焉，以類相從，分爲四集，繼此可以續筆於其末。嗚呼！是録之成集四五年矣，欲焚之，則有所不忍，姑存其編，而私貯之箱篋。出以示人，亦或可以資識者之一笑。咸淳辛未春三月十日癸酉序。

❶ 標題，成化本、乾隆本原作「箴銘」，校點者據正文文義代擬。

箴銘

勤箴

夏而不扇，冬而不爐。思則徹曉，得則疾書。我思古人，關洛之儒。勤哉勤哉，毋替厥初。

謹箴

生而請事，動言聽視；死而知免，戰兢臨履。我思古人，洙泗之子。謹之謹之，一如其始。

右《勤》《謹》二箴，景定甲子歲作。予始讀朱子《訓子帖》，而得「勤」「謹」二字，每常思之。竊謂此二字，真持養之要經、爲學之先務也。勤則德性無所懈，問學無所倦；謹則宅心無所放，處事無所失。苟能依此二字行，則於聖賢之道庶乎其可至矣。遂取前所作二箴筆之方册，以常觀覽，於此而自省焉。咸淳乙丑秋九月七日壬寅謹跋。

敬銘

維人之心，易於放逸。操存舍亡，或入或出。敬之一字，其義精密。學者所當，服膺弗失。收斂方寸，不容一物。如入靈祠，如奉軍律。整齊嚴肅，端莊静一。戒謹恐懼，兢業戰栗。如見大賓，罔敢輕率；如承大祭，罔敢慢忽。視聽言動，非禮則勿；忠信傳習，省身者悉。把捉於中，精神心術；檢束於外，形骸肌骨。常令惺惺，又新日日。敢以此語，鏤於虛室。

右景定甲子歲作。程子曰：「入道莫如敬。」朱子曰：「敬者，一心之主宰，而萬事之本根也。」予始以爲聖賢千言萬語，勤、謹二字足以括之，故作《勤》《謹箴》，以廣朱子《訓子帖》之意。後又以爲朱子勤、謹二字，敬之一字足以該之，故又爲《敬銘》，以續朱子《敬齋箴》之作云。咸淳乙丑秋九月七日壬寅謹跋。

和　銘

「和而不流」，訓在《中庸》。顔之愷悌，孔之温恭。孔顔往矣，孰繼遐蹤。卓彼先覺，元公淳公。元氣之會，淳德之鍾。瑞日祥雲，霽月光風。庭草不除，意思冲冲；天地生物，氣象融融。萬物静觀，境與天通；四時佳興，樂與人同。泯若圭角，春然心胸。如玉之潤，如酒之醲。睟面盎背，辭色雍容。待人接物，德量含洪。和粹之氣，涵養之功。敢以此語，佩於厥躬。

右景定甲子歲作。予舊作二銘，一曰《存養心性》，一曰《涵養氣質》。後覺命名之未當，故前既改《存養心性》之銘爲《敬銘》，今又改《涵養氣質》之銘爲《和銘》云。咸淳丙寅冬十有一月二十有五日癸丑謹跋。

敬銘和銘跋❶

大哉敬乎！至哉和乎！其仁義之用、禮樂之本乎？敬近義，和近仁；敬爲禮，和爲樂。敬者，嚴肅齋莊之謂；和者，從容不迫之意。是故敬則常惺惺地，而本心不放，外物莫干；和則活潑潑地，而天理春融，人欲淨盡。敬則如小程子之嚴厲，立尺雪者凜如也；和則如大程子之渾厚，坐春風者温如也。敬則如張子之氣質剛毅，德盛貌恭，肅如也；和則如周子之胸中洒落，光風霽月，盎如也。敬則如孟子之秋殺，而泰山巖巖，毅如也；和則如顔子之春生，而和風慶雲，藹如也。吾讀《敬銘》，則使人心神收斂，百妄俱消，如在靈祠中，如立嚴師側，淒淒乎其似秋，而不自覺足之重、手之恭也；讀《和銘》，則使人心神怡曠，萬境俱融，有弄月吟風情，有傍花隨柳想，熙熙乎其似春，而不自知手之舞、足之蹈也。范氏曰：「禮之體主於敬，而其用則以和爲貴。敬者，禮之所以立；和者，樂之所由生。」程子曰：「禮勝則離，故禮之用和爲貴；樂勝則流，故和而不以禮節之亦不可行。」此言敬與和二者不可偏於一也。然愚觀偏於敬而失之離者鮮，偏於和而失之流者多。蓋敬者必和，和者不必敬。借使偏於敬而不能濟之以和，猶不失爲狷介；苟偏於和而不能主之以敬，則必墮爲不恭。况乎未有敬而不能和者也，❷若和而不能敬者則有之矣。程子謂敬則自然和樂，柳下

❶ 標題，校點者據正文文義代擬。

❷ 「而」，原作「有」，據乾隆本改。

惠聖於和，而孟子猶或以不恭病之。然則敬勝則離，和勝則流，固也。然與其流也，寧離。矧未必果離邪？聖賢雅言敬，而罕言和，豈無意哉！學者儻專務於敬而能敬焉，則雖不期於和而自和矣。故吾於二銘，以敬爲先，而和爲後，亦周子之禮先而樂後之意云。咸淳丁卯春正月庚戌總跋。

顔冉銘

我思古人，明發不寐。卓彼先覺，顔冉二子。主一持敬，克己復禮。出門如賓，使民如祭。非禮勿言，非禮勿履；非禮勿聽，非禮勿視。蟬蜕人欲，春融天理。彼何人哉？晞之則是。斬絶自新，從今以始。自怨自艾，處仁遷義。指天爲誓，鏤心爲記。吾雖不敏，事斯語矣。

右咸淳己丑冬十月二十四日己丑作。

理一箴

或問予天，予對曰理。陰陽五行，化生萬類。其用至神，然特氣爾。必先有理，而後有氣。蒼蒼蓋高，包含無際。其體至大，然持形只。形氣之凝，理實主是。無聲無臭，於禮不已。天之爲天，斯其爲至。分而言之，名則有異。乾其性情，元其形體。❶妙用曰神，主宰曰帝。以其功用，曰神曰鬼。專而言之，曰理而

❶「元」，原作「天」，據乾隆本改。

已。大哉至哉！ 理之一言。天以此理，位上爲天。物資以始，是謂乾元。地以此理，而位下焉。物資以生，實承乎乾。人生其間，眇然有己。乃位乎中，而參天地。惟其理一，所以如此。天地與人，理固一矣。人之與物，抑又豈二？ 天地人物，萬殊一實。其分雖殊，其理則一。天地無情，純乎一真。至誠不息，終古常新。曰天地人，理則惟鈞。或不相似，以人有身。氣質不齊，私欲相因。惟聖無欲，與天地參。理渾然一，形肖而三。下聖一等，於時保之。未能樂天，畏天之威。畏天伊何？ 無終食違。及其至也，與聖同歸。一者謂誠，惟天惟聖。希聖之賢，主一持敬。敬而戒懼，弗聞弗見；敬而謹獨，莫見莫顯。敬而窮理，則明乎善。如臨如履，心常戰戰。一而無適，有失者鮮。如或不爾，禽獸不遠。人物之初，理同一原。人靈於物，曷爲其然？ 形氣之稟，物得其偏。是以於理，不通其全。人得其正，固非物比。全體貫通，性爲最貴。最貴之中，又有不同。氣有清濁，質有美惡。曰聖賢愚，其品殊途。濁者惡者，愚不肖也。其清其美，則爲賢知。得美之美，得清之清。無過不及，純粹靈明。天理渾然，無所虧喪。斯爲聖人，至誠無妄。聖性而安，賢學而行，愚而能學，雖愚必明。愚而不學，是自暴棄。下愚不移，正此之謂。乾父坤母，民胞物與。四而實一，窮亙今古。四者之内，物謂最賤。天地與人，則無少間。胡世之人，多間以私？ 上不化贊，下甘物爲。上知下愚，學知困知。就人而論，亦分四歧。理焉本一，人自爲四。下愚之人，蓋不足齒。困知可賢，聖可學能。奈何爲人，不求踐形。理在兩間，一本殊分。散爲百行，別爲四端。或謂之道，或謂之誠。千言萬語，一之異名。萬事萬物，胥此焉出。理一之義，周遍詳密。理萬而一，心爲主宰；心一而萬，理之宗會。在天曰理，在人曰心。理一曰實，心一曰欽。吾皇二年，歲在丙寅，十有一月，壬子之辰。作《理一箴》，於以自克。無念爾祖，聿脩厥德。

自新銘

齒本白，一朝不漱，其污已積；面本白，一旦不頮，其垢已黑；體本白，一日不浴，其形已墨。齒雖污，漱之則即無；面雖垢，頮之則即不；體雖墨其形，浴之則瑩然如玉，潔且清。是知齒本無污，其污也，實自吾；面本無垢，其垢也，實自取；體本潔且清，其形之墨也，實自成。齒本白，而我自污，誰之辜？面本白，而我自垢，誰之咎？體本白，而我自墨，誰之慝？幸而一朝漱其齒，白者復爾；一旦頮其面，白者復見；一日潔其體而浴，白者復如玉。盍曰向也吾身，白者已塵；今焉澡雪，舊染維新。而今而後，殆不可復。士子守己，當如女子；文人治身，當如武人。女子居室，必無一毫點污。介然自守如此，是謂守己如女。武人殺敵，必須直前不顧。勇於自治如此，是謂治身如武。女不女，《易》所謂「不有躬」也；武不武，《傳》所謂「我非夫」者。身之白者渾全而未壞，貴常以不女之女爲戒；身之白者既壞而求全，謹無若不武之武人然。

自脩銘

養天性，治天情，正天官，盡天倫。奚而養？奚而治？奚而盡？未知之，則究之；既知之，則踐之。究者何？窮其理。踐者何？履其事。若何而爲仁義禮智之道，若何而爲喜怒哀懼愛惡之節，若何而爲耳目口鼻手足四肢之則，若何而爲君臣父子夫婦長幼朋友之常。探其所以然，求其所當然，是之謂窮其理。

存之於心則如此，見之於事則如此，行之於身則又如此。內而施之於家則如此，外而推之於人則如此，大而措之於天下則又如此。躬行之焉，力踐之焉，是之謂履其事。然則其先如之何？曰立誠而居敬。

右二銘，咸淳丁卯夏四月九日丙寅作。

消人欲銘

人欲之極，惟色與食。食能殞軀，色能傾國。紾兄摟女，食色乃得。將紾將摟，不亦大惑！必也謀道，必也好德。而勿謀食，而勿好色。飲食男女，大欲存焉。不爲欲流，乃可聖賢。我思古人，以理制欲。常戒以懼，猶謹其獨。賢賢易色，好善不足，何暇色耽，恣情悅目？食無求飽，志學惟篤，何暇食求，以極口腹？如或不然，是人其天。貪淫蠱惑，有愧格言。好色是欲，德未見好；惡食是恥，未足議道。嗚呼食色，今其戒茲。戒之如何？剛以治之。

長天理銘

天理之至，惟仁與義。仁只在孝，義只在弟。苟孝於親，是能爲子；苟弟於兄，是能爲弟。能爲子弟，他不外是。此之不能，何況他事？盡乎人倫，堯舜爲至。然其爲道，孝弟而已。知斯二者，即所謂知；節斯二者，即所謂禮。實有二者，即信之謂。安行二者，樂則生矣。五常百行，不離斯二。窮神知化，亦由此始。如或不然，流入佛氏。名爲周徧，實外倫理。事親從兄，豈不甚易？人非不能，特不爲耳。嗚呼仁義，爲之由己。尚勉之哉！毋自暴棄。

右二銘，咸淳丁卯夏四月二十一日戊寅作。

克己銘

去病非難，當拔其根。己私既克，天理復還。克他未得，但加裁抑。固不猖獗，將尚潛匿。克者伊何？譬如破敵。戰而勝之，是之謂克。二者異情，學者當明。人欲如敵，入據吾城。被吾戰勝，遠屏退聽。不敢復來，攻城犯命。或敵在内，驅之城外。閉門固拒，控守要害。雖不得入，禍胎猶在。守備一疏，又被攻壞。一戰有功，敵自服從。區區固守，敵敢力鬭。一日克己，隨即復禮。天下歸仁，其效如此。克伐怨欲，苟徒力制。而使不行，仁則猶未。去惡之道，如農去草。既已芟夷，復蘊崇之。絶其本根，勿使自殖。❶則善者信，無復蟊賊。不能勝敵，其何能國？爲學亦然，其可弗力？以士希賢，顔真準的。力到功深，優入聖域。

悔過銘

穆公悔過，爰作《秦誓》；武帝悔過，棄輪臺地。悔不可有，亦不可無。不可無也，其可長歟？悔雖可有，然不可再。是以君子，有過則改。不遠而復，乃可無悔。既悔而復，亦猶未害。悔而復悔，岌乎危殆。

---

❶「勿使自」，三字原脱，據乾隆本補。

頻復之厲，《大易》有戒。思昔顔子，過而不貳。有一不善，未嘗復行；如得一善，拳拳服膺。纔知差失，便不更然。慊於己者，不再萌焉。思昔太甲，度以欲敗。其後三年，自怨自艾。處仁遷義，反躬引罪。卒爲賢君，克終厥德。推所從來，一悔之力。悔心之生，良心之萌。乘此憤悱，有大發啓。當悔之餘，惟新是圖。朝雖爲跖，暮可爲虞。當悔之時，不圖改之。是乃自棄，小人之歸。

右二銘，咸淳丁卯夏四月二十八日乙酉作。

五興水 玉 泉 火 蕘稗

天理難瑩，人欲易勝。惟不知警，遂情其性。爰作《五興》，于以自省。時咸淳丁卯六月九日也。

始吾立乎溪湄，相彼水之清兮。湛乎其燭鬚眉，天光泓其明兮。彼癡兒兮，溷以泥兮，誠可悲兮。

右水

始吾陟乎崑西，相彼玉之色兮。粹乎其無一疵，瑩乎其甚白兮。涅以墨兮，白其黑兮。白其黑兮，良可惻兮。　右玉

相彼微泉，始涓涓兮。積而成淵，勢滔天兮。以汩汩兮，以没没兮。一滴之泉，不可忽也。如欲遏之，迨其方出兮。　右泉。

彼火熒熒，一明星兮。熇而燎原，焰張天兮。不可邇兮，矧可止兮。一燼之微，不可欺也。如欲撲之，迨其微之時兮。　右火。

一粒荑稗，苗之害兮。曷其除之？維農夫兮。勿使能育兮，恐賊嘉穀兮。其除之兮，根尚宿兮；雖除之兮，害猶蓄兮。假以歲月，芃其生兮。稂吾之稌，莠吾秔兮。周任有言，必絶其本根兮。右荑稗。

紀夢

《詩》不云乎：「敬天之怒，無敢戲豫。」又不云乎：「畏天之威，於時保之。」天之有雷，動蕩九垓；擊無不摧，震無不頹。陰包陽外，陽奮陰内，相薄相軋，響聾醒聵。當春一轟，啓蟄發萌。土脈以酥，萬物以生。斷石碎鐵，巨本奄折。凡遭之者，罔不糜滅。起天之旁，將奮將揚。其聲鏜鏜，若尋若常。金蛇一掣，過眼一瞥。其聲烈烈，如破如裂。其在於《易》，與風交激。雷風爲恒，風雷爲益。與電而同，曰噬嗑豐。豫出地奮，復在地中。雲雷屯卦，雷雨作解。山上小過，澤上歸妹。山下則頤，澤中則隨。天上大壯，天下無妄。游而爲震，其威尤迅。震驚百里，警遠惟邇。大哉夫子！《象傳》示警。君子以之，恐懼脩省。恐而戰戰，懼以兢兢。是以君子，雖夜必興。謹脩其身，思省其過。是以君子，衣冠而坐。心神念慮，無敢不敬；事爲舉措，無敢不正。上帝臨汝，毋貳爾心。慄慄危懼，若隕於深。彼天之怒，有時而舒；此心之敬，無時而渝。彼天之威，有時而霽；此心之畏，無時而替。維昨之夜，仲春之晦。於彼中宵，形諸夢寐。目有所見，赫然電明；耳有所聞，劃然雷聲。夢中自言，恐或有愆。天譴予也，亦儆予焉。夢中自喜，欲圖勉勵。怳然而悟，庸默而識。吾心即天，至靈至神。雷形諸夢，雷固非真。所貴此心，隨觸隨覺。豈必真雷，而後惕若？我問天君，如何則可？天君答曰：「嚴師事我。凡汝一身，我實爲主。範我馳驅，攝以規矩。以理制欲，以志帥氣。静而居仁，動而由義。功深力到，全體渾涵。與聖人一，與天地參。」予旦而起，筆之於紙。常寘于懷，自强不已。咸淳四年，春三月朔，壬子之辰，此箴爰作。

矯輕銘

吾聞君子，不重不威。立屹然而如山，坐凝然而如尸。足縮縮，如狐之疑；手翼翼，如翬斯飛。正其衣冠，尊其瞻視。欲言則如有鬼物捫其舌，其動則如有桎梏拘其體。毅然兮色不可犯，儼然兮人望而畏。將矯輕而爲重，如揉曲而爲直。變惡質以爲良，最不可以不力。能循是而學焉，可進進乎聖域。

警惰銘

漏下一滴間，天行幾萬里。一日而一周，無時暫停止。天以理賦物，人獨得其全。天特大於人，人特小於天。形有大小，理則一焉。天行不息，人所當體。日有孳孳，斃而後已。禹寸陰是惜，舜雞鳴而起。相大聖而且然，矧狂簡之小子！是必勵自强之志，變昏惰之氣。終日乾乾，夕猶惕厲。晝無息之敢閑，坐待旦而不寐。見進未見止，後生誠可畏。失今而不爲，忽覺老將至。子在川上曰：「逝者如斯夫！」道體本若是，我心當何如。宰予晝寢，夫子深誅。朽木兮糞牆，何可以雕杇！勇猛奮躍而不已，造次顛沛之不渝。雖超賢而躡聖，亦豈俟乎改途！惰之不警，自棄也吁！

右二銘，咸淳戊辰夏四月望日作。

訟惡箴

吾之一心，其德本完。養而無害，心廣體胖。少有間之，䠐卼不安。是以此心，閑之惟艱。大哉仁乎！人之安宅。伊欲求安，謹無戕賊。惟理是循，一私必克。纖欲尚留，安胡可得？所謂欲者，豈必在事。念慮微差，滔天私意。天理至安，曠而弗居；人欲至危，甘遊其途。謂吾無知，思亦嘗至。知而復蹈，何如其知？謂吾無恥，心亦知愧。恥而復爲，何可謂義？嗟予小子，氣質污卑。用力於學，有年於兹。累月檢束，成之不足；失在斯須，壞之有餘。險哉人欲！匪不克灼。猶爲牽引，而不自覺。賊吾心德，害吾天樂。爰作此箴，以訟其惡。

右咸淳戊辰夏五月二十六日丙子午前作。

謹言動箴

吴澄作以自警也，因以告我友朋焉。

君子所重，惟言與動。凡言必敬，凡動必正。謹言伊何？言必可師。辯事説理，讀書誦詩。鄙俚之辭，褻慢之語。一出諸口，如茹糞土。謹動伊何？動必可式。周規折矩，趨徐拱翼。毋傲毋輕，毋惰毋側。雖在暗室，如對賓客。非禮勿視，非禮勿言。夫子之學，顔子是傳。容遠暴慢，辭遠鄙倍。曾子之學，敬子是誨。❶ 大聖巨賢，惟此之謹。嗟予小子，其敢弗盡！天資匪高，俗染彌深。不能自覺，以蕩其心。江流滔滔，砥柱屹立。往不可追，來猶可及。曰維兹辰，蓂朔更新。感時惕悔，痛省厥身。辛未之春，三月初吉，爰作此箴，以自糾詰。

右十二章，章四句。

伯夷傳

伯夷、叔齊，孤竹君之二子也。父欲立叔齊。及父卒，叔齊讓伯夷。伯夷曰：「父命也。」遂逃去。叔齊亦不肯立而逃，國人立其中子。於是辟紂之亂，居北海之濱。聞西伯昌善養老，往歸焉。西伯卒，其子發嗣爲西伯。十有二年，東伐紂。伯夷、叔齊叩馬而諫，太公曰：「義人也。」扶而去之。發既勝殷而王天下，伯夷、叔齊恥之，義不食周粟，隱於首陽山，采薇而食，遂餓而死。子貢問曰：「伯夷、叔齊，何人也？」子曰：「古之賢人也。」曰：「怨乎？」曰：「求仁而得仁，又何怨？」又曰：「伯夷、叔齊不念舊惡，怨是用希。」又曰：「伯夷、叔齊餓于首陽之下，民到于今稱之。」孟子曰：「伯夷目不視惡色，耳不聽惡聲；非其君不事，非其友不友，非其民不使。治則進，亂則退。横政之所出，横民之所止，不忍居也。不立於惡人之朝，不與惡人言。立於惡人之朝，與惡人言，如以朝衣朝冠坐於塗炭。推惡惡之心，思與鄉人立，其冠不正，望望然去之，若將

❶「子」，各本同，疑當作「字」。

浼焉。是故諸侯雖有善其辭命而至者，不受也。當紂之時，居北海之濱，以待天下之清也。故聞伯夷之風者，頑夫廉，懦夫有立志。」韓子曰：「當殷之亡、周之興，微子，賢也，抱祭器而去之；武王、周公，聖也，從天下之賢士與天下之諸侯而往攻之，未聞有非之者也。彼伯夷、叔齊乃獨以爲不可。殷既滅矣，天下宗周，獨恥食其粟，餓死而不顧。夫豈有求而爲哉？信道篤而自知明也。」

澄聞之，曰：「夷、齊讓國而逃，諫伐而餓，心安理順，君臣、父子、昆弟之倫得。二子者，其聖人之徒與！其聖人之徒與！聖人，人倫之至也。奮乎百世之上，百世之下，聞者莫不興起。夫子稱其無怨，余睹軼詩，異焉。太史公信之，何哉？予於是采傳中事實，而削其所可疑，附之以圣賢顯微闡幽之辭。若太史公語，則無取焉。天道一節，蓋出傷己憤世之私，雖非所以論夷、齊，而余之未能忘其不平，則古今同此慨也。故不以其言之不合道，而姑繫之篇末。太史公曰：『天道無親，常與善人。』若伯夷、叔齊，可謂善人者非邪？積仁潔行如此而餓死！且七十子之徒，仲尼獨薦顔淵爲好學。然回也屢空，糟糠不厭，而卒蚤夭。天之報施善人，其何如哉？盜蹠日殺不辜，膾人之肉，暴戾恣睢，聚黨數千人，横行天下，竟以壽終。是遵何德哉？此其尤大彰明較著者也。若至近世，操行不軌，專犯忌諱，而終身逸樂，富厚累世不絶。或擇地而蹈之，時然後出言，行不由徑，非公正不發憤，而遇禍災者，不可勝數也。余甚惑焉。儻所謂天道，是邪非邪？」

春中讀太史公書，更定《伯夷》一傳。尋失其藁，恐遂遺忘，因録於此云。戊寅冬十月辛亥朔，吴澄記。

臨川吴文正公外集卷第二

私録 二❶

雜識

一

或問性，愚曰：性者，天所付於我之理，純粹至善者也。是性也，張子所謂天地之性也；孟子所以言性善者，謂此也。曰：今世言人性善性惡、性緩性急、性昏性明、性剛性柔者，何也？曰：此氣質之性也。蓋人之生也，天雖賦以是理，而人得之以爲仁義禮智之性。然是性也，實具於五臟内之所謂心者焉。故必付以是氣，而人得之以爲五臟百骸之身，然後所謂性者有所寓也。是以人之生也，稟氣有厚薄，而形體運動有肥瘠强弱之殊；稟氣有清濁，而材質知覺有愚知昏明之異。是則告子所謂生之謂性，而朱子謂其指人知覺運動爲性者是也。是性也，實氣也，故張子謂「氣質之性，君子有弗性者焉」。程子亦謂「有自幼而善，有自

❶「私録二」，三字原脱，據明初刻本補。

幼而惡，是氣稟有然也」。斯豈天地本然之性云乎哉！若論天地本然之性，則程子曰：「性即理也。」斯言盡之矣。荀、楊、韓子不知此理，皆指氣質以爲言，而各立一説，以與孟子競。嗚呼！彼豈知孟子之所言視何者爲性，而指性爲何物哉！至我朝歐陽公、司馬公、蘇氏、胡氏，皆一代大儒，而於此猶不察焉，他何足責！信矣夫！性之一字，非真有見於道體者，❶不能知也。噫！孟子而後，向微周、程、張、朱數夫子，性學其泯矣。景定甲子秋九月甲戌朏謹識。

二

戒謹乎其所不睹、恐懼乎其所不聞者，言常存敬畏，雖己所不睹不聞，亦不敢忽也。吾未舉手足之時，目未見其動也，而已兢兢乎戒謹，惟恐其動而或不敬，不待徵於色而後喻也。吾未出辭氣之時，耳未聞其言也，而已業業乎恐懼，惟恐其言而或不信，不待發於聲而後喻也。故《中庸》首章既言此，而末章復引「不愧屋漏」之詩，而言曰「君子不動而敬，不言而信」，其義密哉！

三

博學於文者，窮理也；約之以禮者，居敬也。故曰：「持敬觀理，不可偏廢。」此之謂也。

---

❶「真有」，乾隆本倒乙。

四

博學者，讀書論人，處事觀物，無所不學。有一理不通，一事不能，非博也。蓋學之博，然後有以備事物之理，故能錯綜之以有所疑而質諸問。審問者，難疑答問，丁寧反復，詳盡於問。❶若匆遽急迫，粗略鹵莽，非審也。蓋問之審，然後有以盡師友之情，故能講明之以發其端，而反諸思。學於己，問於人，此二者，皆得於外者也。苟徒從事於記誦口耳，而不能反之於心以驗其實，則是徒徇外夸多以爲人，而非反身窮理以爲己，亦將察之不精，信之不篤。而其所通之理、所能之事、所質之疑、所聞之訓，亦皆在外之物，而非自得於心者。故又必思索以精之，然後心與理一，融會貫通，而凡學之所得、問之所聞，皆我之所自得。然使其思也或太多而不專，則亦泛濫而無益；或太深而不正，則又過苦而有傷。故思又不可不謹。夫既已因其學問之所得而謹思之，則有所自得，而可以施其辨；又因其思之所及者而明辨之，乃無所疑惑，而可以見於行。然使其辨者無他，即其所思而省察於念慮之微，決擇於事爲之著，剖判分別其孰爲「天理」、孰爲「人欲」而已。然使其辨也，見或弗真，則差之毫釐，繆以千里，故辨又不可不明。夫既辨之明矣，則知得某爲「天理」當行，某爲「人欲」不當行，於是擇其當行者而行之。然使其行也，或自畫於半途，或功虧於一簣，則亦終不可至，故行之又不可以不篤。學問，得之於外者也；思辨，反之於心者也。所謂知至，至之可與幾也。行則以身履之

❶「詳」，原作「謹」，據乾隆本改。

而爲其事。所謂知終，終之可與存義也。此學、問、思、辨、行五者之序也。

五

朱子《大學章句》曰：「凡傳文雜引經傳，若無統紀，然文理接續，血脈貫通，深淺始終至爲精密，熟讀詳味，久當見之，今不盡釋也。」觀朱子之意，引而不發，蓋欲使學者深思而自得之。竊嘗伏讀其書，深思其故，敢妄爲之説，俟咨之識者而考正焉。

首章先言克明德，以明文王獨能明其明德，而衆人不能。則人之未能明其明德者，不可不求所以克明其明德也。然欲求所以克明其明德者，當如之何哉？蓋人之明德，即天所以與我之明命也。自天所付於人而言，則謂之命；自人所得於天而言，則謂之德。其實則一而已。然常人類爲氣稟物欲之所昏，而不察乎此，是以昏昧蔽塞，不能自明，至於梏其性而忘之也。故欲求所以克明其明德者，必常自在乎天所以與我之明德而有察焉。則必能因其所發，而致其學問思辯推究之功；又能因其所明，而致其存養省察推行之實。則吾之明德，亦得以充其本體之全，以無氣質物欲之累，而能明其大德，與堯無異矣。此所引《康誥》《太甲》《帝典》之書，皆自明明德之事也，故曰皆自明也。《康誥》言文王之獨能明其明德，發明明德之端也。《太甲》承上文，言欲求所以克明其德者，必常目在乎天所以與我之明德，示明明德之方也。《帝典》承上文，言能目在夫天所以與我之明德而明之，則是能如堯之克明其大德矣，著明明德之效也，而又結之曰此「皆自明之事也」。蓋自明者，所以自新，使民皆有以明其明德者，所以新民。然欲使民皆有以明其明德而新民，必先有以自明而自新，故以「自明」二字結上文明德之傳，而起下章《盤銘》自新之意也。

次章首引《盤銘》之辭者，朱子謂人之有是德，猶其有是身。德之本明，猶其身之本潔；德之明而利欲昏之，猶身之潔而塵垢污之也。一旦存養省察之功，真有以去其前日利欲之昏而日新焉，則亦猶其疏瀹澡雪，而有以去其前日塵垢之污也。然既新矣，而所以新之之功不繼，則利欲之交將復有如前日之昏；猶既潔矣，而所以潔之之功不繼，則塵垢之集將復有如前日之污也。故必因其已新而日日新之，又日新之，使其存養省察之功無少間斷，則明德常明，而不復爲利欲之昏。亦如人之一日沐浴而日日沐浴，❶又無日而不沐浴，使其疏瀹澡雪之功無少間斷，則身常潔清，而不復爲舊染之污也。昔成湯所以反之而至於聖者，正惟有得乎此。朱子所言，其旨明矣。蓋能如此，則明德常明，而所以自新者至矣。能自新如此，然後可推己之自新者爲之標準，以齊家、治國、平天下，而振起作興其自新之民。既自新之至，而推以作興其自新之民，則是己德既新，而能推以新民，將見民德皆新，而天命亦與之俱新矣。故如周之有邦，自后稷以來千有餘年，至於文王，明德日新，能作興於上以新民，而民德亦新，故天命之以有天下。是其邦雖舊，而命則新也。蓋民之視效在君，故自新既至，則有以作興，而民德皆新。天之視聽在民，故若能作興而民德皆新，則天命之新亦隨之矣。此自新而新民之極效一至於此。是故君子之於自新與新民，無所不用其極至之善，皆欲止於此，而惟恐有一毫之不盡而未至也。故曰「君子無所不用其極」。《盤銘》承上章，言自明者，所以自新；而

❶「而日日沐浴」，五字原脱，據明初刻本補。

欲新民者，必先自新如是。發新民之端也。《康誥》承上文，言自新既至，則可推以作興自新之民。示新民之方也。《文王》詩承上文，言既能自新而推以新民，則民德皆新，而天命亦新。著新民之效也。此言能自新而新民者，有如此之極效，是豈薄德小善之所能哉？此君子之自新、新民所以必用其至極之善也。《盤銘》言自新，《康誥》言新民，《文王》詩自新、新民之極也，極即至善之云也。用其極者，求其止於是之謂也。自新、新民皆欲止於極至之善，故以「用其極」結上文自新、新民之義，而起下章所止之説也。

三章首言邦畿乃民所居止。❶王者之畿，民皆廬居族處而止息於此。所謂止者，居者不能外此而不即，固止於此也；行者亦不能舍此而不反，反必至於此而後止也。此即上章所謂極者之義。此言民之止居於邦畿，以明凡物莫不各有所止之處，而天下未有無所止者，豈以人之爲道而無所止之處哉？然此特汎言凡物各有所止之處，以明人道亦必有所止。而人之所止，又非汎然如民之止於邦圻而已也。是故鳥於欲止之時，猶知其當止之處，不汎然而止也，必擇夫丘隅岑蔚之處而止焉。豈以人爲萬物之靈，反不如鳥而不知所當止之處乎？然則鳥猶知所當止之處，則人固當知所當止之處也。而人所當止之處何在？昔者，文王則能生而知所當止者矣，故其一心天理渾然，常連續光明，無一不敬，而安然以止於其當止。人之未至於文王者，豈可不學而求知所當止之處哉？蓋人所居之位不同，則所止之善不一。是以凡人所當止之處，爲人君，則所止在於仁；爲人臣，則所止在於敬。爲人子，則所止在於孝；爲人父，則所止在於慈。與國人交，則

❶「三」，原作「二」，據乾隆本改。

所止在於信。其他日用常行事事物物，莫不各有當然之則，是所謂當止之處也。此乃程子所謂義理精敬之極有不可指名，故姑以至善目之者；朱子所謂必其有以盡夫天理之極，無一毫人欲之私。文王所以緝熙常敬而安所止，亦不過此者。兹所謂至善，而人所當止之處在於此也。然人固當止於此也，而所以求其止於此者，當如之何？必也講論誦習，以格物致知。而講於學者，如治骨角之既切以刀鋸，而復磋以鑢鍚，精而益求其精。省察克治，以誠意正心。而脩其身者，如治玉石之既琢以椎鑿，而復磨以沙石，密而益求其密。如是，則物格、知至、意誠、心正、身脩。而瑟僩恂慄之存乎中，所謂充實之謂；美赫喧威儀之著於外，所謂有光輝之謂。大睟面盎皆其效驗，蓋有必至焉者。此其得於身之德如此其盛，止於理之善如此其至，則天下後世之民亦不能忘之矣。此蓋明明德止於至善之極效，而足以新民者。朱子謂以明明德之得所止言之，而發新民之端是已。又繼此「民不能忘」之語而引詩曰：嗚呼！前王之不可忘。蓋其家齊、國治而天下平，故能使其後世嗣王賢士，仰其德業之盛而賢其賢，思其覆育之恩而親其親；使其後世小民野叟，含哺鼓腹而樂其所以遺我之樂，耕田鑿井而利其所以遺我之利。此其所以既没世，而其後世嗣王賢士、小夫野人思慕之而不能忘者。非前王盛德至善之餘澤使之而然乎？此蓋新民止於至善之極效，而本於明明德者。朱子謂以新民之得所止言之，而著明明德之效是已。《玄鳥》詩泛言物各有所止，以起下文人當知所止之義；《綿蠻》詩承上文物各有所止之意，以明人當知所止之義，而起下文實指人所當止者之説。此蓋發止於至善之端也。《文王》詩以下，承上文人當知所當止之義，而實指人所當止之處。《淇澳》「切磋琢磨」，承上文實指人所當止之處，而言求止於所當止者之由此，蓋示於至善之方也。「瑟僩」以下言明明德得止於至善之極驗，而發新民之端。《烈文》詩以下，承上文民不能忘之説，而言新民得止於至善之極驗，以著明明德之效。此蓋極言止於至善之故也。《淇澳》一節「道學自脩」，包得格物、致知、誠意、正心、脩身，故朱子以爲言明明德之所止；《烈文》一節「親賢樂利」，包得齊家、治國、平天下，故朱子以爲言新民之所止。夫既明明德止於至善，而恂慄威儀之效如此；新民止於至善，而親賢樂利之效又如此。則斯人也，以斯德也，臨斯民也，是其己德既明，自然有以大畏服民之心志，而使之去惡遷善以自新。故其聽訟雖無異於人，而自能使之無訟也。斯人也，可謂知本矣，言知以明德爲本，新民爲末。故但務明其明德而自足新民，與世之棄本而不知明其明德、乃區區於分争辯訟之末以新民者，異矣。蓋上章《淇澳》以明明德之所止言之，而發新民之端者，是能明明德而後足以新民也。故此章言聖人己德既明，然後能使無實之人不敢盡其虚誕之辭，自然有以畏服民之心志。是以訟不待聽，自然無訟，而足以新民也。上章《烈文》以新民之所止言之，而著明明德之效者，是能新民者皆本於明明德也。故此章言聖人能使民德自新，而無實之人不敢盡其虚誕之辭，自然有以畏服其心志。是以訟不待聽而自無者，蓋本於能明其明德也。故朱子曰：「觀於此言，可以知本末之先後矣。」❶由是觀之，則朱子所謂文理接續、血脈貫通、深淺始終至爲精密，豈不信哉！

---

❶「矣」，原作「其」，據乾隆本及朱熹《大學章句》改。

六

朱子有言曰：「天理人欲，間不容髮。自今以往，必使此心無一毫之蔽，此身無一毫之玷，舉措施爲無一之不敬，視聽言動無一之不正，不使天理有須臾之間，不使人欲有纖芥之留。夫然後神氣清明，義理昭著，自能尋向上去。所謂下學而上達，庶可以入於聖賢之域，而不至淪於禽獸之區也。」嗚呼，戒之哉！念之哉！敬之哉！咸淳乙丑秋八月五日庚午記。

七

子曰：「非其鬼而祭之，諂也。」朱子集注曰：「非其鬼，謂非其所當祭之鬼。諂，求媚也。」「見義不爲，無勇也。」朱子集注曰：「知而不爲，是無勇也。」澄曰：非其鬼，謂非其祖考，所不當祭者也。義者，宜也，謂事理當然、所當爲者也。非所當祭而祭之，是祭所不當祭者；見其當爲而不爲，是不爲其所當爲者。不當祭而祭，求媚而已；當爲而不爲，其懦可知。一過，一不及也。夫子告樊遲曰：「務民之義，敬鬼神而遠之。」夫苟於鬼神知所遠，而於義知所務焉，庶乎其不至於祭所不當祭，而爲所不當爲也。

八

子曰：「吾猶及史之闕文也，『有馬者借人乘之』，今亡矣夫。」澄按：包氏舊説謂古之良史於書字有疑則闕之，以待知者；有馬不能調良，則借人乘習之。孔子自謂及見其人如此，至今無有矣。朱子集注所引楊氏之説蓋亦祖此，是説蓋謂古人己有所不知，則以待乎後之知者；己有所不能，則以資於人之能者。能舍己以從人，不自欺而妄作也。夫子謂於昔猶及見之，今則世變日益下，人心日益薄，而亡此風俗矣。故有所不知，則穿鑿附會以求其通，而自謂之知，必不肯闕之以俟知者，而自處於不知也；有所不能，則勉强矯飾以護其短，而自謂之能，必不肯借人以資其能，而自處於不能也。故楊氏以爲悼時之益偷。然朱子既引楊氏之言，而復引胡氏之説，以爲此章義疑不可强解，豈以楊氏祖包説爲未必當與？嘗聞一説云「有馬者借人乘之」七字是史册之文，前後皆闕文，止有此七字。孔子自謂昔者吾猶及見史册之闕文有七字云「有馬者借人乘之」，今則併此七字而亡之矣。謾記於此，未知是否也。

九

天地者，吾之父母也；父母者，吾之天地也。天即父，父即天；地即母，母即地。人事天地，當如事父母；子事父母，當如事天地。保者，持守此理而不敢違，賢人也；樂者，從容順理而自然中，聖人也。蓋是理即天地之理，而天地則吾之父母也。持守而不敢違吾父母之理，非子之翼敬者乎？從容而自然順吾父母之理，非孝子之極純者乎？不愛其親，而愛他人者，謂之悖德。天理者，父母所以與我者也，而乃違之，是不愛其親也。賊仁者，謂之賊。仁者，父母所以與我之心德也，而乃害之，是自戕其親也。世濟其惡，增其惡名，則是父母之不才子矣。若能踐其所以得五行秀爲萬物靈者之形，則是與天地相似，而克肖乎父母矣。

知者，聖人踐形惟肖，有以默契乎是理，非但聞見之知也。化則天地化育之事，乾道變化，發育萬物，各正性命者。知得天地化育之事，則吾亦能爲天地之事，是善述吾父母所爲之事矣。窮者，聖人窮理盡性，有以究極乎是理，而知之無不盡也。神則天地神妙之心，維天之命，至誠無息，於穆不已者。窮得天地神妙之心，則吾亦能心天地之心，是善繼吾父母所存之志矣。此造聖之終事，踐形惟肖者之盛德，所謂樂且不憂，純乎孝者也。「不愧屋漏」者，己私克盡，心自然存，性得其養，雖於屋漏之奧，尚無愧怍之事。夫其無愧於天，則是無忝辱於所生之父母也。存心養性者，用力克己，惕然惟恐有愧於天，操而不舍其主於身之心，順而不害其具於心之理，存心養性，所以事天。夫其不怠於存養此天理，❶則是不懈怠於事父母也。此作聖之始事，學踐形惟肖者之工夫，所謂於時保之，子之翼也。然知化者必能窮神，窮神然後能知化。不愧屋漏者必能存心養性，存心養性然後能不愧屋漏。善述事者必能繼志，善繼志然後能述事。無忝者必能匪懈，匪懈然後能無忝。存心養性然後有以不愧屋漏，不愧屋漏然後可以至於窮神，窮神然後有以知化。匪懈然後有以無忝，無忝然後可以志於善繼志，善繼志者然後有以善述事也。

十 道統

道之大原出於天，羲、農、黄帝繼天立極，是謂三皇。道統之傳，實始於此。黄帝而後，少皥、顓帝、高辛

❶「怠」上，疑脱「懈」字。

繼之，通堯、舜謂之五帝。堯、舜、禹、臯，君臣也而並，此唐虞之際所以爲盛也。成湯、伊尹生於商之初興，而傅説生於商之中世；文、武、周、召生於周之盛際，而夫子生於周之既衰。夫子以來，始不得位，而聖人之道不行。於是始教授弟子，而惟顔、曾得其傳。顔子早死，曾子傳之子思，子思傳之孟子，孟子没而不得其傳焉。我朝周子，始有以接乎孟子之傳於千載之下。其時有邵子者，亦非常人也。二程子則師於周子，張子則友於二程，而傳其學。中興而後，又有朱子，集周、程、張、邵之大成，是皆得夫道統之傳者也。聖賢繼作，前後相承，吾道正脈賴以不墜。通而言之，則堯舜而上，道之元也；堯舜而下，道之亨也；洙泗魯鄒，道之利也；濂洛關閩，道之貞也。分而言之，則羲農其上古之元乎？堯舜其亨，禹湯其利，而文武周公其貞也。夫子其中古之元乎？顔曾其亨，子思其利，而孟子其貞也。至於周子則我朝之元也，程張則我朝之亨也，朱子則我朝之利也，然則孰爲我朝之貞乎哉？未有也。然則其責可以終無所歸哉？不可也。嗚呼！蓋有不可得而辭者矣。丁卯六月望。左道統圖：❶

❶「左」，原作「右」，據文義改。

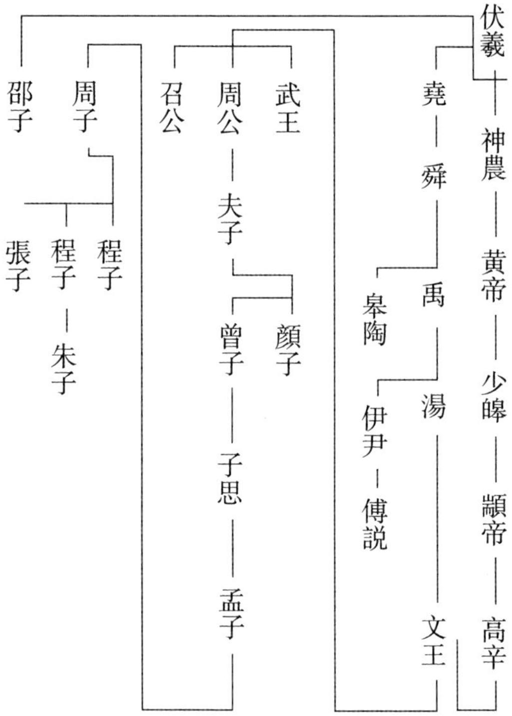
伏羲
神農
黄帝
少皥
顓帝
高辛
堯
舜
禹
湯
文王
皋陶
伊尹
傅説
武王
周公
召公
夫子
顏子
曾子
子思
孟子
周子
邵子
程子
程子
張子
朱子

十一

聖賢之學，但在天理人欲上用功。天理之發，苟不剛以克之，吾未見其不爲人欲所奪也；人欲之萌，苟不剛以鋤之，吾未見其不爲天理之賊也。昔程、朱夫子皆十七八時，已超然有卓絶之見，慨然有求道之志，然猶未至於化而死也。今愚生十有九年矣，失今不學，更待何時？日月逝矣，歲不我與。夫子曰：「後生可畏，焉知來者之不如今也。四十、五十而無聞焉，斯亦不足畏也已。」嗚呼！可不懼哉！可不念哉！況天之所以拂亂於我、而增益其所不能者，方新乎？則又安可不改過遷善、而滌其舊染之污以圖自新也？嗚呼！可不學哉！可不勉哉！咸淳丁卯九月戊申謹識。

十二

君子小人之分，理欲之間而已矣。自今以往，苟乘此一念之怨悔而擴充其天理，尚庶幾乎！其或尚因循不改而顛冥於人欲，則其爲小人之歸也必矣。嗚呼！身也者，非吾之身也，父母之身也。父母之所以生我者何如？而我乃棄之於小人也，何其不孝至於此極也！身也者，非吾之身也，天地之身也。天地之所以與我者何如？而我乃棄之於小人也，何其不仁至於此極也！嗚呼！人懵不知道，而身不行道，猶云可也；今亦既略知道矣，而乃至於違道，無乃小人而無忌憚之尤者乎？嗚呼！何其繆戾若斯之甚也！咸淳丁卯九月己酉書。

十三

天之生是人，其生也，有仁義禮智信之性；人之有是性，其發也，有喜怒哀懼愛惡欲之情。心，統性情者也。性具於心，情發於心，而言則心之聲也。情動於中，則外必形於言。昔人之所以作詩者，由此也。太史公曰：「詩三百篇，大抵聖賢發憤之所爲作也。」愚謂三百篇未必皆然，而其間發憤而作者，蓋亦有之矣。夫羞惡知覺，人皆有之。愚猛省昔懵不知道時，凡動作云爲之繆，心術念慮之差，安然處之，恬不知怪。其後略有見識，則凡一有非義理之正，而不得其本心之安者，其羞愧悔恨之情火於中而泚於面，必至泄於辭以自道其惡，而後其情得以少紓焉。此無他，羞惡知覺之真心發見，自然而然，不能自已者也。故凡吾所作之箴銘言語，因有過而爲之者過半。嘗觀於《詩・賓之初筵》，迺衛武公悔過之作；而《抑戒》之篇，亦武公自警之辭也。非其有過而爲之與？何則？無爲而言者，其辭和以平；有過而悔者，其辭激以切。今觀二詩辭氣奮厲，旨意勤懇，若將唾罵其身，斥指其慝，而惟恐其或恕也。「伐柯伐柯，其則不遠」；「他人有心，予忖度之」。則衛武公之二詩，其亦予所作之類也。雖然，過而恧，恧而悔，悔而言，其視向之懵無所知固有間矣，然亦豈願其常如此哉？《易》不云乎：「頻復厲。」周子以人生不聞過爲不幸，而尤以無恥爲大不幸者，其意亦然。咸淳三年丁卯冬十二月癸丑朔，吴澄題。

十四

孟子而後，道學無傳，儒者惟知以記誦詞章爲事。宋興，大賢輩出，覺癡指迷，學者始知天下學術固不止於前二端之陋而已也。新安夫子訓釋四書，以惠後學，使世之學者由是而學焉，德至渥也。今世之士皆知尊尚其書，而樂誦之矣。曾不知四書中之所言者，果何事也？古聖賢之所學者，果何學也？嗚呼！漢唐之儒不知讀其書，而不能行其言者，吾無責焉已矣。今世之士知讀其書矣，乃徒慕其名以爲高，而不究其實之可用；徒知從事於口耳，而不知反之於身心。終身誦之，而不知一言爲可行，不亦四書之罪人也乎？澄爲此懼。不惟不敢，實亦不肯。今之世，果有願與我同志者乎？若有之，吾將與之遊，于以共學焉。咸淳四年戊辰春二月二十七日戊申，吴澄題四書後。

十五

賦之名何始乎？《詩》有六義，一曰賦。然有比焉，有興焉，有一詩而全賦比興三體者焉，不獨賦而已矣。《雅》亡於東遷，《風》終於陳靈，删《詩》之後，不復有詩，六義隱矣。楚屈子遭讒放逐，寫其忠愛眷戀之心，誠貫金石，光奪日月。其辭則興少而比賦多，故後人或名之曰「賦」。宋玉之徒從而和之，然《高唐》等作已非騷體，其後遂爲漢司馬、揚、班之賦，豈復《離騷》比哉？然擬以今之賦，則相去又不知其幾等也，而子雲猶且謂之「壯夫不爲」，使見今之賦，則其言又當何如？子雲身自好之，猶爲此言，使不爲子雲者，則其言又當何如？歷魏至唐，愈昌愈變愈卑，獨隋李諤能覺其繆。曾謂今世之士大夫，而所見反出於隋人後乎？愚嘗愛致堂胡先生之言曰：「詞賦本於《離騷》，而不逮騷遠矣。聲韻四六本於詞賦，而不逮賦又遠矣。後世方以之設科取士，於是讀書者不復講求義理，惟務採摘對偶，一韻争奇，一字競巧，緝纘成文，去本愈遠。

父兄詔子弟，師長訓生徒，皆汲汲孜孜焉。不爲此，則不足以收聲名、躋仕路。一旦得官，回視曩昔，芻狗之不如也。所用非所學，所學非所用，人才大壞，其害豈小小哉？」嗚呼！旨哉言也！然則今之賦，其可醜也如此，則將絶之而不爲乎？曰：朝廷方以此而設科，布衣必藉此而進身。士如有志於遯世離群，則可矣。然不仕無義，愛身獨善，亦聖賢之所不許，則亦姑從俗而爲之可也。第所學，則當求之於此外焉爾。孔子之於魯也，魯人獵較，孔子亦獵較。獵較猶可，何況於賦？咸淳四年戊辰夏四月九日。

十六

人之一身，具耳目鼻口而爲全人。其或目而眇焉，足而跛焉，則皆以爲廢人矣，爲其身之不全也。人之有是疾也，蓋未嘗不恨其身之不若人也。人之見是人也，蓋未有不懼其身之或若是也。然有不幸而出於天疾，則固付之無可奈何；其或幸而無是疾而得爲全人，顧乃不循理、不畏法，以至蹈於黥劓髡刖之辟，而有甚於跛眇之可恥可惡焉者。當此之時，雖痛自悔恨，思欲翻東海之波，以湔洗其前日之所爲，而買其身之復全，豈可得哉！夫黥劓髡刖，顯然有跡而可見者也，猶或不知避，以至於陷焉而後悔，則夫無黥劓髡刖之跡，而其可恥可惡之實猶有甚於黥劓髡刖者，固宜冥然入於中而不自知也。嗚呼！人之一身，幸而得爲全人，而乃不自謹重，以至陷於刑辟矣，則亦將如之何哉？其亦畫今以始而自新焉可也。悔往者之不可及，則亦圖來者之無或再焉可也。雖然，孰若謹之於初者之爲得哉！一非足以害萬善，而萬善未足以蓋一非也。縱使後之善可以蓋昔之非，其視夫終始粹然無一欠者，固有愧矣。然則君子之有意於謹身而免過者，其亦於其初而謹之也哉！既不能自其初而謹之，則亦及其未至於是而速改之也哉！不能謹於初，又不能改於中，而所以蓋於後者又不能以自力焉，其亦可哀也已。然則君子之有意於改過而遷善者，其可不深思而熟監於斯與！咸淳庚午秋七月丁未書。

十七

甚矣，人之不可忘孝也！孝者何？常以父母爲心而已矣。人而常以父母爲心，則所以謹其身者，將何所不至哉！一舉足而不敢忘父母，一出言而不敢忘父母。父母憂而憂焉，父母喜而喜焉。行必不招辱也，言必不招忿也。其順必足以事長，其忠必足以事君。惟知父母之可慕，雖有名位之貴，而不慕也；惟知父母之可慕，雖有貨財之富，而不慕也；惟知父母之可慕，雖有聲色之紛華，而不慕也。一瞬息之間未嘗忘父母，則無瞬息之過矣；一毫髮之事未嘗忘父母，則無毫髮之過矣。孔子以謹身爲庶人之孝，而孟子亦以守其身而後能事其親。然人能思所以孝於親，則自知所以謹守其身矣。使一瞬息間、一毫髮事而不以父母爲心，則是忘其身之所從來者，而又何能知所謹守哉！曾子曰：「父母全而生之，子全而歸之。」至哉言也！學者苟能深有體於其言，則於父母自不能忘，而於身自不能不謹矣。充之以至其極，則雖堯舜、文王，亦不外是。嗚呼！此孝之所以爲至德也與？同前日，吴澄書。

臨川吴文正公外集卷第三

雜　著

謁趙判簿書

二月五日，學生吴澄謹齋沐裁書，獻於判簿大著先生台座前：❶

澄嘗謂：天之生豪傑之士也，甚不數也。世之稱豪傑之士者，吾惑焉。世有以治世之能臣、亂世之奸雄，如曹操之狡猾爲豪傑者矣。然而如曹操輩者，天地間亂人也，果豪傑之士云乎哉？又有以顛冥於詩酒、放浪於形骸，如晋人之曠蕩爲豪傑者矣。然而如晋人等者，天地間棄人也，又果豪傑之士云乎哉？然則何如斯可謂豪傑之士？我朱夫子所謂「才智過人」者是也。夫所謂過人者，度越一世而超出乎等夷者也。戰國時，天下靡然率爲功利之趨，而其間惑世誣民、充塞仁義，如楊墨之徒者，抑又滔滔也。且當是時也，孔子徒黨盡矣。而有孟子者生乎其時，挺乎其中，不趨於功利，不惑於楊墨，確然願學孔子，何其壯也！

❶「台」，原脱，據明初刻本補。

卒之得吾夫子之傳者，孟子也。以戰國之時而有孟子，蓋曠世一人而已。嗚呼孟子！其真豪傑之士也歟？故其言曰：「待文王而興者，凡民也。若夫豪傑之士，雖無文王，猶興。」味斯言也，可以想見其人矣。孟子死，聖人之學不傳。曠秦漢、三國至隋唐、五季，千有餘年，學者溺於俗儒之陋習，淫於老佛之異説，而無一豪傑之士生於其間。僅有一韓愈奮然而出，因學爲文，粗有所見，而終於見道未明，去道猶遠。然亦以自奇特爲難得，其他益不足數也已。至於我朝，天開文治，篤生異人，周、程、張、邵，一時迭出，嗚呼盛哉！夫斯文之喪久矣，世之人，其父兄相與講明、師友相與傳習以爲學者，果何事也？而周子乃獨能超然默悟此道於千載之下；二程子又獨能以周子爲師，而從學焉；張子又獨能與程子爲友，而慨然以吾道自足，何事旁求？至於邵子，則又獨能默悟天地之化，窮極象數之微，尤人所難能也。數夫子之見，可謂高出一世之右矣。非蓋世之豪傑，而能之乎？然當時遊程、張之門者，未能得程、張之道。南渡以來，去程、張殆將百年，而閩中有朱夫子，又能集數夫子之大成。則朱子，又中興以後之豪傑也。朱子没，至今逮將百年矣，以紹朱子之統自任者，果有其人乎？今世之儒，所學者果何學也？要不過工時文、獵科第、取温飽而已。嗚呼，陋矣哉！或稍有見識，與之言及聖賢之學，其刻薄者則笑之曰「迂闊」，其忠厚者亦不過曰「可施之議論，而難形諸踐履」。至於矯詐者，則又竊取其名以欺世。吁！聖賢之學皆切己事，而乃曰「迂闊」；聖賢之學正在躬行，而乃曰「但可施之議論」；聖賢之學不誠無物，爲己爲人間不容髮，而乃竊取其名以欺世。皆聖賢之所不勝誅也。斯人也，縱或擢高科，登顯仕，愚不知朝廷亦何用於若人哉？

澄生十有九年矣，家貧不能從師，惟大父家庭之訓是聞，幼年頗以能屬文而見知於人。然當時所能者，舉業而已，未聞道也。年十有六，始知舉業之外有所謂聖賢之學者，而吾未之學。於是始厭科舉之業，慨然以豪傑之士自期，必欲爲周、程、張、邵、朱，而又推此道，以堯舜其君民而後已也。試嘗實用其力於此，則豁然似有所見，坦然若甚易行，以爲天之生我也，似不偶然也，吾又何忍自棄！於是益務加勉，以窮盡天下之理。雖力小任重，如蚊負山，所學固未敢自是，然自料所見，則加於人一等矣。嘗謂我臨川之邦，前後人才有王荆公之爲人，非常人也，然與程子同時，而不與程子同道；有陸象山之爲學，非俗學，然與朱子同時，而不能與朱子同道。吾爲此懼。所恨者，天不憖遺。大父即世，家庭之訓既已無聞，而又僻處窮鄉，所與處者皆田夫野人，固未嘗有一達者遊吾里而過吾門也，況可與爲師友而資其教導講明之益哉！恭惟先生簿於斯邑，其爲政也，人皆稱爲公明廉潔。而澄也於頽簷敗壁之下，亦嘗側聞先生之風矣。以人所稱、己所聞者推之，則先生之學，似非俗儒之所學者矣。第以官民之間，無自親炙，未得以一睹賢人之光而窺先生所學之萬一。會先生有民事於吾鄉，而過吾門。竊於道途望其容貌，淵乎其似道，儼乎其一古君子也。且以爲窮鄉僻途，商旅鮮行之地，而先生忽過其門，此誠空谷之足音也。於此而不一見焉，是自絶於先生也。敢修咫尺之書，迎謁道左，冀聞一言，而終身佩服之。儻先生不以夫子之待孺悲者待我，而贈之一言，幸甚幸甚！澄嘗以張子之爲學有得則識之，故自爲學以來，少有所見，無不備録。有草藁在，未敢以爲獻。若予其進，尚圖繼此而求印正於先生焉。先生請無以獵先儒之名而欺世者例視。不宣。

發解謝繆守書

十月三日，門生鄉貢進士吴澄惶懼百拜，獻書於判府節制監丞侍郎先生閣下：

澄嘗謂：古之仕者必學，今之仕者不必學。「子張學干禄」，而夫子以謹言謹行告之。則是古之欲干禄者，必於言行焉致謹。言之不謹而招尤，行之不謹而招悔，則禄也終不我及。孟子亦謂：「古之人脩其天爵，而人爵從；今之人脩其天爵，以要人爵。」是雖戰國之時之人，獲人爵而棄天爵，初不足道，然於其始也，亦不容不脩其天爵以要之。猶未若今世之人，自初及終，曾不一知天爵之爲何事，而人爵直可以唾手取者。愚所以謂古之仕者必學，而今之仕者不必學也。夫今之學者，自其羈丱成童時，父兄已教之讀書矣。晨對面曦之窗，夜爇繼晷之膏，其用心蓋甚勤，其用力蓋甚勞。然學其所學，非吾所謂學也。蓋愚嘗與今之學者共學矣，問其所讀之文，則曰「時文」；問其所脩之業，則曰「舉業」；問其所志，則曰「吾將以釣科第、媒爵禄，而利身肥家也」。嗚呼！士而如此，其可謂陋也已！

澄生廿有二年，五歲而讀書，七歲而能聲對，九歲而能詩賦，十有三歲而應舉之文盡通，自以爲所學止於是矣。年十五六，因玩先聖、先師之格言，而知先聖、先師之所學者，固不止是也。於是始欲息乎其所已學，以勤乎其所未學。日取《大學》《論語》《孟子》《中庸》四書讀之，而以濂洛關閩諸君子之説參焉。其於大本大原固已略能窺破，至於事之易行者，又已竊取其一二行之於家，而以之事祖先，而以之事父母，而以之事長上矣。顧嘗深思，《易》《書》《詩》《春秋》四經中間，❶諸儒以彖象雜於本經之中，而《易》亂；以小序冠於各篇之首，而《詩》《書》亂；以三傳之説解《春秋》，而《春秋》亂。若《易》與《詩》，則紫陽夫子已嘗正之，獨《書》與《春秋》，猶有欠整理者。甚欲集諸家之善爲之訓説，以補先儒之未及，而破千古之舛訛，固嘗略開其端緒矣。然而饑寒窮困拂亂其所爲，科舉事業又從而分其心，慮雖此志牢不可奪，而終不能不窘於掣善書之肘者也。

比者承親之命，而來試於棘闈，非曰求免於貧賤而貪即夫富貴也，蓋欲脱去科舉之累，略專意於聖賢之學而已。有司不以其文不能高壓時流而棄之，乃擢而寘之三十九人之内，因是之故，姓名始通於先生之前。夫諸侯薦人於天子，古也。今之郡守，固古諸侯職。然今之世，自非以無用之文爲有司所取，則雖有曾閔之孝、夷齊之廉，其姓名亦無自而通於郡侯，亦無自而薦之天子。今澄之姓名既幸而上聞於先生矣，竊惟朝廷科舉於覆試猶嚴焉，蓋欲取實才也。然愚謂與其取實能文者，顧不若取其實有行者也。有司既取其文，而先生遂觀其志，察其學，而考其行，此澄之所深望於先生也。儻先生有以教誨成就之，而獲大用於世，則必非但知有身有家，而誤朝廷、禍天下者，庶乎可以無負於先生爲天子求實才之意。今者之來，隨例具啓，以謝先生大造作成之賜，固每科之常禮。然而麗葉駢花，組織四六，乃平生之所不爲。貢諛以求人之悦己，自奬以求人之知己，亦素心之所深恥。用是不敢以同乎流俗，然亦不可以默然而已也。敢以書謝，惟先生擇

❶「書詩」，乾隆本倒乙。

焉。不宣備。澄惶懼百拜。

謝張教

十月日，具位吴澄惶懼百拜，致書府博秘書郎卿先生講席前：

澄聞三代之時，取士於校庠序之中。其後校庠序既廢，獨州縣間有學。然州縣雖有學，而教養亦無法。春秋二補，徒以無用之文而試之，是以就食於學者，類多輕薄無行之士。稍有廉恥者，則以不屑處於學爲高。澄也生於窮鄉，不得時游郡學，以承先生之教，而講明古者大學之道。比者承親之命，而來試於秋闈，幸爲有司所録，因得進謝於先生。然而組綴駢儷之文，諂諛夸大之態，乃平生素心之所恥爲者。用是更不具四六啓以爲先生玷，姑以書而陳所志，幸垂察焉。澄生五年而讀書，七年而能聲對，九年而能詩賦，十有三年而應舉之文盡通。當是之時，不知科舉之外他有所謂學也。年十五六，始怳然有悟於聖經賢傳之中，始知科舉不足以爲吾學，而欲探夫孔孟之傳。尋墜緒之茫茫，獨旁搜而遠紹，已數年於兹。「奈何學力微，未勝物欲昏。涓涓始欲達，又被黄流吞。」今生廿有二年矣，未始云獲也，不過僅能有見於大意而已矣。然而俯視俗儒之没溺於俗學而不能自拔者，則未始不心笑而矜憫之也。有如今秋，馳逐萬人之場，而相角一日之技，非曰欲以媒利禄而梯顯榮也。公欲進對天子之庭，以攄其致君澤民之藴；私欲釋去舉業之累，以遂其讀書脩己之心而已。儻得直言天下事，於大廷親策之晨，以少吐平時所學之萬一，然後退而私居，博考載籍，力學聖賢，則澄之志願得矣。俟其德器成就，達可行之天下而後行之，庶乎不至於上負天子而下誤蒼生也。得志，澤加於民；不得志，脩身見於世。窮則獨善其身，達則兼善天下，此愚志也。若夫幸科第之就手，慕榮途而動心，則非愚之所志。先生其許之否？不備。澄惶懼百拜。

附：張教復書

某惶恐再拜，謝恩殿元台座：

某比承以英妙之年，登賢能之選，此固人所夸以爲榮，而吾子獨慊然以學未見道爲急，而欲有所述以傳後。珍函委貺，陳誼甚高。吾子之志，古人之志也。僕長於吾子十有五年，少時亦嘗有志於此。嘗讀《通鑑》，患其有與正史牴牾而首尾斷絶，欲爲一書以廣之。抱此志十餘年，殊未能就。試嘗舉以語人，則强者怒罵，弱者嘻笑，僕亦恧焉。然則年未高，學未至，而輕出焉，未有不蹈僕之愧也。以吾子之志，充吾子之學，善寶而藏之，它日學成，僕願北面。區區欲言，不能更。僕謹白。某再拜。

謝程教

十月日，具位吴澄惶懼百拜，致書府博秘書郎卿先生講席前：

澄嘗謂：孟子没，而道學不得其傳。自我朝程夫子出，而後有以接夫千載不傳之緒。澄也厭科舉之業，而欲學夫子之學久矣。嘗恨不得生乎其時、游乎其門，顧徒私淑艾於遺編，而想慕於異世。雖夢寐間，如或見之。蓋今之世有程其氏者，亦莫不願識其人，以少慰予心之所思。今先生職教於吾邦，澄也一睹先生之姓，恍然若河南二夫子之復出於今也。奈以處於窮鄉，遠於郡庠，不得以挹坐間之春風、立門外之尺雪，未嘗不爲之怏怏。今秋試於棘闈，幸爲有司所録，因得進謝於先生。惟四六之文，乃平生之所恥爲，用是更不隨例具啓以獻，聊爲言程夫子之所學，而求印正於先生焉。

蓋澄聞之：人之生也，其心之所具，有仁義禮智之性；其發也，則有喜怒哀懼愛惡欲之情。其身之所接，有君臣父子兄弟夫婦朋友之倫；日用之間，又有萬事萬物紛至沓來之變。吾之一心，則所以具衆理而應萬事者也。吾心所具之理，即天下萬事之理。理之散於萬事者，莫不統於吾心；❶理之具於吾心者，足以管夫萬事。天下有無窮之事，而吾心所以應之者，有一定之理。人惟不能有以存其心，而無以爲一身之主；不能有以盡其心，而無以知天下之理。是以往往皆出於私意人欲，而不能自反也。程夫子之教人也，使人居敬以存夫心，如主人在家，童僕之職各供其使令而不紊；賓客之來，各隨其所應酬而無差。使人窮理以盡其心，如善知路之人，知適某處當從此，知適某處當從彼；如善識秤之人，知某物爲若干銖，知某物爲若干兩。是以處君臣則盡君臣之義，處父子則盡父子之仁，處兄弟則盡兄弟之禮，處夫婦則全夫婦之别，處朋友則全朋友之信。以至處天下之事，亦莫不各有以當其當然之則。此程夫子教人爲學之大略也。愚生自十五六時，已有志乎此。今用工七八年矣，顧爲科舉之業所分，而未得以專繼此。儻得免於科舉之累，而從事於此焉，則吾之志得矣。若夫一舉及第做狀元，而便謂終身事業已了當者，鄙人也，愚竊恥之。乃所

❶「統」，原缺，據乾隆本補。

願，則學程夫子。先生，同姓人也。家世之所傳，果亦有異聞者乎？願以教我。不備。澄惶懼百拜。

附：程教復書

某皇恐拜稟新貢正奏狀元秘著：

某切惟郡國勸駕，以賢書上天子。茲公選也，奚容私謝爲哉？某情見乎辭，非以聲音顔色拒人。尊兄不諒其真，雖脱略乎儷牘，猶舂容乎大篇，且首援淳正二公以爲況。二公春融，坐中一團和氣，雪立門外，儼若冰壺。某學未見聖，於二公不能爲役。姓所同也，而舉是以擬之，不以倫矣，此正昌黎所謂「不敢當、不敢當」者也。然厚意難虚，辱良月次朔，倚席湖堂，亦惟士友間以外物之得喪爲内心之戚欣。曾以孟氏「良貴」一篇爲士友敷繹之，因以求教。儻於趙孟之貴不逐逐其欲，有貴於己者不昧昧其思，其庶矣乎！有暇過我，又得面叩所疑。切幾台照，右謹具拜復。十月日，從事郎、宣差撫州州教授兼臨汝書堂山長、暫權通判程某劄子。答程教講義見後。

謝僉幕

澄嘗觀姓氏家以吴爲出於泰伯虞仲之後，此固未可知也。然以理論之，則天下之姓，其流派雖至於十百千萬，而其初必同出於一原。此程子所以謂同姓當推親親之念也。先生之官于此邦也，公則於澄有師長之尊，私則於澄有父兄之親。孟子曰：中也養不中，才也養不才。故人樂有賢父兄也。澄之所望於宗先生者，政不淺。澄生二十有二年矣，五歲而讀書，七歲而能聲對，九歲而能詩賦，十有三歲而應舉之文盡通。當是時也，自以爲吾之所學足矣。年十五六，始恍然有悟於聖經賢傳之中，而妄意欲探夫魯鄒濂洛之傳。用工垂七八年，固已略見大意。世俗之嗜好，一無所入於其心；而爵禄之顯榮，舉不足以動乎其中。有如今秋，承親之命而投應舉之牒，非爲掇取科第計也，欲求釋去舉業之累，而專意於所學焉耳。今者幸爲有司所擢，而得以進謝於先生。惟四六之文乃平生之所恥爲，用是更不具啓以獻，聊以書而陳所志。伏惟先生推父兄所以待子弟者待之，澄也願安承教。不備。

謝推幕

澄嘗聞，伊川程子以少年登高科爲人之不幸。然澄十五六時已慨然厭科舉之業，思欲務聖賢之學。循至於今，凡七八年。非不略見大體，然而工夫終不能無間斷者，豈非科舉之業有以分其心而然與？明道程子、晦庵朱子，蓋皆少年登第者也。然則自無志於學者言之，則少年登科固爲不幸；自有志於學者言之，則少年登科乃爲大幸與？澄也生二十有二年，平居立志，不肯以俗儒之學自足。其承親之命而來應舉也，非曰欲以梯顯榮而媒利禄，蓋欲求脱科舉之累，以專意聖賢之學而已。今者幸爲有司所擢，天其或者使澄得與於斯文歟？先生實爲我郡侯之僚幕，於禮不可以不謝。然而四六之文乃平生之所恥爲，用是不敢循例以啓爲瀆，聊以書而陳所志。惟先生觀其志，察其學，而有以教誨之，幸甚幸甚。不備。

答程教講義

孟子曰：「欲貴者，人之同心也。人人有貴於己者，弗思耳。此第一節，言人皆欲外物之貴，而不知有在我之貴也。人之所貴者，非良貴也。趙孟之所貴，趙孟能賤之。此第二節，言外物之貴不足貴也。《詩》云：『既醉以酒，既飽以德。』言飽乎仁義也，所以不願人之膏粱之味也；令聞廣譽施於身，所以不願人之文繡也。此第三節，言人能有在我之貴，則自不願外物之貴也。願，即上文所謂欲也。」

愚嘗聞之曰：欲與思，皆心之用也。外有所慕者謂之欲，内有所省者謂之思。是欲者，用心向外；而思者，用心向内也。大凡人之有所慕於外者，必其己之無是物也。若己有是物，則亦無所慕於外矣。珍寶玩好，己所無也，則有見人之珍寶玩好而欲之者矣。耳目鼻口，己所有也，則未有見人之耳目鼻口而欲之者也。今夫人之欲貴也，徒見夫高堂數仞，榱題數尺，彼有是而我無是也，則不免於欲之；徒見夫食前方丈，侍妾數百，彼有是而我無是也，則不免於欲之；徒見夫般樂飲酒，驅騁田獵，後車千乘，彼有是而我無是也，則不免於欲之。嗚呼！曾不思彼皆外物而已矣，孰若我所自有者之爲足貴哉！我所自有，何以欲爲？抹黛以爲眉，華則華矣，固不若吾天然自有之眉；施粉以爲白，妍則妍矣，固不若吾天然自有之白；公卿大夫之尊榮，貴則貴矣，固不若吾性分中自有之貴也。人人有貴於己者，何必外物之貴是慕！且所謂貴於己者，果何物哉？蓋天之生是人，其生也，皆有仁、義、禮、智之性；人之有是性，其發也，皆有惻隱、羞惡、辭讓、是非之情。其推以處父子、君臣、夫婦、長幼、朋友、事物之間也，蓋莫不各有自然之理、當然之則。若探其本原而要其極致，則雖天地之所以爲天地、聖人之所以爲聖人者，亦不過此。苟能得之於心而行之於身，則舉天下至美至好、可羨可慕之物，皆不能以易此樂，其爲貴孰加焉？此夫子所以謂「好仁者無以尚之」，正謂人能真知仁之可好，則天下之物無以加於此也。

愚嘗聞之周子曰：「天地間至尊者道，至貴者德而已矣。至難得者人，人而至難得者，道德有於身而已矣。」又曰：「君子以道充爲貴，身安爲富，而塵視金玉，銖視軒冕，其重無加焉耳。」又曰：「富貴，人所愛者也。顔子不愛不求而樂乎貧者，獨何心哉？天地間有至貴至富，可愛可求，而異乎彼者，見其大而忘其小焉耳。」嗚呼！兹其所以爲貴於己者與？斯貴也，人人有之，特人自弗思而不知其有耳。❶蓋人之性，則知愚賢不肖一也，而其氣質，則不無清濁美惡之不同。其氣清而質美，則自其初生，已能知其性之所有，而循其性之自然。其或濁且惡也，則其於己之良貴，固懵然不自知其有矣。然人心之虚靈知覺，其神明無所不通。苟能反而思之，則無不可知者。人所以不能知己之有是良貴者，亦坐於不思而已耳。夫惟其不知有在我之貴也，是以不能無所慕於外物之貴者。在我之貴，有貴於己者是也；外物之貴，人之所貴者是也。人之所貴者，必待人以爵位加諸我而後貴。是其貴有待於人，而非己所自有，豈若吾性本然之善、自然可貴者哉？趙孟，晉卿之尤有權勢者，能予人以爵位而使之貴，亦能奪人之爵位而使之賤。受趙孟之爵位而貴者，是趙孟之所貴而已，其貴非己有也。趙孟一朝而予之，則一朝而貴；趙孟一朝而奪之，則一朝而賤矣。

❶「特」，原作「時」，據乾隆本改。

故夫趙孟之所貴者，趙孟亦能賤之也。夫其必有待於人之予我而貴，又不能保人之不奪我而賤，是其貴其賤皆係乎人，而己無與焉也。其貴係乎人而己無與，則其貴亦不足貴也已。若夫天所與我、己所自有者，則人又烏得而奪之、烏得而賤之哉！由是觀之，則己之良貴爲足貴乎？人之所貴爲足貴乎？必有能辨之者。

《詩》云：「既醉以酒，既飽以德。」此《詩・大雅・既醉》篇之所言，本謂臣下醉於人君之酒，飽於人君之恩意也。孟子引《詩》斷章，則其所謂飽者，言其充足於中；所謂德者，言其仁義之得於心者也。夫其仁義之充足於中也，蓋有甚於膏粱之充其腹者，又豈有願於人之膏粱以爲飽哉？有其實者必有其名，有諸中者必形諸外。故君子之道闇然而日章，雖不求名，而名自至。仁義充足於中，則其令善之聞、廣大之譽，自有張施於身而不可掩。夫其令聞廣譽之施於身也，蓋有甚於文繡之榮其身者，又豈有願於人之文繡以爲榮哉！是其所以不願於人者，以其自有於己故也。苟非其自有於己，則始有不能不願於人者矣。

故孟子此章，當分爲三節而觀之。其第一節，言人皆欲外物之貴，而不知有在我之貴也；第二節，言外物之貴，不足貴也；第三節，言人能知在我之貴，則自不願乎外物之貴也。第一節所謂欲貴者，指外物之貴而言也；所謂貴於己者，指在我之貴而言也。第二節所謂人之所貴者，指外物之貴而言也；所謂良貴者，指在我之貴而言也。第三節所謂仁義聞譽者，又指在我之貴而言也；所謂膏粱文繡者，又指外物之貴而言也。内外界限，截乎甚嚴。孟子言之所以如是其深切者，正以當世陷溺之深故耳。嗚呼！孟子之時陷溺之深者，吾不暇論也。居今之世，爲今之儒，自其丱角讀書，惟曰「吾爲應舉之文以取科第之貴而已」。一旦得官，則自謂所學既效，而平生之志願遂、一身之能事畢矣。其間見識之頗明、趨向之頗正者，能幾何人哉！蓋愚嘗求一人焉以與之共學，而不可得也。是以私淑於經，而無所師；獨學於家，而無所友。今先生乃推夫子與進互鄉之心，而曉之以義理。愚也伏讀三數，不覺惻然有契於心者焉。思欲有言，而不知所以爲言也。聊誦所聞如此，蓋將演其義，而未暇脩其辭也。

外有《私録》二集，乃平日自警之辭；《孝經定本》一編，又取它書之言孝者爲《外傳》十篇，而編次未畢；《皇極經世續書》一編，蓋以先天六十四卦分配一元之數，其後復推古今治亂相禪之由。若《書》與《春秋》，則嘗欲集諸家之善爲一家之解，以補先儒之未及，而方發其端，未及竟也。姑以《秦誓》一篇、《隱公一年》《二年》草藁爲獻，以求有道之正。蓋多未定之見，固有以覺其非而未暇銓改者，幸先生察其所以而終教之。

程若庸外集跋❶

若庸來此二十一年，閲人多矣，未見年方逾冠而有此志量，有此工夫，廣大精微無所不究，如晝方旦，何可量也！雖然，道無終窮，學無止法，以友天下之善士爲未足，尚論古之人？愈廣大而愈精微，愈精微而愈廣大，豈但不臨深以爲高而已哉！僕雖老，不敢自棄，願聞切磋語。小兒仔復，雖同歲而未知，方幸鞭策而進之。辛未八月二十六日，程若庸劄子。

❶ 標題校點者代擬。

譚觀外集跋[1]

先生年十三而已厭舉子業，至十五六，慨然有志於聖賢之學，以探夫濂洛關閩之傳，即已見夫大意。年十有九，敘道統之傳，直以繼朱子自任，豈徒爲是虚言以自誇也與？噫！不幾於生知者乎？晚年從容道義，則安且成矣。是編起於宋咸淳乙丑，訖於咸淳辛未。時方二十有三，皆手自編次，定爲四卷。今悉不敢亂其第。四卷雜詩闕。徽菴程先生嘗跋其後。觀往年受讀於先生之季子稟，今欲看先生之全集，則是編者，乃先生爲學之大方，進德之次第。有志於先生之學者，必由是而基焉，則詎可以爲少年之作而遂湮没之乎？今序次於《支言》之後，仍《私録》之名，而自爲外集云。元統甲戌三月既望，學生譚觀謹識。

[1] 標題校點者代擬。

吴當跋❶

皇元文運遹昌，先文正道接洙泗，初承詔旨，施教胄學。凡經訓纂言皆以梓行于世，而《支言》著述卷秩繁夥，觀者病録。比者張掖劉公持憲西江，以興起斯文爲己任，於是搜訪先正遺藁，命儒師量費，畀、蕾集工鋟刻。始至正六年七月，又明年七月克成。類分二十，爲卷凡百。於乎！先正方弱冠時，以紹統自任，逮夫晚歲，❷學貫德成，凡其餘言緒論，傳之無窮者，皆根之支而源之流者也。劉公眷知既厚，諄誠切至，敦好斯文，其嘉惠後學深矣。浚事，謹附始末于後，以俟當世君子表而出之。諸孫當百拜謹識。

❶ 此跋據明初刻本補。

❷ 「晚」，原作「悗」，爲版刻誤字，逕改。

野里瞻跋❶

共惟國朝文運休明，先師吴文正公卓然繼斯道之傳，凡聖經賢傳擴明先儒疏釋之未備者，既已行於世矣，至其平居暇日所著文詩，又總若干萬言，而學者每病其不得以誦而傳之。乃者憲使劉公伯温督儒司移文鋟刻文集，野里瞻佐治此邦，仰疇昔之餘訓，慨乎澤之如新，謹命其門人彭訓傳亮讎校刻韻語九卷。嗚呼！先生於詩，豈止吟詠情性而矣，蓋以其道德之藴形於言而寓於詩者也。豈若詞人之作以一字一句爲工者比哉！愚不敏，僭附斯言於卷末，蘄與同志之士共勉之。至正戊子，門人、朝列大夫、撫州路總管府治中野里瞻再拜書。

❶ 此跋據明初刻本補。

「《儒藏》精華編選刊」選目

經部

周易鄭注
漢魏二十一家易注
周易注
周易正義
周易口義（與《洪範口義》合册）*
温公易説（與《司馬氏書儀》《孝經注解》《家範》合册）
漢上易傳
誠齋先生易傳
易學啓蒙
周易本義

楊氏易傳
易學啓蒙通釋
周易本義附録纂注
周易啓蒙翼傳
周易本義通釋
易經蒙引
周易述
周易述補（江藩）（與李林松《周易述補》合册）
周易述補（李林松）
易漢學
御纂周易折中
周易虞氏義

雕菰樓易學
周易集解纂疏
周易姚氏學
鄭氏古文尚書
洪範口義
書傳（與《書疑》《尚書表注》合册）
書疑
尚書表注
書纂言
尚書全解（全二册）
尚書要義
讀書叢説
書傳大全（全二册）

古文尚書攷（與《九經古義》合册）
尚書集注音疏（全二册）
尚書後案
詩本義
吕氏家塾讀詩記
慈湖詩傳
詩經世本古義（全四册）
毛詩稽古編
毛詩説
毛詩後箋（全二册）
詩毛氏傳疏（全三册）
詩三家義集疏（全三册）
儀禮注疏
儀禮集釋（全二册）
儀禮圖
儀禮鄭註句讀

儀禮章句
儀禮正義
禮記正義
禮記集説（衛湜）
禮記集説（陳澔）（全二册）
禮記集解
禮書
五禮通考
禮經釋例
禮經學
司馬氏書儀
春秋左傳正義
左氏傳説
左氏傳續説
左傳杜解補正
春秋左氏傳賈服注輯述

春秋左氏傳舊注疏證（全四册）
春秋左傳讀（全二册）
公羊義疏
春秋穀梁傳注疏
春秋集傳纂例
春秋權衡（與《七經小傳》合册）
春秋集注
春秋經解
春秋尊王發微（與《孫明復先生小集》合册）
春秋本義
春秋集傳
春秋集傳大全（全三册）
孝經注解
孝經大全
白虎通德論

七經小傳
九經古義
經典釋文
群經平議（全二册）
論語集解（正平版）
論語義疏
論語注疏
論語全解
論語學案
孟子注疏
孟子正義（全二册）
四書集編（全二册）
四書纂疏（全三册）
四書集註大全
四書蒙引（全二册）
四書近指
四書訓義
四書賸言
四書改錯
四書説
爾雅義疏
廣雅疏證（全三册）
説文解字注

史部

逸周書
國語正義（全二册）
貞觀政要
歷代名臣奏議
御選明臣奏議（全二册）
孔子編年
孟子編年
陳文節公年譜
慈湖先生年譜
宋名臣言行録
伊洛淵源録
道命録
考亭淵源録
道南源委
聖學宗傳
元儒考略
四先生年譜
洛學編
儒林宗派
程子年譜
學統
伊洛淵源續録
豫章先賢九家年譜

閩中理學淵源考（全三册）
清儒學案
經義考
文史通義

子 部

孔子家語（與《曾子注释》合册）
曾子注釋
孔叢子
新書
鹽鐵論
新序
説苑
太玄經
龜山先生語録
胡子知言（與《五峰集》合册）

木鐘集
西山先生真文忠公讀書記
性理大全書（全四册）
居業録
思辨録輯要
家範
小學集註
曾文正公家訓
勸學篇
仁學
習學記言序目
日知録集釋（全三册）

集 部

蔡中郎集
李文公集

孫明復先生小集
直講李先生文集
歐陽脩全集
伊川擊壤集
元公周先生濂溪集
張載全集
温國文正公文集
公是集（全二册）
游定夫先生集
和靖尹先生文集
豫章羅先生文集
梁溪先生文集
斐然集
五峰集
文定集
渭南文集

誠齋集（全四册）
晦庵先生朱文公文集
東萊吕太史集
止齋先生文集
攻媿先生文集
象山先生全集
陳亮集（全二册）
絜齋集
文山先生文集
勉齋先生黄文肅公文集
北溪先生大全文集
西山先生真文忠公文集
鶴山先生大全文集
閑閑老人滏水文集
郝文忠公陵川文集
仁山金先生文集

静修劉先生文集
雲峰胡先生文集
許白雲先生文集
吴文正集（全三册）
道園學古録　道園遺稿
師山先生文集
曹月川先生遺書
康齋先生文集
敬齋集
涇野先生文集（全三册）
重鐫心齋王先生全集
雙江聶先生文集
歐陽南野先生文集
念菴羅先生文集（全二册）
正學堂稿
敬和堂集

涇臯藏稿
馮少墟集
高子遺書
劉蕺山先生集（全二册）
南雷文定
梓亭先生文集
西河文集
曝書亭集
三魚堂文集外集
考槃集文録
復初齋文集
述學
揅經室集（全三册）
劉禮部集
籀廎述林
左盦集

出土文獻

郭店楚墓竹簡十二種校釋

上海博物館藏楚竹書十九種校釋（全二册）

秦漢簡帛木牘十種校釋

武威漢簡儀禮校釋

*合册及分册信息僅限已出版文獻。